高等学校会计学系列教材

武汉大学规划教材建设项目资助出版

会计学原理

Principles of Accounting

■ 谢获宝　周亚荣　主编

武汉大学出版社

图书在版编目(CIP)数据

会计学原理/谢获宝,周亚荣主编.—武汉:武汉大学出版社,2021.1 (2024.8重印)
高等学校会计学系列教材
ISBN 978-7-307-21629-7

Ⅰ.会… Ⅱ.①谢… ②周… Ⅲ.会计学—高等学校—教材 Ⅳ.F230

中国版本图书馆CIP数据核字(2020)第118610号

责任编辑:范绪泉　　责任校对:李孟潇　　版式设计:马　佳

出版发行:武汉大学出版社　　(430072　武昌　珞珈山)
(电子邮箱:cbs22@whu.edu.cn　网址:www.wdp.com.cn)
印刷:武汉邮科印务有限公司
开本:787×1092　1/16　印张:23　字数:542千字　插页:1
版次:2021年1月第1版　　2024年8月第2次印刷
ISBN 978-7-307-21629-7　　定价:58.00元

版权所有,不得翻印;凡购我社的图书,如有质量问题,请与当地图书销售部门联系调换。

前　言

　　改革开放40多年来，我国的社会经济环境发生了翻天覆地的变化，经济社会发展取得举世瞩目的成就。目前，社会主义市场经济制度基本建立，法制化程度越来越高，国家治理日益现代化，企业运行日益公司化，资本市场迅速发展，世界经济环境越来越复杂。在复杂多变的环境中，伴随经济社会的发展和进步，资源配置难度越来越大，各种合约关系错综复杂。为了适应经济社会发展的需要，从2006年至2024年我国制定、修订并发布了一系列企业会计准则、政府会计准则，我国会计全面走上准则化发展的道路。2018年国际会计准则理事会发布了全面修订后的《财务报告概念框架》，近年来国际会计准则理事会还对《金融工具》《合并财务报表》《公允价值计量》《收入》和《财务报表列示和披露》等财务报告准则进行了修订和制定。国内外会计准则的制定、修订和发布对会计审计实务和资本市场的发展产生了深远的影响，企业和单位的资产、负债、所有者权益、收入、费用和利润的确认、计量、记录和报告标准从理论解释到实务操作都发生了巨大变化。近年来，我国先后对《中华人民共和国证券法》《中华人民共和国公司法》《中华人民共和国会计法》进行了修订，这对会计工作环境形成重大影响；国内外组织和机构为了回应社会各方对企业ESG责任履行情况和可持续发展能力的关注，先后出台了一系列有关ESG信息披露、气候信息披露和可持续相关财务信息披露的规范，对会计工作和会计信息披露形成巨大冲击。现有会计学教材难以满足新环境、新准则、新的信息披露要求下会计教学的需要，一大批教材急需修订和重编。为了满足会计教学的需要，武汉大学会计系以集体的力量重新编写和修订了这本《会计学原理》教材，以供会计学课程教学使用。

　　本教材基于新的会计环境，在充分吸收新的会计理论研究成果、新的准则和制度规范，总结新的会计实践经验的基础上编写和修订而成。该教材的特点是：

　　第一，这是一本会计学原理教材，不是一本簿记原理教材，在强化会计基本原理基础上，理论联系实际地阐释会计学原理的基本内容。这样可以有效避免会计学原理的教材和教学簿记化。没有基本的理论支撑，没有应有的深度，过于偏向实务的会计学原理课程教学会导致对会计实务问题缺乏理论解释，而且容易使会计学原理课程的教学内容缺乏稳定性，学生学习课程后仍然缺乏发展后劲。因此，我们在编写本书过程中兼顾课程的原理性和实践性。

　　第二，本书编写过程中强调以国家治理现代化、社会生活法制化、经济运行市场化、企业运作公司化、资本流动证券化作为企业会计信息系统运行和会计管理活动开展的基础环境，突出会计目标在会计学原理课程中的重要地位。本书认为会计既是一个为决策者提供决策所需财务信息的信息系统，又是一种以提高经济效益为目标的经济管理活动，从决策有用观的会计目标出发，阐释会计信息在资产定价和资源配置中的积极作用；从受托责任观的会计目标出发，阐释会计信息在评价受托责任和改善合约效率中的积极作用。从效率观的角度分析会计信息在企业价值创造活动中的贡献；从机会主义观的角度分析会计控制在保证企业和单位经济活动合法性、合规性和有效性中的积极作为。让读者理解会计在信息不对称环境下如何缓解逆向选择和道德风险的问题。另外，我国作为四大文明古国之一，有着悠久的历史和灿烂的文化。会计发展过程中，在我国封建社会经济发展的鼎盛时期，经济的发展带来包括"四柱清册""龙门账"在内的先进的会计结算方法。本书通过对会计发展史的阐述来坚定学生的"文化自信"。

第三，以经济实质和规则形式有机结合的方式分析会计问题，引导读者不仅从会计业务、会计数据和会计信息角度看待会计问题，更要从经济实质、经营活动本质和会计业务产生经济后果的角度分析和理解会计问题。比如，我们从不确定环境出发，将企业经济活动、经济活动引起资金运动（价值运动）和产权交易融为一体对会计对象进行深度分析，将会计环境、企业合约、会计分录、会计确认、会计计量、会计政策的选择和会计估计的实施，以及会计信息提供、会计管理活动开展的经济后果融为一体阐释会计核算和会计控制业务，让学生从多视野分析会计问题，有效地提高学生的学习兴趣和学习能力，从而培养学生分析问题、解决问题的能力。

第四，本教材编写中一方面充分导入最新会计准则的规范，从会计确认和会计计量分析、会计记录举例，以及会计报告的列示等方面都按照最新会计准则的规定呈现会计学原理的内容，尤其是会计循环实务的内容。比如，将原来的持有至到期投资更新到债权投资中分析，将可供出售金融资产拆解到其他债权投资和其他权益工具投资中分析，区分持续经营收益和终止经营收益来分析收益问题，按照新收入准则阐释收入确认和计量五步法的基本内容，使学生所学习和掌握的会计规范与新的会计准则规定相一致。另一方面，我国经济已由高速增长阶段转向高质量发展阶段，高质量的经济发展呼唤高质量的会计发展，教材编写过程中，通过描述会计是在与社会经济环境和人类生产活动的互动中持续进步的，使学生明确现代国家治理、公司治理和经济社会发展都呼唤高质量的会计准则和规范。

第五，为了便于教学，全书各章之前明确提出了本章的学习目标，然后详细呈现本章正文内容，正文之后进行本章小结，使得学生学习本章有指引，学习之后用较短的篇幅和较少的时间加深对本章内容和问题的理解。各章配有思考题、练习题，有利于任课老师布置作业，有利于学生巩固学习内容。各章最后提供了来自中国资本市场中的案例，一方面可供学生用于团队学习和交流，提高学生学习的主动性，培养学生的团队精神。另一方面强调会计师、审计师的职业道德。培养学生今后的职业素养，即：增强职业责任感，培养无私奉献、诚实守信、开拓创新的职业品格和行为习惯。

本书是武汉大学会计系老师集体研究和集体劳动的成果，也是会计系老师多年来从事会计学原理课程教学活动的经验总结。本书由武汉大学会计系教授、博士生导师谢获宝和武汉大学会计系副教授、硕士生导师周亚荣担任主编，各章的写作分工如下：谢获宝负责第一章，郭均英负责第二章，周楷唐负责第三章，陈冬负责第四章，赵良玉和林晚发负责第五章，郑春美负责第六章，周亚荣负责第七章和第十章，许新霞负责第八章，刘颖斐和马晓平负责第九章，谢获宝和周亚荣负责第十一章，田娟和王颖负责第十二章。

本书列入武汉大学规划教材建设项目，得到武汉大学和武汉大学经济与管理学院的资助和支持；本书的出版得到编辑范绪泉老师的大力支持；会计学原理教学活动中很多老师和学生提出了不少建设性建议；本书写作和修订过程中我们参阅了大量相关著作、教材、文献、准则和资料。对教材编写过程中给予我们帮助的所有机构和个人表示衷心感谢，对所参考文献、资料和准则的作者表示诚挚的谢意。尽管我们认真编写和修订该教材，但是由于水平和时间有限，对不少问题的理解还有待提升，书中可能存在不足和瑕疵，恳请读者批评指正，待我们今后修改完善。

谢获宝　周亚荣

2024 年 7 月于珞珈山

目 录

第一章 总论 1
  第一节 会计的演化过程及含义 1
  第二节 会计职能和会计目标 13
  第三节 会计对象和会计要素 20
  第四节 会计方法 28
  第五节 会计职业和会计职业道德 31
  小结 35
  关键名词 36
  思考题 36
  练习题 37
  案例讨论题 39

第二章 会计账户和借贷记账法 42
  第一节 会计科目和会计账户 42
  第二节 经济业务分析 58
  第三节 复式记账与借贷记账法 62
  第四节 会计分录 67
  小结 70
  关键名词 71
  思考题 71
  练习题 71
  案例讨论题 74

第三章 资产的核算 75
  第一节 资产核算概述 75
  第二节 流动资产的核算 76
  第三节 金融资产的核算 89
  第四节 非流动资产的核算 94
  小结 105
  关键名词 106
  思考题 106

练习题 106
　　案例讨论题 109

第四章　负债与所有者权益的核算 110
　　第一节　负债和所有者权益核算概述 110
　　第二节　负债的核算 112
　　第三节　所有者权益的核算 122
　　小结 125
　　关键名词 126
　　思考题 126
　　练习题 126
　　案例讨论题 131

第五章　收入、费用与利润的核算 132
　　第一节　收入的定义、特征及分类 132
　　第二节　收入的核算 134
　　第三节　费用的核算 142
　　第四节　利润的核算 149
　　小结 154
　　关键名词 154
　　思考题 154
　　练习题 155
　　案例讨论题 158

第六章　会计凭证 159
　　第一节　会计凭证的作用与种类 159
　　第二节　原始凭证的填制与审核 172
　　第三节　记账凭证的填制与审核 177
　　第四节　会计凭证的设计、传递与保管 184
　　小结 190
　　关键名词 190
　　思考题 190
　　练习题 191
　　案例讨论题 193

第七章　会计账簿 195
　　第一节　会计账簿的含义、作用和分类 195
　　第二节　会计账簿的设置、启用和登记 199

第三节　对账和结账·· 214
　　第四节　错账的查找及更正·· 217
　　小结·· 221
　　关键名词·· 221
　　思考题·· 221
　　练习题·· 222
　　案例讨论题·· 224

第八章　财产清查·· 226
　　第一节　财产清查概述·· 226
　　第二节　流动资产的清查及其核算··· 229
　　第三节　非流动资产的清查及其核算··· 238
　　小结·· 241
　　关键名词·· 242
　　思考题·· 242
　　练习题·· 242
　　案例讨论题·· 244

第九章　会计循环与会计核算形式·· 245
　　第一节　会计循环原理和步骤·· 245
　　第二节　会计核算形式的含义和类型··· 250
　　第三节　会计循环和会计核算形式实例··· 253
　　第四节　信息技术环境下的会计核算形式··· 266
　　小结·· 270
　　关键名词·· 271
　　思考题·· 271
　　练习题·· 271
　　案例讨论题·· 274

第十章　财务报告·· 276
　　第一节　财务报告概述·· 276
　　第二节　资产负债表·· 280
　　第三节　利润表··· 285
　　第四节　现金流量表·· 289
　　第五节　所有者权益变动表·· 296
　　第六节　会计报表附注·· 298
　　小结·· 299
　　关键名词·· 300

思考题……300
　　练习题……300
　　案例讨论题……303

第十一章　会计报表分析……304
　　第一节　会计报表分析概述……304
　　第二节　会计报表的审阅分析法……306
　　第三节　会计报表的比率分析法……313
　　第四节　会计报表的其他分析方法……325
　　第五节　会计报表分析应注意的问题……328
　　小结……330
　　关键名词……331
　　思考题……331
　　练习题……331
　　案例讨论题……336

第十二章　会计准则……337
　　第一节　会计准则概述……337
　　第二节　会计核算的前提……341
　　第三节　会计核算的原则……344
　　第四节　会计确认……348
　　第五节　会计计量……351
　　小结……355
　　关键名词……355
　　思考题……356
　　练习题……356
　　案例讨论题……358

参考文献……359

第一章 总 论

◎ 学习目标
1. 理解会计的内涵和会计信息系统的运行机理；
2. 了解财务会计和管理会计的特征及其相互关系；
3. 理解会计目标和有用会计信息的基本质量特征；
4. 理解会计的反映和控制职能；
5. 理解会计对象和会计要素的内涵，以及不同会计要素之间的关系；
6. 了解会计核算的基本方法和基本流程；
7. 了解会计职业和会计职业道德。

第一节 会计的演化过程及含义

素有"股价之王"称号的贵州茅台股份有限公司2018年底每股净资产近90元，每股未分配利润近76元；2018年度每股收益约为28元，每股经营现金流净额约为33元；2018年的净资产收益率近31%，资产负债率仅为26.5%，短期借款和长期借款都为0。在2014年和2015年每10股股票分别送红股1股，以及近年来高额现金分红的情况下，其股票价格由2014年底部的每股100元左右涨至2019年下半年的每股1 000多元，股价为其盈利的30多倍。在人工智能领域具有重要影响力的科大讯飞股份有限公司2018年底每股净资产约为3.8元，每股未分配利润仅为1.06元；2018年度每股收益约为0.26元，每股经营现金流净额只有0.55元；2018年的净资产收益率低至6.8%，资产负债率则高达46%，在总资产为153亿元的情况下，短期借款和长期借款分别约为7.2亿元和3.7亿元，一年内到期的非流动负债约为1.1亿元。在2014年、2015年和2018年每10股股票分别资本公积转增资本7股、5股和5股，以及伴有少量现金分红的情况下，2017年每股股价最高达74.76元，2018年10月每股最低跌至19.8元，2019年股价长期在30元左右徘徊，股价为其盈利的100倍左右。贵州茅台股份有限公司的总经理从2018年5月起兼任董事长，不在上市公司获得报酬，在公司关联方获取报酬。科大讯飞股份有限公司董事长兼总裁2018年末持有公司股份数为158 151 830股，2018年从公司获得的税前现金报酬为360万元。企业的经济交易和事项是如何按照会计规则加工成会计报表，并供会计信息使用者使用的？上述会计信息对企业的股票价格有什么影响，如何影响？股东如何依据会计信息及其他相关信息决定公司高管人员的薪酬水平？股东如何基于会计信息及其他经济信息与高管人员签订一份有效的高管薪酬合约，达成股东和经理人之间激励相容的效果？董事长和总经理持股与否、持股多少如何影响会计信息和股价之间的关系，如何影响会计信息和高管薪酬之间的关系？学习会计学有助于我们理解这些有趣而复杂的问题。

一、会计的演化过程

会计与我们的生产和生活息息相关，国家的宏观经济管理和政府的税收征管行为离不开会计活动；政府预算的编制、决算报告的形成，资本市场的运行，证券市场的监管等工作依赖于会计信息。国家治理水平的提升、反腐倡廉活动的开展都需要会计活动的支持。企业经营管理和控制行为离不开会计活动，每年资本支出预算和经营预算的编制、决算报告的形成、审计活动的开展本身就是重要的会计活动。家庭生活和个人发展需要会计活动和会计信息，每家每户都得记录收支、统筹收支，考虑多少资金用于日常生活开支，多少资金用于家庭成员的教育和培训，多少资金用于储蓄积累；时兴的家庭理财、股票投资、外汇买卖和房产投资都需要我们利用会计信息对投资对象进行评估，对投资风险进行管控。

在生产和生活过程中，人们习惯于将已经发生的事项记录下来，便于提醒自己，也便于与人交流；如果发生的事项很多，人们还常常按照一定的标准、规则将这些事项分类记录、分类汇总和综合报告。这类工作看似简单，其实工作中包含着丰富的会计思想和方法，因为这些工作既有原始数据的输入，也有信息的加工和汇总，还有信息的输出和报告；既有经济交易和事项的记录人，又有加工后生成信息的使用人。这和现代会计的基本原理是一致的。

著名会计学家郭道扬教授在《中外会计史评说》中写道："一部会计发展史表明，自有天下之经济，便必有天下之会计，经济世界有多大，会计世界也便有多大。一部会计史还表明，自从有了国家，国家便离不开会计，会计工作牵系着国家之兴衰，政权之安危；自从有了企业，企业便离不开会计，会计事关企业经济之起落，经营之成败，乃至企业的发展速度与规模；自从一夫一妻制家庭的建立，家计便成为治家理财之重要组成部分。"[①]可见，学习会计大有益处，对于从事或将要从事经济管理工作和企业经营工作的人们更是必要。

会计经历了漫长的发展过程，会计的发展从来都是与客观环境互动演进的。美国著名会计学家迈克尔·查特菲尔德在《会计思想史》中提到："会计的发展是反应性的，也就是说，会计主要是应一定时期的商业需要而发展的，与经济的发展密切相关。"[②]一方面会计的发展水平受到经济、科技、法律、文化等发展水平的制约；另一方面会计发展的状况也会以积极或消极的方式影响经济社会的发展速度和发展质量。

在旧石器时代前，人类社会的生产和生活水平十分低下；到旧石器时代早期，人类还处在采集经济为主的生产方式下，主要依赖自然界的现成果实维生，没有物资的剩余现象和保管问题，会计思想和会计行为都不可能产生。伴随社会发展，人类进入旧石器时代的

---

① 郭道扬. 中外会计史评说. 财会通讯, 1992(01): 61-62.
② Chatfield M. A history of accounting thought. Krieger Pub Co, 1977.

中晚期，生产力得到一定程度的提升，人类开始尝试原始计量的行为。经历新石器时代，进入石器与铜器共用的原始社会末期，随着生产工具的改进，生产能力的提高，物资产品开始出现剩余，这时人们有了计量、记数的需要和想法，会计开始萌芽，但整体上处于十分落后的"结绳记事、刻木记数"的发展状态。

进入奴隶社会后，人类的生产工具得到极大改进，青铜器先后经历了萌芽期、发展期和鼎盛期，青铜器在生产和生活中得到广泛使用，畜牧业、农业、手工业、商业都得到快速发展，剩余产品越来越多，人们有了记账、算账的需要，周代朝廷中开始设立专门的官职，掌管皇朝的财物税赋，并对财物的收支进行"月计岁会"，"计"就是"零星算之"，"会"就是"总合算之"，当时朝廷的这些会计活动记载于《周礼》中。从西汉到三国、两晋时期，我国还出现了名为"籍书""簿书"的账册，用来登记会计事项，尽管当时单式簿记已经发展到较高的水平，但是会计事项记录的载体仍然以竹简和木版为主。到唐宋时期，我国的农业、手工业和商业空前繁荣，与当时的经济发展水平相适应，这时的记账、算账、结账和报账都发展到更高的程度。宋朝在官厅中用来办理钱粮报销和移交手续的"四柱清册"，是我国对单式簿记发展作出杰出贡献的重要证据。所谓"四柱"是指"旧管""新收""开除"和"实在"，它们分别相当于现代会计中的"期初结存""本期收入""本期支出"和"期末结存"，这说明当时人们就是利用"旧管+新收-开除=实在"的平衡关系，全面、完整地反映经济活动的内在联系。

明末清初，我国的商业和手工业更加繁荣，人们在总结官厅会计和"四柱清册"记账方法的基础上，设计出了具有复式记账思想的"龙门账"和"四脚账"。"龙门账"将全部账目划分为"进""缴""存""该"四大类，分别对应今天的"全部收入""全部支出""全部资产""全部资本和负债"，利用"进-缴=存-该"的平衡公式，左右两边双轨计算盈亏和核对账目，如果等式两边计算的数值相等，就叫"合龙门"，"龙门账"因此得名。随着清代商品经济的进一步发展，我国会计工作者又对"龙门账"进行创新，创造了"四脚账"，即现金业务和转账业务都分为"来账"和"去账"两个脚，总共四脚。"四脚账"要求全部业务都要记录"来账"和"去账"，以便清楚反映经济业务的来龙去脉。

正当我国处于漫长的封建社会，整个社会以农业经济为主时，13~15世纪地中海沿岸国家的商业、手工业和金融业开始兴旺，意大利出现了复式簿记系统。1494年意大利人卢卡帕乔利出版《算数、几何与比例概要》，该书系统地总结了在威尼斯一带流行的复式记账法，使会计发展迈上了新的征程。伴随世界经济中心的转移，一些大国相继崛起，会计的发展中心随之转移，复式记账法相应传至德、英、法、美、日等地，并且在推动经济发展和社会进步的过程中不断得到完善。

18~19世纪工业革命后，英、法等国的工业经济迅速发展，公司制企业越来越多，英国的成本会计、公司财务报告日臻完善，会计从一个有助于商人控制其经营的系统发展为一个向不参与日常经营的投资者提供财务信息的系统，审计系统也随之发展和完善。19世纪末、20世纪初世界经济发展的中心逐渐转移到美国，会计发展的中心也随之转移到美国。正是英美等国市场经济的发展及其对会计的需要，才把会计从簿记发展阶段推进到会计发展阶段。第二次世界大战后，世界经济迅猛发展，会计进入现代会计的新时代，财务会计和管理会计并行发展，审计成为新兴学科。

伴随公司制企业的发展，公司会计得到迅速发展，成本计算、盈亏报告、财务报告呈报等会计活动深入人心。然而，在缺乏严格监管的环境中，企业及其控制人在机会主义动机的驱使下，会计舞弊不断发生，会计信息严重失真，企业利益相关者的合法权益得不到有效维护，经济秩序陷入混乱。在重建经济秩序的呼声中，会计发展进入管制时代。从1938年至今，美国经历了从会计程序委员会(Committee on Accounting Procedure)到会计原则委员会(Accounting Principles Board)再到财务会计准则委员会(Financial Accounting Standards Board)的准则制定组织的更迭过程，美国现行财务会计准则基本上是由1973年成立的财务会计准则委员会制定和发布的，这些准则真正使美国走上准则导向会计的发展之路。为了促进国际资本的有序流动、跨国公司的良性扩张、国际贸易的健康发展以及国际间会计信息的相互可比，推动国际会计准则的制定和实施，国际会计准则委员会(International Accounting Standards Committee)于1973年设立，在国际会计准则制定方面开展了卓有成效的工作，为了提高准则制定的专业性，改善工作成效，通过全面重组，2001年国际会计准则理事会(International Accounting Standards Board)取代了先前的国际会计准则委员会，负责制定和发布国际会计准则的工作，这一会计界的权威机构已经制定和发布了一系列的国际会计准则和国际财务报告准则，并在世界范围内得到广泛认可和实施。为了提高企业内部控制水平，治理会计舞弊行为，2002年美国国会和政府通过了《公众公司会计改革与投资者保护法案》，简称《萨班斯法案》(Sarbanes-Oxley Act)，要求在美国上市的公司遵守证券法律以提高公司披露信息的准确性和可靠性，从而保护投资者的权益。萨班斯法案的颁布和实施使得美国会计管制达到前所未有的高度。2006年至今，我国先后制定、发布和修订了《企业会计准则——基本准则》、具体会计准则及有关应用指南，2007年开始在上市公司和大中型企业中实施。2011年我国财政部发布了适用于小企业的《小企业会计准则》，从2013年起在所有适用的小企业范围内施行。2015年我国财政部制定和发布了《政府会计准则——基本准则》，目前政府会计基本准则、具体准则及应用指南和政府会计制度等构成了我国完整的政府会计准则体系。会计准则在各国的颁布和实施有效地提升了会计信息质量。会计准则体系的制定和实施极大推动了我国会计的发展水平，有效响应和支撑了社会主义市场经济的健康发展。

随着科学技术的进步，现代会计全面发展到智能化、实时化、无纸化、事项化和个性化时代，会计信息系统能够更好地为决策者提供改善资源配置和提高契约有效性决策所需的会计信息。

回顾历史，会计常常被分为古代会计、近代会计和现代会计阶段，古代会计主要是记事活动，近代会计主要是复式簿记和成本会计，现代会计才将会计提高到全面为决策者提供财务及其他经济信息的信息系统的发展阶段。各个发展阶段基于当时环境的制约，具有不同的状态和特点，但是，其提供决策所需信息的本质是相同的。

从会计发展和演化的进程看，会计始终是在与社会经济环境和人类生产活动的互动中持续进步的。一方面，会计的发展水平受到经济、科技、法律、文化等发展水平的制约；另一方面，会计的发展状况又会以积极或消极的方式影响着经济社会发展。马克思在《资本论》中对这一会计发展规律进行了精辟的总结："过程越是按社会的规模进行，越是失去纯粹个人的性质，作为对过程的控制和观念总结的簿记就越是必要。"①美国著名会计学家迈克尔·查特菲尔德在《会计思想史》中同样描述到："一般而言，文明程度越高，簿记方法越复杂精巧。"②将这样的思想放在今天的环境中，其含义就是"文明的程度越高，会计系统的质量越好"。这些精辟的论述充分说明会计和经济社会发展的紧密互动性。经济社会兴则会计兴，经济社会弱则会计弱；反之会计兴有助经济社会兴，会计弱会使经济社会弱。现代国家治理、公司治理和经济社会发展都呼唤高质量的会计发展。

二、会计的含义

何谓会计？美国会计学会（AAA）在其研究报告《会计基本理论说明书》（ASOBAT）中认为"会计是为了使信息使用者能作出有根据的判断和决策而进行确认、计量和传递经济信息的程序。"美国会计学会还明确指出"从本质上看，会计是一个信息系统。更确切地说，会计是一般信息理论在高效率的经济运营问题上的运用。"美国注册会计师协会（AICPA）在其发布的公告中认为"会计是一项服务活动，其功能在于提供有关经济主体的数量信息（主要具有财务性质以便于作出经济决策的信息）。"美国财务会计准则委员会（FASB）在其发布的财务会计概念公告中认为"会计是计量、处理和传送有关一个经济单位财务信息的信息系统。依据它所提供的信息，报表使用者可据以作出合理的经济决策。"

威廉·R. 斯科特认为财务会计和报告是通过及时、可信地将内部信息转换为外部信息从而有效控制逆向选择和道德风险的机制。③ 查尔斯·T. 亨格瑞等在其《会计学》一书中将会计定义为"会计是计量企业的经济活动，处理并加工经济信息，并将处理结果与决策者进行交流的信息系统。"④罗伯特·N. 安东尼等在《会计学教程与案例》中对会计在经济组织的计划、执行和控制等活动中所发挥的作用进行分析后，认同美国会计学会对会计的定义，认为"会计是通过认定、计量和传递经济信息，以帮助信息使用者作出有效判断和决策的过程。"⑤葛家澍和杜兴强在《会计理论》一书中认为"会计，主要指财务会计，是一个经济信息系统。"⑥葛家澍和余绪缨在《会计学》中对会计定义进行了比较详细的阐述，认为"会计，是旨在提高企业和各单位活动的经济效益，加强经济管理而建立的一个以提供财务信息为主的经济信息系统。它在企业和各单位范围内，主要用于处理价值运动（尤其是价值增值运动）所形成的数据，并产生与此有关的信息，反映是其基本的职能；上述数据和信息的进一步利用，又能起控制作用，会计的上述两项基本职能，都有助于进行正确的经济决策和财务决策"⑦。

---

① 马克思. 资本论. 第二卷. 北京：人民出版社，1972：152.
② Chatfield M. A history of accounting thought. Krieger Pub Co, 1977.
③ 威廉·R. 斯科特. 财务会计理论. 第7版. 陈汉文，改编. 北京：中国人民大学出版社，2017.
④ 查尔斯·T. 亨格瑞，瓦特·T. 哈里森，米切尔·A. 罗宾逊. 会计学. 第三版．上. 王化成，等，译. 北京：中国人民大学出版社，1997：11.
⑤ Robert N. Anthony, James S. Reece, Hertenstein Julie H. Accounting Text and Cases. Ninth edition. Richard D. Irwin, Inc, 1994.
⑥ 葛家澍，杜兴强. 会计理论. 上海：复旦大学出版社，2005：3.
⑦ 葛家澍，余绪缨. 会计学. 北京：高等教育出版社，2000：12.

上述会计组织和会计学者对会计给出的定义，具有很多共同特征。第一，会计主要是通过提供信息为决策者进行经济和财务决策服务；第二，会计是提供财务信息及相关经济信息的信息系统；第三，会计主要提供价值运动相关的信息；第四，会计的核心工作是对企业和单位的经济交易和事项进行反映和控制。

这里是一个会计反映经济交易和事项，提供决策所需财务信息的例子：某企业在其会计报表中披露上年度和本年度的营业收入分别为 1.6 亿元和 2.3 亿元，同时，该企业上年末和本年末的应收账款余额分别为 0.64 亿元和 1.37 亿元。投资者就可以利用这些会计信息判定该公司本年度营业收入比上年度实现了较大幅度的增长，绝对额增加 0.7 亿元，增长率为 44%，从数量方面看，公司本年度的营业收入绩效指标较好。但是，进一步分析，本年度该公司的应收账款比上年度增加了 0.73 亿元，增长率为 114%，增长幅度远远超过营业收入，说明公司的盈利质量并不高，大量的营业收入并没有对应现金回流。一旦部分应收账款收不回，企业将发生大额信用损失，使得原先的盈利成为"镜中花""水中月"。这些信息可以为投资者和债权人进行投资决策和风险分析提供依据，以便改善投资决策的水平。

中国注册会计师教育教材编审委员会在其编写的《中级财务会计》教材中分析会计的涵义时指出"会计是一个信息系统，是将经济业务的原始数据经过会计确认、计量和报告，提供决策信息的信息系统；会计是一项管理活动，会计工作参与到企业的规划、组织、执行、评价等工作中，旨在改善企业经济效益。"[①]中国注册会计师协会在其主编的注册会计师全国统一考试辅导教材中对会计的定义为："会计是以货币为主要计量单位，反映和监督一个单位经济活动的经济管理工作。在企业，会计主要提供企业财务状况、经营成果和现金流量信息，并对企业经营活动和财务收支进行监督。"[②]这些关于会计内涵和会计定义的分析与前面会计组织和学者的看法有所差异，特别强调会计的管理活动属性。

上述关于会计内涵分析上的差异可能源于对会计系统本身和会计工作的混淆。帕特里夏·德肖等使用"报告盈余 $=f($ 企业的财务绩效$)$"的关系式分析会计系统的质量，认为函数 f 是将企业财务盈余转换为报告盈余的系统，关系式中 f 为会计信息系统。[③]借鉴帕特里夏·德肖的分析思想和方法，我们可以写出类似的关系式"会计报表 $=f($ 企业的经济交易和事项$)$"或"会计报表 $=f($ 企业的经济活动$)$"，式子中函数 f 就是会计信息系统。将企业的经济交易和事项转换为会计报告的过程离不开具体的会计工作，会计工作通过对记载经济业务和事项的原始凭证进行审核和分析，通过确认和计量编制记账凭证，进一步登记账簿后，编制会计报告。在这个过程中会计发挥反映和控制的职能，而且具体参与了企业的经济管理活动。因此，仅就会计本身考察，会计就是一个将经济业务和事项按照一定的规则转换为会计报表的信息系统；在上述转换过程中，会计人员开展了一系列具体的会计

---

① 中国注册会计师教育教材编审委员会. 中级财务会计. 北京：中国财政经济出版社，2002：8-10.

② 中国注册会计师协会. 会计. 北京：中国财政经济出版社，2019：1.

③ Patricia Dechow, Weili Ge, Schrand C. Understanding earnings quality: A review of the proxies, their determinants and their consequences, Journal of Accounting and Economics, 50 (2010) 344-401.

工作，这些会计工作既参与了企业的经济管理活动，自己本身也是一种经济管理活动。就会计转换系统本身而言，会计的本质是一个信息系统，但是离开具体的会计工作，会计信息无法生成，会计信息无法发挥作用，会计也无法实现提供决策有用信息的目标。

一个会计信息系统是用来生成会计信息的，它是将经济业务加工成会计信息，并将这些信息传递给决策者的人员、程序、方法和记录的总称。① 在加工会计信息过程中，会计具有很好的反映和控制职能。不同规模企业的会计信息系统复杂性不同，水平也有差异，但其加工、传递财务及其他经济信息的本质内涵是一样的。一般地，会计作为信息系统经过三个大的阶段：首先，在会计信息系统中输入企业的经营活动数据；其次，处理和加工会计信息；最后，生成会计报表，输出会计信息，将会计信息传递给决策者。会计信息系统输入的是企业的经营活动数据，输出的则是会计报表，报表中包含决策者所需的财务信息。会计作为一个为企业内外决策者提供财务信息的信息系统，其工作机理如图1-1所示。

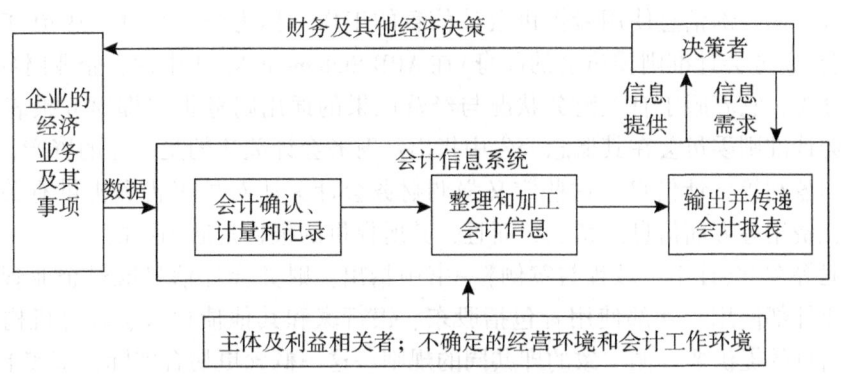

图 1-1 会计信息系统工作机理结构图

会计是将企业或单位的经济业务转换为财务信息的信息系统。在这个转换过程中，会计确认、会计计量、会计记录和会计报告依次展开，这既是分析、反映、控制和报告经济业务，加工会计信息的过程，也是会计参与计划、组织、执行和评价等经济管理活动的过程。会计通过提供经济决策所需的信息改善资源配置，提高合约效率，控制和防范风险，提高企业和单位的经济效益。要全面深刻理解会计内涵，既要注意会计作为提供会计信息这一转换系统的本质，又要关注转换过程中会计所参与和实施的一系列经济管理工作。

综合上述分析，会计是旨在改善资源配置，提高合约效率，以货币为主要计量工具，将企业和单位的经济业务转换为决策者进行经济和财务决策所需信息的信息系统。会计同时也是以提高经济效益和实现价值增值为目的，以反映和控制价值信息为核心内容的经济管理活动。会计在提供信息时既要关注主体及利益相关者的需要，又要考虑环境不确定性

---

① Robert F. Meigs, Jan R. Williams, Susan F. Haka, Mark S. Bettner. Accounting: The Basis for Business Decisions. 11th edition. McGraw-Hill Companies, Inc, 1999.

对自身工作的影响。

三、现代会计分化为财务会计与管理会计

现代会计已经演化为财务会计(financial accounting)和管理会计(managerial accounting)并行发展的信息系统。侧重于给投资者、债权人、政府机构或其他外部组织提供财务报告及其相关的会计工作领域，比如关于资产、负债、所有者权益、收入、费用和利润的确认、计量、记录和报告等会计工作体系，称为财务会计；侧重于给组织内部信息使用者提供财务报告及其相关的会计工作领域，比如战略成本分析、流程成本分析、作业成本分析与计算、成本性态和本—量—利分析、经营决策和资本投资决策分析、预算控制、责任会计、绩效评价和激励系统设计等会计工作体系，称为管理会计。

(一)财务会计及特点

很多会计组织和学者给财务会计下过定义。1966年美国会计学会认为，会计是使信息使用者能够作出有根据的判断和决策而辨认、计量和传递经济信息的程序。信息使用者有内外之分，向外部信息使用者提供会计信息的工作，称为财务会计。1970年美国会计原则委员会(财务会计准则委员会的前身)在APB Statement No. 4中说，企业财务会计是会计的一个分支，它着眼于有关财务状况与经营成果的通用财务报告即财务报表。1978年美国财务会计准则委员会在其概念公告中指出：财务会计关注的是企业的资产、负债、收入、费用和盈利等会计信息。这些定义强调财务会计关注对外报告和提供有关资产、负债、收入、费用等方面信息的特点，而且，其所提供的报告是通用型的。

安冬尼等在《会计学：教程与案例》一书中指出：财务会计信息既供企业管理当局使用又供企业外部使用。外部使用者包括股东、银行家和其他债权人、政府机构与广大公众。这种信息的提供要遵循一致的即共同的规则。这一概念更切合实际，事实上财务会计信息既供外部使用，又供内部使用，只不过在侧重点上有所差异罢了。更为重要的是，这个定义明确指出了财务会计在提供信息时应该遵循共同的规则，这样才能保证不同企业所提供信息的可比性。[1] 罗伯特·F. 迈格斯等在《会计学：企业决策的基础》一书中写道：财务会计提供关于一个企业的财务资源、义务和活动的信息。这些信息主要由外部决策者——投资者和债权人使用。[2] 罗纳德·W. 希尔顿在《管理会计》一书中分析财务会计和管理会计的关系时反复强调：财务会计是运用会计信息向组织机构外部的当事人报告。

中国注册会计师教育教材编审委员会在注册会计师专门化教材《中级财务会计》中对财务会计的定义是：财务会计是以会计准则为指南，编制并对外披露包括企业外部和内部的信息用户所需的财务报告，目的在于向这些用户综合反映企业的财务状况、经营成果和现金流量，以便他们作出明智的投资决策、信贷决策，制定有效的监管政策等。[3] 该定义

---

[1] Robert N. Anthony, James S. Reece, Hertenstein Julie H. Accounting Text and Cases. Ninth edition. Richard D. Irwin, Inc, 1994.

[2] Robert F. Meigs, Jan R. Williams, Susan F. Haka, Bettner Mark S. Accounting: The Basis for Business Decisions. 11th edition. McGraw-Hill Companies, Inc, 1999.

[3] 中国注册会计师教育教材编审委员会. 中级财务会计. 北京：中国财政经济出版社，2002：10.

强调了财务会计的准则导向特征、服务对象外部性为主的特点，以及财务报告通用性的特色。

财务会计是以会计准则为主要依据，采用会计确认、会计计量、会计记录和会计报告程序对企业和单位的经济业务进行系统加工，将经济业务有序地转换为财务报告的信息系统，财务会计主要通过通用财务报告的形式为企业和单位的外部信息使用者提供投资、信贷和类似经济决策所需的信息，有效地将内部信息传递给外部，以便解决信息不对称环境下的逆向选择和道德风险问题，同时也为内部管理者服务，通过可靠和相关的信息交流改善资源配置效率，提高合约有效性。简而言之，财务会计是一种对外报告会计。

从内容上看，财务会计主要解决资产、负债、所有者权益、收入、费用和利润等相关经济业务和事项的会计确认、会计计量、会计记录和会计报告问题，以及其他特种业务的会计核算和会计控制问题。

根据财务会计的定义和基本构成内容，财务会计具有以下特点：(1)财务会计主要是一种对外报告会计，重点向企业和单位的外部利益关系集团报告有关主体财务情况方面的信息。财务会计信息的主要使用者是投资者、债权人、政府机构、中介机构等，内部管理者在经营决策中也会利用相关财务会计信息。(2)财务会计对企业有关资产、负债、收入、费用和现金流量等方面的信息进行提供，这些信息集中包含于资产负债表、利润表、现金流量表和所有者权益变动表中，包括上述信息的财务报告是财务会计对外传递信息的基本手段。(3)财务会计在处理会计业务、提供财务报告时必须遵循一定的会计准则和会计规范，比如我国企业会计人员在开展财务核算工作的过程中就必须遵循企业会计基本准则、具体会计准则、会计准则应用指南和会计准则解释等相关规范。(4)财务会计有自己特定的程序，比如，会计核算是财务会计的核心内容，会计核算工作对符合会计确认和会计计量条件的经济业务和事项的处理都经历确认、计量、记录和报告的过程，整个财务核算工作又都表现为"从经济业务到原始凭证、到记账凭证、到会计账簿、到会计报表"的工作循环程序。(5)财务会计提供的财务报告主要为通用财务报告。财务会计的报告形式随着技术进步和规则完善，将会越来越个性性、适时化、事件化和智能化。

下面是利用财务会计信息的一个实例，8家不同企业的经营利润、经营活动净现金流和投资活动的净现金流的情况如下：

第一家经营利润大于0，经营活动的净现金流大于0，投资活动的净现金流大于0；
第二家经营利润大于0，经营活动的净现金流大于0，投资活动的净现金流小于0；
第三家经营利润小于0，经营活动的净现金流大于0，投资活动的净现金流大于0；
第四家经营利润小于0，经营活动的净现金流大于0，投资活动的净现金流小于0；
第五家经营利润小于0，经营活动的净现金流小于0，投资活动的净现金流大于0；
第六家经营利润小于0，经营活动的净现金流小于0，投资活动的净现金流小于0；
第七家经营利润大于0，经营活动的净现金流小于0，投资活动的净现金流大于0；
第八家经营利润大于0，经营活动的净现金流小于0，投资活动的净现金流小于0。

在系统学习财务会计的理论和知识之前，请尝试解读上述不同情境下的财务信息所揭示的企业经营情况。

(二) 管理会计

管理会计的定义也是多种多样。1958年美国会计学会对管理会计下的定义是：管理会计是运用适当的技术和概念来处理某个主体的历史的和预期的经济数据，帮助管理当局制定具有适当经济目标的计划，并为实现这些目标作出合理的决策提供信息服务。1988年国际会计师联合会对管理会计的定义是：管理会计是指在一个组织内部，对管理当局用于规划、评价和控制等工作所需的财务和经营信息进行确认、计量、积累、分析、编报、解释和传输的过程，以确保其资源的利用并对这些资源承担经管责任。美国管理会计师协会在其颁布的《管理会计公告》中将管理会计定义为：管理会计是向管理当局提供用于企业内部计划、评价、控制以及确保企业资源的合理使用和经管责任的履行所需财务信息的确认、计量、归集、分析、编报、解释和传递的过程。管理会计还编制供诸如股东、债权人、规章制定机构及税务当局等非管理集团使用的财务报告。这里说的财务信息是广义的，包括用于解释实际或计划性商业活动、经济环境以及资产和负债的估计所必需的货币性和非货币性信息。而且，该委员会还指出：为了实现管理会计的目标，管理会计师应提供决策所需信息，参与管理过程。管理会计通过报告、解释、资源管理、信息系统开发、技术完善、鉴定和管理等活动实现计划、评价、控制、区分责任和对外报告等职责。[①] 显然，这一管理会计的概念是广义的，它既强调管理会计的对内报告、对内控制等职责，又强调管理会计的对外报告职责，试图将管理会计与财务会计连接起来，但是，无论如何这一定义还是重点强调了管理会计以企业管理当局为核心服务对象的特点。

尽管著名管理会计学者罗伯特·S. 卡普兰和安东尼·A. 阿特金森在其《高级管理会计》中没有十分明确地给管理会计下定义，但是，在该书导论中明确指出：管理会计系统为协助管理者规划和控制企业的各种经济活动提供信息。管理会计不同于为企业外部利益集团提供信息服务的财务会计，而是以企业内部经营决策为信息服务主体。管理会计的范围将超越传统的源于已经发生交易的成本收入计量，而将计量建立在实物或非财务计量基础上。管理会计服务于内部规划和控制活动的信息不受对外报告的规则约束，大量的信息被用来预测、估计企业未来事项及计量尚未发生的机会成本。在该书第一章中进一步指出：管理会计提供的信息在企业管理中发挥着重要的作用，它有助于管理者作出决策，指导企业经营战略的建立并评价正在实施的经营战略，并且它致力于改进企业的经营状况和评价企业各部门和成员的业绩。管理会计的目标是及时、有效激励和协助管理者实现企业的经营目标。[②] 这一定义既指出管理会计提供信息的特点，说明管理会计是会计系统的重要组成部分；又指出管理会计的目标是及时、有效激励和协助管理者实现企业的经营目标，管理会计具有服务内部决策为主的特征。

中国注册会计师教育教材编审委员会在注册会计师专门化教材《中级财务会计》中对管理会计的定义是：管理会计是以企业内部管理目的为出发点，编制并对内呈报企

[①] 《管理会计公告》的具体内容可参阅美国管理会计师协会发布的各辑公告，也可参阅由刘霄仑老师翻译、人民邮电出版社出版的《管理会计公告》。

[②] 罗伯特·S. 卡普兰，安东尼·A. 阿特金森. 高级管理会计. 吕长江，主译. 大连：东北财经大学出版社，1999：1-12.

业内部管理所需要的会计信息，如有关成本费用控制的信息、有关预算执行情况的信息、有关业绩差异的信息等，目的在于向企业内部的各个管理层提供管理活动中与成本控制、预算执行、绩效评价等有关的会计信息，以便企业的管理当局提升管理水准，完善制度建设，提高生产和经营效率。[①] 该定义强调了管理会计为内部经营管理提供信息服务为重心的特征、服务对象内部化的特点，以及管理会计工作多样化、报告灵活化的特色。

管理会计是通过为企业的成本管理和分析、经营和投资决策、预算和控制、业绩评价和员工激励提供信息，并参与上述活动，从而有助于实现企业经营目标的信息系统。管理会计为企业内部提供信息的手段和方法多种多样，方式灵活，个性化特点突出。管理会计既为企业经营决策提供信息，又有助于解决企业内部存在的各种各样的委托代理问题。管理会计通过提供有关企业经营的信息及其预测性信息为改善企业内部的资源配置和合约效率服务，是整个会计信息系统的重要组成部分。概言之，我们认为管理会计是一种对内报告为主的会计，在服务于管理当局的同时，管理会计也注意对企业的外部利益关系集团提供他们决策所需的重要信息。管理会计是面向未来决策的会计，决策、规划、控制和绩效评价等管理会计的活动都是面向未来的，它不拘泥于企业已经发生的经济业务，具有更大的灵活性。

从内容上看，管理会计主要关注成本计算问题、战略成本、流程成本和作业成本的分析和管控问题，成本性态和本—量—利分析和决策问题，预算控制和责任会计问题，经营决策和资本支出决策问题，业绩评价和激励系统设计问题等。通过为上述经营决策提供信息，并参与上述决策，推动企业经营目标的实现。

根据管理会计的定义和基本构成内容，管理会计具有以下特点：(1)管理会计主要是一种对内报告会计，重点向企业的管理当局报告有关企业财务和经营情况方面的信息。(2)管理会计关注企业的成本习性、本—量—利关系、短期经营决策和长期投资决策、预算、控制和业绩评价、责任会计等方面的信息，这些信息主要与企业内部各个管理部门的决策有关，管理会计信息重点满足企业内部决策的需要。(3)管理会计在处理各种会计业务、提供管理所需的会计报告时也不必遵循特定的会计准则和会计规范，相反，管理会计在提供信息时更强调及时性和对决策的有用性。(4)管理会计也有很多自己特定的方法，但是，它在处理会计业务时没必要遵循固定的程序，它更看重提供信息过程的效率和效果。(5)管理会计信息不拘泥于已经发生的交易和事项，相当多的管理会计信息具有预测性和分析性。

下面是利用管理会计信息的一个实例。一位企业经理问："我们公司每生产一台设备需要投入10万元，其中固定费用2.5万元，变动费用7.5万元，现在甲地的采购商采购100台设备，采购报价为每台11万元。乙地的采购商希望采购20台同款设备，只愿为每台设备出价9.2万元。企业内部为是否接受乙地采购商的订单发生争论，很多人认为乙地采购商报价太低，低于生产成本的订单会使本企业的利润减少，所以不宜接受该订单。"

---

① 中国注册会计师教育教材编审委员会. 中级财务会计. 北京：中国财政经济出版社，2002：10.

你参加问题的讨论，你将发表什么样的意见？解决这个问题需要管理会计的知识，但是，你也许凭经验或推理能够解决这一问题，尝试一下。随着对会计知识的学习，以后可以检验一下你的判断。

(三) 财务会计与管理会计的联系与区别

财务会计和管理会计构成了现代会计最重要的两个分支。财务会计与管理会计之间既有联系，又有区别。

财务会计与管理会计之间的联系：(1)财务会计和管理会计共同构成了现代会计信息系统，它们同时具备会计信息系统的很多特征，有着共同的目标，都是为会计信息使用者的决策服务，都是为了提高企业的经济效益，实现价值增值。(2)财务会计与管理会计都源于经济活动的需要而产生，伴随经济社会的发展而进步。财务会计和管理会计都因为"受托责任"（accountability）的存在而发展，都是为受托责任的履行与评价服务。财务会计比较强调所有者与经营者之间的受托财务责任关系的计量与评价，同时为受托财务责任的有效完成服务；管理会计比较强调各级管理者之间的受托管理责任关系，同时为受托管理责任的有效完成服务。总而言之，财务会计和管理会计都是为会计信息使用者提供进行投资、信贷和其他经济决策所需的信息，都要解决资源配置和合约有效的问题。

财务会计与管理会计之间的区别：(1)财务会计和管理会计的主要服务对象有所差异。财务会计是对外报告会计，管理会计是对内报告会计，所以财务会计主要为企业的股东、债权人、政府和社会公众等外部信息使用者提供投资决策和信贷决策所需的信息；管理会计主要为企业内部的各级管理人员提供经营决策所需的信息。(2)财务会计和管理会计在加工和提供会计信息过程中所遵循的规则不同。财务会计在处理经济业务和事项、提供会计信息过程中必须遵循政府和职业组织所制定的会计准则和信息披露规则；管理会计则为改善企业的经营决策、实现企业经营目标等活动使用各种决策分析方法，不必遵循法定规则和职业组织颁布的准则。(3)财务会计和管理会计信息来源具有较大差异。财务会计的信息一般源于企业和单位已经发生的经济业务和事项，事后反映和事中控制的特点较为突出。管理会计的信息不仅源于已经发生的经济交易和事项，不仅源于会计事项，相当多的信息是分析和预测性信息，不少信息还源于非会计事项，比如，成本性态划分的信息、机会成本信息、面向未来的资本支出决策和预算信息等都不一定来自企业已经发生的会计事项。(4)财务会计和管理会计的报告及其程序不同。财务会计报告更关注企业整体的财务状况、经营成果和现金流动情况；而管理会计报告既关注整体性信息，也关注局部性信息。财务会计有比较明确的会计确认、会计计量、会计记录和会计报告工作流程，有周而复始的会计程序和会计循环；管理会计则根据企业经营决策的需要灵活提供经营决策所需的相关信息，很多信息来自对经营事项的估计、预测和判断，管理会计更深刻地融入企业的经营活动，比如通过企业内部业绩评价和激励系统的设计促进经营目标的实现，管理会计一般都没有通用的报告形式和整齐划一的工作程序。财务会计和管理会计在报告对象、信息使用者、信息加工自由度、时间维度的聚焦性和规范性、报告的内容、活动的范围和产生的效果等方面都有一定的差异。

第二节 会计职能和会计目标

一、会计职能

职能是人、事物或机构本身具有的功能或应起的作用。① 也就是说职能是指一切事物所固有的功能，会计职能是会计自身所具有的功能，是会计本质的体现。会计职能与会计目标不同，会计目标是人们期望会计所可能履行的任务、所可能达到的境界，它的内容受到人们主观期望的影响；会计职能则是会计本质的具体化，是会计这一客观事物的内在要求，人们只能认识到会计具备这方面或那方面的职能，而不能创造或要求会计必须具有某种它在本质上所不具备的职能。关于会计职能和会计目标的关系，葛家澍和余绪缨深刻地阐述道："由于会计的本质是由生产发展特别是商品经济对信息的客观需求所决定，会计的职能（尤其是基本职能）具有客观性和相对稳定性。职能是会计本质的体现，带有客观必然的要求，因而成为确定会计目标的客观依据；会计目标是会计信息使用者向会计信息系统提出的主观要求，但会计目标的提出，不能脱离、也不能超越会计的职能。"②

会计系统是一个人造系统，人们对会计系统的认识在不断加深，会计系统本身也在不断进步，因此，尽管会计职能是会计所固有的、客观存在的，但它也会随着会计的发展和人们认识的深化而不断完善。

研究会计目标的国外学者和组织很多，但是专门讨论会计职能的却少见，著名会计学家佩顿（Paton）是少有对会计职能进行专门论述的国外学者之一，他认为会计的职能就是记录、分类、整理和提供与价值有关的数据，以便一个主体的所有者和管理者在决策时能够周全地使用资本。仔细分析佩顿的论述，他是就会计本质进行阐释时定义会计职能的。我国会计学家对会计职能进行过长期的研究，普遍认为会计具有反映和控制（监督）两大职能，有人认为会计还具有参与决策的职能。但是，我们认为反映是会计最基本的职能，控制（监督）是极其重要的派生职能，参与决策是更进一步的派生职能。会计是一个信息系统，离开了反映，其他职能无从说起。至于会计的派生职能，根据分类的详细程度，可以列示出不同的结果，比如，有些学者提到会计具有预测、计划、控制和组织等职能；有些学者认为会计兼有预测、决策、控制和分析等职能。

葛家澍和余绪缨在阐述会计的本质时特别指出会计主要是处理企业和单位价值运动所形成的数据，并产生与此有关的信息，反映是会计基本的职能，上述数据和信息的进一步利用，使会计又能起控制作用，会计具有反映和控制两项基本职能。③ 下面主要分析会计的反映和控制职能。

(一)会计的反映职能

反映是企业和单位会计内在的、固有的最基础性的功能，会计如果还有其他功能，那

---

① 编写组. 新华词典. 北京：商务印书馆，2001：1264.
② 葛家澍，余绪缨. 会计学. 北京：高等教育出版社，2000：23.
③ 葛家澍，余绪缨. 会计学. 北京：高等教育出版社，2000：12.

也是由此派生出来的。会计的反映职能又称为会计的核算职能。会计的反映或核算职能是指通过确认、计量、记录和报告，从数量上连续、系统和完整地核算各单位已经发生或已经完成的各项经济活动，为信息使用者提供经济信息。[①] 会计的基本工作就是以货币为计量工具通过对企业和单位所发生的经济业务和事项进行确认、计量、记录和报告，为会计信息的使用者提供决策有用的信息，从而实现会计目标。企业和单位的会计报表是对该主体的经济业务进行加工的结果，它系统和完整地反映了该企业的财务状况、经营成果和现金流动情况。企业和单位会计工作的过程就是对其所发生的经济业务进行反映的过程，这种分析主要是从财务会计视角看待问题的，如果加上管理会计视角，会计核算除了对已经发生的经济业务进行反映外，还对尚未发生的经济业务进行事前计算和分析，对正在发生的经济业务进行事中记录和计算，这些内容构成会计的事前和事中核算工作。完整地看，会计反映和核算包括事前、事中和事后的计算、记录、分析、反映和提供会计信息的所有工作。未来，会计反映将更多呈现个性化、适时化、事件化和智能化等特点，以便更好地反映数字化经济活动的过程和结果。

（二）会计的控制职能

会计的控制职能是会计反映衍生出的最重要职能，会计的控制职能又称为会计的监督职能。会计控制或监督职能是指会计按照一定的目的和要求，对即将进行或已经进行的经济活动的合理性、合法性和效益性进行跟踪与检查，并据以施加影响或控制，使之达到预期的目标。[②]

财务会计运用填制凭证、设置账户、复式记账、登记账簿、成本计算、财产清查和编制报表等专门会计方法反映经济业务和事项，提供决策所需的信息，这些会计方法构成一个体系，具有相当强大的控制功能；会计在进行会计核算时必须遵循权责发生制原则、配比原则、历史成本原则、谨慎性原则、划分收益性支出和资本性支出原则、客观性原则、可比性原则、一贯性原则、及时性原则、明晰性原则、相关性原则、重要性原则和实质重于形式原则，对这些原则的遵守解决了哪些业务能进入、哪些业务不能进入会计系统，什么时候进入会计系统，进入会计系统反映的金额是多少，如何在会计报表中进行列报等问题，解决这些问题的过程也是会计控制和监督职能发挥作用的过程。会计在处理业务时所规定的"钱、账分管，凭证、账簿和报表互相复核，不相容岗位工作分设"等规则无不闪烁着会计控制的思想，发挥着会计控制的作用。通过反映职能的正常发挥，会计如实地提供了体现企业经营情况的财务信息，这些信息可以与企业的计划、预算等指标进行比较，一方面能够评价企业的经营绩效，另一方面可以发现企业经营过程中存在的偏差，及时进行纠正，从而从整体上保证企业预定目标的实现，设定目标，开展活动、实施考核与评价，最后纠正偏差的工作流程本身就是一种控制活动。最后，国家宏观经济管理部门也经常利用会计系统执行对企业经营活动的控制。因此，控制也是会计极其重要的职能之一。管理会计中成本计算、成本控制、成本分析、经营分析和控制、资本支出分析和控制、预算管理、责任会计、业绩评价、激励系统设计和实施等工作既是决策和经营工作，也是控

---

① 沈烈. 会计学. 武汉：武汉大学出版社，2010：7.
② 沈烈. 会计学. 武汉：武汉大学出版社，2010：7.

制和监督工作。财务会计和管理会计共同发挥会计的控制职能，促进会计目标和企业经营目标的实现。

未来的会计监管将会更多利用现代信息技术，实施全方位、深层次的穿透式监督，告别形式化、表面化的监督状态，改善会计监督的效果。

二、会计目标

（一）会计目标的内涵

会计的目标，是指会计活动应达到的境地或标准。会计目标对会计系统的设计提出了要求，为会计活动指明了方向。在财务会计概念框架结构中，财务会计的目标占据极其重要的位置。

会计目标的提出不能超越会计系统所具有的内在职能，否则提出的目标就无法实现。总的来看，会计目标不如会计职能稳定，它受到会计所处的经济、政治、法律、教育、科技和社会环境等因素的深刻影响，在不同国家或同一国家的不同时期，会计目标可能有较大的差异。对会计本质的理解不同，所处的社会经济环境不一样，人们对会计目标的理解也会有较大的差异。关于会计目标的看法学术界主要有以下几种观点：

受托责任学派认为，在所有权和经营权分离的情况下，资源的受托者负有对资源的委托者说明其开展活动及结果、报告其履行受托责任情况的义务。因此，会计的目标就是向资源的提供者报告资源受托管理的情况。受托责任观要求委托人和受托人比较明确，委托受托责任关系比较清楚，委托人和受托人之间的谈判和履约成本比较低，否则会计受托责任观所设定的会计目标就难以达成。为了客观地反映受托人经管资产的努力程度，会计上更多地使用历史成本计量属性，要求会计信息系统提供的会计信息具有较高的刚性特征，也就是可靠性特征，企业盈余指标经常作为衡量受托人努力程度的替代变量，因此，在受托责任观下，利润表的地位比较高。

决策有用学派认为，会计的目标就是向信息使用者提供决策有用的会计信息。它强调会计信息的相关性和有用性；重视公允价值计量，不仅关注企业已经发生的交易和事项，还要关注内外部经营环境变化对企业价值的影响；不仅重视利润表，还重视资产负债表所提供的关于企业资源及来源的价值信息。在企业利益相关者较多、有不少潜在利益相关者的情形下，受托责任不容易界定和表达，谈判成本太高，履约责任难以一对一交流并解除，这是决策有用观产生的原因，决策有用观的提出是对受托责任观的发展和超越。在市场经济高度发达、股权比较分散、利益相关者较多的情形下，决策有用观的会计目标更具现实意义。

产权学派的学者则认为，受托责任观和决策有用观的会计目标都有缺陷，没有触及问题的本质。从本质上考察，会计是反映产权价值运动的，会计的目标是促成合理的制度安排，节约交易费用，保护产权交易中各个产权主体的合法权益。产权学派将会计看成反映产权价值运动，保护产权主体利益，维护产权主体之间关系的信息系统无疑是深刻的，但是，会计信息更多地表现为直接为各种契约的签订、执行和评价服务，为各种经营决策服务；而且产权价值运动不好观察和度量，因此，在现实生产和生活中，以货币为主要计量手段的会计信息系统，其目标一般被设定为为受托责任问题和决策有用问题的解决提供服务。

关于会计目标的认识，不同学派的观点并不矛盾，仅是看问题的视角有差异，关注问题的侧重点有区别，适用的条件有所不同。下面讨论主要会计组织对会计目标的看法，因为这些组织的观点在会计实践中得到了广泛的认可和执行。

会计目标集中表现为财务报表或财务报告的目标。国际会计准则理事会在其采纳的《编报财务报表的框架》中明确规定：财务报表的目标，是提供关于一个主体的财务状况、经营业绩和财务状况变动的信息，以便会计信息使用者做出经济决策。为此目的编制的财务报表，能够满足大多数使用者的共同需求。财务报表还反映管理层对交托给他的资源的经营成果或受托责任的履行情况。使用者之所以评估管理层的受托责任和经管责任，是为了能够做出更好的经济决策。

美国财务会计准则委员会在其公布的《财务会计概念公告》中明确指出：财务报告的目标是为现有和潜在的投资者、债权人以及其他使用者提供其作出理性投资、信贷和类似决策所需的有用信息。这些信息包括关于企业的经济资源、这些资源上的索取权（包括债权和股东权益）以及引起这些资源和对资源索取权发生变动的各种交易、事项和情况。这些信息由企业的经济资源、负债和股东权益，企业的收益和业绩，企业的变现能力、偿债能力和资金周转，管理当局的受托责任和业绩，管理方面的说明和解释等内容。这些信息可以帮助现有和潜在的投资者、债权人以及其他使用者评估从股利或利息中获取预期现金流入的金额、时间分布和不确定性。

我国财政部组织制定和颁布的《企业会计准则——基本准则》第四条明确指出：企业应当编制财务会计报告。财务会计报告的目标是向财务会计报告使用者提供与企业财务状况、经营成果和现金流量等有关的会计信息，反映企业管理层受托责任履行情况，有助于财务会计报告使用者作出经济决策，财务会计报告使用者包括投资者、债权人、政府及有关部门和社会公众等。

综合上述有关准则制定组织的观点，会计的目标，也即财务报告的目标，是提供反映企业管理层受托责任履行情况，有助于会计信息使用者作出经济决策，尤其是投资和信贷决策的财务信息及相关经济信息。

(二) 会计信息的使用者及其所需的会计信息

会计是一个提供决策所需信息的信息系统。市场经济条件下的会计目标主要是为投资、信贷或类似决策提供财务信息及其相关经济信息。因此，会计目标需要讨论以下基本问题：谁是会计信息的使用者，他们分别需要什么样的信息？具有什么特征的会计信息是有用的？

在市场经济高度发展的社会中会计信息的使用者很多，主要包括投资者、债权人、社会公众、财政和税务等政府机构、证券交易所、财务分析机构、企业的客户和供应商，以及企业管理当局和内部职工等。各个会计信息使用者也是企业的利益相关者，由于他们的权益不同，聚焦的问题有差异，所以对会计信息关注的侧重点也有区别。

投资者，即企业的所有者或股东，是指股权资本的占有人，包括现实和潜在的给企业投入股权资本的政府机构、法人机构、个人及外商投资机构等。他们需要借助会计信息分析企业的投资回报水平和风险承担状况，评价企业的获利能力和价值创造能力，从而对是否进行投资、是否继续持有投资、投资多少金额等作出科学合理的决策，力求实现资本的保值和增值。

债权人是指向企业提供贷款的金融机构和非金融机构，以及给企业提供材料、劳务的往来客户和职工等，他们为了按期收回债权本息、按时收回货款、获取应得薪酬，需要关注企业持有的货币资金、企业创造现金流的能力、企业的速动资产对流动负债的保障倍数、流动资产对流动负债的保障倍数、总资产对总负债的保障能力等会计信息，用以评估企业的支付能力、短期偿债能力和长期偿债能力，以便更好地作出信贷资源和债权资源的配置决策。

财政、税务等政府机构需要借助有关企业经营和投资项目的会计信息，借助有关企业收入水平、成本水平和所得情况的会计信息，借助企业环保投入、研发投入、薪酬投入和公益投入等方面的会计信息，评估政府宏观经济政策的合理性和有效性，评估政府宏观政策的微观基础，评估政府产业政策的微观效应，评估税收政策的合理性和政府补贴政策的有效性，并及时足额收缴税款，保障税负的公平性。

证券监管部门和证券交易机构需要企业通过会计信息系统有效加工、充分披露会计信息，维护证券市场的有序运行，实施证券监管，维护投资者合法权益。证券分析师等中介机构需要根据企业的会计信息进行投资分析，为投资者提供专业服务。企业内部职工和社会公众最关心企业的福利、工薪水平，劳动安全和职工培训，以及企业对社会的贡献状况，他们需要借助会计信息有效维护自身的合法权益。企业管理当局则重视各部门和整个企业的经管责任履行状况，现金流动情况，企业盈利能力、偿债能力和资金运营能力的相互协调性，他们需要借助会计信息制定经营目标，配置有限的经济资源，安排和组织生产作业，选择恰当的投资项目，提高资金的运营效率，合理调度资金，确保支付能力，防范财务风险，提高企业绩效，实现经营目标，促成价值增值。

近年来，企业和单位的利益相关者越来越关注企业 ESG（environmental, social & governance）的履行情况和可持续发展能力。为了回应利益相关方对企业 ESG 信息的关注，全球报告倡议组织（Global Reporting Initiative，GRI）发布了《可持续发展报告指南》，国际可持续准则理事会（International Sustainability Standards Board，ISSB）发布了《国际财务报告准则可持续披露准则第 1 号——可持续相关财务信息的一般要求》和《国际财务报告准则可持续披露准则第 2 号——与气候相关披露》，碳披露项目（Carbons Disclosure Project，CDP）提供了全球最大的环境信息数据库，气候相关财务信息披露工作组（Taskforce for Climate-related Financial Disclosure，TCFD）发布了《气候信息披露框架》，这为企业 ESG 相关信息披露提供了详细指南。在国内，中国证监会、上海证券交易所、深圳证券交易所、北京证券交易所、生态环境部、国务院国资委和财政部等都对企业 ESG 相关信息披露提出了具体要求，很好地满足了投资者和社会各方在决策过程中对企业 ESG 信息的需要。

（三）有用会计信息的质量特征

会计是一个信息系统，会计的目标是为投资和信贷等决策提供有用的信息。决策者对会计信息是有质量要求的，达到一定质量的会计信息才可能被信息使用者认可，才会对决策产生积极的作用。也就是说，具有一定质量特征的会计信息才会成为决策有用的信息。会计信息质量特征是对企业财务报告中所提供会计信息质量的基本要求，是使财务报告所提供的会计信息对投资者、债权人等使用者决策有用应具备的基本特征。①

我国《企业会计准则——基本准则》对会计信息质量明确提出可靠性、相关性、可理解性、可比性、实质重于形式、重要性、谨慎性和及时性等8大要求。会计信息的质量特征并不是杂乱无章的，各项质量特征之间具有严密的逻辑结构。国际会计准则理事会在《编报财务报表的框架》中明确说明：财务报表的主要质量特征是可理解性、相关性、可靠性和可比性。相关和可靠的会计信息又受到及时性、效益和成本之间的平衡、各质量特征之间的平衡，以及真实和公允表达等因素的制约。这些质量特征作为一个有机结合的整体共同保证会计信息对决策者的积极作用。美国财务会计准则委员会在其发布的《论财务会计概念结构》第二辑《会计信息的质量特征》中提出了如图1-2所示的会计信息质量层次结构图，对会计信息质量特征进行了结构化表达。

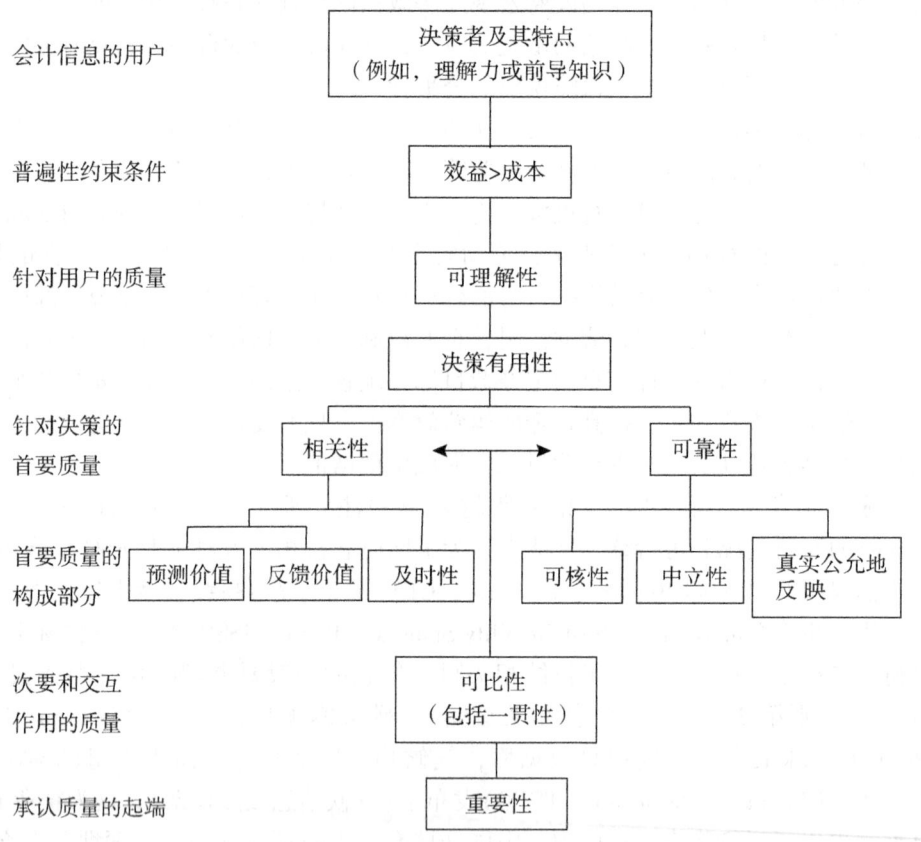

图1-2　会计信息质量的层次结构图

从会计信息质量层次结构图中可以看出，会计提供决策有用信息的先决条件是：一方面，信息提供者需要全面了解会计信息的使用者即决策者，在决策中对会计信息的需要；另一方面，会计信息使用者即决策者，愿意获取和使用会计信息，并作适当的努力使自己

---

① 中国注册会计师协会. 会计. 北京：中国财政经济出版社，2019：8.

有能力使用会计信息。因此，这个结构图将会计信息用户列在最顶端，越是理解会计信息的用户，会计信息的决策有用性目标越容易实现。同时，为了有效使用会计信息，实现会计的目标，该体系也对会计信息用户，即决策者提出他们应该具有合适的理解力，并掌握足够的前导知识。

决策者对会计信息的最基本的质量要求是会计提供的信息对决策有用，尤其对投资和信贷等资源配置决策有用，并预期带来合适的收益。如果会计信息没有用处，信息就不能为人们带来任何利益，不足以补偿加工会计信息、披露会计信息所花费的代价，会计系统也就失去了存在的理由。因此，在提供会计信息时必须遵循"效益大于成本"的原则。会计信息说到底是为人提供、供人使用的，每一位决策者都要在一定的客观环境中结合先验经验，解读、吸收增量性的会计信息及其他经济信息，对具体事项做出评价和判断，以便作出合理的投资、信贷及类似决策。所以，质量再好的会计信息只有被人理解和接受，才会对决策有用。可见，"可理解性"是对会计信息的又一基本要求，可理解性是会计信息有用的基本条件。"效益大于成本"则是提供决策有用信息的普遍性约束条件，提供有用会计信息必须符合"效益大于成本"的条件。

会计是一个信息系统，会计的基本目标是为会计信息使用者提供决策有用的信息。提供信息的有用性就是会计信息有助于投资、信贷及其他经济活动的决策者预估未来的现金流量、现金流量的时间分布和不确定性，提高资源配置的有效性；有助于委托人评价受托人受托责任的履行情况，提高合约的有效性。对会计信息提出质量特征的要求，就是要确保会计信息决策有用目标的实现。

会计信息的决策有用性是关系到会计能否生存下去的大问题，有用性是对会计信息的最基本要求。那么，什么样的会计信息才是有用的呢？一般而言，有用的会计信息具有相关性和可靠性两个核心特征。

相关性(relevance)是指会计信息要能够帮助使用者总结和验证过去、评估和控制现在、预测和分析未来，或者去证实或纠正以往的预期情况，从而影响其决策的特性。相关性内含了对会计信息的及时性要求，即会计信息在失去对决策的有用性以前，必须传递到信息使用者手中，为决策者所掌握。如果会计信息传递不及时，会计信息对决策的用处就不大或者根本没用，相关的信息也自然变得不相关了。会计信息的及时性、对决策的预测价值和反馈价值共同支撑着会计信息的相关性特征，会计信息的相关性更多体现为信息的价值相关性，相关的会计信息可以解决信息不对称环境下的逆向选择问题，为资产定价服务，有助于实现资源有效配置的目标。

可靠性(reliability)是指会计信息如实地反映了它意欲反映的情况，以确保信息能免于错误及偏差的特性。严格地说，不可靠的会计信息很难具有相关性，可靠性和相关性之间没有内在的冲突，但它们毕竟是两个不同的质量特征，当二者发生矛盾时，财务会计更强调可靠性，因为可靠的信息才可能被企业利害关系集团当成真实与公允的信息，才有可能被他们认可。可靠的会计信息一般又具有可验证性、不偏不倚性、可比性和一致性的特点。可验证性是说独立的会计人员采用相同的会计方法，会得出高度一致的结果。财务会计人员在提供会计信息时，为保证信息的可靠性，必须按照不偏不倚、独立公正的原则处理会计业务，同时尽量使不同企业间和同一企业不同时期间的会计信息可以比较。可靠的会计信息才能被企业的利益相关者作为签订各种合约、履行各种合约和评价各种合约的重要依据。较少人为操控的、具有较好刚性特征的、能够相对客观反映受托人努力程度的会计信息，有助于解决信息不对称环境下的道德风险问题，提高合约效率，实现有效评价受托责任的会计目标。

企业提供可靠、相关的会计信息是要付出代价的，因此，它不可能、也没有必要事无巨细地提供一切财务及相关经济信息。在会计信息的加工处理过程中，会计人员要从质和量两个方面对经济业务进行重要性判断，对重要的会计信息单独加工和披露，对不重要的会计信息可以简化处理、合并披露。

第三节 会计对象和会计要素

一、会计对象

现代会计是一个提供决策有用信息的信息系统，同时也是一种以提高经济效益为目标的管理活动。会计的基本职能是运用货币为主要计量手段，对一个主体（可能为企业，也可能是非营利组织等）已经发生的经济业务和事项进行反映和控制，并参与企业和单位的经营决策。随着社会经济发展水平的提高、会计信息系统的完善，会计反映和控制的内容越来越多，管理会计的产生拓宽了会计的预测、决策和控制等派生性职能。会计反映和控制的内容，即某一会计主体再生产过程中的资金运动就是会计的对象，当然，这里重点讨论的是企业财务会计的对象。由于会计以货币为计量手段，所以会计反映和控制的对象主要是企业的价值运动，具体体现为资金运动。

企业开展生产经营的过程就是发生各种各样经济业务和事项的过程，这些业务和事项记载于原始凭证中，比如飞机票、火车票、住宿发票、购物发票等。会计人员按照规则，对这些记载经济业务的原始凭证进行审核和分析，如果符合会计确认和计量的条件，会计人员以货币为主要计量工具，按照规范编制记账凭证，会计分录构成会计记账凭证的核心内容，记账凭证对纷繁复杂的经济业务和事项作出分门别类的记录，使得反映企业经济业务和事项的信息越来越有序化。根据记账凭证，会计人员需要登记会计账簿（由账页构成），最后生成会计报表，为会计信息的使用者提供决策有用的信息。会计信息生产和披露的过程，就是对企业发生的经济业务和事项按照规范进行反映和控制的过程，会计反映和控制的内容构成会计对象。

从会计对象的定义和内容来看，离开企业再生产过程讨论会计对象是没有意义的。以货币为主要计量工具，财务报告提供企业再生产过程中有关价值运动的信息，会计系统反映和控制企业再生产过程中的价值运动，其背后是企业具体的经营活动。制造业企业的经营活动集中表现为供应、生产和销售活动，商品流通企业的经营活动集中表现为采购、储存和销售活动，银行的经营活动集中表现为各种各样的存款、贷款和中间业务活动。因此，讨论会计对象时，构成企业经营活动的具体经济业务和事项及其所引起的价值运动是一体化的。以制造业企业为例，企业经营活动和价值运动一体化构成的会计对象结构图如图1-3所示。

第三节 会计对象和会计要素

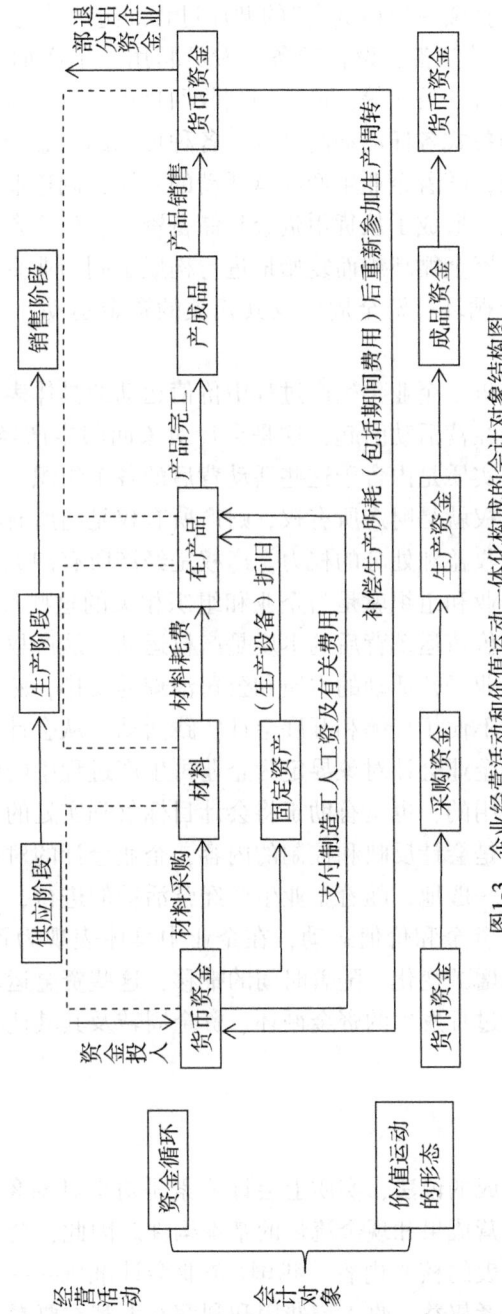

图1-3 企业经营活动和价值运动一体化构成的会计对象结构构图

以制造业企业为例，企业经营活动的过程可以简化地表示为"供应—生产—销售"的过程；与供产销的经营活动对应，企业资金运动的过程可以简化地表示为"货币资金—储备资金—生产资金—成品资金—货币资金"的循环过程。进一步考察，企业经营过程就是从货币资金开始，经历材料储备、设备准备、人员聘用、生产加工、产品储存、产品销售、劳务提供以及各阶段劳动投入等，最后回到收回货币资金的状态，实现价值增值的目标。经营的过程就是伴随各式各样活动的展开，各种形态的资金合理配搭、继起运动、实现增值的过程。由此可见，随着企业生产经营活动的开展，制造业企业的资金依次经过供应、生产和销售三个阶段，形成了从货币资金到储备资金、生产资金、成品资金，再到货币资金的一个循环，这种资金循环周而复始地进行构成了制造业企业的资金周转。制造业企业再生产过程中的资金循环、资金周转及其相关的资金运动，就是制造业企业会计的对象。

会计对象尚需深入分析。企业再生产过程中价值运动的具体表现形式是资金运动，资金运动由各种各样的生产经营活动引起，这是会计对象回归生产经营形态的表达。然而，企业生产经营活动的经济实质是内含于这些活动背后的各个组织、各个部门、不同群体和个体之间的产权交易。产权就是财产所有权，财产所有权是指所有权人依法对自己的财产享有占有、支配、使用、收益和处分的权力。产权是经济所有制关系的法律表现形式，从经济和法律的视角看，企业和组织就是与企业和组织相关的这些经济所有制关系的总和。因此，企业再生产过程中价值运动背后的本质是产权运动。从产权运动视角分析会计对象问题，有助于我们理解企业经营活动的本质和公司治理的安排，然而从产权运动视角考察会计对象显得过于抽象，不便于理解和开展会计实践活动。从会计系统提供决策所需信息实践活动的角度出发，将企业会计对象界定为企业再生产过程中的资金运动和价值运动是有助于会计信息加工和使用的，也是有助于将会计目标落到实处的。

综合而言，会计对象是会计反映和控制的内容，企业会计的对象是企业再生产过程中的资金运动和价值运动。一般地，随着企业生产经营活动的进行，企业的资金运动随之发生。企业的经营活动及其资金和价值运动，在企业中具体表现为资产、负债、所有者权益、收入、费用和利润的增减变化，随着时间的推移，这些资金运动反复发生，表现为资金周转。伴随企业再生产过程发生的资金循环、资金周转及其其他相关的资金运动构成企业会计的对象。

二、会计要素

会计要素是个约定俗成的说法，实质上会计要素是对会计对象所作的最基本的分类，是反映企业财务状况、经营成果和现金流量的基本构件。因此，会计要素又称为会计报表要素，它们构成了会计报表的核心内容。我国《企业会计准则——基本准则》将会计对象划分为资产、负债、所有者权益、收入、费用和利润6大基本要素。资产、负债和所有者权益构成资产负债表要素；收入、费用和利润构成利润表要素。

（一）资产

我国《企业会计准则——基本准则》第二十条规定：资产是指企业过去的交易或者事项形成的、企业拥有或者控制的、预期会给企业带来经济利益的资源。企业过去的交易或者事项包括购买、生产、建造行为或其他交易或者事项。预期在未来发生的交易或者事项不形成资产。由企业拥有或者控制，是指企业享有某项资源的所有权，或者虽然不享有某项资源的所有权，但该资源能被企业所控制。预期会给企业带来经济利益，是指直接或者间接导致现金和现金等价物流入企业的潜力。美国财务会计准则委员会把资产定义为：资产是可能的未来经济利益，它是特定个体从已经发生的交易或事项中所取得或加以控制的经济资源。国际会计准则委员会对资产的定义是：资产是指企业由过去的事项而控制的可望向企业流入未来经济利益的资源。

根据上述组织对资产所下的定义，资产具有以下特征：

第一，资产是企业拥有的"权利束"，"权利束"中包含资产的占有权、资产的使用权、资产的收益权、资产的处置权等，这种权利束的维护和实现依赖资产预期给企业带来经济利益的能力。按照我国《企业会计准则——基本准则》的规定：预期会给企业带来经济利益，是直接或者间接导致现金和现金等价物流入企业的潜力。预期能够给企业带来经济利益是资产最重要的特征，一旦经济利益流入能力丧失，资产就会发生减值，甚至将不再能够成为资产被确认和列报。

第二，资产必须能以货币计量，否则它不能成为会计反映和控制的对象。"可靠计量"对于一个项目成为资产十分重要，货币计量的特点及其目前的计量技术使得"人力资源""顾客资源"等十分重要的资产项目目前还无法单独在会计报表中得到有效反映。

第三，资产是企业拥有或者控制的经济资源，这些资源所代表的产权经济利益应该能够为企业拥有或控制。所谓企业拥有和控制，是指企业享有某项资源的所有权，或者虽然不享有某项资源的所有权，但该资源能被企业所控制。

第四，资产是企业过去的交易或者事项形成的结果，也就是说，资产必须因为过去的交易和事项引起企业的产权价值运动和产权经济关系的变化。按照我国《企业会计准则——基本准则》的规定：这里所说的企业过去的交易或者事项包括购买、生产、建造行为或其他交易或者事项。预期在未来发生的交易或者事项不形成资产。正是企业已经发生的交易或者事项导致了企业的产权价值运动及其产权经济关系的变化。这一特征既是会计谨慎性的要求，也是会计信息可靠性的保障。

企业可以从多种渠道取得资产，如吸收投资、取得贷款、接受赠与等。有些资产是有形的，有些资产是无形的。企业的所有资产通常按流动性大小，即转化为货币资金的能力大小和时间长短进一步分类为流动资产和非流动资产。

按照我国财务报表列报和金融工具列报准则的规定，列报于资产负债表中的流动资产主要有货币资金、交易性金融资产、应收票据、应收账款、预付款项、其他应收款、存货、合同资产、持有待售资产、一年内到期的非流动资产和其他流动资产等。列报于资产负债表中的非流动资产主要有债权投资、其他债权投资、长期应收款、长期股权投资、其他权益工具投资、其他非流动金融资产、投资性房地产、固定资产、在建工程、无形资产、开发支出、商誉、递延所得税资产、其他非流动资产等。对流动资产和非流动资产进行划分，并对主要的流动资产和非流动资产进行分项列报，有助于会计信息使用者了解企业的资产配置状态，评价资产获得现金的能力，评价企业的价值创造能力和偿债能力。

企业资产上的权益最终又归属于一定的组织和个人。这种权益按照性质分为债权人权益和所有者权益，债权人权益与企业的负债义务相互对应。负债对资产拥有优先求偿权，所有者权益对资产拥有剩余索取权。

（二）负债

我国《企业会计准则——基本准则》第二十三条规定：负债是指企业过去的交易或者事项形成的、预期会导致经济利益流出企业的现时义务。现时义务是指企业在现行条件下已承担的义务。未来发生的交易或者事项形成的义务，不属于现时义务，不应当确认为负债。美国财务会计准则委员会把负债定义为：负债是将来可能要放弃的经济利益，它是特定个体由于已经发生的交易或事项，将来要向其他个体转交资产或提供劳务的现有义务。这一负债定义具有广泛的代表性，已经获得会计职业界的广泛认可。国际会计准则委员会对负债的定义是：负债是由于以往事项而发生的企业的现有义务，这种义务的结算将会引起含有经济利益的企业资源的外流。

根据上述组织对负债所下的定义，负债具有以下特征：

第一，负债是预期会导致经济利益流出企业的现时义务。相对于股东而言，债权人对企业的经济资源拥有优先求偿权。企业清偿负债意味着作为企业经济资源的企业产权价值流出企业。预期会导致经济利益流出企业是负债最重要的特征。

第二，负债必须能以货币计量，这是会计计量的要求。

第三，负债作为一种现时义务是指企业在现行条件下已经承担的义务。未来发生的交易或者事项形成的义务，不属于现时义务，不应当确认为负债。

第四，负债是由过去的交易或者事项形成的。正是这些已经发生的形成企业负债的经济交易或事项引起企业的产权价值流动。负债的形成意味着产权价值流入企业，企业因而也就承担了产权价值的未来流出责任；负债的清偿意味着企业的产权价值流出企业，同时企业的债务责任也就得到解除。

有些负债因借贷活动而发生，有些负债因经营活动或经营所得而形成。企业的所有负债通常按偿还期的长短进一步分类为流动负债和非流动负债。

按照我国财务报表列报和金融工具列报准则的规定，列报于资产负债表中的流动负债主要有短期借款、交易性金融负债、应付票据、应付账款、预收款项、合同负债、应付职工薪酬、应交税费、其他应付款、持有待售负债、一年内到期的非流动负债和其他流动负债等。列报于资产负债表中的非流动负债主要有长期借款、应付债券、长期应付款、预计负债、递延收益、递延所得税负债和其他非流动负债等。对流动负债和非流动负债进行划分，并对主要的流动负债和非流动负债进行分项列报，有助于会计信息使用者了解企业的负债规模和负债结构，评价偿付负债对资金的需求，评价企业的短期偿债能力、长期偿债能力和企业所面临的财务压力和财务风险。

（三）所有者权益

我国《企业会计准则——基本准则》第二十六条规定：所有者权益是指企业资产扣除负债后由所有者享有的剩余权益。公司的所有者权益又称为股东权益。美国财务会计准则委员会将所有者权益定义为：所有者权益是某一主体的资产减除其负债后的剩余权益。国际会计准则委员会对所有者权益的看法与我国会计准则的规定和美国财务会计准则委员会的定义高度一致。可见，主要准则制定组织在会计上对所有者权益的认识没有大的差异。

根据所有者权益的定义,所有者权益具有以下特征:

第一,所有者权益是一项剩余权益,是所有者对企业净资产的要求权。将债权人权益(对应于负债)和所有者权益进行比较,债权人权益对资产具有优先求偿权,所有者权益则具有剩余索取权,有的学者因此认为债权人权益是一种临时性权益,所有者权益是一种永久性权益。相应地,与债权人权益相比,所有者权益具有较高的不确定性,并承担着较大的风险。

第二,从数额上看,所有者权益是资产与负债相抵的结果。所有者权益因此又被称作净资产。

所有者权益的来源包括所有者投入的资本、直接计入所有者权益的利得和损失、留存收益等。直接计入所有者权益的利得和损失,是指不应计入当期损益的、会导致所有者权益发生增减变动的、与所有者投入资本或者向所有者分配利润无关的利得或者损失。利得是指由企业非日常活动所形成的、会导致所有者权益增加的、与所有者投入资本无关的经济利益的流入。损失是指由企业非日常活动所引起的、会导致所有者权益减少的、与向所有者分配利润无关的经济利益的流出。

所有者权益一般是按照各个项目的永久性,高低进行排序列报的,按照我国财务报表列报准则和金融工具列报准则的规定,列报于资产负债表中的所有者权益主要包括实收资本(股份有限公司为股本)、其他权益工具、资本公积、其他综合收益、盈余公积和未分配利润等。按照永久性高低分类别列报所有者权益,有助于评价所有者权益的不同来源、所有者权益的结构状态和所有者权益的保值增值情况。资产的有效配置和运营、负债的合理安排是提升所有者权益价值的基础。

企业的资产反映企业拥有或控制的资源规模及其分布状态,代表产权价值在企业内部的存在;负债和所有者权益反映企业资产的来源,代表企业的债权人和所有者对企业产权价值的索取权,分别称之为债权人权益和所有者权益。因此,资产、负债和所有者权益之间的关系可以用下面的会计等式进行表达:

$$资产=负债+所有者权益$$

如果一个企业资产的账面价值为5亿元,负债的账面价值为3亿元,那么资产减去负债后,该企业净资产的账面价值一定为2亿元。3亿元的债权人权益和2亿元的所有者权益对5亿元的资产拥有索取权。

"资产=负债+所有者权益"是企业的会计等式,是会计核算的基础,是编制资产负债表的依据。

(四)收入

我国《企业会计准则——基本准则》第三十条规定:收入是指企业在日常活动中形成的、会导致所有者权益增加的、与所有者投入资本无关的经济利益的总流入。第三十一条进一步指出:收入只有在经济利益很可能流入从而导致企业资产增加或者负债减少,且经济利益的流入金额能够可靠计量时才能予以确认。美国财务会计准则委员会认为:收入是指一个主体在其持续的、主要或核心业务中,因交付或生产了货品,提供了劳务,或进行了其他活动,而获得的其他资产增加,或负债清偿,或二者兼而有之。国际会计准则理事会是从收益的角度考察问题的,其认为:收益是指会计期间内经济利益的增加,其形式表现为因资产流入、资产增加或负债减少而引起的所有者权益增加,但不包括与权益参与者出资有关的权益增加。从收益的定义可以看出,国际会计准则理事会的收益定义包括了收入和利得。收入在主体的正常活动中产生,有各种不同的名称,包括销售收入、服务收入、利息收入、股利收入和租金收入等。利得包括了符合收益定义的其他项目,利得可能产生于主体的正常活动,比如有价证券的重估价增值;也可能不是产生于主体的正常活动,比如处置非流动资产产生的收益。按照国际会计准则理事会的收益定义,收益包括了未实现的可以计入当期损益的利得。

收入是反映财务成果的要素,但是收入与反映财务状况的资产要素之间具有密切的联系。企业拥有或控制经济资源的目的是取得收入,没有一定的资产规模和良好的资产结构就难以创造较高的收入水平和较好的收入质量。收入是某个会计期间内销售商品、提供劳务和让渡资产使用权的价格。收入是企业利润的源泉,是债权人权益和所有者权益得以保障的基础。

根据收入的定义,收入具有以下特征:

第一,收入来自企业的日常活动,非日常活动形成的经济利益流入在所有者权益或利得中反映。

第二,收入会导致企业所有者权益增加,这种所有者权益的增加与所有者投入资本无关。收入是企业各类日常销售活动创造的经济利益的总流入,是扣除费用前的金额。从产权价值运动的角度看,收入是与所有者投入资本无关的、某一时期内来自企业日常活动的权益增加额。

从收入的定义看,收入仅指营业收入,收入的实质是企业净资产的增加,收入必须与企业持续的、主要或核心的经营业务相关。收入按其重要性分为主营业务收入和其他业务收入,产品销售收入为制造业企业的主营业务收入,材料销售收入为制造业企业的其他业务收入。企业的投资收益也构成企业收入的一部分,只不过其来源比较特殊而已。除营业收入外,企业的非经常性收入,即营业外收入也会增加企业的净资产。

按照我国财务报表列报准则和金融工具列报准则的规定,列报于利润表中的收入主要包括营业收入(包含主营业务收入和其他业务收入)、利息收入、其他收益、投资收益、公允价值变动收益和资产处置收益等。分类别和分项目列报收入,可以评价不同的收入来源、收入结构和收入质量。

(五)费用

我国《企业会计准则——基本准则》第三十三条规定:费用是指企业在日常活动中发生的、会导致所有者权益减少的、与向所有者分配利润无关的经济利益的总流出。第三十四条进一步指出:费用只有在经济利益很可能流出从而导致企业资产减少或者负债增加,且经济利益的流出金额能够可靠计量时才能予以确认。以费用的定义和费用的确认标准为基础,准则进一步明确了成本与费用之间的关系。企业为生产产品、提供劳务等发生的可归属于产品成本、劳务成本等费用,应当在确认产品销售收入、劳务收入时,将已销售产品、已提供劳务的成本计入当期损益。也就是为生产产品、提供劳务发生的支出,在产品和劳务销售之前应该计入产品成本和劳务成本,产品成本和劳务成本是一项资产,只有产品和劳务发生销售,在确认收入的同时,才能将产品成本和劳务成本结转为费用。如果企业发生的支出不产生经济利益的，或者即使能够产生经济利益但不符合或者不再符合资产确认条件的，应当在发生时确认为费用，计入当期损益。企业发生的交易或者事项导致其承担了一项负债而又不确认为一项资产的，应当在发生时确认为费用，计入当期损益。全面理解费用的定义和费用产生的过程对于有效控制企业的费用水平、提高企业的经济效益具有重要作用。美国财务会计准则委员会认为：费用是一个个体在其持续的、主要或核心业务中，因交付或生产了货品，提供了劳务，或进行了其他活动，而付出的其他资产耗用，或负债的承担，或二者兼而有之。国际会计准则委员会的定义与之相似。

企业费用的发生会使企业的经济资源减少，最终使企业的所有者权益减少。而且，费用必须与企业持续的、主要或核心业务有关，那些与经营活动无直接关系的资产损耗属于损失，不能列入费用。企业的偿债性支出和向所有者分配红利，也会导致企业的资产流出，但前者未减少净资产，后者不是由经营活动所致，所以都不能列作费用。

根据费用的定义，费用具有以下特征：

第一，费用来自企业的日常活动，非日常活动形成的经济利益流出主要在损失中反映。

第二，费用会导致企业所有者权益减少。这是由费用使企业的资产流出、消耗或负债增加形成的结果。从产权价值运动的角度看，费用是与所有者提款和向所有者分配利润无关的、某一时期内由企业日常活动引起的权益减少额。

按照我国财务报表列报准则和金融工具列报准则的规定，列报于利润表中的费用主要包括：营业成本（包含主营业务成本和其他业务成本）、税金及附加、销售费用、管理费用、财务费用、资产减值损失、信用减值损失、公允价值变动损失、资产处置损失等。分类、分项目核算和列报费用有助于会计信息使用者了解企业费用的来源、费用的规模和费用的结构等信息，以便有效控制费用水平，改善企业绩效，提高企业竞争能力，提高决策水平。

（六）利润

我国《企业会计准则——基本准则》第三十七条规定：利润是指企业在一定会计期间的经营成果。利润包括收入减去费用后的净额、直接计入当期利润的利得和损失等。第三十八条进一步规定：直接计入当期利润的利得和损失，是指应当计入当期损益、会导致所有者权益发生增减变动的、与所有者投入资本或者向所有者分配利润无关的利得或者损失。美国财务会计准则委员会在《财务报表的各种要素》报告中提出的是综合收益的概念。所谓综合收益，是指企业报告期内，从业主以外的交易，以及其他事项和情况中所产生的权益变化。它包括报告期内除业主投资和派给业主款外，一切权益上的变化。在会计上与综合收益相对应的是营业收益，所谓营业收益，是指本期利润只反映本期经营活动所取得的成果。营业收益将营业外收支和以前年度损益调整的影响排除在外。

利润是企业在一定会计期间的经营成果，包括营业利润、利润总额和净利润三个层次的内容。营业利润是收入与费用配比的结果，即一定期间的收入与费用之差，营业利润是利润总额的最重要的组成部分。利润总额是企业在一定期间的经营成果，包括营业利润、投资净收益和营业外收支净额。利润总额扣除企业所得税后，余额为净利润。

根据利润的定义，利润具有以下特征：

（1）利润是经营成果类指标，是收入与费用相抵的结果，利得和损失也会影响利润的金额。利润常常作为反映企业管理者努力程度的替代性变量。

（2）利润是个时期指标，利润必须与特定的时期相联系。从产权视角考察，利润是企业在一段时期内与所有者交易无关的权益增减变动的集中反映。

按照我国财务报表列报准则和金融工具列报准则的规定，为了满足会计信息使用者资源配置决策和合约评价的需要，列报于利润表中的利润主要包括：营业利润、利润总额、净利润（包含持续经营净利润和终止经营净利润）、其他综合收益、综合收益总额、基本每股收益和稀释每股收益等指标。分不同层次核算和列报利润，有利于评价公司的盈利水平、盈利来源和盈利质量，有助于会计信息使用者作出科学合理的资源配置决策和合约有效性评价决策。

资产、负债和所有者权益三个要素结合起来可以反映企业某一时日的财务状况，它们被称为资产负债表要素，资产、负债和所有者权益之间具有以下关系：资产＝负债+所有者权益。收入、费用和利润三个要素结合起来可以反映企业某一时期的经营成果，它们被称为利润表要素。企业不断地运营资产是为了取得收入以实现投入资本的保值和增值，在经营活动中企业资产被不断地消耗从而转化为费用，一定期间的收入与费用配比，得到企业的营业利润，收入、费用和利润相互结合完整地反映企业一定期间的经营成果，收入、费用和利润之间具有以下关系：

收入－费用＝利润

深刻理解会计要素的内涵和相互之间的关系，对学习会计核算的规律、理解公司治理的本质、编制会计报表和使用会计信息具有积极作用。

第四节　会　计　方　法

会计方法是用来反映和控制会计对象、完成会计任务的手段，是会计职能有效发挥作用的基础。会计方法包括会计核算方法、会计分析方法、会计预测与决策方法和会计控制方法等。

一、会计核算方法

会计核算方法是对会计对象进行连续、系统、全面、综合地确认、计量、记录和报告所采用的方法。会计核算方法主要包括：设置账户、复式记账、填制和审核凭证、登记账簿、成本计算、财产清查和编制会计报表等。

会计凭证是记录经济业务、明确经济责任、按一定格式编制的据以登记会计账簿的书面证明。会计凭证包括用来记载经济业务和事项的原始凭证，以及以原始凭证为依据、对经济业务和事项进行分类反映、用于登记账簿的记账凭证。填制和审核凭证是会计核算的基础，也是会计核算的方法。

会计是一个提供决策信息的信息系统，会计对企业再生产过程中的资金和价值运动进行反映和控制，会计反映和控制的内容构成会计对象。将会计对象按照性质进行分类，使企业的经济业务和事项在会计报表中得以有效反映，会计对象分类为资产、负债、所有者权益、收入、费用和利润6个要素。为了更加详细地、分门别类、科学合理地提供会计信息，将同一会计要素中性质相同的经济业务和事项在相同的名称下反映，形成会计核算科目，赋予会计科目结构和用途，构成会计账户。可见，设置账户是对会计要素的具体内容进行归类、反映和监督的一种专门方法。

复式记账是对每一项经济业务在两个或两个以上相互关联的账户中进行记录和加工的专门会计核算方法，通过反映经济业务和事项所引起的资金运动的来龙去脉，以两个或两个以上关联账户互相牵制的机制，保证会计核算质量。

会计账簿是用来序时、分类核算企业经济业务和事项的簿籍，由具有专门格式并以一定形式联结在一起的账页组成。登记账簿就是以审核无误的原始凭证及记账凭证为依据，按照复式记账的原理，对符合条件的经济业务和事项进行序时、分类登记的会计核算方法。登记账簿是对已经分类的业务进行同类汇总和集中，为编制会计报表作准备。

成本计算是按一定的成本对象，对生产、经营过程中所发生的成本、费用进行归集，以确定各对象的总成本和单位成本的会计核算方法。成本计算包括采购成本的计算、生产成本的计算和销售成本的计算等内容，对不同类别的项目和资产的成本进行归集和确定。

财产清查是为了保证账实相符、账证相符和账账相符，对各项财产物资进行实物盘点、账面核对，对各项往来款项进行查询与核对的会计核算方法。财产清查主要包括货币资金清查、存货清查、金融资产清查、固定资产清查、在建工程清查、无形资产清查、应收应付款项核对和其他资产清查。财产清查可以保证会计核算的真实性，提高会计信息的可靠性。

会计报表是对日常核算的会计资料层层加工后，对会计信息按一定的格式所做的综合化、结构性表达的报告文件。编制会计报表就是以汇总的会计账簿、集中的会计信息为基础，形成资产负债表、利润表、现金流量表、所有者权益变动表和其他财务报告的会计核算方法。

会计报表是会计核算工作的重要成果，基本的会计报表包括资产负债表、利润表和现金流量表。

资产负债表是反映企业在某一特定日期财务状况的报表。资产负债表应当按照资产、负债和所有者权益(或者股东权益)分类分项列示。表1-1是一张××公司简化的资产负债表。

表1-1　　　　　　　　　　　××公司简化的资产负债表

编制单位　　　　　　　　　　2×××年12月31日　　　　　　　　　　单位：千元

资产		负债	
流动资产	1 871 824	流动负债	1 553 103
非流动资产	2 092 095	非流动负债	837 137
		负债合计	2 390 240
		股东权益	1 573 679
资产合计	3 963 919	负债和股东权益合计	3 963 919

利润表是反映企业在一定会计期间经营成果的报表。利润表应当按照各项收入、费用以及构成利润的各个项目分类分项列示。表 1-2 是一张××公司简化的利润表。

表 1-2　　　　　　　　　　　××公司简化的利润表
编制单位　　　　　　　　　　2×××年　　　　　　　　　　　　　　单位：千元

项目	金额
主营业务收入	9 054 462
主营业务成本	5 318 218
营业毛利	3 736 244
管理费用	1 984 365
销售费用	419 000
财务费用	13 617
税前利润	1 319 262
所得税	494 723
净利润	824 539

现金流量表是反映企业一定会计期间现金和现金等价物(以下简称现金)流入和流出情况的报表。现金流量表应当按照经营活动、投资活动和筹资活动的现金流量分类分项列示。表 1-3 是一张××公司简化的现金流量表。

表 1-3　　　　　　　　　　　××公司简化的现金流量表
编制单位　　　　　　　　　　2×××年度　　　　　　　　　　　　　单位：千元

项目	金额
经营活动现金流量	
销售商品、提供劳务收到的现金	9 054 462
购买商品、接受劳务支付现金	7 190 877
支付的其他与经营活动相关的现金	469 424
经营活动的现金净流入	1 394 161
投资活动现金流量	
收回投资收到的现金	27 900
投资支付的现金	900 064
购买固定资产、无形资产和其他长期资产支付的现金	790 592
投资活动的现金净流入	(1 662 756)
筹资活动现金流量	
吸收投资收到现金	50 778
支付股利、利润或偿付利息支付的现金	76 888
筹资活动的现金净流入	(26 110)
汇率变化导致的现金增加额	2 589
本期现金净增加额	(294 705)
期初现金余额	913 169
期末现金余额	565 253

企业设置账户，采用复式记账原理，根据已经发生的经济业务和事项填制、取得和分析原始凭证，编制记账凭证，登记会计账簿，进行成本计算和财产清查，编制会计报表，为会计信息使用者提供决策有用的信息，会计核算工作完成一次基本的循环。

二、其他会计方法

会计核算方法是会计最基本的方法，现代会计还有会计分析方法、会计预测与决策方法和会计控制方法等。会计学原理主要阐释会计核算方法，其他会计方法将在后续的中高级财务会计、管理会计、审计学等课程中阐述和分析。

会计分析方法是利用会计信息，尤其是利用会计报表提供的信息，以及其他相关的经济信息，对企业的财务状况、经营成果、现金流动情况和企业的经济活动进行比较、研究、评价所运用的方法。会计分析方法主要包括审阅分析法、比率分析法、比较分析法和因素分析法等。

会计预测方法是利用会计信息及其他相关经济信息，对主体活动进行科学预测所运用的方法。常用的会计预测方法有投入产出法、回归分析法、移动加权平均法等。

会计决策方法是按照企业发展目标的要求，遵循经济效益的原则，选择预期结果相对好的方案予以实施的会计方法。常用的会计决策方法有差量分析法、本—量—利分析法、贡献毛益分析法和净现值法等。

会计控制方法是通过会计工作使单位的经济活动与资金运动按照既定的目标运行所采用的方法。会计控制首先需要设定控制标准，然后将具体的活动过程与结果不断地和控制标准进行比较，持续实施纠正活动以保证目标实现的会计方法。常用的会计控制方法有制度控制法、预算控制法、计划控制法和责任会计法等。

第五节　会计职业和会计职业道德

一、会计职业

职业是指人们在社会生活中所从事的某种具有专门业务和特定职责，并以此作为主要生活来源的社会活动。[1] 叶陈刚认为职业是人们在社会生活中所从事的对社会承担着一定职责，并作为自己主要生活来源的具有专门职能的工作。[2] 从职业的定义可以看出，一项工作领域能够作为一个职业一般需要三个条件，罗伯特·F. 迈格斯等在《会计学：企业决策的基础》中对这三个条件进行了分析：第一，一个职业应该具有不断演进的比较完整和科学的知识体系；第二，一个职业中工作的从业者都能够运用他们的职业判断解决很多问题和困惑；第三，作为一个职业的从业人员应该具有特定的责任，尤其是为公众利益的最

---

[1] 湖北省会计学会. 财经法规与会计职业道德. 湖北省会计从业资格考试辅导教材. 武汉：湖北人民出版社，2009：119.

[2] 叶陈刚. 商业伦理与会计职业道德. 大连：东北财经大学出版社，2004：38.

大化服务，有时为了社会的利益和职业的发展，甚至需要从业人员牺牲自己的利益。①

会计职业是掌握会计基本理论、会计专业专门知识体系、具有胜任能力和职业精神的会计人员运用会计职业技能和会计职业判断从事会计工作的一系列领域。会计人员从事会计职业工作需要对社会承担责任，为会计信息使用者提供符合会计信息质量特征的有用决策信息，并通过会计职业工作取得主要生活来源。会计人员都在会计职业的某个领域从事工作，按照工作领域和工作特点的不同，会计职业通常划分为企业会计职业、公共会计职业、政府会计职业和会计教育等类别。

（一）企业会计职业

企业会计是以企业为主体，以企业再生产过程的资金运动和价值运动为对象，旨在提高企业经济效益的一种管理活动，它也是为企业外部的投资者、债权人、其他利益相关者和企业内部的管理层及员工从事各种经济决策提供有用会计信息的信息系统。企业会计职业就是在企业内部从事会计核算、会计控制、会计预测、会计决策和会计分析等相关会计工作的领域。由于从事企业会计工作的会计师专门为一家公司工作，因此，企业会计又被称为私人会计（private accounting）。

对企业会计师在企业内部从事的会计工作进行细分，企业会计职业包括企业财务会计、企业管理会计、企业内部审计和企业财务管理等具体的工作领域。从事企业会计工作的人员在国外主要包括首席财务官（CFO）、财务经理（financial manager）、财务主任（treasurer）、主计长（controller）和一般的财会人员等。我国则在国有或国有控股的大中型企业中设有总会计师，一般企业中设有分管财务与会计工作的副总经理，以及专门从事财会工作的财务经理、综合计划主管、核算主管、成本主管、普通会计人员和出纳人员等。

（二）公共会计职业

公共会计是指由注册会计师承担的为社会各界提供服务的会计。注册会计师（Certified Public Accountant，CPA），是指取得注册会计师证书并在会计师事务所执业的人员，是从事社会审计、中介审计和独立审计等业务的专业人士。注册会计师的工作主要为社会各界服务，注册会计师从事的会计业务又被称为公共会计（public accounting）。

公共会计是由会计师事务所的注册会计师及其相关人员执行的。我国要取得注册会计师资格，需要完成《会计》《审计》《财务成本管理》《经济法》《税法》《战略与风险管理》等科目的注册会计师考试。注册会计师按照规定完成相关课程考试并注册后，还要定期、不定期地接受后续教育。截至 2018 年 12 月 31 日，中国注册会计师协会有执业会员（注册会计师）106 798 人，非执业会员 143 812 人（其中国外及港澳台地区非执业会员 601 人），个人会员超过 25 万人。②

从事公共会计业务的从业人员所开展的各种会计活动共同形成了公共会计职业。公共会计职业除了开展审计鉴证业务外，还广泛开展所得税服务、管理顾问服务和投入资本验证业务等。

---

① Robert F. Meigs, Jan R. Williams, Susan F. Haka, Bettner Mark S. Accounting: The Basis for Business Decisions. 11th edition. McGraw-Hill Companies, Inc, 1999.

② 资料来自中国注册会计师协会官方网站。

(三)政府会计职业

政府会计是运用确认、计量、记录和报告等会计专门方法，对政府及其组成主体的财务状况、运行情况及运营成本、现金流量和预算执行等情况进行全面反映、监督和报告，有助于对政府机构组成部分履行管理相关经济资源并开展活动的受托责任情况进行评价的会计工作领域。政府手中的经济资源丰富，这些资源也需要合理的配置和运营，作出与此相关的很多决策都需要大量的会计信息，因此，政府会计是整个会计体系不可或缺的重要组成部分。

美国国家会计总署对许多联邦政府机构以及与政府有业务往来的私人企业进行的审计活动、美国国内收入署对企业和个人申报的所得税所实施的审计工作、美国证券交易委员会和财政部等根据工作需要实施的会计工作都属于政府会计工作的范畴，这些工作也为会计人员提供了良好的职业机会。我国的政府会计主要是政府组织和机构中的会计工作、国家各级审计机关的审计工作，税收、证券交易管理部门、财政部门等也不同程度地参与政府会计工作。会计人员在这些领域所开展的各种会计活动共同构成了政府会计职业。

(四)会计教育

会计教育工作本质上属于教育职业，但是会计教育的内容比较独特，因此，有些学者专门将从事会计教育工作的领域称为会计教育职业。罗伯特·F.迈格斯等在《会计学：企业决策的基础》中认为会计教育提供的工作主要有会计教学、会计研究和会计咨询等，会计教育在有效的教学、好的研究成果的发表和鼓励优秀的学生从事会计职业工作等方面对会计职业的发展作出了积极贡献。[1]

不同会计职业工作领域的会计人员是可以积极主动转换工作领域，并获得进阶发展。从事企业会计和公共会计的人员可以转换到政府会计领域工作，从事公共会计工作的人员经常转换到企业中从事会计工作，并成为企业的财务总监、财务经理和优秀财会人员，在企业中从事会计工作的优秀人员也可能进阶成为企业的 CEO 或其他高层管理人员。会计工作渗透到社会经济活动的方方面面，各种社会经济活动呼唤会计职业的参与和支持，会计职业在可以预见的时期内前景光明。

二、会计职业道德

道德，是由一定的社会经济基础决定，以善与恶、美与丑、正义与非正义、公正与偏私、诚实与虚伪等作为评价标准，依靠社会舆论、传统习俗和内心信念来维系，用以调整人与人之间以及个人和社会之间关系的行为规范及准则的总和。[2] 简而言之，道德是建立在社会经济基础上的社会意识形态之一，它借助社会舆论和人们信念的力量，以善恶评价的方式调整人与人之间以及人与社会之间关系的行为规范的总和。职业道德是指从事一定职业的人员在职业活动中应遵循的行为规范的总和。遵循职业道德是从业人员对社会、对职业和对服务对象应尽的责任和义务。所有职业的基本道德要求是：向社会负责、服务公

---

[1] Robert F. Meigs, Jan R. Williams, Susan F. Haka, Bettner Mark S. Accounting: The Basis for Business Decisions. 11th edition. McGraw-Hill Companies, Inc, 1999.

[2] 湖北省会计学会. 财经法规与会计职业道德. 武汉：湖北人民出版社，2009：119.

众、爱岗敬业、诚实守信、办事公道等。

会计职业道德是指会计人员在从事会计活动时应该遵循的、体现会计职业特征的所有行为规范以及应该具备的道德品质。从契约经济学的角度看，企业是与企业相关的契约关系的总和。这些契约关系的本质是企业当事人之间的权、责、利关系。会计是个信息系统，也是一项管理活动，会计为改善资源配置、提高合约效率等决策和评价活动提供财务信息，以缓解信息不对称环境下的逆向选择和道德风险问题。会计信息的加工和提供涉及诸多利益相关者，具有重要的经济后果，为了有效维护各方当事人的合法权益、增加整个社会的福利、协调利益相关者之间的经济关系，会计从业人员应当在提供会计信息过程中按照会计信息质量特征的要求，保证会计信息的决策有用性。这就需要具有会计专业胜任能力和较高会计职业素养的从业人员主动遵循会计职业道德规范，运用职业判断解决会计问题，为会计信息使用者提供高水准的信息服务。

各个职业由于职业特征、职业活动和职业活动中的利益相关者及其各自的利益诉求不同，不同职业的职业道德除了具有诚实守信、爱岗敬业和对社会负责等共性特征外，还有与职业特点有关的、具有职业特色的职业道德要求。教师有教师特有的职业道德规范，教师职业对教书育人、助人成长、助人发展的要求极高，需要从业人员关爱学生、为人师表和终身学习；医生有医生特有的职业道德规范，医生职业对人道主义的要求极高，需要从业人员具有仁慈心和责任心；会计职业道德规范也有自己独特的特征，会计职业对诚实守信的要求极高，朱镕基同志给国家会计学院的题词是"不做假账"，在中国目前的现实环境中，将"不做假账"作为会计最基本的职业道德是有现实意义的。比如，2019年中国证券市场中的奇葩事很多，如雏鹰农牧股份有限公司预计2018年度亏损高达29亿元至33亿元时，解释经营业绩下滑的主要原因是"由于资金紧张，饲料供应不及时，公司生猪养殖死亡率高于预期，致使生猪养殖成本和管理费用高于预期；第四季度生猪市场受非洲猪瘟的影响，销售价格低于预期"。这被证券市场调侃为"因为没钱买饲料，猪被饿死了"。雏鹰农牧2018年年报显示，公司净亏损38.63亿元，审计师出具无法表示意见的审计报告，雏鹰农牧股价大跌，接受退市处理。2019年4月30日，康美药业股份有限公司披露2018年年报的同时，披露《康美药业股份有限公司关于前期会计差错更正的公告》，康美药业对2017年财务报表进行重述：2017年财报中的货币资金多计299.44亿元，营业收入多计88.98亿元，营业成本多计76.62亿元；另外未分配利润、经营性现金流等8项财务指标出现重大差错。无独有偶，康得新股份有限公司2018年年报显示，其货币资金余额为153.16亿元，其中122.1亿元为银行存款余额。不过，审计机构和公司独立董事均对此表示不能判断其真实性。这些数据后被证券监管部门证实属于严重做假。獐子岛股份有限公司所养扇贝多次莫名跑路或暴毙，给公司造成严重损失，公司财务数据无法解读。这些财务违规事件导致股价暴跌，部分公司退市，给投资者造成巨大损失，给社会形成巨大的负面影响。这些公司缺乏基本的诚信，这些公司的会计从业者缺乏基本的会计职业道德。这也从反向证明了会计职业道德的重要性和会计职业诚信形象重塑的急迫性。

有些会计职业道德规范是由法律法规明确的，有些会计职业规范是由职业组织发布的，有些会计职业规范是由职业人员约定俗成的。所有的会计职业规范都需要从业人员内化于心才有意义。

我国 2024 年修订后发布的《中华人民共和国会计法》第一条就明确指出："为了规范会计行为，保证会计资料真实、完整，加强经济管理和财务管理，提高经济效益，维护社会主义市场经济秩序，制定本法。"我国以国家法律的形式规范会计行为，保证会计资料真实、完整。第三条和第四条规定："各单位必须依法设置会计账簿，并保证其真实、完整。""单位负责人对本单位的会计工作和会计资料的真实性、完整性负责。"如果单位和单位负责人认真执行会计法，上述的财务违法违规行为是不可能发生的。第五条规定："会计机构、会计人员依照本法规定进行会计核算，实行会计监督。"第三十六条规定："会计人员应当具备从事会计工作所需要的专业能力。"第三十七条规定："会计人员应当遵守职业道德，提高业务素质。对会计人员的教育和培训工作应当加强。"本次新修订的会计法还加大了对会计违法违规行为的处罚力度。《中华人民共和国会计法》中的这些规定为我国会计职业道德建设指明了方向，为会计从业人员明确了基本的职业道德规范。

最早的《中国注册会计师职业道德基本准则》指出：注册会计师职业道德是指注册会计师职业品德、职业纪律、专业胜任能力及职业责任等的总称。该准则明确了注册会计师在执业过程中应当恪守独立、客观、公正的原则，运用自己的专业胜任能力，对客户、对同行、对职业承担责任。后来，中国注册会计师协会发布的《职业道德基本原则》《职业道德概念框架》《提供专业服务的具体要求》《审计和审阅业务对独立性的要求》和《其他鉴证业务对独立性的要求》等中国注册会计师职业道德守则，将我国注册会计师职业道德建设推到新的高度。《中国注册会计师职业道德守则第 1 号——职业道德基本原则》第二条到第六条规定：注册会计师应当遵守本守则，履行相应的社会责任，维护公众利益。注册会计师应当遵循诚信、客观和公正原则，在执行审计和审阅业务以及其他鉴证业务时保持独立性。注册会计师应当获取和保持专业胜任能力，保持应有的关注，勤勉尽责。注册会计师应当履行保密义务，对职业活动中获知的涉密信息保密。注册会计师应当维护职业声誉，树立良好的职业形象。然后，该守则分别对"诚信""独立性""客观和公正""专业胜任能力和应有的关注""保密""良好的职业行为"作出了明确、详细的规范。

美国注册会计师协会对注册会计师的职业道德要求是遵循公众利益、具有诚信、客观和独立性，同时在完成职责时需要保持应有的关注。美国管理会计协会也专门规定：作为专业人士，管理会计人员必须尽其对自己、同事和其所属组织的义务，保持较高的道德行为标准。美国管理会计人员应该遵循的职业道德标准是：胜任、保密、正直和客观。国际内部审计师协会在《内部审计师协会道德准则》中对会员的职业道德要求是诚实、客观和勤奋。

总的来看，胜任和诚信是会计人员最基本的职业道德，对客户利益、公众利益和职业利益的关注是会计职业道德中十分重要的方面，诚实守信、独立、正直、保密和勤奋等也是对会计人员的基本要求。

☞ 小结

会计，尤其是现代会计是一个为会计信息的使用者提供决策所需的财务及其他经济信息的信息系统。会计是经济社会发展到一定阶段的产物，会计随着社会生产力的发展而发展，随着客观环境的变化而革新。现代会计包括财务会计与管理会计两大分支。财务会计是以会计准则、会计制度和相关法律、法规为准绳，使用自身独特的确认、计量、记录、报告等程序，以外部会计信息使用者为核心，通过对外提供通用财务报告的形式为信息使用者提供决策所需信息的信息系统。管理会计是一个对内报告为主的会计信息系统，在服务于管理当局的同时，管理会计也注重对企业的外部利益关系集团提供他们决策所需、非保密的重要信息。管理会计是面向未来决策的会计，决策、规划、控制和绩效评价等管理会计的活动都是面向未来的，它不拘泥于企业已经发生的经济业务，具有更大的灵活性。

会计职能是会计自身所具有的功能。现代会计的基本职能是反映和控制。会计的目标，是指会计活动应达到的境地或标准，具体地，会计目标就是为会计信息的使用者提供投资、信贷或类似决策所需的财务信息及相关经济信息，缓解信息不对称环境下的逆向选择问题和道德风险问题，有助于决策者改善资源配置效果和合约有效性，提高企业和单位的经济效益。有用的会计信息必须具有可靠性和相关性的特点。可靠性是指会计信息如实地反映它应该反映的情况；相关性是指会计信息要能够帮助用户总结过去、评价现在和预测未来的事项，或者证实和纠正以往的预期情况，从而影响用户决策的特征。

会计对象是会计反映和控制的内容，企业会计的对象是企业再生产过程中的资金运动和价值运动，企业的经济活动、资金运动和产权价值运动互为一体有助于深刻理解会计对象。会计对象可进一步划分为资产、负债、所有者权益、收入、费用和利润6大基本报表要素。"资产=负债+所有者权益"构成会计基本等式。

会计方法是用来反映和控制会计对象、完成会计任务的手段。会计方法包括会计核算方法、会计分析方法、会计预测与决策方法和会计控制方法等。会计核算方法主要有设置账户、复式记账、填制和审核凭证、登记账簿、成本计算、财产清查和编制会计报表等。会计确认、会计计量、会计记录和会计报告则构成了会计核算的基本程序。

会计职业是会计人员以专业技能和职业判断从事会计工作的一系列领域。会计职业可以划分为企业会计职业、公共会计职业、政府会计职业和会计教育等类别。会计从业人员在会计活动中需要遵循会计职业道德，会计职业道德是指会计人员在从事会计工作时应该遵循的所有行为规范。会计人员最基本的职业道德是胜任和诚信。

☞ 关键名词

会计　财务会计　管理会计　会计职能　会计目标　会计信息质量特征　会计对象　资产　负债　所有者权益　收入　费用　利润　会计核算　会计职业　会计职业道德

☞ 思考题

1. 什么是会计？如何理解会计环境对会计发展进程的影响？
2. 如何理解会计是提供决策有用信息的信息系统和提高经济效益的管理活动？
3. 什么是财务会计？什么是管理会计？财务会计与管理会计之间有哪些异同点？

4. 什么是会计职能？如何理解会计的基本职能？

5. 什么是会计目标？结合会计信息的使用者分析会计目标。

6. 请分析信息不对称环境下会计提供决策有用信息的重要性。

7. 什么是会计对象？为什么需要从经济活动、资金运动和产权价值运动一体化的视角理解会计对象？

8. 什么是会计要素？会计对象和会计要素之间有什么关系？

9. 会计要素有哪些内容？资产、负债、所有者权益、收入、费用和利润之间有什么联系？

10. 如何理解会计等式的经济内涵？

11. 什么是会计方法？会计方法有哪些？会计核算方法包括哪些内容？会计核算方法之间如何有机地联系在一起？

12. 什么是会计职业？在会计活动中遵循职业道德有何意义？

13. 尝试解释本章开头展示的资料中贵州茅台股份有限公司的每股所有者权益（股东权益）的账面价值和每股市场价格之间出现巨大差异的原因。

☞ 练习题

一、判断题

1. 会计信息系统可以为任何组织和个人提供会计信息。（   ）
2. 社会上任何机构和个人都可以要求一个企业为自己提供会计信息。（   ）
3. 从信息加工视角，会计本质上是将一个主体的经济活动转换为决策有用信息的信息系统。（   ）
4. 一个主体所有的经济活动都应该进入会计信息系统进行加工，所有经济活动都是会计信息系统加工的对象。（   ）
5. 会计信息系统提供的会计信息越详细越好。（   ）
6. 财务会计只为外部信息使用者提供决策所需的信息，管理会计只为内部信息使用者提供决策所需的信息，二者有严格的分工。（   ）
7. 负债的账面价值不一定等于负债的市场价值。（   ）
8. "资产＝负债＋所有者权益"的会计等式是会计核算的重要依据。（   ）
9. 胜任和诚信是重要的会计职业道德。（   ）
10. 成本计算是管理会计方法，不是会计核算方法。（   ）

二、单项选择题

1. 为会计信息使用者提供决策有用的会计信息是（   ）。
   A. 会计职能　　　B. 会计对象　　　C. 会计目标　　　D. 会计方法
2. 下列说法正确的是（   ）。
   A. 财务会计主要为企业内部会计信息使用者服务
   B. 管理会计信息的加工过程必须遵循会计准则的要求
   C. 复式记账是管理会计的重要方法

D. 管理会计主要为内部会计信息使用者服务
3. 下面属于会计核算方法的是( )。
   A. 会计预测方法　　　　　　　　B. 会计决策方法
   C. 登记账簿　　　　　　　　　　D. 会计分析方法
4. 会计最基本的职能是( )。
   A. 会计控制　　B. 会计分析　　C. 会计决策　　D. 会计反映
5. 对经济业务和事项的真实和公允表达属于会计信息质量特征中的( )。
   A. 可靠性　　　B. 相关性　　　C. 可比性　　　D. 重要性
6. 一个主体的资产减去负债后的金额，称为( )。
   A. 利润　　　　B. 所有者权益　C. 收入　　　　D. 费用
7. 下列项目属于资产要素的是( )。
   A. 预付款项　　B. 预收款项　　C. 主营业务成本　D. 营业收入
8. 下列项目属于流动资产的是( )。
   A. 在建工程　　B. 固定资产　　C. 无形资产　　D. 存货
9. 下列项目属于非流动负债的是( )。
   A. 预计负债　　B. 持有待售负债　C. 应交税费　　D. 其他应付款
10. 综合反映企业经营成果的是( )。
    A. 资产　　　　B. 所有者权益　C. 收入　　　　D. 利润

三、多项选择题

1. 财务会计和管理会计的主要区别是( )。
   A. 财务会计和管理会计的服务对象不同，财务会计以对外报告为主，管理会计以对内报告为主
   B. 财务会计和管理会计形成会计信息所遵循的规则不同，财务会计需要遵循会计准则，管理会计不需要严格执行会计准则
   C. 财务会计为经济决策服务，管理会计为经营管理服务
   D. 财务会计有特定的程序和方法，管理会计加工会计信息比较灵活
2. 会计的基本职能是( )。
   A. 会计反映　　　　　　　　　　B. 会计控制
   C. 编制会计报表　　　　　　　　D. 及时提供决策有用的会计信息
3. 以下属于会计信息质量特征的是( )。
   A. 可靠性　　　B. 相关性　　　C. 有效性　　　D. 可比性
4. 下面项目属于资产的是( )。
   A. 预收账款　　B. 预付账款　　C. 其他应收款　D. 其他应付款
5. 下面项目属于非流动负债的是( )。
   A. 递延收益　　B. 预计负债　　C. 应交税费　　D. 合同负债
6. 下面项目属于所有者权益的是( )。
   A. 其他权益工具　B. 权益工具　　C. 实收资本　　D. 其他综合收益
7. 下面项目属于收入的是( )。

A. 递延收益　　　　B. 投资收益　　　　C. 营业收入　　　　D. 其他收益
8. 下面项目属于费用的是(　　)。
   A. 生产成本　　　　B. 主营业务成本　　C. 管理费用　　　　D. 在建工程
9. 下面属于会计职业道德的是(　　)。
   A. 胜任　　　　　　B. 热情　　　　　　C. 诚信　　　　　　D. 保守秘密
10. 下面属于会计核算方法的是(　　)。
    A. 设置账户　　　　B. 分析评价　　　　C. 财产清查　　　　D. 编制报表

四、业务题

1. 2019年12月27日中国工商银行股份有限公司的每股收盘价(A股)为5.90元，当天报告的市净率，即每股股票的市场价格与每股股票的账面股东权益的比值为0.87，说明股价处于破净状态，即市场价格低于账面股东权益。请结合资产、负债和所有者权益的定义，尝试分析市场价格低于账面股东权益价值的原因。

2. 将下面项目分别归入资产、负债、所有者权益、收入和费用等会计要素：主营业务收入、其他综合收益、盈余公积、主营业务成本、递延收益、资本公积、债权投资、长期股权投资、在建工程、投资收益、管理费用、预付账款、应交税费、销售费用、财务费用、预收账款、无形资产、短期借款、预计负债。

☞ 案例讨论题[①]

辅仁药业集团制药股份有限公司2019年12月25日发布公告，公告内容是上海证券交易所《关于对辅仁药业集团制药股份有限公司、控股股东辅仁药业集团有限公司及其关联方和有关责任人予以纪律处分的决定》。

公告中涉及"上市公司及相关主体违规情况"的具体内容如下：

经查明，辅仁药业集团制药股份有限公司(以下简称公司)、控股股东辅仁药业集团有限公司(以下简称辅仁集团)、关联方辅仁科技控股(北京)集团股份有限公司(以下简称辅仁科技)、河南省宋河酒业股份有限公司(以下简称宋河股份)、河南省宋河酒实业有限公司(以下简称宋河实业)在信息披露、规范运作等方面，有关责任人在职责履行方面存在以下违规行为。

(一)控股股东及其关联方非经营性占用公司巨额资金

2019年8月31日，公司2019年半年度报告显示，公司向控股股东辅仁集团、间接控股股东辅仁科技及辅仁集团下属公司宋河股份、宋河实业等关联方提供借款余额为16.36亿元。相关关联债权债务为临时借款，并无实际业务背景，构成非经营性资金占用，占公司2018年度经审计净资产的30.29%。控股股东及其关联方违规占用上市公司资金、金额巨大，严重侵害上市公司利益。

[①] 该案例资料来自辅仁药业集团制药股份有限公司2019年12月25日披露的上海证券交易所《关于对辅仁药业集团制药股份有限公司、控股股东辅仁药业集团有限公司及其关联方和有关责任人予以纪律处分的决定》。

(二)公司为控股股东及其关联方违规提供担保,信息披露不真实、不及时

2019年8月31日,公司2019年半年度报告显示,公司于2018年1月至6月为控股股东辅仁集团及其下属企业宋河股份、宋河实业提供4笔担保,金额累计为1.4亿元,占公司2017年度经审计净资产的3.04%,担保余额为6202万元,已全部逾期。公司均未按规定对上述关联担保履行董事会、股东大会审议程序,且未予及时披露。公司迟至2019年5月14日才披露其中一笔为宋河实业提供的3000万元债务担保,迟至2019年8月31日才在2019年半年度报告中披露其余担保事项。

同时,公司在2019年5月14日披露的相关担保公告中称,存在为宋河实业一笔3000万元的债务提供担保,该债务已于2019年5月5日到期,相关担保责任已解除。但根据公司2019年半年度报告,公司仍需为前述宋河实业债务承担剩余1002万元的担保责任,其担保责任并未完全解除。公司信息披露前后不一致,存在不真实的情况。

(三)公司未按规定实施2018年年度权益分派

2019年5月20日,公司年度股东大会审议通过2018年权益分派方案,拟按照公司股本627 157 512股,向全体股东每10股派发现金红利1.00元(含税),共计人民币6271.58万元(含税)。2019年7月16日,公司披露2018年年度权益分派实施公告,股权登记日为2019年7月19日,除权(息)日及现金红利发放日为7月22日。2019年7月20日,公司公告称,因资金安排原因,未按有关规定完成现金分红款项划转,无法按照原定计划发放现金红利,原权益分派股权登记日、除权(息)日及现金红利发放日相应取消。截至目前,公司仍未实施2018年年度权益分派。权益分派事项事关投资者基本权利,影响重大,公司未执行股东大会审议批准的现金分红方案,且相关公告可能对投资者产生重大误导,性质恶劣。

(四)公司未及时披露多起重大诉讼

2019年8月31日,公司2019年半年度报告显示,公司存在14起诉讼,涉诉金额累计为7.44亿元,占公司2018年度经审计净资产的13.78%。经公司核实,2019年6月14日涉诉金额累计首次超过2018年度经审计净资产的10%,达到信息披露标准。但公司迟至2019年8月31日才在2019年半年度报告中披露相关诉讼情况,涉诉事项信息披露不及时。

(五)公司未及时披露重大债务到期未清偿事项

截至2019年8月20日,公司逾期债务本息合计金额为7.76亿元,分别占公司2018年度经审计净资产和净利润的14.37%和87.29%。公司称,截至2019年3月10日和5月15日,逾期债务金额累计首次超过2018年度经审计净利润和净资产的10%。重大债务到期未清偿属于公司面临的重大风险事项,公司应当及时予以披露。经监管督促,公司于2019年8月20日才披露前述重大债务逾期事项,信息披露不及时。

(六)控股股东质押重组认购的限售股份,违反公开承诺

2016年4月,辅仁集团公开承诺,对重组交易中认购的公司股份,自2017年12月27日股份上市之日起36个月届满之日与《盈利预测补偿协议》中利润补偿义务履行完毕之日中的较晚日前不予转让;同时,辅仁集团还承诺在前述锁定期间不以质押等任何方式处置或影响该等锁定股份的完整权利。2019年6月10日,上述股份仍在锁定期内,辅仁集

团将其中的13 936 437股限售流通股进行质押，质押股份占公司总股本的比例为2.22%。辅仁集团进行限售股份质押，违反其公开承诺。

结合案例材料，分析下面问题：

1. 分析企业的经济业务和事项、会计对象和会计信息之间的关系。
2. 如何理解会计目标？会计信息的加工和披露如何影响会计目标的实现？
3. 会计职业道德包括哪些内容？上述信息加工和披露违反了哪些会计职业道德？

第二章 会计账户和借贷记账法

◎ 学习目标

1. 理解会计对象、会计要素和会计科目的相互关系；
2. 理解会计科目与会计账户之间的关系；
3. 掌握会计账户的基本结构和运用；
4. 掌握总分类账户和明细分类账户间平行登记的要点和运用；
5. 掌握借贷复式记账法的概念、特点、记账规则及实际运用；
6. 掌握会计分录的编制运用；
7. 掌握"T"形账户的设置和登记方法；
8. 理解试算平衡的作用和局限性。

第一节 会计科目和会计账户

一、会计科目

(一)会计科目的概念及其意义

会计科目是对会计要素内部性质相同或相近的内容进行归类而形成的具体项目。它反映了同一会计要素内部的差异性。会计要素是对会计对象所划分的大类，它虽然将会计对象具体化了，但口径仍然太宽，无法满足向企业内外的利益相关者提供有用会计信息的需要，因此，会计要素需要进一步明确化、具体化为会计科目。图 2-1 反映了会计对象、会计要素和会计科目之间的关系。

图 2-1 会计对象、会计要素和会计科目的关系

会计科目的设置对于会计核算和会计报表编制有着重要意义。首先，它使会计要素进一步明确化与具体化，便于进行会计上的反映和控制，并为会计信息使用者提供有关企业财务状况、经营成果、所有者权益变动和现金流量等方面的更为全面、系统、准确的信息。其次，会计科目的合理设置是运用借贷记账法编写会计分录、设置会计账户与账簿、编制会计报表的前提条件。资产负债表、利润表上所列示的项目基本上都是会计科目，如

果说会计报表是"房子",那么会计科目就是"砖块"。

(二)会计科目的设置原则

会计科目是对会计要素所进行的进一步分类,而这种分类可以遵循不同的标准、采用不同的口径。为了使企业所提供的会计信息满足某些共同的质量特征,会计科目的设置必须在一些公认的原则指导下进行,这些原则主要包括:

第一,完整性原则。会计科目必须能够全面反映会计要素的所有组成部分,没有遗漏,使得企业在对每一笔经济业务进行会计反映时,都能找到恰当的会计科目。

第二,互斥性原则。不同会计科目应有各自不同的经济内容,在内涵和外延上不存在重复和交叉,从而保证不会发生同一经济业务的内容既可以在这个会计科目中核算,又可以在另一个会计科目中核算的情况。

第三,口径宽窄适度原则。会计科目是对会计要素的具体化,但究竟应具体到什么程度,应该根据会计信息使用者对会计信息的具体要求而定,既不能太过粗略,使信息使用者得不到所需的信息,又不能太过细致,提供使用者并不需要的信息,或使得企业生成会计信息的成本过高。

第四,差异性原则。会计科目的设置应反映不同行业、不同企业的具体情况。某些特殊行业(例如金融业)可能需要与一般行业不同的会计科目表,而小企业则可能并不需要像大企业那样复杂的科目表。

第五,可比性原则。可比性是重要的会计信息质量特征,会计科目的设置必须保证会计信息具有可比性。具体而言:同一行业、业务相近的企业应使用大致相同的会计科目表;不同企业所使用的同一会计科目应具有相同的内涵和外延,才不会使会计信息使用者产生误解。

在国外,企业所使用的会计科目表一般都是由企业自行设计的,科目的名称及其内涵、外延通常都是约定俗成的,政府并不为所有企业规定统一的科目表。在我国,财政部在其制定并颁布的《企业会计准则——应用指南》中对企业所使用的会计科目作出了统一规定,它适用于所有企业。从这个角度来看,我国企业所使用的会计科目具有更强的可比性。表 2-1 列出了财政部颁布的最新会计科目表。

(三)会计科目的分类

按照所属的会计要素类别,会计科目可以划分为资产类、负债类、所有者权益类、收入类、费用类和利润类。表 2-1(以产品制造企业和商品流通企业常用会计科目为例)基本上采用了这种分类方法,将会计科目划分为资产类、负债类、所有者权益类和损益类。其中,损益类则包括了收入类账户和一部分费用类账户。

除了上述分类标准,会计科目还可以根据企业经营管理的需要进一步划分为一级科目、二级科目、三级科目等层次。一级科目又称为总账科目,它是对会计要素的具体内容进行总括分类而形成的会计科目,列示在资产负债表、利润表上的会计科目一般都是一级科目。二级科目是对一级科目进一步分类的结果,又称子目。三级科目则是二级科目的下属科目,又称细目。二级科目和三级科目统称明细科目。从一级科目到二级科目再到三级科目,上一级科目统驭着下一级科目,下一级科目是对上一级科目的具体化。例如,原材料种类、规格繁多的企业,在"原材料"一级科目之下,可以按照原材料的种类分别设置

"原料及主要材料""辅助材料""燃料"等二级科目；在二级科目以下，还可根据材料的具体名称设置三级科目；通过为原材料设置三个层次的会计科目并展开分类核算，企业就可以随时掌握各类原材料的具体数量和金额，从而加强对于原材料的管理。

表 2-1　会计科目表（以产品制造企业和商品流通企业常用会计科目为例）

顺序号	会计科目名称	顺序号	会计科目名称
	一、资产类	27	一年内到期的非流动资产
1	库存现金	28	其他流动资产
2	银行存款	29	债权投资
3	其他货币资金	30	其他债权投资
4	交易性金融资产	31	长期股权投资
5	应收票据	32	长期股权投资减值准备
6	应收账款	33	其他权益工具投资
7	预付账款	34	其他非流动金融资产
8	应收股利	35	投资性房地产
9	应收利息	36	长期应收款
10	其他应收款	37	未实现融资收益
11	坏账准备	38	固定资产
12	贷款	39	累计折旧
13	贷款损失准备	40	固定资产减值准备
14	材料采购	41	在建工程
15	在途物资	42	工程物资
16	原材料	43	固定资产清理
17	材料成本差异	44	生产性生物资产
18	库存商品（产成品）	45	生产性生物资产累计折旧
19	发出商品	46	公益性生物资产
20	商品进销差价（产品成本差异）	47	油气资产
21	委托加工物资	48	累计折耗
22	周转材料	49	使用权资产
23	消耗性生物资产	50	无形资产
24	存货跌价准备	51	累计摊销
25	合同资产	52	无形资产减值准备
26	持有待售资产	53	商誉

顺序号	会计科目名称	顺序号	会计科目名称
54	长期待摊费用		三、所有者权益类（或股东权益类）
55	递延所得税资产	84	实收资本（或股本）
56	其他非流动资产	85	其他权益工具
57	待处理财产损益	86	其中：优先股
	二、负债类	87	永续债
58	短期借款	88	资本公积
59	交易性金融负债	89	减：库存股
60	应付票据	90	其他综合收益
61	应付账款	91	专项储备
62	预收账款	92	盈余公积
63	合同负债	93	未分配利润
64	应付职工薪酬		四、损益类
65	应交税费	94	主营业务收入
66	应付利息	95	其他业务收入
67	应付股利	96	汇兑损益
68	其他应付款	97	公允价值变动损益
69	持有待售负债	98	资产处置收益
70	一年内到期的非流动负债	99	投资收益
71	其他流动负债	100	其他收益
72	一年内到期的非流动负债	101	其他综合收益
73	其他流动负债	102	营业外收入
74	长期借款	103	主营业务成本
75	应付债券 　　其中：优先股 　　　　永续债	104	其他业务成本
		105	税金及附加
		106	销售费用
76	租赁负债	107	管理费用
77	长期应付款	108	研发费用
78	未确认融资费用	109	财务费用
79	专项应付款	110	信用减值损失
80	预计负债	111	资产减值损失
81	递延收益	112	营业外支出
82	递延所得税负债	113	所得税费用
83	其他非流动负债	114	以前年度损益调整

二、会计账户

(一)会计账户的概念

账户(accounts)是用来分门别类地记录经济业务的具有一定格式的账页。设置账户是一种重要的会计方法,它将每一笔经济业务对于特定会计要素的影响加以连续记录,从而累积起编制会计报表所需要的数据。当经济业务的原始数据记载于会计凭证之上时,还是零散的、杂乱的,当这些原始数据按照会计账户进行归集、整理之后,他们就成为了易于进行会计处理的初始会计信息。特定账户可以提供特定会计要素的某个具体项目增减变动及其结果的会计信息,而全部账户结合起来就可以反映企业财务状况、经营成果、所有者权益变动和现金流量的全貌。

会计账户和会计科目既相互联系又相互区别。简而言之,会计科目是会计账户的名称,会计科目决定了会计账户将要核算的内容,会计账户必须根据会计科目来设置,如果企业设置了某个会计科目,则必须为之设立相应的账户。会计科目只是特定的名称和概念,其设置并不是一种专门的会计方法;账户则不同,它不仅有名称,还具有一定格式和特定的登记方法,它是会计信息进行分类和汇总的工具,其设置是一种专门的会计方法。

(二)会计账户的基本结构与格式

经济业务对会计要素的影响是多方面的,但从量的角度来看,其影响却可以归结为两个方面:要么使会计要素的金额增加,要么使会计要素的金额减少。会计账户用来记录经济业务对会计要素的影响,因此其基本结构至少包括两个部分:记录增加的部分和记录减少的部分。在会计学中,经常用"T形账户"来表示账户的基本结构,如图2-2所示。

从图2-2中我们可以看到,"T形账户"包括三个部分:账户名称、记账方向(借方和贷方)、记录增加的部分和记录减少的部分。如果在T形账户左边记录增加,则必然在其右边记录减少,反之亦然。账户的哪一方记录增加,哪一方记录减少,是由企业所采取的记账方法和所记录的经济内容决定的。由于现代会计普遍采用借贷记账法记账,因此在借贷记账法之下,人们将T形账户的左方称作借方,右方称作贷方。

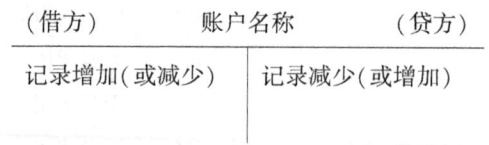

图2-2 T形账户

账户中记录的增加额或减少额,又称为该账户的发生额。对于一家持续经营的企业,其账户除了要记录发生额之外,还需要记录资产、负债和所有者权益类账户的期初余额和期末余额。在期初余额、本期发生额和期末余额之间存在着如下数量关系:

期初余额+本期增加额-本期减少额=期末余额

其中,期初余额、本期增加额和期末余额在账户中的记录方向相同,本期减少额的记录方向则同它们相反。通过同时记录发生额和余额,账户就能同时提供某个会计要素在特定时点的静态信息和在特定会计期间增减变动的动态信息。

T形账户以抽象概括的形式描述了账户的基本结构。在会计实务中，账户表现为具有特定格式的账页或账簿(ledger)。实际使用的账户格式有许多种，例如三栏式、数量金额式、多栏式等(具体可参阅第七章有关内容)，使用最多的账户格式是三栏式，如表2-2所示。

表 2-2　　　　　　　　　　　　　　**三栏式账户格式**
账户名称：

年		凭证号	摘要	借方金额	贷方金额	余额	
月	日					借或贷	金额

所谓三栏式账户，是指在一张表格中同时列示账户借方金额、贷方金额和余额的账户。表2-2展示了三栏式账户主要包括如下项目：第一，账户名称。用来说明账户核算的经济内容，通常为某个会计科目名，既可以是总账科目，也可以是明细科目。第二，日期，即年、月、日，用来记录经济业务的确切日期。第三，凭证号。它用来说明登记账户的来源和依据，为日后的追查提供便利。第四，摘要。它用来概括地说明所记录的经济业务的内容。第五，借方金额。它用来说明会计科目的增加(或减少)金额。第六，贷方金额。它用来说明会计科目的减少(或增加)金额。第七，余额。它用来说明会计科目增减变动后的结果，包括借贷方向和期初、期末余额金额两个部分。

三、账户的分类

(一)账户按其反映的经济内容分类

账户按其所反映的经济内容进行分类是最基本的分类方法，即按会计对象的具体内容来进行划分，也称为按会计要素的分类。企业会计对象因其各自经济特征的不同又被划分为资产、负债、所有者权益、收入、费用和利润6大会计要素。因此，账户按其所反映的经济内容来分，可分为资产类账户、负债类账户、所有者权益类账户、收入类账户、费用类账户和利润类账户。

研究账户按其所反映的经济内容分类，目的在于理解每一类账户以及每一类账户下的金额所反映经济内容的实质，掌握如何根据企业经营活动的特征和经营管理的要求设置账户，以便正确地运用账户，为企业的管理提供一套完整的会计核算指标体系。

1. 资产类账户

资产类账户是指在会计核算时反映资产增减变化及其结存情况的账户。在实际会计核算时，资产类账户至少应分为流动资产类账户和长期资产类账户。流动资产类账户主要反映变现时间或者耗用时间在一年以内或超过一年但在一个营业周期以内的货币资金、应收款项和存货等资产。各种流动资产的运用情况对企业的生产经营成果有着重大影响。依据流动资产的具体内容，会计核算时应具体设置诸如"库存现金""银行存款""应收账款""存货"等流动资产类账户。长期资产类账户主要反映变现时间或者耗用时间超过一年或超过一个营业周期(营业周期超过一年)的长期投资、固定资产、无形资产等。一般情况下，一个企业的固定资产等长期资产形成后，在短时间内难以发生根本性的变化，它决定了企业的生产经营规模和经营模式。依据长期资产的具体内容，会计核算时应具体设置"固定资产""在建工程""无形资产"等长期资产类账户。

会计处理时，流动资产类账户和长期资产类账户的结构是相同的，都是借方登记资产的增加，其发生额反映资产的增加情况，贷方登记资产的减少，其发生额反映资产的减少情况，期末余额一般在借方，反映企业资产的结存情况，并由此体现企业的生产经营规模。

2. 负债类账户

负债类账户是指在会计核算时反映负债增减变化及其结存情况的账户。资本结构对企业生产经营风险和财务状况的影响是始终贯穿于企业的运营过程之中的，负债的比例越大，其资本成本越低，但企业的财务风险也就越高，而这种风险很大程度上来源于企业的偿债压力。为了反映企业债务紧迫性的情况，负债至少应该分为流动负债类和长期负债。流动负债类账户反映偿还期限在一年以内或长于一年但在一个营业周期以内的负债，这种负债的还款压力较大。会计核算时应具体设置"短期借款""应付票据""应付账款"等流动负债类账户。长期负债类账户反映偿还期限为一年及一年以上或超过一个营业周期(营业周期超过一年)的负债，这种负债由于还款时间较长，因而短时间内还款压力相对较小。会计核算时，企业应具体设置"长期借款""应付债券""长期应付款"等长期负债类账户。

会计处理时，流动负债类账户和长期负债类账户的结构是相同的，都是贷方登记负债的增加，其发生额反映负债的增加情况，借方登记负债的减少，其发生额反映负债的减少情况，期末余额一般在贷方，表示企业负债的结余情况，并由此反映企业的负债规模。

3. 所有者权益类账户

所有者权益类账户是指在会计核算时反映投资者投入资本、留存收益增减变动及结存情况的账户。这类账户主要是反映所有者的权益，主要包括初始和追加投资所形成的权益、经营积累形成的权益和其他途径形成的权益。因此，在会计核算时，所有者权益类账户应根据权益的形成渠道设置以下三种账户：所有者投资形成的权益账户，如"实收资本"("股本")"资本公积"账户；经营过程积累形成的权益账户，如"盈余公积"账户等。

会计处理时，这类账户的贷方登记所有者权益的增加，其发生额反映所有者权益的增加情况，借方登记所有者权益的减少，其发生额反映所有者权益的减少情况，期末余额一般在贷方，反映所有者权益的结存情况，并由此表示所有者对企业所拥有的净资产的要求权。

4. 收入类账户

这里的"收入"是指广义的收入，指企业生产经营过程中所取得的与所有者投入资本无关的各种经济利益流入。收入类账户就是指在会计核算时相应反映这些"收入"的一类账户。一个企业所进行的经济活动是各种各样的，取得收入的来源也十分广泛，但大部分收入还是来源于企业的日常经营活动，如销售本企业生产的产品，此时形成的收入是营业收入；但有些收入并不是由企业的经营活动产生，如固定资产处置收入，此时形成的收益为利得。为了与企业经济活动的性质相适应，在会计核算时，应设置核算营业收入的账户，包括"主营业务收入""其他业务收入"等；设置核算利得的账户，包括"投资收益""公允价值变动损益""营业外收入"等。

会计处理时，这类账户的贷方登记收入的增加，其发生额可以反映收入的实现情况，借方登记收入的减少或转销，其发生额可以反映收入的减少额或转销额。

收入类账户一般没有期初、期末余额。

5. 费用类账户

这里的费用也是指广义的费用，即企业生产经营过程中实际发生的、与向所有者分配利润无关的各种经济利益流出。费用类账户则是指在会计核算时相应反映这些"费用"的一类账户。同样，一个企业所进行的经济活动是各种各样的，费用支出也发生在企业的方方面面，有些是由企业日常生产经营活动所引起的经营性费用，如"生产成本""制造费用""管理费用"等；而有些费用的发生则是与企业的日常生产经营活动无关，如"资产减值损失""营业外支出"等。经营性支出在企业整个生产经营过程中的表现方式各异，核算时间也不同，为了记录发生的这些费用，在经营性费用类账户中还必须设置一类成本核算账户，包括"生产成本""制造费用"等；同时，也必须设置一类费用核算的账户，包括"管理费用""销售费用""财务费用"等。

这类账户的借方登记费用的增加，其发生额可以反映费用的实际发生情况，贷方登记成本费用的减少或转销。

一般来说，大部分费用类账户没有期初、期末余额。

6. 利润类账户

利润类账户是指在会计核算时反映企业利润的形成和分配情况的账户。具体可以分为利润实现类账户和分配类账户。如"本年利润""投资收益"等利润实现类账户的贷方反映组成本年利润的各个方面，借方反映对各种费用的补偿，若期末余额在贷方表示营利，反之则表示亏损。利润分配类账户，如"利润分配"的借方则反映已经分配的利润，贷方反映从"本年利润"转入的留存收益。

(二) 账户按其用途和结构分类

账户按经济内容分类是最基本的、最主要的分类，但仅仅对账户按经济内容分类并不能满足我们所有的需要，对账户再按用途和结构进行分类可以加强我们对各种账户的理解，以达到正确运用账户来记录经济业务的目的。因此，在账户按经济内容分类的基础上，对账户按结构和用途进行再次划分是必要的。所谓账户用途，是指设置和运用账户的目的，即通过一个账户的记录能够提供哪些核算指标；所谓账户结构，指在账户中如何提供各种核算资料，即账户的借方和贷方各登记什么内容、余额的方向及其所表示的经济内容。账户的用途和结构是结合在一起的，只要研究账户的用途，就必须研究账户的结构，以便通过账户的结构反映账户的用途；同时，只要研究账户的结构，也要同时研究账户的用途，账户结构因账户用途而具有了存在的意义。

账户按其用途和结构可以分为：基本账户、调整账户、成本账户和损益计算账户。基本账户即任何会计主体都必须设置的账户，它又可分为：盘存账户、资本账户、结算账户；调整账户即用来调整被调整账户余额，以便获得新的核算数据的账户，它还可分为：备抵账户、附加账户、备抵附加账户；成本账户即用来进行成本计算的账户，它包括：集合分配账户、成本计算账户、计价对比账户；损益计算账户即用来进行损益计算的账户，又分为：期间汇转账户和财务成果账户。

1. 盘存账户

盘存账户是用来核算、监督各项货币资金和实物资产的增减变动及其留存情况的账户，包括"库存现金""银行存款""原材料""库存商品"（"产成品"）"固定资产"等账户。

盘存账户的特点主要体现在：第一，这类账户属于资产类账户，但仅指具有实物形态的那一部分资产；第二，该类账户中货币资金类账户外均可设置和运用明细账，同时提供实物数量信息和货币信息；第三，这类账户可以通过实地盘点和核对账目的方法来确定其实际结存数与账面结存数是否一致；第四，这类账户的结构一般都是借方登记财产物资和货币资金的增加数，贷方登记财产物资和货币资金的减少数，期末余额总是在借方，表示期末各项财产物资和货币资金的结存金额（如表2-3所示）。

表2-3　　　　　　　　　　　　　　盘存账户

借方	贷方
期初余额：财产物资、货币资金的期初余额	
本期发生额：财产物资、货币资金的本期增加数	本期发生额：财产物资、货币资金的本期减少数
期末余额：财产物资、货币资金的期末结存额	

2. 资本账户

资本账户是用来反映和监督所有者权益的增减变化及其实有情况的账户，也称投资权益账户。就企业资本的来源而言，其主要渠道有：投资者的投入、企业经营活动中的经营性积累和非经营性积累。会计核算时，资本账户具体可以设置"实收资本"（"股本"）、"资本公积""盈余公积"等账户。

资本账户的特点主要体现在以下几个方面：第一，这类账户反映的内容是所有者的投入所形成的资本或经营过程中积累所形成的资本，具有所有者权益的性质；第二，为了反映企业资本形成的具体情况，这类账户还需要按照投资者或资本的来源设置明细账；第三，这类账户的结构一般是贷方登记资本的增加数，借方登记资本的减少数，期初期末余额一般都在贷方，反映期初或期末各种资本的实有额，如果期末没有余额或者余额在借方，则说明企业已经资不抵债，处于破产边缘（如表2-4所示）。

表2-4　　　　　　　　　　　　　　资本账户

借方	贷方
	期初余额：期初所有者权益余额
本期发生额：所有者权益的减少额	本期发生额：本期所有者权益的增加额
	期末余额：期末所有者权益余额

3. 结算账户

结算账户是用来反映和监督本企业与其他单位或个人以及企业内部各单位之间结算业务的账户，体现的是企业的各种债权债务关系。根据结算业务的不同，结算账户具体可分为债权结算账户、债务结算账户和债权债务结算账户，下面将重点介绍债权结算账户和债务结算账户。

（1）债权结算账户

债权结算账户也称资产结算账户，是用来反映和监督本企业与其他债务单位及个人的债权结算业务的账户。这类账户专门用来核算企业债权的增减变动，反映留存情况，会计核算时，债权结算账户具体可以设置"应收票据""应收账款""预付账款""其他应收款"等账户。

债权结算账户的特点主要体现在以下几个方面：第一，这类账户所反映的内容均属于资产性质；第二，这类账户的结构一般是借方登记企业债权的增加数，贷方登记企业债权的减少数，期末余额一般在借方，表示企业尚未收回债权的余额（如表2-5所示）。

表2-5　　　　　　　　　　　　　　债权结算账户

借方	贷方
期初余额：期初尚未收回的债权余额 本期发生额：本期债权的增加额	本期发生额：本期债权的减少额
期末余额：期末尚未收回的债权余额	

（2）债务结算账户

债务结算账户也称负债结算账户，是用来反映和监督本企业与其他债权单位或个人之间的债务结算业务的账户。这类账户是专门用来核算企业债务的增减变动、反映留存情况，会计核算时，债务结算账户可以具体设置"短期借款""应付票据""应付账款""预收账款""其他应付款""长期借款"等账户。

债务结算账户的特点主要体现在以下几个方面：第一，这类账户所反映的内容均属于负债性质；第二，这类账户的结构一般是贷方登记企业债务的增加数，借方登记企业债务的减少数，期末余额一般在贷方，表示企业尚未偿还的债务金额（如表2-6所示）。

表2-6　　　　　　　　　　　　　　债务结算账户

借方	贷方
	期初余额：期初尚未偿还的债务余额
本期发生额：本期债务的减少额	本期发生额：本期债务的增加额
	期末余额：期末尚未偿还的债务余额

债权结算账户、债务结算账户和债权债务结算账户这三类账户都属于结算账户，具备一些共同的特点，主要体现在以下几个方面：第一，这些账户应按结算单位或个人设置明

细账，以反映结算业务的详细情况，以便更准确地进行结算和核对；第二，由于结算账户只是反映企业的债权与债务，因而其总账和明细账只能提供货币信息，其性质则需通过账户期末余额的方向来判断，当余额在借方时，属于债权结算账户；当余额在贷方时，属于债务结算账户。

4. 调整账户

调整账户是指用来调整被调整账户的账面余额，以便计算被调整账户实际余额的账户，即"被调整账户账面余额±调整账户余额=被调整账户的实际余额"。因此，该类账户只有与被调整账户结合起来，才有意义，才能为管理提供所需要的某些特定指标。调整账户按照其调整方式的不同，可以进一步分为备抵账户、附加账户和备抵附加账户。

(1) 备抵账户

备抵账户又称抵减账户，是用来抵减被调整账户的账面余额，以求得被调整账户实际余额的账户。备抵账户的性质与被调整账户的性质相反，其调整方式用公式表示为："被调整账户账面余额–备抵账户余额=被调整账户的实际余额"。按照被调整账户的性质，备抵账户又可分为资产备抵账户和权益备抵账户。

第一，资产备抵账户

资产备抵账户是用来抵减某一资产账户的账面余额，以求得该资产账户实际余额的账户，即被调整账户为资产类账户的备抵账户。会计核算时，若被调整账户是"应收账款""固定资产""长期股权投资"等，则资产备抵账户可以相应设置"坏账准备""累计折旧""固定资产减值准备""长期股权投资减值准备"等账户。

第二，权益备抵账户

权益备抵账户是用来抵减某一权益账户的账面余额，以确定该权益类账户实际余额的账户，即被调整账户为所有者权益类账户时的备抵账户。会计核算时，若被调整的账户为"本年利润"账户，则权益备抵账户可以相应设置"利润分配"账户。

(2) 备抵附加账户

备抵附加账户是指既可以用来抵减也可以用来增加被调整账户的账面余额，以求得被调整账户实际余额的账户。备抵附加账户主要包括"材料成本差异""产品成本差异"等账户，相应的被调整账户分别为"原材料"和"库存商品"("产成品")等账户。调整账户余额与被调整账户余额方向不同时，备抵附加账户调整方式与备抵账户相同，起备抵账户的作用；当方向一致时，备抵附加账户调整方式与附加账户相同，起附加账户的作用。例如：若"产品成本差异"账户为借方余额时，表示产品实际成本大于计划成本，用"库存商品"("产成品")的借方余额加上"产品成本差异"账户的借方余额，就得出产品的实际成本。当"产品成本差异"账户是贷方余额时，处理则与之相反。

备抵账户、附加账户和备抵附加账户同为调整账户，它们具备如下共同特点：第一，调整账户的作用在于对被调整账户的账面余额进行调整，以便反映被调整账户的实际余额，所以调整账户一般都有余额，否则无法起到调整作用；第二，除"累计折旧"外，调整账户应根据实际需要建立明细账，调整账户的明细账只能提供货币信息；第三，有调整账户必有相应的被调整账户，二者经济内容相同；第四，调整方式均为被调整账户与调整账户的余额同向相加，异向相减。

5. 集合分配账户

集合分配账户是指用来汇集和分配企业生产经营过程中某一阶段所发生的某种间接费用，借以反映和核算有关间接费用计划执行情况的账户。集合分配账户是用来核算经营过程中发生的各种间接费用，并与计划指标对比分析，单独考核企业经营成果实现的程度和费用预算的执行情况，以便及时采取措施，降低费用，另外，集合分配账户还对这些间接费用进行分配，使费用对象化为相关的成本，主要包括"制造费用"等账户。

集合分配账户的特点主要体现在以下几个方面：第一，其核算对象属费用类；第二，具有明显的过渡性质，主要归集那些不能直接计入某个成本对象的间接费用，期末再按一定标准将其分配出去；第三，该类账户的结构一般是借方登记费用的发生数，贷方登记费用的分配数，一般情况下，该类账户期末分配后应无余额(如表2-7所示)。

表2-7　　　　　　　　　　　　　集合分配账户

借方	贷方
本期发生额：本期某种费用的发生额	本期发生额：本期某种费用的分配额

6. 成本计算账户

成本计算账户是指用来反映和监督生产经营过程中某一阶段所发生的全部费用，并确定该阶段各个成本计算对象实际成本的账户。"生产成本""制造费用""在建工程""材料采购"均属于成本计算账户。

成本计算账户的特点主要体现在以下几个方面：第一，成本类账户按成本对象设置明细账，并按成本项目设置专栏进行明细分类核算；第二，既可提供某一计算对象的金额指标，又可提供其实物指标；第三，账户的结构：借方登记生产经营过程中某一阶段所发生的应计入成本的全部费用，贷方登记转出的实际成本，期末余额在借方，表示尚未完工的成本计算对象的实际成本(如表2-8所示)。

表2-8　　　　　　　　　　　　　成本计算账户

借方	贷方
期初余额：期初尚未完成的成本计算对象的实际成本	
本期发生额：本期产品生产经营过程所发生的全部费用	本期发生额：本期结转完工产品成本计算对象的实际成本
期末余额：期末尚未完工的成本计算对象的实际成本	

7. 计价对比账户

计价对比账户是指用来对生产经营过程某一阶段的经济业务按照两种不同的计价标准进行核算对比，借以确定该阶段业务成果的账户。通过计价对比账户的记录，可以提供某一阶段业务成果的指标。例如按计划成本法进行材料日常核算的企业所设置的"材料采购"账户就属于计价对比账户。该类账户的结构是借方登记材料的实际采购成本,贷方登记按照计划价格核算的材料计划采购成本,通过借贷双方两种计价的对比,可以确定材料采购的业务成果。同样,按照计划成本进行核算的"生产成本"账户也属于该类账户。

计价对比账户的特点主要体现在以下几个方面:第一,账户中采取两种不同的计价标准登记;第二,利用"对比"的方式来确定某一阶段的业务成果;第三,账户结构。计价对比账户的借方记录某项经济业务的一种计价,贷方记录该项经济业务的另一种计价;期末将两种计价进行对比,根据余额的方向判别该项经济业务的成果。以生产成本为例,其基本结构如表2-9所示。材料采购账户借贷方的登记内容与此类似。

表2-9　　　　　　　　　　　　　计价对比账户

借方	贷方
本期发生额:产品生产的实际成本 贷差:　　成本超支	本期发生额:产品生产的计划成本 借差:　　成本节约

8. 期间汇转账户

(1) 收入账户

收入账户是指用来反映和监督企业在一定会计期间内所取得的各种收入的账户。在会计核算时,收入账户具体可以设置"主营业务收入""其他业务收入""投资收益"和"营业外收入"等。收入账户的结构:借方登记本期收入的减少数以及期末转入"本年利润"账户的本期收入,贷方登记本期收入的增加数,期末结转后无余额(如表2-10所示)。

表2-10　　　　　　　　　　　　　收入账户

借方	贷方
本期发生额:本期收入的减少数 期末结转到"本年利润"账户的收入	本期发生额:本期收入的增加数

(2) 费用账户

费用账户是指用来反映和监督企业在一定会计期间内所发生的各种费用的账户。在会计核算时,费用账户具体可以设置"主营业务成本""税金及附加""其他业务成本""管理费用""财务费用""营业外支出"和"所得税费用"等账户。费用账户的结构是借方登记当期费用发生的增加数,贷方登记本期费用发生的减少数以及期末转入"本年利润"账户的费用发生数,期末结转后无余额(如表2-11所示)。

表2-11　　　　　　　　　　　　　费用账户

借方	贷方
本期发生额:本期费用、成本、支出的增加数	本期发生额:本期费用、成本、支出的减少数 期末转入"本年利润"账户的数额

9. 财务成果账户

财务成果类账户是用来反映和监督企业在一定时期(月份、季度或年度)内全部生产经营活动最终成果的账户。在具体的会计核算时，财务成果类账户主要设置"本年利润"等账户。

财务成果账户的特点主要体现在以下几个方面：第一，财务成果类账户所反映的是从年初到报告期末这个时间段的财务成果；第二，财务成果类账户反映的是一定时期内所累计实现的净利润或亏损；第三，财务成果账户的总账和明细账只提供货币信息；第四，账户的结构一般为贷方登记期末从各收入或收益类账户转入的数额，借方登记期末从各费用、成本、支出类账户结转的数额(转入的收入和费用应该符合权责发生制原则，并能够相互配比)，期末余额如在借方，表示企业发生的亏损总额，如在贷方，表示企业实现的净利润额；第五，年终结算前，这类账户都有余额，年终时将实现的亏损或利润转入"利润分配"账户，转账后无余额(如表2-12所示)。

表2-12　　　　　　　　　　　　　财务成果账户

借方	贷方
本期发生额：应计入本期损益的各项费用、成本、支出	本期发生额：本期实现的各项收入和收益数
期末余额：　期末发生的亏损总额	期末余额：　期末实现的净利润额

(三)其他分类标准

在整个账户体系中，各账户之间相互区别也相互联系。从不同的角度去考察这些账户的联系、探求它们的共性，就产生了不同的账户分类方法。因此，账户的分类标准有许多，除了上面提到的按账户的经济内容和账户的用途、结构分类，账户的分类标准主要还有以下几种：第一，账户按其与会计报表的关系进行分类，可以分为资产负债表账户和利润表账户；第二，账户按其提供核算指标详细程度分类，可以分为总分类账户和明细分类账户；第三，账户按其与会计主体的关系分类，可以分为表内账户与表外账户；第四，账户按期末余额方向分类，可以分为借方余额账户、贷方余额账户和期末无余额账户。此处仅以账户与会计报表的关系为例加以说明。

会计报表是根据账户的日常核算资料编制的，这个过程在整个会计工作中占据着重要地位。当利用特定的账户资料编制相应的会计报表时，账户与会计报表间就建立了一种对应关系。例如资产负债表是反映企业在会计期末全部资产、负债和所有者权益情况的会计报表，那么在编制该报表时，就须将资产类账户、负债类账户和所有者权益类账户的期末余额等数据信息直接填入或者加以分析计算后填入。此时，资产负债表与资产类账户、负债类账户和所有者权益类账户之间就建立了对应关系。因此，所谓账户按与会计报表的关系分类，就是指在账户按其所反映经济内容进行首次划分的基础之上，从账户与会计报表的这种对应关系出发对账户进行的再次划分，包括资产负债表账户和利润表账户两大类。

1. 资产负债表账户

资产类账户、负债类账户和所有者权益类账户的期末余额是编制资产负债表的数据来源，表示企业在某一时点所拥有或控制资产的规模，承担债务的大小及所有者权益的构成状况。因此，资产类账户、负债类账户和所有者权益类账户被称为资产负债表账户。

2. 利润表账户

收入类账户、费用类账户及利润类账户的发生额是编制利润表的数据来源，表示企业一段时期内的经营成果。因此，收入类账户、费用类账户和利润类账户被称为利润表账户。

四、总分类账户与明细分类账户

（一）总分类账户和明细分类账户的概念

账户是根据会计科目来设置的，会计科目有总账科目和明细科目之分，会计账户相应也有总分类账户和明细分类账户之分。所谓总分类账户，是指按照总账科目设置、提供会计要素具体内容增减变动的总括情况的账户。所谓明细分类账户，是指按照明细科目设置、提供会计要素具体内容增减变动的详细情况的账户。

总分类账户与明细分类账户之间存在着密切的联系，具体表现为：第一，总分类账户是明细分类账户的"控制账户"（controlling accounts），明细分类账户则是总分类账户的从属账户，对总分类账户起着辅助作用，二者是互为补充的关系；第二，总分类账户与所属明细分类账户的核算内容相同，前者进行总括登记，后者进行详细登记；第三，总分类账户及所属明细分类账户登记的原始依据是相同的，例如，"原材料"总分类账户及相应明细分类账户的登账依据都是原材料的入库单、领料单等；第四，总分类账户的发生额、余额分别与所属各明细分类账户的发生额及余额的合计数相等。

总分类账户和明细分类账户之间也存在着区别，具体而言：第一，总分类账户和明细分类账户所提供的会计信息的详略程度不同，前者提供的会计信息比较概括、简略，后者提供的会计信息则比较具体、详细；第二，总分类账户只采用货币作为计量单位，明细分类账户除了可采用货币计量单位进行登记外，必要时还可采用实物数量单位进行登记，也就是说总分类账户只提供价值信息，而明细分类账户则可以同时提供包括价值信息和实物数量信息在内的多种信息；第三，总分类账户必须根据国家统一规定的总账科目进行设置，明细分类账户则可以由企业根据经营管理的需要自行设置；第四，明细分类账户可以根据记账凭证或日记账直接登记，其登记方法相对简单，总账的登记方法则相对复杂，不同的总账登记方法是不同账务处理程序相区别的关键。

（二）总分类账户和明细分类账户的平行登记

由于总分类账户和明细分类账户的核算内容是相同的，因此在登记时需要采用平行登记。所谓平行登记，是指企业发生的每一笔经济业务，既要在总分类账户中进行总括登记，又要在相应的明细分类账户中进行详细登记。平行登记法[①]的要点是：

第一，每一项经济业务，既要记入总分类账户，又要记入相应的明细分类账户。如果

---

① 徐文彬. 会计学原理（新编）. 第三版. 上海：立信会计出版社，2005：第二章第四节.

一项经济业务涉及某一个总分类账户所属的若干个明细分类账户，则应分别记入这些明细分类账户。

第二，每一项经济业务，在总分类账户和明细分类账户中登记时，其记账方向（借方或贷方）必须相同。

第三，每一项经济业务，记入总分类账户中的金额必须与记入所属明细分类账户中的金额或金额之和相等。

必须注意的是，平行登记并非同时登记，也就是说，明细分类账户和总分类账户的登记时间并不一定是相同的。明细分类账户通常需要在会计分录编制完成之后就立刻根据有关记账凭证加以登记，总分类账户有可能是在一段时间过去以后再根据某种方法将所属明细分类账户的汇总数登入。

下面，我们通过一个例子来对总分类账户和明细分类账户的平行登记加以具体说明。

甲、乙公司均为ABC公司的大客户，ABC公司为这两家公司分别开设了应收账款明细分类账。20××年1月1日，应收甲、乙公司的货款余额分别为160 000元和140 000元。ABC公司在20××年1月份共发生了如下业务：

1月1日发出商品，确认销售收入200 000元，货款尚未收取。其中，应收甲公司货款140 000元，应收乙公司货款60 000元；

1月5日，向乙公司发货，确认销售收入155 000元，货款尚未收取；

1月20日，向甲公司发货，确认销售收入170 000元，货款尚未收取；

1月25日，收到甲公司支付的货款380 000元；

1月29日，收到乙公司支付的货款280 000元。

20××年1月31日，ABC公司的应收账款总分类账和明细分类账登记情况如表2-13、表2-14、表2-15所示。表2-13的总分类账提供了ABC公司应收账款增减变动的总括信息，表2-14和表2-15则提供了欠款单位甲公司和乙公司所欠货款的具体金额及其归还情况的详细信息，因此，总分类账和明细分类账所提供的信息是相互补充的。当企业发出商

表2-13　　　　　　　　　　"应收账款"总分类账

企业名称：ABC公司　　　　　　　　　　　　　　　　　　　　单位：元

20××年		凭证号	摘要	借方金额	贷方金额	余额	
1月	日					借或贷	金额
	1		期初余额			借	300 000
	1		向甲乙两公司赊销商品	200 000		借	500 000
	5	略	向乙公司赊销商品	155 000		借	655 000
	20		向甲公司赊销商品	170 000		借	825 000
	25		收回甲公司所欠货款		380 000	借	445 000
	29		收回乙公司所欠货款		280 000	借	165 000
	31		本月发生额及余额	525 000	660 000	借	165 000

品确认收入,以及收到欠款单位支付的货款时,既要在应收账款总分类账中进行记录,又要在相应的明细分类账中进行记录,记账的方向是完全相同的。应收账款总分类账中记录的金额与明细分类账中记录的金额或金额的合计数相等,总分类账的期初余额、本期发生额和期末余额都与各明细分类账的合计数相等。上例有助于我们理解总分类账户和明细分类账户的联系与区别,以及二者进行平行登记的要点。

表2-14　　　　　　　　　　"应收账款"明细分类账

客户名称：甲公司　　　　　　　　　　　　　　　　　　　　　　　单位：元

20××年		凭证号	摘要	借方金额	贷方金额	余额	
1月	日					借或贷	金额
	1	略	期初余额			借	160 000
	1		赊销商品	140 000		借	300 000
	20		赊销商品	170 000		借	470 000
	25		收回货款		380 000	借	90 000
	31		本月发生额及余额	310 000	380 000	借	90 000

表2-15　　　　　　　　　　"应收账款"明细分类账

客户名称：乙公司　　　　　　　　　　　　　　　　　　　　　　　单位：元

20××年		凭证号	摘要	借方金额	贷方金额	余额	
1月	日					借或贷	金额
	1	略	期初余额			借	140 000
	1		赊销商品	60 000		借	200 000
	5		赊销商品	155 000		借	355 000
	29		回收货款		280 000	借	75 000
	31		本月发生额及余额	215 000	280 000	借	75 000

第二节　经济业务分析

一、经济业务的种类

经济业务是指经济组织在经营管理活动中发生的、能够使会计要素发生增减变动的事项,它又被称为"会计事项"。经济业务通常包括两类：交易(transactions)和事项(events)。交易是指企业和其他主体相互之间发生的交互行为,例如,购进存货、销售产品、借入资金、对外投资等；事项通常是指企业内部发生的经济活动,例如车间向仓库领料、支付工人工资、产成品入库等,有时候也包括外部环境变化对企业造成的经济影响,例如存货和投资价值的下跌、企业由于自然灾害而形成的损失①等。

二、经济业务对会计要素的影响

从经济业务的定义就可以看出，企业不断发生的各项经济业务会使会计要素始终处于增减变化之中。随着经济业务的发生，会计要素的有关项目会相应发生变化，但无论怎样变化，双方的总额总是相等的。经济业务对会计要素变动的影响规律可概括为下面两种类型：

第一，若一笔经济业务只涉及同类会计要素的有关项目，则变化规律为其中一个或几个项目增加，而同时另一个或几个项目减少，且增加和减少的金额相等。

第二，若一笔经济业务涉及异类会计要素的有关项目，则变化规律为要么同增，要么同减，且增加或减少的金额相等。

具体来说，经济业务的发生对会计要素增减变动的影响有：

第一，一项资产增加，另一项资产减少，如用银行存款购买材料及设备等；

第二，一项负债增加，另一项负债减少，如借新债还旧债等；

第三，一项所有者权益增加，另一项所有者权益减少，如提取盈余公积、用盈余公积金转增资本等；

第四，一项资产增加，一项负债增加，如从银行借入长短期资金等；

第五，一项资产减少，一项负债减少，如用银行存款偿还长短期债务等；

第六，一项资产增加，一项所有者权益增加，如投资者投入企业的资金和机器设备等；

第七，一项资产减少，一项所有者权益减少，如投资者撤出投入的资金和机器设备等；

第八，一项负债减少，一项所有者权益增加，如债权转股权等；

第九，一项负债增加，一项所有者权益减少，如将税后利润按比例分配给投资者等；

第十，一项收入增加，一项资产增加，如企业现销和赊销产品的销售收入等；

第十一，一项费用增加，一项资产减少，如，用银行存款支付产品广告宣传费等；

第十二，一项费用增加，一项负债增加，如，应交的税费、应交的水电费等。

下面运用会计等式对引起会计要素增减变动的一些主要经济业务举例说明。20×1年1月杨先生准备投资设立一家名为好运科技咨询公司并兼任公司总经理。假设。20×1年期间，好运公司共发生如下10笔经济业务（其他经济业务此处省略，假设不考虑相关税费）：

【例1】1月1日，杨先生准备用自己所有的一处房产投资到公司，其房产的评估价值为100万元。杨先生在办理完好运公司的工商登记手续之后，如期将房产过户给了公司。

在此项经济业务中，杨先生的投资行为使得好运公司的资产和所有者权益同时增加了100万元。。20×1年1月1日，好运公司的静态会计恒等式可以表述为：

资产（1 000 000元）= 负债（0元）+所有者权益（1 000 000元）

---

① 葛家澍. 中级财务会计. 沈阳：辽宁人民出版社，2000：45.

【例2】 1月1日，为了补充公司的启动资金，杨先生将自己的15万元人民币存款投资给公司，款项已于当日到达好运公司账上。

在此项经济业务中，杨先生的投资行为使得好运公司的资产和所有者权益同时增加了15万元。20×1年1月1日，好运公司的静态会计恒等式可以表述为：

$$资产(150\,000\,元) = 负债(0\,元) + 所有者权益(150\,000\,元)$$

【例3】 1月1日，好运公司决定向工行某支行贷款20万元。1月6日，该银行同意为好运公司提供期限为6个月、金额为20万元、到期一次性还本付息的短期贷款，款项已于当日到达公司账上。

在此项经济业务中，好运公司的资产增加了20万元，同时负债也增加了20万元。20×1年1月6日，好运公司的静态会计恒等式可以表述为：

$$资产(200\,000\,元) = 负债(200\,000\,元) + 所有者权益(0\,元)$$

【例4】 20×1年1月12日，好运公司购买了电脑、打印机等专用设备，款项100 000元已用银行存款支付。

该笔业务实际上是用银行存款购买专用设备的业务，这使得公司的银行存款减少了100 000元，固定资产则增加了100 000元。20×1年1月12日，好运公司的静态会计恒等式可以表述为：

$$资产(固定资产增加100\,000、银行存款减少100\,000\,元) = 负债(0\,元) + 所有者权益(0\,元)$$

【例5】 1月15日，好运公司购买了一批文具笔及打印纸等办公用品，款项20 000元已用银行存款支付。

在此项经济业务中，好运公司的银行存款减少了20 000元，但公司的办公用品同时增加了20 000元，即公司的管理费用增加了20 000元，综合会计恒等式可以表述为：

$$资产(-20\,000\,元) + 费用(20\,000\,元) = 负债(0\,元) + 所有者权益(0\,元) + 收入(0\,元)$$

【例6】 1月20日，公司获得一笔科技信息咨询业务订单，合同价款为250 000元。1月30日，任务完成并交付给客户，客户同意在10天内付款。

在此项经济业务中，1月30日好运公司将结果交付给客户时，即表明公司实现了主营业务收入250 000元，公司资产(应收账款)同时增加250 000元；但同时，客户同意在10天内付款，好运公司产生了赊销业务。综合会计恒等式可以表述为：

$$资产(250\,000\,元) + 费用(0\,元) = 负债(0\,元) + 所有者权益(0\,元) + 收入(250\,000\,元)$$

【例7】 20×1年1月31日，公司计算应发给员工的工资，工资总额为50 000元，假设全部为管理人员。工资将在2月10日发放。

在此项经济业务中，公司的负债(应付职工薪酬)增加了50 000元，同时，管理费用也增加了50 000元。综合会计恒等式变为：

$$资产(0\,元) + 费用(50\,000\,元) = 负债(50\,000\,元) + 所有者权益(0\,元) + 收入(0\,元)$$

【例8】 20×1年2月10日，公司用现金支付应付给职工的工资。

在此项经济业务中，好运公司的资产(现金)减少了50 000元，同时负债也减少了50 000元，好运公司的静态会计恒等式可以表述为：

$$资产(-50\,000\,元) = 负债(-50\,000\,元) + 所有者权益(0\,元)$$

【例9】 20×1年2月18日，收到上述客户的欠款250 000元，还款项已划入公司银行账户。

在此项经济业务中，公司的应收账款减少了 250 000 元，但银行存款增加了 250 000 元。20×1 年 2 月 18 日，好运公司的静态会计恒等式可以表述为：

资产(银行存款增加 250 000 元、应收账款减少 250 000 元)＝负债(0 元)＋所有者权益(0 元)

【例 10】20×1 年 6 月 30 日，公司用银行存款偿还前述的向工行某支行的贷款本息，利息为 5 000 元。

在此项经济业务中，好运公司的资产(银行存款)减少 205 000 元，同时负债(短期借款)减少 200 000 元，费用(利息费用)增加 5 000 元。综合会计恒等式变为：

资产(－205 000 元)＋费用(5 000 元)＝负债(－200 000 元)＋所有者权益(0 元)＋收入(0 元)

表 2-16 汇总了上述好运公司例 1 至例 10 笔经济业务对会计恒等式的影响。

表 2-16　　　　　　　　　　经济业务对会计恒等式的影响

经济业务序号	资产(1)	费用(2)	(1)+(2)	负债(3)	所有者权益(4)	收入(5)	(3)+(4)+(5)
例 1	+1 000 000		1 000 000		+1 000 000		1 000 000
例 2	+150 000		150 000	+150 000			150 000
例 3	+200 000		200 000	+200 000			200 000
例 4	+100 000 －100 000		0				0
例 5	－20 000	+20 000	0				0
例 6	+250 000		250 000			+250 000	250 000
例 7		+50 000	50 000	+50 000			50 000
例 8	－50 000		50 000	－50 000			50 000
例 9	+250 000 －250 000			0			0
例 10	－205 000	+5 000	200 000	－200 000			200 000

从表 2-16 中我们可以很清楚地看到，虽然经济业务的表现形式千变万化，但按照它们对会计恒等式的影响，却都可以归为以下几类：第一，使会计恒等式中的某一个会计要素的不同组成项目发生增减变化但不改变该要素的总额，如例 4 和例 9 中，经济业务使资产的某一项目发生增加或减少，但同时使另一资产项目发生等额减少或增加，资产总额未发生改变，会计恒等式不受影响；第二，经济业务使会计恒等式某一边的某一会计要素增加或减少，但同时使处于等式同一边的另一会计要素发生等额减少或增加，从而使这一边的所有会计要素的金额合计不发生变化，如例 5 中，资产减少，但费用等额增加，两者影响相抵，会计恒等式依然成立；第三，经济业务使会计恒等式某一边的某一会计要素发生

增加或减少，但同时使等式另一边的另一会计要素发生等额增加或减少，两者影响相抵，会计恒等式仍然成立，例1、例2、例3、例6、例7、例8、例10均可作为证明。由此可见，无论经济业务的具体类型如何，它们都不会改变会计恒等式所反映的等量关系。

第三节　复式记账与借贷记账法

一、单式记账与复式记账

企业所发生的经济业务在会计上加以确认并记入有关账户需要运用特定的记账方法。记账方法经历了从单式记账法到复式记账法的演进。

所谓单式记账法，是指一笔经济业务只在一个账户中进行记录的记账方法。在单式记账法下，企业通常只记录现金的收支和应收、应付等往来账户。例如，企业购买了一批货物，在单式记账法下，企业并不记录存货的增加，而只记录现金的减少或债务的增加。显然，单式记账法对于企业财务状况和经营成果的反映是不全面的。在历史上，单式记账法与不发达的经济发展水平相适应。今天，绝大多数企业已经摒弃了单式记账法，只有一些个体工商户还在利用单式记账法来进行简单的会计记录。

所谓复式记账法，是指将每笔经济业务都在两个或两个以上相互联系的账户中以相等的金额进行记录的方法。例如，企业原材料的购进业务就要以相等的金额同时记录存货的增加和现金的减少（或负债的增加）。复式记账法的诞生反映了伴随企业规模扩大、资金来源多元化、经营管理复杂化而产生的对会计信息的更高要求，反映了人们对企业资金运动规律认识的深化，是会计发展史上具有里程碑意义的事件。

复式记账法的理论依据主要是会计恒等式。这是因为，会计恒等式反映了会计要素之间的基本数量关系，这一关系的成立不受经济业务类型的影响。一笔经济业务，总是要影响到两个（或两个以上）的会计要素或者同一会计要素的两个（或两个以上）的不同项目，而不仅仅是某一会计要素的某一个具体项目，否则，会计恒等式就无法成立。这就决定了复式记账对于每一笔经济业务都必须在两个或两个以上相互联系的账户中进行记录。另外，根据会计恒等式，一笔经济业务要么使等式两边的会计要素具体项目同增同减某个相等的金额，要么使等式一边的会计要素具体项目此增彼减某个相等的金额，这就决定了复式记账法必须将经济业务在不同账户中以相等的金额加以记录。总而言之，会计等式和经济业务的既定类型，决定着经济业务得以做成双重记录的可能性以及账户之间有关数字具有平衡关系的必然性，这就是复式记账法的原理[①]。

与单式记账法相比，复式记账法是一种更为完善、科学的记账方法，这是因为：第一，复式记账法可以更为全面地反映企业的财务状况和经营成果，不仅仅可以反映现金和往来账项的增减变动，还可以核算其他财产物资、债权债务，以及企业经营成果的形成与分配过程。第二，在复式记账法之下，可以建立更为完善的账户体系，充分揭示经济业务所造成的多重影响，完整地反映资金运动的来龙去脉。第三，采用复式记账法，可以利用

---

① 廖洪.会计学原理.武汉：武汉大学出版社，2002：50.

账户之间金额的平衡关系，检查账务处理的正确性，纠正可能存在的错漏。

二、借贷记账法

（一）借贷记账法的概念及其沿革

根据所采用的记账符号、记账规则的不同，复式记账法又可以划分为多种类型，其中，借贷记账法是最早产生，也是当今世界各国通用的记账方法。所谓借贷记账法，就是以"借"（debit）、"贷"（credit）为记账符号，以"有借必有贷，借贷必相等"为记账规则的复式记账法。

根据目前发现的史料来看，借贷记账法最早产生于1211年的意大利佛罗伦萨①。当时的意大利由于商品贸易活动比较发达，出现了从事货币借贷与兑换、为商人办理转账结算业务的早期银行业。早期的银行业主或者说借贷资本家为每个客户分别开设账户，账户分为两个部分，相当于借方和贷方，分别记录相对于客户的债权和债务。这个时候的借贷记账法基本上只限于债权、债务的结算，且以文字叙述为主，没有形成以数字平衡为基础的账户结构。1340年，意大利的热那亚出现了一种改进的复式记账法，核算的对象从债权债务扩展到现金、商品等。账户的格式被明确地划分为左右两方，账户记录由文字叙述为主改为以数字平衡为主，而且需要结出余额。这个时候的借贷记账法已接近于其现代形式，"借""贷"逐渐失去其本义，演变为纯粹的记账符号。到了公元15世纪，在意大利威尼斯出现了更为完备的借贷记账法，这种借贷记账法不仅具有核算企业资产和负债的账户，还增加了核算资本增减的账户和专用于计算损益的账户，实现了全部账户余额的试算平衡。1494年，"近代会计之父"卢卡·帕乔利（Luca Pacioli）出版了《算术、几何、比及比例概要》，对威尼斯的借贷记账法进行了全面总结与概括，该书的出版标志着借贷记账法的正式形成。

（二）借贷记账法的记账规则与账户登记方法

借贷记账法的记账规则是"有借必有贷，借贷必相等"，这一记账规则包括两层含义②。第一，对任何一项经济业务，在记入一个账户借方的同时，必须记入另一个或几个账户的贷方；在记入一个账户贷方的同时，必须记入另一个或几个账户的借方。第二，登记在账户借方的金额，必须与登记在其他账户贷方的金额相等。

借贷记账法采用"借""贷"记账符号，在资产、负债、所有者权益、收入、费用、利润类账户的登记方面采用约定俗成的登记方法，这些登记方法被概括在表2-17中。

从表2-17我们可以看出，列示在综合会计恒等式"资产+费用=负债+所有者权益+收入"同一边的会计要素，其账户登记方法基本相同。也就是说，资产和费用的账户登记方法基本相同，负债、所有者权益和收入的账户登记方法基本相同。上述账户登记方法我们还可以通过图2-3中"T形账户"直观地加以说明。

---

① 徐文彬. 会计学原理新编. 第三版. 上海：立信会计出版社，2005.
② 廖洪. 会计学原理. 武汉：武汉大学出版社，2002：51.

表 2-17　　　　　　　　　借贷记账法下的账户登记方法

账户类别	借方登记内容	贷方登记内容	余额方向	余额计算方法
资产类	增加	减少	借	期末余额＝期初借方余额＋借方发生额增加额－贷方发生额减少额
负债类	减少	增加	贷	期末余额＝期初贷方余额＋贷方发生额增加额－借方发生额减少额
所有者权益类	减少	增加	贷	期末余额＝期初贷方余额＋贷方发生额增加额－借方发生额减少额
收入类	减少	增加	期末无余额	期末无余额
费用类	增加	减少	期末无余额	期末无余额
利润类	减少	增加	期末无余额	期末无余额

资产类账户

借方	贷方
期初余额	
借方发生额增加额	贷方发生额减少额
期末余额	

图 2-3a

负债及所有者权益类账户

借方	贷方
	期初余额
贷方发生额减少额	贷方发生额增加额
	期末余额

图 2-3b

费用类账户

借方	贷方
借方发生额增加额	贷方发生额 本期结转额
无	无

图 2-3c

收入及利润类账

借方	贷方
借方发生额 本期结转额	贷方发生额增加额
无	无

图 2-3d

图 2-3　借贷记账法下的账户登记方法

(三) 试算平衡

复式记账法的一大优点是可以利用账户之间金额的平衡关系来验证账务处理的正确性，这一验证过程在会计上称为"试算平衡"(trial balance)。试算平衡主要检验两个方面的平衡关系：借贷发生额平衡和余额平衡。

所谓借贷发生额平衡，是指本期所有账户的借方发生额合计与贷方发生额合计必然相等。根据"有借必有贷，借贷必相等"的记账规则，每一笔经济业务发生时，记入借方账户的金额和记入贷方账户的金额必然相等；推而广之，无论某个会计期间发生多少笔经济业务，所有账户借方金额合计数与贷方金额合计数的相等关系不会改变。我们可以将上述关系用下面的公式来表示：

全部账户的本期借方发生额合计＝全部账户的本期贷方发生额合计

所谓余额平衡,是指本期所有账户的借方余额合计与贷方余额合计必然相等。余额平衡包括期初余额平衡和期末余额平衡。在会计期初和期末,有余额的账户必然是资产类、负债类和所有者权益类账户,根据"资产=负债+所有者权益"的静态会计恒等式,余额平衡关系必然是成立的。我们可以将余额平衡关系用下面两个公式来表示:

全部资产类账户的期初借方余额合计=全部负债和所有者权益类账户的期初贷方余额合计
全部资产类账户的期末借方余额合计=全部负债和所有者权益类账户的期末贷方余额合计

下面,我们以第二节中的例1至例10中好运公司在20×1年发生的经济业务及相应账户记录为例,对试算平衡这一重要的会计方法进行具体说明。在20×1年12月31日,好运公司各总分类账户(用T形账户表示)的登记情况如图2-4所示(账户中金额前的序号为经济业务编号):

库存现金

借方	贷方
期初余额 0	
(8) 50 000	(8) 50 000
借方发生额合计	贷方发生额合计
50 000	50 000
期末余额 0	

图 2-4a

银行存款

借方	贷方
期初余额 0	
(2) 150 000	(4) 100 000
(3) 200 000	(5) 20 000
(9) 250 000	(8) 50 000
	(10) 205 000
借方发生额合计	贷方发生额合计
600 000	375 000
期末余额 225 000	

图 2-4b

应收账款

借方	贷方
期初余额 0	
(6) 250 000	(9) 250 000
借方发生额合计	贷方发生额合计
250 000	250 000
期末余额 0	

图 2-4c

固定资产

借方	贷方
期初余额 0	
(1) 1 000 000	
(4) 100 000	
借方发生额合计	贷方发生额合计 0
1 100 000	
期末余额 1 100 000	

图 2-4d

短期借款

借方	贷方
	期初余额 0
(10) 200 000	(3) 200 000
借方发生额合计	贷方发生额合计
200 000	200 000
	期末余额 0

图 2-4e

应付职工薪酬

借方	贷方
	期初余额 0
(8) 50 000	(7) 50 000
借方发生额合计	贷方发生额合计
50 000	50 000
	期末余额 0

图 2-4f

实收资本

借方		贷方	
贷方发生额合计	0	期初余额	0
		(1)	1 000 000
		(2)	150 000
		贷方发生额合计	1 150 000
		期末余额	1 150 000

图 2-4g

主营业务收入

借方		贷方	
(年末)结转	250 000	(6)	250 000
借方发生额合计	250 000	贷方发生额合计	250 000
无		无	

图 2-4h

管理费用

借方		贷方	
(5)	20 000	(年末)结转	70 000
(7)	50 000		
借方发生额合计	70 000	贷方发生额合计	70 000
无		无	

图 2-4i

财务费用

借方		贷方	
(10)	5 000	(年末)结转	5 000
借方发生额合计	5 000	贷方发生额合计	5 000
无		无	

图 2-4j

本年利润

借方	贷方
(年末结转管理费用) 70 000	(年末结转主营业务收入) 250 000
(年末结转财务费用) 5 000	
(年末转入利润分配) 175 000	贷方发生额合计 250 000
借方发生额合计 250 000	
无	无

图 2-4k

图 2-4 好运公司期末账户资料

　　为了验证好运公司的期末账户记录是否准确，我们可以对其应用试算平衡程序。试算平衡的结果反映在表 2-18 中。从表 2-18 中，我们基本上可以判断好运公司的账户记录是正确的。必须指明的是，试算平衡不能发现账务处理过程中的所有错误，例如，漏记一笔业务、重复录入一笔业务、借贷方向记反、借贷方差错相互抵消等错误就不能通过试算平衡来发现。除了验证账务处理过程的正确性外，会计期末编制的试算平衡表还可以方便会计报表的编制。

表 2-18　　　　　　　　　　　好运公司试算平衡表　　　　　　　　　　　单位：元

账户名称	期初余额 借	期初余额 贷	本期发生额 借	本期发生额 贷	期末余额 借	期末余额 贷
库存现金	0		50 000	50 000	0	
银行存款	0		600 000	375 000	225 000	
应收账款	0		250 000	250 000	0	
固定资产	0		1 100 000	0	1 100 000	
短期借款		0	200 000	200 000		0
应付职工薪酬		0	50 000	50 000		0
实收资本		0	0	1 150 000		1 150 000
利润分配		0	0	175 000		175 000
主营业务收入		无	250 000	250 000		无
管理费用	无		70 000	70 000	无	
财务费用	无		5 000	5 000	无	
本年利润		无	250 000	250 000		无
合计数	0	0	2 825 000	2 825 000	1 325 000	1 325 000

第四节　会计分录

一、会计分录的概念及其类型

所谓会计分录，就是按照借贷记账法原理，对发生的每笔经济业务简明、扼要地指出其应记入的账户名称、方向和金额的一种记录。编写会计分录是登记账簿、编制报表的基础。企业所发生的各项经济业务在记入相关账户之前，必须完成会计上的确认（recognize）和计量（measure）过程。所谓确认，就是确定一项经济业务是否应该在会计系统中正式加以记录；所谓计量，就是确定经济业务应该以多大的金额进行记录。会计上的确认和计量主要是通过编写会计分录（accounting entries）来完成的。

任何会计分录均包括以下几个部分：记账符号"借"和"贷"、应记入分录借方和贷方的账户名称、记入各账户的金额。下面就是一个典型的会计分录：

借：无形资产　　　　　　　　　　　　　　　　　240 000
　　贷：银行存款　　　　　　　　　　　　　　　　240 000

这笔会计分录反映了某企业购买无形资产业务所造成的经济影响，即企业的无形资产增加了240 000元，但银行存款同时减少了240 000元。通过编写会计分录，"无形资产"账户和"银行存款"之间形成了一种"对应关系"，而"无形资产"和"银行存款"也可以互称为"对应账户"。任何会计分录都会使两个或两个以上的账户形成对应关系。与某个账户存在对应关系的其他账户至少有一个,而该账户会与哪个账户形成对应关系是由经济业务的性质和复式记账原理决定的。

按照记入会计分录借方和贷方的账户数目的多少,会计分录可分为简单分录和复合分录。简单分录就是"一借一贷"形式的会计分录,而复合分录则是指"一借多贷""多借一贷"和"多借多贷"形式的会计分录。在简单分录中,存在对应关系的账户只有两个;在复合分录中,存在对应关系的账户则至少有三个。显然,与简单分录相比,复合分录所反映的经济业务相对而言更为复杂。在日常的会计处理中,"一借多贷""多借一贷"的复合分录比较常见,而"多借多贷"的复合分录则比较少见。事实上,为了便于填制凭证与登记账簿,会计分录应尽量避免写成"多借多贷"的形式。上面的购买无形资产业务的会计分录就是一个简单分录,以下两个会计分录则都是复合分录:

借:原材料　　　　　　　　100 000
　　贷:银行存款　　　　　　　60 000
　　　　应付账款　　　　　　　40 000　　　　　　　　　　　(a)
借:银行存款　　　　　　　600 000
　　无形资产　　　　　　　800 000
　　贷:实收资本　　　　　1 400 000　　　　　　　　　　　(b)

上面的分录(a)是一个典型的"一借多贷"复合分录,反映的经济内容是企业购买原材料业务,企业总共购买了价值为 100 000 元的原材料,其中用银行存款支付了 60 000 元,其余 40 000 元则是从某供应商那里赊欠而来,等以后再支付。分录(b)则是一个典型的"多借一贷"分录,反映的经济业务是所有者用银行存款和无形资产向企业投资,所有者分别向企业投入货币资金和无形资产 60 万元和 80 万元,因此企业的实收资本也增加了 140 万元。无论是简单分录还是复合分录,分录借方的账户金额(或金额合计)必须等于贷方的账户金额(或金额合计)。

二、会计分录的编制

会计分录的编写过程实质上是经济业务的分析过程。经济业务分析包括以下几个环节:第一,确定经济业务影响了哪些账户;第二,受影响的账户是增加还是减少;第三,确定增加或减少的金额是多少。在上述分析过程完成以后,就可以根据借贷记账规则编制会计分录了。

下面,我们还是以第二节中的例 1 至例 10 中好运公司在 20×1 年发生的部分经济业务为例,来说明如何运用借贷记账法编写会计分录。

在例 1 中,杨先生准备把自己所有的一处价值为 100 万元的房产投资到公司,房产过户后导致好运公司的"固定资产"和"实收资本"账户分别增加了 1 000 000 元。相应地可编制如下会计分录:

借:固定资产　　　　　　　　　　　　　　　1 000 000
　　贷:实收资本　　　　　　　　　　　　　　　　1 000 000

在例 2 中,杨先生将自己的 15 万元人民币存款投资给公司,当款项于当日到达好运公司账上后，公司"银行存款"和"实收资本"会分别增加150 000元。相应的会计分录为：

  借：银行存款   150 000
    贷：实收资本   150 000

在例3中，当好运公司从银行取得一笔期限为6个月、金额为20万元、到期一次性还本付息的短期贷款，且款项当日到达公司账上后，公司"银行存款"和"短期借款"会分别增加200 000元。相应的会计分录为：

  借：银行存款   200 000
    贷：短期借款   200 000

在例4中，好运公司购买了电脑、打印机等专用设备，款项100 000元已用银行存款支付。该笔业务会导致公司"银行存款"减少100 000元和"固定资产"增加100 000元。可编制如下的会计分录：

  借：固定资产   100 000
    贷：银行存款   100 000

在例5中，当好运公司用银行存款20 000元购买了一批文具笔及打印纸等办公用品后，好运公司的"管理费用"会增加20 000元，相应地伴随着"银行存款"则减少20 000元。会计分录如下：

  借：管理费用   20 000
    贷：银行存款   20 000

在例6中，好运公司获得一笔价款为250 000元的科技信息咨询业务订单收入，但客户答应在10天内付款。此时公司"主营业务收入"增加了250 000元，同时"应收账款"也增加了250 000元。会计分录如下：

  借：应收账款   250 000
    贷：主营业务收入   250 000

在例7中，公司准备于下月10日给员工(假设全部为管理人员)发放工资，工资总额为50 000元。此笔业务会导致好运公司的"管理费用"增加50 000元，相应地伴随着"应付职工薪酬"也增加了50 000元。会计分录如下：

  借：管理费用   50 000
    贷：应付职工薪酬   50 000

在例8中，公司用现金支付应付给职工的工资。此笔业务实际包含了两笔会计分录：第一笔，从银行提取现金；第二笔，再用现金支付职工工资。从银行提取现金，导致"库存现金"增加50 000元，"银行存款"减少50 000元；用现金支付职工工资，导致"库存现金"减少50 000元，同时"应付职工薪酬"也减少50 000元。会计分录如下：

  借：库存现金   50 000
    贷：银行存款   50 000
  借：应付职工薪酬   50 000
    贷：库存现金   50 000

当然，此笔业务也可被认为是公司通过银行支付职工工资，那么，此时只需编一笔会计分录即可，即"银行存款"减少50 000元，同时"应付职工薪酬"也减少50 000元。会计分录如下：
  借：应付职工薪酬   50 000
    贷：银行存款   50 000

  在例9中，当公司收到上述客户的欠款 250 000 元时，公司"银行存款"会增加 250 000元，但同时"应收账款"会减少 250 000 元。会计分录如下：
  借：银行存款   250 000
    贷：应收账款   250 000

  在例 10 中，当公司用银行存款偿还前述的银行的贷款本息时，公司的"银行存款"会减少 205 000 元，同时"短期借款"也会减少 200 000 元，利息"财务费用"则会增加 5 000 元。会计分录如下：
  借：短期借款   200 000
    财务费用   5 000
    贷：银行存款   205 000

  在我国，会计分录编制于记账凭证之上。记账凭证的格式及编制方法我们将在第六章中介绍。在西方国家，会计分录则通常编制于普通日记账（general journal）之上，日记账的格式与填写方法将在第七章中介绍。

☞ 小结

  本章主要介绍了作为现代会计核算基础的会计账户设置、借贷复式记账法原理、会计分录的编制以及"T形账户"的登记等重要会计核算方法。

  会计核算必须首先规定会计科目并根据会计科目开设会计账户。会计科目是会计账户的名称，从会计对象到会计要素，再到会计科目，会计核算的内容是逐步具体化的。为了满足企业经营管理的需要，会计科目可以进一步划分为一级科目、二级科目和三级科目，其中一级会计科目又称总账科目，二级、三级科目又统称为明细科目。

  会计科目与会计账户既有联系又有区别。设置账户是一种基本的会计方法。"T形账户"是最简单的账户形式，包括账户名称、记录增加的部分和记录减少的部分。实务中使用最多的账户格式则是"三栏式"账户，即同时记录借方金额、贷方金额和余额的账户。根据总账科目开设的会计账户称为总分类账户，根据明细科目开设的会计账户则称为明细分类账户，简称明细账户。总分类账户和明细分类账户提供相互补充的会计信息，二者需要进行平行登记。

  经济业务的确认和记录需要运用特定的记账方法。记账方法包括单式记账法和复式记账法两种，复式记账法是更为完善和科学的记账方法。复式记账法建立在会计恒等式所决定的复式记账原理之上。采用"借""贷"记账符号的复式记账法被称为借贷记账法，是当今世界各国通用的一种记账方法。借贷记账法的记账规则是"有借必有贷，借贷必相等"。在借贷记账法之下，资产、费用类账户的增加记入借方，减少则记入贷方；负债、所有者权益、收入和利润类账户增加和减少的记账方向则正好相反。

  "有借必有贷，借贷必相等"的记账规则产生了试算平衡这一重要会计方法。试算平衡包括借贷发生额平衡和余额平衡，利用试算平衡可以检查出账务处理过程中的某些错漏，会计期末编制的试算平衡表还可以方便会计报表的编制。

会计上的确认和计量主要是通过编写会计分录完成的，编写会计分录是登记账簿、编制报表的基础。会计分录可分为简单分录和复合分录，它使受到一笔经济业务影响的至少两个账户建立起"对应关系"。会计分录的编写过程实际上是经济业务的分析过程和借贷记账法的运用过程。

☞ 关键名词

经济业务　会计科目　总账科目　明细科目　会计账户　总分类账户　明细分类账户　平行登记　单式记账法　复式记账法　借贷记账法　试算平衡　会计分录　简单分录　复合分录

☞ 思考题

1. 总分类账户和明细分类账户作为企业财务核算中不可或缺的计量工具，你是如何理解它们之间互相补充的勾稽关系的？
2. 为什么说复式记账是比单式记账更为科学、完善的记账方法？
3. 如何理解会计分录与会计确认、计量的关系？
4. 会计分录为何应尽量避免写成"多借多贷"的形式？你认为这样会产生什么隐患？请举例说明。

☞ 练习题

一、判断题

1. 资产与权益在数量上始终是相等的。　　　　　　　　　　　　　　（　　）
2. 资产负债表建立在动态会计恒等式的基础之上。　　　　　　　　　（　　）
3. 通过试算平衡检查账簿记录后，若左右平衡就可肯定记账无误。　　（　　）
4. 在所有的账户中，左边均登记增加额，右方均登记减少额。　　　　（　　）
5. 一般说来，各类账户的期末余额与记录增加额的一方属同一方向。　（　　）
6. 凡是余额在借方的账户一定是资产类账户。　　　　　　　　　　　（　　）
7. 费用类账户一般没有余额，如有应在借方。　　　　　　　　　　　（　　）
8. 并非所有总账科目都必须设置明细科目。　　　　　　　　　　　　（　　）
9. 所有的盘存账户都属于资产类账户。　　　　　　　　　　　　　　（　　）
10. 试算平衡不能保证发现所有的记账错误。　　　　　　　　　　　　（　　）

二、选择题

1. 会计等式"收入-费用=利润"是(　　)。
   A. 编制资产负债表的理论依据　　B. 编制利润表的理论依据

C. 编制现金流量表的理论依据　　D. 编制所有者权益变动表的理论依据
2. 下列经济业务发生，不会导致会计等式两边总额发生变化的有(　　)。
　　A. 收回应收账款并存入银行　　B. 从银行取得借款并存入银行
　　C. 以银行存款偿还应付账款　　D. 收到投资者以固定资产进行的投资
3. 用银行存款偿还本企业以前欠供应单位的购料款是(　　)。
　　A. 资产增加，负债减少　　B. 资产增加，负债增加
　　C. 资产减少，负债减少　　D. 资产减少，负债增加
4. 经济业务的发生使固定资产、累计折旧和实收资本都同时表现为增，那么该项经济业务是(　　)。
　　A. 企业用自己所有的固定资产对外投资
　　B. 接受投资者投入的全新固定资产
　　C. 接受投资者投入的被使用过的固定资产
　　D. 企业自己购入被使用过的固定资产
5. 复式记账的基础是(　　)。
　　A. 会计目标　　B. 会计要素　　C. 会计职能　　D. 会计恒等式
6. 在借贷记账中，账户的哪一方记增加数，哪一方记减少数取决于(　　)。
　　A. 账户的结构　　B. 账户的作用　　C. 账户的用途　　D. 账户的类型
7. 下列经济业务中，引起资产一增一减的有(　　)。
　　A. 以银行存款偿还以前欠款　　B. 从银行提取现金
　　C. 用银行存款购买设备　　D. 国家投资给企业固定资产
8. 收入类账户期末结账后，应是(　　)。
　　A. 贷方余额　　B. 借方余额
　　C. 没有余额　　D. 借方或贷方余额
9. "应收账款"账户初期余额为 6 000 元，本期借方发生额为 7 000 元，贷方发生额为 8 000 元，则期末余额为(　　)。
　　A. 借方 5 000 元　　B. 贷方 3 000 元　　C. 借方 7 000 元　　D. 贷方 2 000 元
10. "应付账款"账户初期余额为 6 000 元，本期贷方发生额为 7 000 元，借方发生额为 8 000 元，则期末余额为(　　)。
　　A. 借方 5 000 元　　B. 贷方 5 000 元　　C. 借方 7 000 元　　D. 贷方 2 000 元
11. 以下关于总分类账和明细账关系的说法中不正确的是(　　)。
　　A. 总分类账提供总括资料，明细账提供详细资料
　　B. 总分类账和明细分类账平行登记
　　C. 总分类账统驭、控制所属明细账
　　D. 所有总分类账必须附设明细分类账
12. 资产负债表中的"货币资金"项目应根据(　　)账户余额计算填列。
　　A. 库存现金　　B. 银行存款　　C. 其他货币资金　　D. 长期股权投资
13. 资产负债表中的"存货"项目应根据(　　)账户余额计算填列。
　　A. 原材料　　B. 管理费用　　C. 生产成本　　D. 产成品

三、业务题
1. 将会计账户按隶属关系分类。
某企业现有部分总分类账户和明细分类账户：
(1)原材料   (2)短期借款   (3)B产品生产成本
(4)应收B公司货款   (5)主要材料   (6)辅助材料
(7)应付C工厂货款   (8)应付账款   (9)临时借款
(10)固定资产   (11)甲材料   (12)乙材料
(13)生产成本   (14)基本生产成本   (15)润滑油
(16)运输工具   (17)生产用房   (18)生产用固定资产
(19)A产品生产成本 (20)机器设备   (21)应收账款
(22)辅助生产成本   (23)应收A单位货款 (24)应付子公司货款

要求：在上列账户中哪些属于总分类账户？哪些属于明细分类账户？列示于下表(列示方法见举例)：

总分类账户	二级账户	三级账户
原材料	主要材料	甲材料 乙材料

2. 已知某企业20×2年5月份账户的有关资料如下(单位：元)：

账户	期初余额	本期增加	本期减少	期末余额
固定资产	40 000	10 000		44 000
原材料	15 000		5 800	20 000
短期借款	1 500		10 000	1 000
实收资本	40 000	10 000	5 000	
应付账款	4 000		4 000	
现金		400	600	300
应收账款	4 000	1 000		2 000
银行存款		45 000	55 000	40 000

要求：计算表中空格中的数字并将计算结果填入。

3. 东湖公司20×2年5月31日余额如下：
　　银行存款　80 000元　　应付账款　70 000元
　　原材料　　25 000元　　实收资本　125 000元
　　固定资产　90 000元
该公司20×2年6月发生下列经济业务(假设不考虑相关税费)：

(1) 投资者追加货币资金投资 20 000 元，款项已存入银行；
(2) 用银行存款偿还应付账款 40 000 元；
(3) 购买原材料 15 000 元，用银行存款支付；
(4) 购买设备 60 000 元，用银行存款支付 40 000 元，余款尚欠。
(5) 收到投资者投入机器一台 35 000 元，原材料一批 20 000 元。
(6) 购进原材料 8 000 元，货款尚未支付。

要求：
(1) 根据期初余额开设 T 形账户；
(2) 根据 6 月份发生的经济业务登记 T 形账户；
(3) 结出 T 形账户的发生额和余额；
(4) 为上述业务编制会计分录。

☞ 案例讨论题

小甄毕业于某财经大学会计系，刚刚被聘任为启明公司的会计员，今天是他来公司上班的第一天。会计科里那些同事们忙得不可开交，一问才知道，大家正在忙于月末结账。

"我能做些什么？"小甄问会计科长。

会计科长看他那急于投入工作的表情，想检验一下他的工作能力，就问："试算平衡表的编制方法在学校学过了吧？"

"学过。"小甄很自然地回答。

"那好吧，趁大家忙别的时候，你先编一下我们公司这个月的试算平衡表。"

科长帮他找到了本公司所有的总账账簿，让他在早已为他准备的办公桌上开始了工作。不到一个小时，一张"总分类账户发生额及余额试算平衡表"就完整地编制出来了。看到表格上那相互平衡的三组数字，小甄激动的心情难以言表，于是兴冲冲地向科长交了差。

"呀，昨天车间领材料的单据还没记到账上去呢，这也是这个月的业务啊！"会计员李媚说道。还没等小甄缓过神来，会计员小张手里又拿着一些会计凭证凑了过来，对科长说，"这笔账我核对过了，应当记入'原材料'和'生产成本'的是 10 000 元，而不是 9 000 元。已经入账的那部分数字还得改一下。"

"试算平衡表不是已经平衡了吗？怎么还有错账呢？"小甄不解地问。

科长看他满脸疑惑的神情，就耐心的开导说："试算平衡表也不是万能的，像在账户中把有些业务漏记了，借贷金额记账方向彼此颠倒了，还有记账方向正确但记错了账户，这些都不会影响试算表的平衡。像小张才发现的把两个账户的金额同时记多了或记少了，也不会影响试算表的平衡。"

小甄边听边点头，心里想："这些内容好像老师在会计学原理课中也讲过，以后在实践中还得好好琢磨呀。"

(案例来源：东北财经大学教学网站，略有改动，http://classroom.dufe.edu.cn)

问题：
看了这个案例，你对试算平衡表的用途和局限性有了什么新的理解？

第三章　资产的核算

◎ **学习目标**

1. 掌握库存现金、银行存款和其他货币资金的核算；
2. 掌握应收票据、应收账款、计提应收账款坏账准备的核算；
3. 了解存货的概念；掌握存货的初始确认和计量、存货可变现净值的确定方法、存货跌价准备的核算、存货成本与可变现净值的比较方法；
4. 了解金融工具的内容、基本分类及各类金融资产的主要特征；了解长期股权投资的概念；掌握以公允价值计量且其变动计入当期损益的金融资产、以公允价值计量且其变动计入其他综合收益的金融资产的核算；
5. 了解固定资产的性质、分类、计价；掌握固定资产的购置、固定资产折旧、固定资产清理的核算；
6. 了解无形资产的性质、分类；掌握购入、自行研究开发无形资产的核算；掌握无形资产摊销、无形资产处置的会计核算。

第一节　资产核算概述

一、资产的确认

资产是指企业过去的交易或者事项形成的、由企业拥有或者控制的、预期会给企业带来经济利益的资源。

对于资产的这一定义，需要着重强调以下几个方面：

（1）资产是由企业过去的交易或者事项形成的。过去的交易或者事项包括购买、生产、建造行为或者其他交易或者事项，只有过去的交易或者事项才能产生资产，企业预期在未来发生的交易或者事项不形成资产。例如，企业有购买某项存货的意愿或者计划，但是购买行为尚未发生，就不符合资产的定义，不能因此而确认存货资产。

（2）资产的内涵是资源。企业的资产只限于资源，非资源不是企业的资产。一个企业的资源，就其存在形式来看，既有有形的（如机器设备、存货等），也有无形的（如专利权、商标权等）；既可以是货币形式的（如库存现金、银行存款等），也可以是实物形式的（如房屋建筑物、机器设备等）。强调资产的内涵是资源，并不意味着所有的资源都是企业的资产。

（3）作为资产的资源应该为特定企业现在所拥有或者控制。一项资源是否属于企业的资产，通常要看其所有权是否属于该企业。但企业是否拥有一项资源的所有权，不是确认资产的绝对标准。有些资源虽然其所有权不属于特定企业，但为该企业所实际控制，也是该企业的资产。所谓"实际控制"某项资源，从形式上看，意味着企业对该项资源具有实际经营管理权，能够自主地运用它从事经营活动，谋求经济利益；从实质上看，它意味着企业享有与该项资源的所有权有关的经济利益，并承担相应的风险。例如，企业以融资租赁方式租入的固定资产，尽管其所有权不属于该承租企业，但由于受该承租企业实际控制，因而在会计实务中将其列作该承租企业的资产。总之，一个企业现在不具有所有权或不能实际控制的资源，都不是该企业的资产。

（4）作为资产的资源必须具有能为特定企业带来未来经济利益的服务潜力，即具有有用性的特点。企业现在所拥有或控制的资源，必须能为企业带来未来经济利益，才属于企业的资产。如果一项资源虽然为企业所拥有或实际控制，但不能为企业带来未来经济利益，就不能作为企业的资产予以确认。过去属于企业资产的一项资源，如果由于种种原因不能再为企业带来未来经济利益，就不应再将其列作企业的资产，如报废的机器设备；而原来不能为企业提供经济利益，因而不属于企业资产的某些东西，如果随着技术的进步，转化为对企业有用之物，也就应将其列作企业现在的资产。

（5）作为资产的资源必须能够用货币进行可靠的计量。在会计核算中常常要进行估计，但对一个项目如果无法作出合理的估计，就不应将其列作企业的资产。例如，某一诉讼案件将会带来的赔款收入，如果不能可靠地计量赔款的金额，就不能将其确认为资产。

二、资产的分类

资产分为流动资产和非流动资产。流动性即是指资产变现的难易程度和时间长短。流动资产是指在一年或一个经营周期内能够转化为现金的资产，主要包括货币资金、应收票据、应收账款、存货等。流动资产以外的资产应当归类为非流动资产，并应按其性质分类列示，包括债权投资、长期股权投资、固定资产、无形资产等。资产通常列示在资产负债表的左侧，按照流动性的强弱顺序，由上而下排列。本章将分别从流动资产的核算、金融资产的核算、非流动资产的核算几个部分来介绍资产的会计核算。

第二节　流动资产的核算

根据《企业会计准则第 30 号——财务报表列报》（2014 年）的规定，流动资产是指满足下列条件之一的资产：预计在一个正常营业周期中变现、出售或耗用；主要为交易目的而持有；预计在资产负债表日起一年内（含一年，下同）变现；自资产负债表日起一年内，交换其他资产或清偿负债的能力不受限制的现金或现金等价物。流动资产主要包括货币资金、应收票据、应收账款和存货。本节分别从货币资金、应收款项、金融资产与存货的核算来介绍流动资产的会计核算。

一、货币资金

（一）货币资金的性质

货币资金（cash, monetary resources）是指企业可以立即投入流通，用以购买商品或劳务，或用以偿还债务的交换媒介，是以货币形态表现的资金。

在流动资产中，货币资金的流动性最强，并且是唯一能够直接转化为其他任何资产形态的流动性资产，也是最能够代表企业现时购买力水平的资产。为了确保生产经营活动的正常进行，企业必须拥有一定数量的货币资金，以便购买材料、缴纳税金、发放工资、支付利息及股利或进行投资等。企业所拥有的货币资金量是分析和判断企业偿债能力与支付能力的重要指标。

(二)货币资金的范围

货币资金一般包括企业存于银行或其他金融机构的存款，以及本票和汇票存款等可以立即支付使用的资金。凡是不能立即支付使用的(如银行冻结存款等)，一般不能视为货币资金。就其具体内容看，货币资金一般包括库存现金、银行存款和其他货币资金。

不同形式的货币资金有不同的管理方式和管理内容，为了适应货币资金管理的需要，一般设置"库存现金""银行存款""其他货币资金"等科目进行核算。

(三)货币资金的核算及管理

"库存现金"科目用来核算企业的库存现金，但不包括企业内部周转使用的备用金。"银行存款"科目用来核算企业存入银行或其他金融机构的各种存款，但不包括企业的外埠存款、银行本票存款和银行汇票存款等。"其他货币资金"科目用来核算企业的外埠存款、银行汇票存款、银行本票存款等。有外币现金或存款的企业一般还应按币种设置相应的明细账进行明细核算。

1. 库存现金的核算及管理

根据国务院颁布的《现金管理暂行条例》的规定，现金管理制度的主要内容有：

(1)库存现金的使用范围。企业可以使用现金的范围主要包括：职工工资、津贴；个人劳动报酬；根据国家规定颁发给个人的科学技术、文化艺术、体育等各种奖金；各种劳保、福利费用以及国家规定的对个人的其他支出等；向个人收购农副产品和其他物资的价款；出差人员必须随身携带的差旅费；结算起点(现行规定为1 000元)以下的零星支出；中国人民银行确定需要支付现金的其他支出。凡是不属于现金结算范围的，应通过银行进行转账结算。

(2)库存现金限额。企业的库存现金限额由其开户银行根据实际需要核定，一般为3~5天的零星开支需要量。边远地区和交通不便地区的企业，库存现金限额可以多于5天，但不能超过15天的日常零星开支量。企业必须严格按规定的限额控制现金结余量，超过限额的部分，必须及时送存银行，库存现金低于限额时，可以签发现金支票从银行提取现金，以补足限额。

(3)库存现金日常收支管理。库存现金日常收支管理的内容主要有：①现金收入应于当日送存银行，如当日送存银行确有困难，由银行确定送存时间。②企业可以在现金使用范围内支付现金或从银行提取现金，但不得从本单位的现金收入中直接支付(坐支)。因特殊情况需要坐支现金的，应当事先报经开户银行审查批准，由开户银行核定坐支范围和限额。企业应定期向开户银行报送坐支金额和使用情况。③企业从银行提取现金时，应当在取款凭证上写明具体用途，并由财会部门负责人签字盖章，交开户银行审核后方可支取。④因采购地点不固定、交通不便、生产或者市场急需、抢险救灾及其他情况必须使用现金的，企业应当提出申请，经开户银行审核批准后方可支付现金。

(4)库存现金账目管理。企业必须建立健全库存现金账目，除设置库存现金总分类账户对现金进行总分类核算以外，还必须设置库存现金日记账进行库存现金收支的明细核算，逐笔登记现金收入和支出，做到账目日清日结、账实相符。

【例1】某公司某月，以库存现金支付职工工资10 000元。作会计分录如下：

借：应付职工薪酬——工资　　　　　　　　10 000
　　贷：库存现金　　　　　　　　　　　　　　　　10 000

2. 银行存款的核算及管理

银行存款(cash in bank)是企业存入银行或其他金融机构的款项。按照国家有关规定，凡是独立核算的单位都必须在当地银行开设账户。企业在银行开设账户以后，除按规定可以通过现金进行款项收支以外，都应通过银行存款进行收支结算，企业超过限额的现金也必须存入银行。任何单位都必须按规定进行银行存款管理。银行存款管理主要包括银行存款开户管理及结算管理两个方面。

开户管理：在我国，企业在银行开立人民币存款账户，必须遵守中国人民银行《人民币银行结算账户管理办法》及《人民币银行结算账户管理办法实施细则》的各项规定。

企业开立账户，依其不同的用途可以分为基本存款账户、一般存款账户、专用存款账户和临时存款账户等。

(1)基本存款账户(basic deposit account)是存款人因办理日常转账结算和现金收付需要开立的银行结算账户。基本存款账户是存款人的主办账户，存款人日常经营活动的资金收付及其工资、奖金和现金的支取，应通过该账户办理。单位银行卡账户的资金必须由其基本存款账户转账存入。

(2)一般存款账户(general deposit account)是存款人因借款或其他结算需要，在基本存款账户开户银行以外的银行营业机构开立的银行结算账户。一般存款账户用于办理存款人借款转存、借款归还和其他结算的资金收付，该账户可以办理现金缴存，但不得办理现金支取。

结算管理：在我国，企业发生货币资金收付业务可以采用银行汇票、商业汇票、银行本票、支票、信用卡、汇兑、托收承付、委托收款和信用证等结算方式。企业应按照《支付结算办法》及《中华人民共和国票据法》等的有关规定办理各项结算业务。

【例2】某公司从银行提取现金5 000元，用以支付各项零星支出。作会计分录如下：

借：库存现金　　　　　　　　　　　　　　5 000
　　贷：银行存款　　　　　　　　　　　　　　　　5 000

3. 其他货币资金

(1)其他货币资金的性质

其他货币资金(other cash)是指除库存现金、银行存款以外的其他各种货币资金。其他货币资金与库存现金和银行存款一样，是企业可以作为支付手段的货币，但也有其特殊的存在形式和支付方式，在管理上也有别于库存现金和银行存款，因此应单独进行会计核算。

(2)其他货币资金的范围

其他货币资金主要包括外埠存款、银行汇票存款、银行本票存款、信用卡存款、信用证保证金存款和存出投资款等。

【例3】委托银行汇往外地 200 000 元开立临时采购专户，用于采购材料。作会计分录如下：

借：其他货币资金——外埠存款　　　　　　　　200 000
　　贷：银行存款　　　　　　　　　　　　　　　　　　200 000

【例4】采购员用外埠存款采购材料，材料价款 100 000 元，增值税 16 000 元。材料已验收入库(按实际成本核算)。作会计分录如下：

借：原材料　　　　　　　　　　　　　　　　　100 000
　　应交税费——应交增值税(进项税额)　　　　　 13 000
　　贷：其他货币资金——外埠存款　　　　　　　　　113 000

【例5】外地采购结束，收到银行转来的通知，外地采购专户余款 84 000 元已收妥入账。作会计分录下：

借：银行存款　　　　　　　　　　　　　　　　 84 000
　　贷：其他货币资金——外埠存款　　　　　　　　　 84 000

二、应收账款

(一)应收账款及其构成范围

应收账款是企业因对外销售商品、产品，提供劳务等经营活动而应向客户收取的款项。一般地，应收账款属于应在 1 年(可跨年度)内收回的短期债权。

在会计实务中，企业的应收账款主要包括因销售商品或产品、提供劳务而应向客户收取的商品价款，应收取的增值税销项税及为客户代垫的运杂费等。

不包括各种非经营活动发生的应收款项。存出的保证金和押金、购货的预付定金、对职工或股东的预付款、预付分公司款、应收认股款、与企业的经营活动无关的应收款项、超过 1 年的应收分期销货款以及采用商业汇票结算方式销售商品的债权等，均不属于会计上的应收账款。

(二)应收账款的入账价值

一般来说，应收账款应按买卖双方成交时的实际发生额入账。但企业为了促进货物销售或及时回笼资金，在销售时往往实行商业折扣或现金折扣政策，其对应收账款入账价值的影响不同。

1. 商业折扣(commercial /sale discount)

商业折扣是指对商品价目单所列的价格给予一定的折扣，实际上是对商品报价进行的折扣。商业折扣一般用百分比来表示，如 5%，10%，20% 等，也可用金额表示，如 100 元、200 元等。商品报价并不是企业对某一具体客户的应收款项，在会计上，应收客户款应以业务发生时的成交价入账。也就是说，企业发生销货、提供劳务等主要经营业务行为时，应收账款一般应按商业报价扣除商业折扣以后的实际成交价格入账。由此可见，商业折扣对会计核算不产生任何影响。

【例6】某企业销售甲商品，商品价目单中所列示的价格(不含增值税价格)为 200 元每件，现销售 10 件，并给予购货方 5% 的商业折扣。

则该企业销售甲商品的实际销售单价为190元每件，销售10件的价款共计1 900元，应收取的销项税额为247元，共计2 147元。

销售货物时：
借：应收账款　　　　　　　　　　　　　　　　　　　2 147
　　贷：主营业务收入　　　　　　　　　　　　　　　　1 900
　　　　应交税费——应交增值税（销项税额）　　　　　　247
实际收到货款时：
借：银行存款　　　　　　　　　　　　　　　　　　　2 147
　　贷：应收账款　　　　　　　　　　　　　　　　　　2 147

2. 现金折扣（cash discount）

现金折扣是指销货企业为了鼓励客户在一定期间内早日偿还货款，对应收货款总额所给予的一定比率的扣减。现金折扣条件一般用"2/10，1/20，n/30"等表示，其含义分别是：10天内付款给予2%的折扣，20天内付款给予1%的折扣，30天内付款无折扣。现金折扣使得企业应收账款的应收数额在规定的付款期限内，随着顾客付款时间的推迟而增加，因而对会计核算会产生影响。

现金折扣实质上是企业为了尽早收到销货款而采取的一种激励手段，并随时间推迟而变化。现行准则规定，现金折扣属于交易价格中的可变对价，在会计上一般作为对销售收入金额的调整。根据财政部会计司2020年12月11日发布的《收入准则实施问答》中关于现金折扣的解答，企业在销售商品时给予客户的现金折扣，应当按照《企业会计准则第14号——收入》（财会〔2017〕22号）中关于可变对价的相关规定进行会计处理。因此，企业应根据客户的交易习惯、支付能力等，综合判断客户在折扣期限内是否会享受现金折扣优惠，合理预估交易价格。若认为客户极有可能在规定时间内付款，收入确认需要扣除现金折扣的部分。

【例7】某企业根据发生的有关应收账款的经济业务，编制相关会计分录。

（1）该企业赊销甲产品，合同规定的客户付款期为企业交付货物后30天内，付款条件为"2/20，n/30"。当日开出增值税专用发票，发票上注明的不含税价款为50 000元，增值税额6 500元，价税合计总额56 500元。公司依客户以往付款情况的经验及客户现实经营状况，估计客户很可能在20天内结清全部款项，很有可能获得1 000元（50 000×2%）的现金折扣。

借：应收账款　　　　　　　　　　　　　　　　　　　55 500
　　贷：主营业务收入　　　　　　　　　　　　　　　　49 000
　　　　应交税费—应交增值税（销项税额）　　　　　　6 500

（2）如果客户于20天内付款，则获得1 000元的现金折扣，企业实际收到货款55 500元存入银行。

借：银行存款　　　　　　　　　　　　　　　　　　　55 500
　　贷：应收账款　　　　　　　　　　　　　　　　　　55 500

（3）如果商品销售后20天内客户未能付款，则无法获得现金折扣。客户在30天内付款，企业实际收到货款56 500元。

借：银行存款　　　　　　　　　　　　　　　　　56 500
　　贷：主营业务收入　　　　　　　　　　　　　　　1 000
　　　　应收账款　　　　　　　　　　　　　　　　55 500

(4)如果30天内客户仍未付款,企业应将应收账款56500元作为逾期处理,并按企业的会计政策及本章关于坏账的会计处理方法估计可能的坏账。

(三)坏账准备

1. 坏账及其确认条件

坏账(bad debt)是指企业无法收回的应收款项。一般地,符合下列条件之一即可认为发生了坏账:(1)债务人被依法宣告破产、撤销,其剩余财产确实不足清偿的应收款项;(2)债务人死亡或依法被宣告死亡、失踪,其财产或遗产确实不足清偿的应收款项;(3)债务人遭受重大自然灾害或意外事故,损失巨大,以其财产(包括保险赔偿)确实无法清偿的应收款项;(4)债务人逾期未履行偿债义务,经法院裁决,确实无法清偿的应收款项;(5)超过法定年限以上(一般为3年)仍未收回的应收款项;(6)法定机构批准可核销的应收款项。

2. 核算坏账的方法

企业因坏账而发生的损失称为坏账损失,对应收款项估计的坏账损失称为坏账准备(bad debt provision),其在会计上有两种核算方法:一是直接转销法;二是备抵法。

(1)直接转销法。直接转销法(direct write off method)是在实际发生坏账时直接冲销有关的应收款项,并确认坏账损失,借记"信用减值损失"科目,贷记"应收账款"科目。

在直接转销法下,若已经确认的坏账因债务人经济状况好转或其他原因又全部或部分收回,为了通过应收账款等账簿记录反映债务人的偿债信誉,应首先按收回的金额冲销原确认坏账的会计分录,然后再反映应收款项的收回:借记"应收账款"等科目,贷记"信用减值损失"科目;同时借记"银行存款"等科目,贷记"应收账款"等科目。

(2)备抵法。备抵法(allowance method)是根据应收款项可收回金额按期估计坏账损失并形成坏账准备,在实际发生坏账时再冲销坏账准备的方法。

采用备抵法核算坏账,每期估计的坏账损失直接计入当期损益,体现了稳健性原则的要求。在资产负债表上能如实反映应收账款的净额,使报表使用者能够了解企业应收账款的可变现金额。同时,在利润表上也避免了因应收账款价值虚列而造成的利润虚增,避免了企业明盈实亏。我国企业会计准则规定企业应采用备抵法核算各应收款项的坏账。

在备抵法下,按期估计坏账损失时,借记"信用减值损失"科目,贷记"坏账准备"科目;实际发生坏账时,借记"坏账准备"科目,贷记"应收账款"等科目。在资产负债表上,各应收款项按该应收款项余额减去提取的坏账准备后的净额反映。

采用备抵法核算各应收款项的坏账,应采用一定的方法合理估计各会计期间坏账损失。按期估计坏账损失的方法主要有两种,即应收款项余额百分比法和账龄分析法。

余额百分比法(percentage balance method)。余额百分比法是按应收款项余额的一定比例估计该应收款项坏账损失的方法。每期所估计的坏账损失,应根据坏账损失占应收款项余额的经验比例和该应收款项的余额确定。采用余额百分比法对坏账进行会计处理,需注意以下几个要点:

第一，企业首次计提坏账准备时，按各应收款项的余额和企业确定的该应收款项的坏账比例计算应提取的坏账准备，借记"信用减值损失"科目，贷记"坏账准备"科目。

第二，发生坏账时，按实际发生的坏账金额，借记"坏账准备"科目，贷记"应收账款""其他应收款"等科目。

第三，已经确认的坏账又收回时，根据收回数额，借记"应收账款""其他应收款"等科目，贷记"坏账准备"科目；同时借记"银行存款"等科目，贷记"应收账款""其他应收款"等科目。

第四，会计期末估计的坏账准备与"坏账准备"科目的余额有差异时，应对"坏账准备"科目的余额进行调整，使调整后的"坏账准备"科目的贷方余额与估计的坏账数额一致。

【例8】某企业按应收账款余额的5%计提坏账准备，根据发生的有关经济业务，编制会计分录。

20×1年12月31日，首次计提坏账准备时，应收账款的年末余额为100 000元。

估计坏账损失 = 100 000×5% = 5 000（元）

借：信用减值损失　　　　　　　　　　　　　　5 000
　　贷：坏账准备　　　　　　　　　　　　　　　　　5 000

20×2年实际发生坏账3 000元。

借：坏账准备　　　　　　　　　　　　　　　　3 000
　　贷：应收账款　　　　　　　　　　　　　　　　　3 000

20×2年已经确认为坏账的3 000元又收回了1 000元。

借：应收账款　　　　　　　　　　　　　　　　1 000
　　贷：坏账准备　　　　　　　　　　　　　　　　　1 000
借：银行存款　　　　　　　　　　　　　　　　1 000
　　贷：应收账款　　　　　　　　　　　　　　　　　1 000

账龄分析法（aging of accounts）。账龄分析法，是按各应收账款账龄的长短，根据以往经验确定坏账准备百分比，并据以估计坏账准备的方法。这里所指的账龄是指客户所欠缺账款的时间。虽然应收款项能否收回及其回收的程度与应收款项过期长短并无直接联系，但一般来说，账龄越长，账款不能收回的可能性就越大，因此企业可以按应收账款的账龄估计坏账准备。表3-1即为某公司账龄分析表。

表3-1　　　　　　　　　　　　某公司账龄分析表

购货单位	账面余额	未到期	过期1月	2个月	3~6个月	6月~1年	1年以上
甲企业	20 000	15 000	3 000	1 000	1 000		
乙企业	80 000	60 000	7 000	5 000	3 000	3 000	2 000
合计	100 000	75 000	10 000	6 000	4 000	3 000	2 000
坏账率		1%	2%	5%	10%	20%	40%
坏账损失	3 050	750	200	300	400	600	800

三、应收票据

(一) 应收票据及其初始入账价值

1. 应收票据及其分类

应收票据作为一种债权凭证,从广义上来讲,应该包括企业持有的未到期或未兑现的各种票据,如汇票、本票和支票等。在我国会计实务中,应收票据仅指企业持有的未到期或未兑现的商业汇票。我国商业汇票的期限一般不超过6个月,因而我国的应收票据是一种流动资产。

按照票据承兑人的不同,商业汇票分为银行承兑汇票和商业承兑汇票两种。承兑是指汇票付款人承诺在汇票到期日支付汇票金额的票据行为。商业承兑汇票必须经过承兑后生效。银行承兑汇票的承兑人是承兑申请人的开户银行,商业承兑汇票的承兑人是付款人。

按照票据是否带有追索权,商业汇票分为带追索权的商业汇票和不带追索权的商业汇票。追索权是指企业在转让应收款项时,接受应收款项转让方在应收款项遭受拒付或者逾期未付时应该向应收款项转让方索取应收金额的权利。在我国,商业票据可以背书转让,持票人可以对背书人、出票人和票据的其他债务人行使追索权。

2. 应收票据的初始入账价值

应收票据初始入账价值的确定有两种方法,按票据面值入账和按票据到期值的现值入账。按票据面值入账比较简单、实用;按票据到期值的现值入账比较科学、合理。在我国,长期应收票据尚不存在,因此,为了简化会计核算手续,企业收到的商业汇票以票据面值入账。

3. 应收票据到期日的确定

商业汇票自承兑日起生效,其到期日是由票据有效期限的长短来决定的。在实务中,票据的期限一般有按月表示和按日表示两种。其中,按月表示的汇票付款期限自出票日起按月计算,按日表示的汇票付款期限自出票日起按日计算。票据期限按月表示时,票据的期限不考虑各月份实际天数多少,统一按次月对应日为整月计算。票据期限按日表示时,票据的期限不考虑月数,统一按票据的实际天数计算。在票据承兑日和票据到期日这两天中,只计算其中的一天。

(二) 应收票据的会计核算

1. 取得商业汇票和收款时的会计处理

企业设"应收票据"科目核算企业因销售商品、提供劳务等而收到的商业汇票(包括银行承兑汇票和商业承兑汇票)。该科目可按债务人(开出或承兑商业汇票的单位)进行明细核算。该科目期末借方余额,反映企业持有的商业汇票的票面金额。

企业因销售商品、提供劳务等而收到开出、承兑的商业汇票,按商业汇票的票面金额,借记"应收票据"科目,按确认的营业收入,贷记"主营业务收入"等科目。涉及增值税销项税额的,还应进行相应的处理。商业汇票到期,应按实际收到的金额,借记"银行存款"科目,按商业汇票的票面金额,贷记"应收票据"科目。

2. 商业汇票贴现时的会计处理

应收票据贴现的含义是指,在应收票据的到期日之前,将票据背书后提交银行贴现,以收取相当于票据到期值扣除银行贴现折价后的余额。企业持未到期的商业汇票向银行贴现，应按实际收到的金额（即减去贴现息后的净额），借记"银行存款"等科目，按贴现息部分，借记"财务费用"等科目，按商业汇票的票面金额，贷记"应收票据"科目或"短期借款"科目。

3. 商业汇票背书的会计处理

企业将持有的商业汇票背书转让以取得所需物资，按应计入取得物资成本的金额，借记"材料采购""原材料""库存商品"等科目，按商业汇票的票面金额，贷记"应收票据"科目，如有差额，则借记或贷记"银行存款"等科目。涉及增值税进项税额的，还应进行相应的处理。

【例9】大华股份公司销售一批商品给某商贸股份公司，货已发出，增值税专用发票上注明的商品价款为200 000元，增值税税额为26 000元。大华股份公司当日收到商贸股份公司签发的不带息商业承兑汇票一张。

大华股份公司在销售成立时的会计分录为：

借：应收票据　　　　　　　　　　　　　　　226 000
　　贷：主营业务收入　　　　　　　　　　　　200 000
　　　　应交税费——应交增值税（销项税额）　　26 000

以下分别设计不同情形，大华股份公司进行相应的会计处理。

（1）应收票据到期，大华股份公司收回款项226 000元，存入银行。

借：银行存款　　　　　　　　　　　　　　　226 000
　　贷：应收票据　　　　　　　　　　　　　　226 000

（2）应收票据到期，商贸股份公司无力偿还票款，大华股份公司将到期票据的票面金额转入"应收账款"科目。

借：应收账款　　　　　　　　　　　　　　　226 000
　　贷：应收票据　　　　　　　　　　　　　　226 000

（3）应收票据到期前，大华股份公司因急需资金，持商业汇票向银行贴现，贴现息为4 000元。

借：银行存款　　　　　　　　　　　　　　　222 000
　　财务费用　　　　　　　　　　　　　　　　4 000
　　贷：应收票据　　　　　　　　　　　　　　226 000

（4）贴现后，应收票据到期时出现拒付情况，银行要求大华股份公司退回上述款项。

借：应收账款　　　　　　　　　　　　　　　226 000
　　贷：银行存款　　　　　　　　　　　　　　226 000

四、存货

（一）概念及分类

1. 存货的界定

存货，是指企业在日常活动中持有以备出售的产成品或商品、处在生产过程中的在产品、在生产过程或提供劳务过程中耗用的材料和物料。

2. 存货的分类

存货的构成内容很多,不同存货的具体特点和管理要求各不相同。为了有效进行各项存货的会计处理,应对存货进行科学分类。从会计处理角度看,存货至少有以下两种分类方法:

(1)按存货的具体内容分类。存货按具体内容通常分为原材料、在产品、半成品、产成品(商品)、周转材料等。

原材料(raw materials)是指用于生产产品并构成产品主要实体的原料及主要材料、辅助材料、外购半成品(外购件)、修理用备件(备品备件)、包装材料、燃料等。用于固定资产建造工程的专项材料不能作为存货。

在产品(work in progress)是指处于生产阶段尚未完工的生产物,包括处于各生产工序正在加工的在制品,以及尚未办理入库手续的制成品等。在产品一般不需要入半成品库。

半成品(semi-manufactured goods)是指经过一定生产过程并由半成品库验收入库保管,但尚未制造完成,仍需进一步加工的中间产品,这部分中间产品能够单独计价。半成品一般需要入半成品库。从一个生产车间转到另一个生产车间继续加工制造的自制半成品,以及不能单独计价的自制半成品,属于在产品,不作为半成品对待。

产成品(finished goods)是指已经全部完成生产过程并验收入库,达到可出售或交货状态,可以作为商品对外销售或按合同规定的条件交订货单位的产品。它既包括存放在成品库的产品,也包括存放在企业所属门市部备售的产品、交展览会展出的产品,还包括企业接受外来原材料加工制成的代制品,以及为外单位加工修理完成的代修品等。产成品和商品流通企业用于销售的物品具有类似性质,因此产成品和商品也可统称为商品。

周转材料(revolving materials)是指能够多次使用但不符合固定资产标准的用品,主要包括用于包装本企业商品的各种包装物(但一次包装材料不作为周转材料,而是作为原材料对待)、工具、管理用具、玻璃器皿、劳动保护用品、在生产经营过程中周转使用的容器等低值易耗品,以及建造承包商的钢模板、木模板、脚手架等周转材料。多数周转材料从性质上讲具有固定资产特征,经多次使用不改变其实物形态,因而,只要周转材料符合固定资产标准,就应作为固定资产对待。

(2)按取得存货的不同来源分类。按取得存货不同的来源,存货可以分为外购取得的存货、加工制造取得的存货(含委托外单位加工的存货)和其他方式取得的存货。

外购取得的存货是从企业外部购入的存货,如商业企业的外购商品,工业企业的外购材料、外购零部件等。

加工制造取得的存货是由企业制造的存货,如工业企业的自制材料、在产品、产成品等。委托加工存货也是一种自制存货,是指企业将外购或自制的某些存货通过支付加工费的方式委托外单位进行加工生产的存货,如工业企业的委托加工物资、委托加工商品等。

其他方式取得的存货主要是外购和加工制造以外的方式取得的存货,这些方式主要有:投资者投入;接受捐赠;非货币性资产交换换入;债务重组方式取得等。

(二)确认

存货同时满足下列条件的,才能予以确认:(1)与该存货有关的经济利益很可能流入企业;(2)该存货的成本能够可靠地计量。

(三)计量

1. 初始计量

存货应当按照成本进行初始计量。存货的成本包括采购成本、加工成本和其他成本。

存货的采购成本,包括购买价款、相关税费、运输费、装卸费、保险费以及其他可归属于存货采购成本的费用。购买价款是因购货而支付的对价,但不包括按规定可以抵扣的增值税额。支付的对价一般按照购货发票上注明的货款价格(不包括准予抵扣的增值税额)确定。相关税费一般是指企业外购货物应支付的税金及相关费用。

企业通过外购方式取得确认为存货的数据资源,其采购成本包括购买价款、相关税费、保险费以及数据权属鉴证、质量评估、登记结算、安全管理等所发生的其他可归属于存货采购成本的费用。

存货的加工成本,包括直接人工以及按照一定方法分配的制造费用。制造费用,是指企业为生产产品和提供劳务而发生的各项间接费用。在同一生产过程中,同时生产两种或两种以上的产品,并且每种产品的加工成本不能直接区分的,其加工成本应当按照合理的方法在各种产品之间进行分配。

存货的其他成本,是指除采购成本、加工成本以外的,使存货达到目前场所和状态所发生的其他支出。

【例11】以外购存货成本为例,某公司根据发生的有关存货的经济业务,编制会计分录如下:

(1)购入原材料一批,进货价格1 000元,增值税160元,货款总额1 160元。

借:原材料　　　　　　　　　　　　　　　　　　1 000
　　应交税费——应交增值税(进项税额)　　　　　160
　　贷:银行存款　　　　　　　　　　　　　　　　1 160

(2)购入甲、乙两种原材料,价格分别为1 000元和2 000元,增值税为480元;运输费为90元,运输费增值税为9元;全部价款为3 579元。运输费按照甲、乙原材料的价格进行分配。

原材料入账价值合计 = 1 000+2 000+90 = 3 090(元)

甲材料入账价值 = $1\,000+90\times\dfrac{1\,000}{1\,000+2\,000}$ = 1 030(元)

乙材料入账价值 = $2\,000+90\times\dfrac{2\,000}{1\,000+2\,000}$ = 2 060(元)

增值税进项税额 = 480+9 = 489(元)

借:原材料——甲　　　　　　　　　　　　　　　1 030
　　　　　　——乙　　　　　　　　　　　　　　 2 060
　　应交税费——应交增值税(进项税额)　　　　　489
　　贷:银行存款　　　　　　　　　　　　　　　　3 579

2. 发出存货的计量

企业可以采用先进先出法、加权平均法或者个别计价法确定发出存货的实际成本。

(1)先进先出法

先进先出法是指以先购入的存货应先发出(销售或耗用)这样一种存货实物流转假设为前提,对发出存货进行计价。采用这种方法,先购入的存货成本在后购入存货成本之前转出,据此确定发出存货和期末存货的成本。具体方法是:收入存货时,逐笔登记收入存货的数量、单价和金额;发出存货时,按照先进先出的原则逐笔登记存货的发出成本和结存金额。

先进先出法可以随时结转存货发出成本,但较繁琐。如果存货收发业务较多、且存货单价不稳定时,其工作量较大。在物价持续上升时,期末存货成本接近于市价,而发出成本偏低,会高估企业当期利润和库存存货价值;物价下降时,则会低估企业当期利润和库存存货价值。

(2)移动加权平均法

移动加权平均法,是指以每次进货的成本加上原有库存存货的成本,除以每次进货数量与原有库存存货的数量之和,据以计算加权平均单位成本,作为在下次进货前计算各次发出存货成本的依据。计算公式如下:

$$存货单位成本 = \frac{原有库存存货的实际成本 + 本次进货的实际成本}{原有库存存货数量 + 本次进货数量}$$

本次发出存货的成本 = 本次发出存货数量 × 本次发货前的存货单位成本

月末库存存货成本 = 月末库存存货数量 × 月末存货单位成本

采用移动加权平均法能够使企业管理层及时了解存货成本的结存情况,计算出的平均单位成本及发出和结存的存货成本比较客观。但是,由于每次收货都要计算一次平均单位成本,计算工作量较大,对收发货较频繁的企业不适用。

(3)月末一次加权平均法

月末一次加权平均法,是指以当月全部进货数量加上月初存货数量作为权数,去除当月全部进货成本加上月初存货成本,计算出存货的加权平均单位成本,以此为基础计算当月发出存货的成本和期末存货的成本的一种方法。

$$存货单位成本 = \frac{月初库存存货的实际成本 + \sum(本月某批进货的实际单位成本 \times 本月某批进货的数量)}{月初库存存货数量 + 本月各批进货数量之和}$$

本月发出存货的成本 = 本月发出存货的数量 × 存货单位成本

本月月末库存存货成本 = 月末库存存货数量 × 存货单位成本

采用月末一次加权平均法只在月末一次计算加权平均单价,有利于简化成本计算工作,但由于平时无法从账上提供发出和结存存货的单价及金额,不利于存货成本的日常管理与控制。

(4)个别计价法

个别计价法亦称个别认定法,它是指对发出的存货分别认定其单位成本和发出存货成本的方法。采用这种方法,要求具体存货项目具有明显的标志,而且数量不多、价值较大,如大件、贵重的物品。期末存货的各种项目,分别确定每种物品的单位成本和总成本,然后相加各种存货的成本,即为存货期末全部的成本。

采用这一方法是假设存货的成本流转与实物流转相一致，按照各种存货，逐一辨认各批发出存货和期末存货所属的购进批别或生产批别，分别按其购入或生产时所确定的单位成本作为计算各批发出存货和期末存货成本的方法。在这种方法下，是把每一种存货的实际成本作为计算发出存货成本和期末存货成本的基础。

3. 期末存货的计量

资产负债表日，存货应当按照成本与可变现净值孰低计量。存货成本高于其可变现净值的，应当计提存货跌价准备，计入当期损益。

（1）存货的可变现净值

可变现净值，是指在日常活动中，存货的估计售价减去至完工时估计将要发生的成本、估计的销售费用以及相关税费后的金额。可变现净值实质上是存货在正常生产经营环境下可获得的未来净现金流入，而不是存货的售价。

企业确定存货的可变现净值，应当以取得的确凿证据为基础，并且考虑持有存货的目的、资产负债表日后事项的影响等因素。

为生产而持有的材料等，用其生产的产成品的可变现净值高于成本的，该材料仍然应当按照成本计量；材料价格的下降表明产成品的可变现净值低于成本的，该材料应当按照可变现净值计量。为执行销售合同或者劳务合同而持有的存货，其可变现净值应当以合同价格为基础计算。企业持有存货的数量多于销售合同订购数量的，超出部分的存货的可变现净值应当以一般销售价格为基础计算。

（2）存货跌价准备

存货存在下列情形之一的，通常表明存货的可变现净值低于成本：①该存货的市场价格持续下跌，并且在可预见的未来无回升的希望。②企业使用该项原材料生产的产品的成本大于产品的销售价格。③企业因产品更新换代，原有库存原材料已不适应新产品的需要，而该原材料的市场价格又低于其账面成本。④企业所提供的商品或劳务过时或消费者偏好改变而使市场的需求发生变化，导致市场价格逐渐下跌。⑤其他足以证明该项存货实质上已经发生减值的情形。

存货存在下列情形之一的，通常表明存货的可变现净值为零：①已霉烂变质的存货。②已过期且无转让价值的存货。③生产中已不再需要，并且无使用价值和转让价值的存货。④其他足以证明已无使用价值和转让价值的存货。

企业通常应当按照单个存货项目计提存货跌价准备。对于数量繁多、单价较低的存货，可以按照存货类别计提存货跌价准备。与在同一地区生产和销售的产品系列相关、具有相同或类似最终用途或目的，且难以与其他项目分开计量的存货，可以合并计提存货跌价准备。

【例12】某企业自20××年开始对存货采用成本与可变现净值孰低法计价。20××年年末，该企业存货账面成本为550 000元，其中：原材料50 000元，在产品200 000元，库存商品200 000元，周转材料100 000元。按存货类别计提的存货跌价准备分别为：原材料500元，库存商品1 000元，周转材料2 000元，共计3 500元。

20××年年末应编制如下会计分录：

借：资产减值损失——存货减值损失	3 500	
贷：存货跌价准备——原材料		500
——库存商品		1 000
——周转材料		2 000

(3) 存货跌价准备的转回

资产负债表日，企业应当确定存货的可变现净值。以前减记存货价值的影响因素已经消失的，减记的金额应当予以恢复，并在原已计提的存货跌价准备金额内转回，转回的金额计入当期损益。

【例13】20×1年12月31日，某公司甲型机器的账面成本为300万元，但由于甲型机器的市场价格下跌，预计可变现净值为200万元，由此计提存货跌价准备100万元。

20×2年6月30日，甲型机器的账面成本仍为300万元，但由于甲型机器的市场价格有所上升，其可变现净值变为250万元。

20×2年6月30日，由于甲型机器的市场价格上升，其可变现净值有所恢复，应计提的存货跌价准备为50万元，则当期应冲减已计提的存货跌价准备50万元(100-50)，因此，应转回的存货跌价准备为50万元。

借：存货跌价准备　　　　　　　　　　　　　500 000
　　贷：资产减值损失——存货减值损失　　　　　　　　500 000

第三节　金融资产的核算

一、金融资产概述

企业应当根据其管理金融资产的业务模式和金融资产的合同现金流量特征，将金融资产划分为以下三类：

1. 以摊余成本计量的金融资产。
2. 以公允价值计量且其变动计入其他综合收益的金融资产。
3. 以公允价值计量且其变动计入当期损益的金融资产。

企业管理金融资产的业务模式，是指企业如何管理其金融资产以产生现金流量。业务模式决定企业所管理金融资产现金流量的来源是收取合同现金流量、出售金融资产还是两者兼有。企业管理金融资产的业务模式，应当以企业关键管理人员决定的对金融资产进行管理的特定业务目标为基础确定。企业确定管理金融资产的业务模式，应当以客观事实为依据，不得以按照合理预期不会发生的情形为基础确定。

金融资产的合同现金流量特征，是指金融工具合同约定的、反映相关金融资产经济特征的现金流量属性。企业分类为以摊余成本计量的金融资产和以公允价值计量且其变动计入其他综合收益的金融资产，其合同现金流量特征，应当与基本借贷安排相一致。即相关金融资产在特定日期产生的合同现金流量仅为对本金和以未偿付本金金额为基础的利息的支付，其中，本金是指金融资产在初始确认时的公允价值，本金金额可能因提前偿付等原因在金融资产的存续期内发生变动；利息包括对货币时间价值、与特定时期未偿付本金金额相关的信用风险、以及其他基本借贷风险、成本和利润的对价。其中，货币时间价值是利息要素中仅因为时间流逝而提供对价的部分，不包括为所持有金融资产的其他风险或成本提供的对价，但货币时间价值要素有时可能存在修正。在货币时间价值要素存在修正的情况下，企业应当对相关修正进行评估，以确定其是否满足上述合同现金流量特征的要求。此外，金融资产包含可能导致其合同现金流量的时间分布或金额发生变更的合同条款（如包含提前偿付特征）的，企业应当对相关条款进行评估（如评估提前偿付特征的公允价值是否非常小），以确定其是否满足上述合同现金流量特征的要求。

金融资产的具体分类如下：

1. 金融资产同时符合下列条件的，应当分类为以摊余成本计量的金融资产。

（1）企业管理该金融资产的业务模式是以收取合同现金流量为目标。

（2）该金融资产的合同条款规定，在特定日期产生的现金流量，仅为对本金和以未偿付本金金额为基础的利息的支付。

企业一般应当设置"银行存款""应收账款""债权投资"等科目核算分类为以摊余成本计量的金融资产。

2. 金融资产同时符合下列条件的，应当分类为以公允价值计量且其变动计入其他综合收益的金融资产。

（1）企业管理该金融资产的业务模式既以收取合同现金流量为目标又以出售该金融资产为目标。

（2）该金融资产的合同条款规定，在特定日期产生的现金流量，仅为对本金和以未偿付本金金额为基础的利息的支付。

企业应当设置"其他债权投资"科目核算分类为以公允价值计量且其变动计入其他综合收益的金融资产。

此外，权益工具投资一般不符合本金加利息的合同现金流量特征，因此应当分类为以公允价值计量且其变动计入当期损益的金融资产。然而在初始确认时，企业可以将非交易性权益工具投资指定为以公允价值计量且其变动计入其他综合收益的金融资产，并按规定确认股利收入。该指定一经作出，不得撤销。企业投资其他上市公司股票或者非上市公司股权的，都可能属于这种情形。

企业应当设置"其他权益工具投资"科目核算指定为以公允价值计量且其变动计入其他综合收益的金融资产。

3. 按照上述 1 和 2 分类为以摊余成本计量的金融资产和以公允价值计量且其变动计入其他综合收益的金融资产之外的金融资产，企业应当将其分类为以公允价值计量且其变动计入当期损益的金融资产。

企业应当设置"交易性金融资产"科目核算以公允价值计量且其变动计入当期损益的金融资产。

二、长期债权投资

长期债权投资是指业务管理模式为以特定日期收取合同现金流量为目的的金融资产，具体来说是指企业购入的到期日固定、回收金额固定或可确定，且企业有明确意图和能力持有至到期的国债和企业债券等各种债券投资。作为长期债权投资购入的债券，可以按不同的标准分类，例如，按付息情况可以分为分期付息债券与到期一次付息债券。

长期债权投资从企业管理金融资产的业务模式看，由于管理者的意图是持有至到期，不准备随时出售，因而主要是收取合同现金流量。长期债权投资的合同现金流量特征，是在到期日收取的，合同现金流量仅为本金和以未偿付本金金额为基础的利息。根据长期债权投资的业务模式和合同现金流量特征判断，应划分为以摊余成本计量的金融资产。

三、其他债权投资

其他债权投资是指极有可能持有至到期收取合同现金流量，也可能在到期之前出售的债权投资。企业取得其他债权投资，应将其划分为以公允价值计量且其变动计入其他综合收益的金融资产。采用实际利率法计算的利息应当计入当期损益，计入各期损益的金额应当与债权投资按摊余成本计量而计入各期损益的金额相等；该金融资产由于公允价值变动产生的所有利得或损失，应当计入其他综合收益；该金融资产发生的减值损失或利得，应计入当期损益；该金融资产终止确认时，之前计入其他综合收益的累计利得或损失，应当从其他综合收益中转出，计入当期损益。

四、其他权益工具投资

指定为以公允价值计量且其变动计入其他综合收益的非交易性权益工具投资，除了获得的股利（属于投资成本收回部分的除外）计入当期损益外，其他相关的利得和损失（包括汇兑损益）均应计入其他综合收益，且后续不得转入当期损益。当其终止确认时，之前计入其他综合收益的累计利得或损失应当从其他综合收益中转出，计入留存收益。

五、交易性金融资产

企业初始确认金融资产，应当按照公允价值计量。对于以公允价值计量且其变动计入当期损益的金融资产，相关交易费用应当直接计入当期损益；对于其他类别的金融资产或金融负债，相关交易费用应当计入初始确认金额。

交易费用，是指可直接归属于购买、发行或处置金融工具的增量费用。增量费用是指企业没有发生购买、发行或处置相关金融工具的情形就不会发生的费用，包括支付给代理机构、咨询机构、券商、证券交易所、政府有关部门等的手续费、佣金、相关税费以及其他必要支出，不包括债券溢价、折价、融资费用、内部管理成本和持有成本等与交易不直接相关的费用。

【例10】20×1年8月8日，甲公司支付价款802万元（含交易费用2万元），购入乙公司发行的股票200万股，占乙公司有表决权股份的1%。甲公司将其分类为以公允价值计量且其变动计入当期损益的金融资产。

20×1年12月31日，甲公司仍持有股票；当日，该股票市价为4.5元。

20×2年8月14日，甲公司由于某特殊原因，以每股4.2元的价格将股票全部转让。

假定不考虑其他因素，甲公司的账务处理如下：

（1）20×1年8月8日，购入股票：

```
借：交易性金融资产——成本              8 000 000
    投资收益                          20 000
    贷：银行存款                                8 020 000
```

(2) 20×1年12月31日，确认股票价格变动：
```
借：交易性金融资产——公允价值变动      1 000 000
    贷：公允价值变动损益                        1 000 000
```

(3) 20×2年8月14日，出售股票
```
借：银行存款                          8 400 000
    投资收益                          600 000
    贷：交易性金融资产——成本                    8 000 000
        交易性金融资产——公允价值变动            1 000 000
```

六、长期股权投资

(一) 投资企业与被投资企业的关系

1. 控制

控制(control)，是指企业拥有通过参与被投资企业的相关活动而享有可变回报的权力，并且有能力运用该权力影响其回报金额。

企业参与被投资企业的相关活动，是指对被投资企业的回报产生重大影响的活动，通常包括商品或劳务的销售和购买、金融资产的管理、资产的购买和处置、研究与开发活动以及融资活动等。企业如果有能力主导被投资企业的相关活动，则不论其是否实际行使该权力，均视为拥有控制被投资企业的权力。

企业在判断是否拥有控制被投资企业的权力时，应当仅考虑与被投资企业相关的实质性权利，包括自身所享有的实质性权利以及其他投资方所享有的实质性权利。一般来说，企业拥有下列实质性权利，可以视为能够对被投资企业实施控制：

第一，持有被投资企业半数以上的表决权。

第二，持有被投资企业半数以下的表决权，但通过与其他表决权持有人之间的协议能够控制半数以上表决权。

第三，持有被投资企业半数或以下的表决权，且未与其他表决权持有人签订协议、不能够控制半数以上表决权，但综合考虑下列事实和情况后，如果认为企业持有的表决权足以使其有能力主导被投资企业相关活动的，视为对被投资企业拥有控制的权力：(1)持有的表决权相对于其他投资方持有的表决权份额较大，且其他投资方持有的表决权比较分散；(2)持有被投资企业的潜在表决权，如可转换公司债券、可执行认股权证等；(3)其他合同安排产生的权利；(4)被投资企业以往的表决权行使情况等其他相关事实和情况。

第四，在难以判断其享有的实质性权利是否足以使其拥有控制被投资企业的权力时，如果存在其具有实际能力以单方面主导被投资企业相关活动的证据，视为拥有控制被投资企业的权力。这些证据包括但不限于下列事项：(1)能够任命或批准被投资企业的关键管理人员，这些关键管理人员能够主导被投资方的相关活动；(2)能够出于其自身利益决定或否决被投资企业的重大交易；(3)能够控制被投资企业董事会等类似权力机构成员的任命程序，或者从其他表决权持有人手中获得代理投票权；(4)与被投资企业的关键管理人员或董事会等类似权力机构中的多数成员存在关联方关系。

需要说明的是，在某些情况下，其他投资方享有的实质性权利有可能会阻止企业对被投资企业的控制。在这种情况下，企业尽管存在前述对被投资企业的权利，也不能视为能够对被投资企业实施控制。例如，A公司持有B公司60%的表决权股份，但B公司章程规定，任何投资方均有对B公司重大相关活动的一票否决权，则A公司对B公司不存在控制权。

拥有控制权的投资企业一般称为母公司；被母公司控制的企业，一般称为子公司。

2. 共同控制

共同控制(joint control)，是指按照相关约定对被投资企业所共有的控制，并且该被投资企业的相关活动必须经过分享控制权的各投资方一致同意后才能决策。被各投资方共同控制的企业，一般称为投资企业的合营企业。对合营企业的投资，是指投资方与其他合营方一同对被投资单位实施共同控制且对被投资单位的净资产享有权利的权益性投资，或者合营企业是共同控制一项安排的参与方仅对该安排的净资产享有权利的合营安排。

需要说明的是，共同控制的特点是实施共同控制的任何一个投资方都不能够单独控制被投资企业，对被投资企业具有共同控制的任何一个投资方均能够阻止其他投资方单独控制被投资企业。此外，共同控制不要求所有投资方都对被投资企业实施共同控制。

3. 重大影响

重大影响(significant influence)，是指企业对被投资企业的财务和经营政策有参与决策的权力，但并不能够控制或者与其他投资方一起共同控制这些政策的制定。一般来说，如果投资企业在被投资企业的董事会中派有董事，或能够参与被投资企业的财务和经营决策的制定，但不构成控制或共同控制，则可以认为对被投资企业形成重大影响。在确定能否对被投资单位施加重大影响时，应当考虑投资企业和其他投资方持有的被投资企业当期可转换公司债券、当期可执行认股权证等潜在表决权因素。

投资企业能够对被投资企业施加重大影响，则被投资企业称为投资企业的联营企业。

(二) 长期股权投资的计量方法

长期股权投资的后续计量，有成本法(cost method)和权益法(equity method)两种处理方法。其中，成本法适用于对子公司的长期股权投资，权益法适用于对合营企业和联营企业的长期股权投资。

采用成本法核算的长期股权投资，应按照初始投资成本计价，一般不予变更，只有在追加或收回投资以及长期股权投资减值时，才调整长期股权投资的账面价值。

投资企业在被投资企业宣告发放现金股利时，应作为投资收益处理，借记"应收股利"等科目，贷记"投资收益"科目；收到现金股利时，应借记"银行存款"等科目，贷记"应收股利"科目。如果收到的股利为股票股利，则只调整持股数量，降低每股成本，不作账务处理。

长期股权投资核算的权益法，是指长期股权投资的账面价值要随着被投资企业的所有者权益变动而相应变动，大体上反映在被投资企业所有者权益中占有的份额。

采用权益法进行长期股权投资的核算，可以在"长期股权投资"科目下设置"投资成本""损益调整""其他综合收益""其他权益变动"等明细科目。权益法下,"长期股权投资"科目的余额反映全部投资成本。其中,"投资成本"明细科目反映购入股权时在被投资企业按公允价值确定的所有者权益中占有的份额及初始投资成本大于占有份额形成的商誉;"损益调整"明细科目反映购入股权以后随着被投资企业留存收益的增减变动而享有份额的调整数;"其他权益变动"明细科目反映购入股权以后随着被投资企业其他综合收益的增减变动而享有份额的调整数。

第四节 非流动资产的核算

流动资产以外的资产应当归类为非流动资产,并应按其性质分类列示,包括债权投资、其他债权投资、长期股权投资、固定资产、无形资产等。本节分别从固定资产与无形资产的核算两个方面介绍非流动资产的会计核算。

一、固定资产

(一)概念

固定资产,是指同时具有以下特征的有形资产:(1)为生产商品、提供劳务、出租或经营管理而持有的;(2)使用寿命超过一个会计年度。使用寿命,是指企业使用固定资产的预计期间,或者该固定资产所能生产产品或提供劳务的数量。

(二)确认

固定资产同时满足下列条件的,才能予以确认:(1)与该固定资产有关的经济利益很可能流入企业;(2)该固定资产的成本能够可靠地计量。

(三)初始计量

固定资产应当按照成本进行初始计量。

1. 外购的固定资产

外购固定资产的成本,包括购买价款、相关税费、使固定资产达到预定可使用状态前所发生的可归属于该项资产的运输费、装卸费、安装费和专业人员服务费等。

(1)购入不需安装的固定资产

企业购入不需安装的固定资产,原始价值应根据实际支付的买价和包装运杂费计算,借记"固定资产"科目;根据支付的全部价款,贷记"银行存款"等科目。

【例14】某企业购入不需安装的机器设备一台,用银行存款支付买价10 000元,增值税1 300元,运输费100元,运输费增值税9元,合计11 409元,机器设备投入使用。根据以上资料,编制会计分录如下:

固定资产原始价值=10 000+100=10 100(元)
增值税进项税额=1 300+9=1 309(元)

借:固定资产	10 100
应交税费——应交增值税(进项税额)	1 309
贷:银行存款	11 409

(2)购入需要安装的固定资产

企业购入需要安装的固定资产，在安装过程中发生的实际安装费，应计入固定资产原值。固定资产安装工程可以采用自营安装方式，也可以采用出包安装方式。采用自营安装方式，安装费包括安装工程耗用的材料、人工以及其他支出；采用出包安装方式，安装费为向承租单位支付的安装价款。不论采用何种安装方式，固定资产的全部安装工程成本（包括固定资产买价以及包装运杂费和安装费）均应通过"在建工程"科目进行核算。

企业购入需要安装的固定资产，应根据实际支付的买价、包装运杂费，借记"在建工程"科目；根据可以抵扣的增值税进项税额，借记"应交税费——应交增值税（进项税额）"科目；根据实际支付的价款，贷记"银行存款"等科目。

企业发生的安装费，应计入安装工程成本，借记"在建工程""应交税费——应交增值税（进项税额）"等科目，贷记"工程物资""原材料""应付职工薪酬""银行存款"等科目。

安装工程完工、固定资产交付使用后，根据其全部安装工程成本，借记"固定资产"科目，贷记"在建工程"科目。

【例15】 某企业购入需要安装的机器设备一台，用银行存款支付买价10 000元，增值税1 300元，运输费100元，运输费增值税9元，合计11 409元；机器设备出包安装，用银行存款支付安装费300元，增值税27元。该机器设备安装完工后交付使用。根据以上资料，编制会计分录如下：

①购入固定资产

固定资产原始价值 = 10 000+100 = 10 100（元）

增值税进项税额 = 1 300+9 = 1 309（元）

借：在建工程	10 100
应交税费——应交增值税（进项税额）	1 309
贷：银行存款	11 409

②支付安装费

借：在建工程	300
应交税费——应交增值税（进项税额）	27
贷：银行存款	327

③工程完工

借：固定资产	10 400
贷：在建工程	10 400

2. 自行建造的固定资产

自行建造固定资产的成本，由建造该项资产达到预定可使用状态前所发生的必要支出构成。

（四）后续计量

1. 固定资产折旧

企业应当对所有固定资产计提折旧。但是，已提足折旧仍继续使用的固定资产和单独计价入账的土地除外。

折旧，是指在固定资产使用寿命内，按照确定的方法对应计提折旧额进行系统分摊。应计提折旧额，是指应当计提折旧的固定资产的原价扣除其预计净残值后的金额。已计提减值准备的固定资产,还应当扣除已计提的固定资产减值准备累计金额。预计净残值,是指假定在固定资产预计使用寿命已满并处于使用寿命终了时的预期状态,企业目前从该项资产处置中获得的扣除预计处置费用后的金额。

企业应当根据与固定资产有关的经济利益的预期实现方式,合理选择固定资产折旧方法。可选用的折旧方法包括年限平均法、工作量法、双倍余额递减法和年数总和法等。固定资产的折旧方法一经确定,不得随意变更。

常用的固定资产折旧计算方法可以分为两类:直线法和加速折旧法。

(1)直线法

直线法是按照时间或完成的工作量平均计提折旧的方法,主要包括年限平均法和工作量法。

①年限平均法。年限平均法是指按照固定资产的预计使用年限平均计提折旧的方法,其累计折旧额为使用时间的线性函数。采用这种方法,假定固定资产的服务潜力随着时间的推移而逐渐递减,其效能与固定资产的新旧程度无关。因此,固定资产的应计提折旧总额可以均匀摊配于预计使用年限内的各个会计期间。其计算公式为:

$$年折旧额 = \frac{固定资产原值 - (预计残值收入 - 预计清理费用)}{预计使用年限}$$

$$= \frac{固定资产应计提折旧总额}{预计使用年限}$$

$$月折旧额 = \frac{年折旧额}{12}$$

上述公式为计提固定资产折旧年限平均法的一般原理。在实际工作中,固定资产折旧额一般根据固定资产原值乘以折旧率计算。在年限平均法下,固定资产折旧率是固定资产折旧额与固定资产原值的比率,其公式如下:

$$年折旧率 = \frac{1 - 预计净残值率}{预计使用年限}$$

$$月折旧率 = \frac{年折旧率}{12}$$

$$月折旧额 = 固定资产原值 \times 月折旧率$$

②工作量法。工作量法是指按照固定资产预计完成的工作总量平均计提折旧的方法,其累计折旧额为完成工作量的线性函数。这种方法假定固定资产的服务潜力随着完成工作量的增加而逐步递减,其效能与固定资产的新旧程度无关。因此,固定资产的应计提折旧总额可以均匀摊配于预计的每一单位工作量。计算公式如下:

$$单位工作量折旧额 = \frac{固定资产原价 \times (1 - 预计净残值率)}{预计总工作量}$$

$$某项固定资产月折旧额 = 该项固定资产当月工作量 \times 单位工作量折旧额$$

但是,工作量法把有形损耗看作是引起固定资产折旧的唯一因素,由于无形损耗客观存在,固定资产即使不使用也会发生折旧,使用工作量法难以在账面上对这种情况作出反映。

(2)加速折旧法

①双倍余额递减法

双倍余额递减法是指在不考虑固定资产预计净残值的情况下,根据每期期初固定资产原值减去累计折旧后的金额(即固定资产净值)和双倍的直线法折旧率计算固定资产折旧的一种方法。计算公式如下:

$$年折旧率 = 2 \div 预计使用寿命(年) \times 100\%$$
$$月折旧率 = 年折旧率 \div 12$$
$$月折旧额 = 固定资产净值 \times 月折旧率$$

由于每年年初固定资产净值没有扣除预计净残值,因此,在应用这种方法计算折旧额时必须注意不能使固定资产的净值降低到其预计净残值以下,即采用双倍余额递减法计提折旧的固定资产,通常在折旧年限到期前两年内,将固定资产净值扣除预计净残值后的余额平均摊销。

【例16】某公司某项设备原值为100万元,预计使用寿命为5年,预计净残值率为4%;该公司按双倍余额递减法计提折旧,每年折旧额计算如下:

年折旧率 = 2/5 × 100% = 40%

第一年应计提的折旧额 = 100 × 40% = 40(万元)

第二年应计提的折旧额 = (100 - 40) × 40% = 24(万元)

第三年应计提的折旧额 = (100 - 40 - 24) × 40% = 14.4(万元)

从第四年起改按年限平均法计提折旧:

第四年、第五年应计提的折旧额 = (100 - 40 - 24 - 14.4 - 100×4%) ÷ 2 = 8.8(万元)

②年数总和法

年数总和法又称年限合计法,是将固定资产的原值减去预计净残值的余额乘以一个以固定资产尚可使用寿命为分子、以预计使用寿命逐年数字之和为分母的逐年递减的分数计算每年的折旧额。计算公式如下:

$$年折旧率 = 尚可使用寿命 / 预计使用寿命的年数总和 \times 100\%$$
$$月折旧率 = 年折旧率 \div 12$$
$$月折旧额 = (固定资产原价 - 预计净残值) \times 月折旧率$$

【例17】沿用例16数据,采用年数总和法计算的各年折旧额如表3-2所示。

表3-2 年数总和法下各年折旧额计算表

年份	尚可使用寿命	原值-预计净残值	年折旧率	每年折旧额	累计折旧
第1年	5	960 000	5/15	320 000	320 000
第2年	4	960 000	4/15	256 000	576 000
第3年	3	960 000	3/15	192 000	768 000
第4年	2	960 000	2/15	128 000	896 000
第5年	1	960 000	1/15	64 000	960 000

【例18】某公司20××年3月份固定资产计提折旧情况如下：

生产车间机器设备计提折旧7万元。

管理部门房屋建筑物计提折旧10万元。

销售部门运输工具计提折旧8万元。

该公司20××年3月份计提折旧的账务处理如下：

借：制造费用　　　　　　　　　　　　70 000
　　管理费用　　　　　　　　　　　　100 000
　　销售费用　　　　　　　　　　　　80 000
　贷：累计折旧　　　　　　　　　　　250 000

2. 固定资产减值

(1) 固定资产的减值迹象

企业应当在资产负债表日判断固定资产是否存在可能发生减值的迹象。存在下列迹象的，表明资产可能发生了减值：①资产的市价当期大幅度下跌，其跌幅明显高于因时间的推移或者正常使用而预计的下跌幅度。②企业经营所处的经济、技术或者法律等环境以及资产所处的市场在当期或者将在近期发生重大变化，从而对企业产生不利影响。③市场利率或者其他市场投资报酬率在当期已经提高，从而影响企业计算资产预计未来现金流量现值的折现率，导致资产可收回金额大幅度降低。④有证据表明资产已经陈旧过时或者其实体已经损坏。⑤资产已经或者将被闲置、终止使用或者计划提前处置。⑥企业内部报告的证据表明资产的经济绩效已经低于或者将低于预期，如资产所创造的净现金流量或者实现的营业利润(或者亏损)远远低于(或者高于)预计金额等。⑦其他表明资产可能已经发生减值的迹象。

(2) 固定资产减值损失的确定

资产存在减值迹象的，应当估计其可收回金额。可收回金额应当根据资产的公允价值减去处置费用后的净额与资产预计未来现金流量的现值两者之间较高者确定。处置费用包括与资产处置有关的法律费用、相关税费、搬运费以及为使资产达到可销售状态所发生的直接费用等。

可收回金额的计量结果表明，资产的可收回金额低于其账面价值的，应当将资产的账面价值减记至可收回金额，减记的金额确认为资产减值损失，计入当期损益，同时计提相应的资产减值准备。

资产减值损失确认后，减值资产的折旧或者摊销费用应当在未来期间作相应调整，以使该资产在剩余使用寿命内，系统地分摊调整后的资产账面价值(扣除预计净残值)。

资产减值损失一经确认，在以后的会计期间不得转回。

【例19】某企业20×1年6月31日购入一台机器设备，原值为100 000元，预计净残值为4 000元，预计使用年限为10年，采用年限平均法计提折旧。20×2年12月31日，该机器设备发生减值，公允价值减去处置费用后的金额为70 000元，未来现金流量的现值为80 000元。计提减值准备后，该机器设备的剩余使用年限预计为7年，预计净残值为4 400元。

① 计算该机器设备至 20×2 年 12 月的累计折旧

$$月折旧额 = \frac{100\,000 - 4\,000}{10 \times 12} = 800(元)$$

累计折旧 = 800×(6+12) = 14 400(元)

② 计算该机器设备 20×3 年 12 月 31 日的净值

固定资产净值 = 100 000 - 14 400 = 95 600(元)

③ 计提减值准备。可收回金额为资产的公允价值减去处置费用后的净额与资产预计未来现金流量的现值两者之间较高者，即 80 000 元。

应计提减值准备 = 95 600 - 80 000 = 15 600(元)

借：资产减值损失　　　　　　　　　　　　　　　　15 600
　　贷：固定资产减值准备　　　　　　　　　　　　　　15 600

④ 20×4 年 1 月起的月折旧额

$$月折旧额 = \frac{80\,000 - 4\,400}{7 \times 12} = 900(元)$$

（五）固定资产的处置

1. 固定资产清理

企业出售、转让划归为持有待售类别的固定资产，按照持有待售非流动资产、处置组的相关规定进行会计处理；未划归为持有待售类别而出售、转让的，通过"固定资产清理"科目归集所发生的损益，其产生的利益或损失转入"资产处置损益"科目计入当期损益；固定资产因报废毁损等原因而终止确认的，通过"固定资产清理"科目归集所发生的损益，其产生的利得或损失计入营业外收入或营业外支出。企业通过"固定资产清理"科目核算的出售、转让报废或毁损而处置的固定资产，其会计处理一般经过以下几个步骤：

第一，固定资产转入清理。固定资产转入清理时，按固定资产账面价值，借记"固定资产清理"科目，按已计提的累计折旧，借记"累计折旧"科目，按已计提的减值准备，借记"固定资产减值准备"科目，按固定资产账面余额，贷记"固定资产"科目。

第二，发生的清理费用。固定资产清理过程中发生的有关费用以及应支付的相关税费，借记"固定资产清理"科目，贷记"银行存款""应交税费"等科目。

第三，出售收入和残料等的处理。企业收回出售固定资产的价款、残料价值和变价收入等，应冲减清理支出。按实际收到的出售价款以及残料变价收入等，借记"银行存款""原材料"等科目，贷记"固定资产清理""应交税费——应交增值税"等科目。

第四，保险赔偿的处理。企业计算或收到的应由保险公司或过失人赔偿的损失，应冲减清理支出，借记"其他应收款""银行存款"等科目，贷记"固定资产清理"科目。

第五，清理净损益的处理。固定资产清理完成后的净损失，属于正常出售、转让所产生的利得或损失，借记或贷记"资产处置损益"科目，贷记或借记"固定资产清理"科目；属于已丧失使用功能正常报废所产生的利得或损失，借记或贷记"营业外支出——非流动资产报废"科目，贷记或借记"固定资产清理"科目；属于自然灾害等非正常原因造成的，借记或贷记"营业外支出——非常损失"科目，贷记或借记"固定资产清理"科目。

【例20】某企业某项机器设备出售，原值为100 000元，累计折旧为30 000元，未计提固定资产减值准备，清理过程中用现金支付清理费用200元，取得出售价款750 00元，增值税额1 200元，存入银行。根据以上资料，编制会计分录如下：

①注销机器设备原值和累计折旧

借：固定资产清理　　　　　　　　　　　　70 000
　　累计折旧　　　　　　　　　　　　　　30 000
　　贷：固定资产　　　　　　　　　　　　　　　　100 000

②支付清理费用，未取得增值税专用发票

借：固定资产清理　　　　　　　　　　　　200
　　贷：库存现金　　　　　　　　　　　　　　　　200

③收取价款和增值税

借：银行存款　　　　　　　　　　　　　　76 200
　　贷：固定资产清理　　　　　　　　　　　　　　75 000
　　　　应交税费——应交增值税（销项税额）　　1 200

④结转机器设备清理净损益

机器设备清理净收益=75 000-70 000-200=4 800（元）

借：固定资产清理　　　　　　　　　　　　4 800
　　贷：资产处置损益　　　　　　　　　　　　　　4 800

2. 固定资产的清查

企业应当定期或者至少于每年年末对固定资产进行清查盘点，以保证固定资产核算的真实性，充分挖掘企业现有固定资产的潜力。在固定资产清查过程中，如果发现盘盈、盘亏的固定资产，应当填制固定资产盘盈盘亏报告表。清查固定资产的损溢，应当及时查明原因，并按照规定程序报批处理。

（1）固定资产盘盈的会计处理。企业在财产清查中盘盈的固定资产，作为前期差错处理。企业在财产清查中盘盈的固定资产，在按管理权限报经批准处理前应先通过"以前年度损益调整"科目核算。盘盈的固定资产，应按重置成本确定其入账价值，借记"固定资产"科目，贷记"以前年度损益调整"科目。

（2）固定资产盘亏的会计处理。固定资产是一种价值较高、使用期限较长的有形资产，因此，对于管理规范的企业而言，盘盈、盘亏的固定资产较为少见。企业应当健全制度，加强管理，定期或者至少于每年年末对固定资产进行清查盘点，以保证固定资产核算的真实性和完整性。如果清查中发现固定资产损溢的应及时查明原因，在期末结账前处理完毕。

固定资产盘亏造成的损失，应当计入当期损益。企业在财产清查中盘亏的固定资产，按盘亏固定资产的账面价值借记"待处理财产损溢——待处理固定资产损溢"科目，按已计提的累计折旧，借记"累计折旧"科目，按已计提的减值准备，借记"固定资产减值准备"科目，按固定资产原价，贷记"固定资产"科目。按管理权限报经批准后处理时，按可收回的保险赔偿或过失人赔偿，借记"其他应收款"科目，按应计入营业外支出的金额，借记"营业外支出——盘亏损失"科目，贷记"待处理财产损溢"科目。

二、无形资产

（一）概念

无形资产，是指企业拥有或者控制的没有实物形态的可辨认的非货币性资产。资产满足下列条件之一的，符合无形资产定义中的可辨认性标准：

1. 能够从企业中分离或者划分出来，并能单独或者与相关合同、资产或负债一起，用于出售、转移、授予许可、租赁或者交换。

2. 源自合同性权利或其他法定权利，无论这些权利是否可以从企业或其他权利和义务中转移或者分离。

无形资产通常包括专利权、非专利技术、商标权、著作权、特许权、土地使用权等。

1. 专利权

专利权是指国家专利主管机关依法授予发明创造专利申请人，对其发明创造在法定期限内所享有的专有权利，包括发明专利权、实用新型专利权和外观设计专利权。发明专利权的期限为 20 年，实用新型专利权的期限为 10 年，外观设计专用权的期限为 15 年，均自申请日起计算。

2. 非专利技术

非专利技术也称专有技术。它是指不为外界所知、在生产经营活动中已采用了的、不享有法律保护的、可以带来经济效益的各种技术和诀窍。非专利技术一般包括工业专有技术、商业贸易专有技术、管理专有技术等。非专利技术并不是专利法的保护对象，非专利技术用自我保密的方式来维持其独占性，具有经济性、机密性和动态性等特点。

3. 商标权

商标是用来辨认特定的商品或劳务的标记。商标权指专门在某类指定的商品或产品上使用特定的名称或图案的权利。经商标局核准注册的商标为注册商标，包括商品商标、服务商标和集体商标、证明商标；商标注册人享有商标专用权，受法律保护。注册商标的有效期为 10 年，自核准注册之日起计算。注册商标有效期满，需要继续使用的，应当在期满前 6 个月内申请续展注册；在此期间未能提出申请的，可以给予 6 个月的宽展期。宽展期满仍未提出申请的，注销其注册商标。每次续展注册的有效期为 10 年。

4. 著作权

著作权又称版权，指作者对其创作的文学、科学和艺术作品依法享有的某些特殊权利。著作权包括作品署名权、发表权、修改权和保护作品完整权，还包括复制权、发行权、出租权、展览权、表演权、放映权、广播权、信息网络传播权、摄制权、改编权、翻译权、汇编权以及应当由著作权人享有的其他权利。著作权人包括作者和其他依法享有著作权的公民，法人或者其他组织。著作权属于作者，创作作品的公民是作者。由法人或者其他组织主持，代表法人或者其他组织意志创作，并由法人或者其他组织承担责任的作品，法人或者其他组织视为作者。作者的署名权、修改权、保护作品完整权的保护期不受限制。公民的作品，其发表权、复制权、发行权、出租权、展览权、表演权、放映权、广播权、信息网络传播权、摄制权、改编权、翻译权、汇编权以及应当由著作权人享有的其他权利的保护期，为作者终生及死亡后 50 年，截止于作者死亡后第 50 年的 12 月 31 日；

如果是合作作品，截止于最后死亡的作者死亡后第 50 年的 12 月 31 日。

5. 特许权

特许权又称经营特许权、专营权，指企业在某一地区经营或销售某种特定商品的权利或是一家企业接受另一家企业使用其商标、商号、技术秘密等的权利。通常有两种形式，一种是由政府机构授权，准许企业使用或在一定地区享有经营某种业务的特权，如水、电、邮电通信等专营权、烟草买卖权等；另一种指企业间依照签订的合同，有限或无限期使用另一家企业的某些权利，如连锁店分店使用总店的名称等。通常在特许权转让合同中规定了特许权转让的期限、转让人和受让人的权利和义务。转让人一般要向受让人提供商标、商号等使用权，传授专有技术，并负责培训营业人员，提供经营所必需的设备和特殊原料。受让人则需要向转让人支付取得特许权的费用，开业后则按营业收入的一定比例或其他计算方法支付享用特许权费用。

6. 土地使用权

土地使用权是指国家准许某企业在一定期间内对国有土地享有开发、利用、经营的权利。根据我国土地管理法的规定，我国土地实行公有制，任何单位和个人不得侵占、买卖或者以其他形式非法转让。企业取得土地使用权的方式大致有行政划拨取得、外购取得（例如缴纳土地出让金方式取得）及投资者投资取得几种。通常情况下，作为投资性房地产或者作为固定资产核算的土地，按照投资性房地产或固定资产核算；以缴纳土地出让金等方式外购的土地使用权、投资者投入等方式取得的土地使用权，作为无形资产核算。

(二) 初始计量

无形资产应当按照成本进行初始计量。

1. 外购的无形资产

外购无形资产的成本，包括购买价款、相关税费以及直接归属于使该项资产达到预定用途所发生的其他支出。其中，直接归属于使该项无形资产达到预定用途所发生的其他支出包括使无形资产达到预定用途所发生的专业服务费用、测试无形资产是否能够正常发挥作用的费用等。

【例 21】因甲公司某项生产活动需要乙公司已获得的专利技术，如果使用了该项专利技术，甲公司预计其生产能力比原先提高 20%。为此，甲公司从乙公司购入一项专利权，按照协议约定以现金支付，实际支付的价款为 300 万元，并支付相关税费 1 万元和有关专业服务费用 10 万元，款项已通过银行转账支付。

无形资产初始计量的成本 = 300+1+10 = 311（万元）

甲公司的账务处理如下：

借：无形资产——专利权　　　　　　　　　　　　　3 110 000
　　贷：银行存款　　　　　　　　　　　　　　　　　　　3 110 000

2. 投资者投入的无形资产

投资者投入的无形资产的成本，应当按照投资合同或协议约定的价值确定无形资产的取得成本。如果投资合同或协议约定价值不公允的，应按无形资产的公允价值作为无形资产的初始成本入账。

【例 22】因乙公司创立的商标已有较好的声誉，甲公司预计使用乙公司商标后可使未来利润增长20%。为此,甲公司与乙公司协议商定,乙公司以其商标权投资于甲公司,双方协议价格(等于公允价值)为300万元,甲公司另支付印花税等相关税费1万元,款项已通过银行转账支付。

甲公司接受乙公司作为投资的商标权的成本 = 300+1 = 301(万元)

甲公司的账务处理如下:

借:无形资产——商标权	3 010 000
贷:实收资本(或股本)	3 000 000
银行存款	10 000

(三)内部研究开发支出的确认和计量

企业自创商誉以及内部产生的品牌、报刊名等,不应确认为无形资产。

企业内部研究开发项目的支出,应当区分研究阶段支出与开发阶段支出。

研究是指为获取并理解新的科学或技术知识而进行的独创性的有计划调查。开发是指在进行商业性生产或使用前,将研究成果或其他知识应用于某项计划或设计,以生产出新的或具有实质性改进的材料、装置、产品等。

研究阶段的特点在于其属于探索性的过程,是为了进一步的开发活动进行资料及相关方面的准备。从已经进行的研究活动看,将来是否能够转入开发、开发后是否会形成无形资产等具有较大的不确定性。为此,企业内部研究开发项目研究阶段的支出,应当于发生时计入当期损益。借记"研发支出——费用化支出""应交税费——应交增值税(进项税额)"科目,贷记有关科目;期末应根据发生的全部研究支出,借记"管理费用"科目,贷记"研发支出——费用化支出"科目。

开发阶段相对于研究阶段而言,应当是完成了研究阶段的工作,并且在很大程度上形成一项新产品或新技术的基本条件已经具备。企业内部研究开发项目开发阶段的支出,同时满足下列条件的,应当予以资本化:(1)完成该无形资产以使其能够使用或出售在技术上具有可行性;(2)具有完成该无形资产并使用或出售的意图;(3)无形资产产生经济利益的方式,包括能够证明运用该无形资产生产的产品存在市场或无形资产自身存在市场,无形资产将在内部使用的,应当证明其有用性;(4)有足够的技术、财务资源和其他资源支持,以完成该无形资产的开发,并有能力使用或出售该无形资产;(5)归属于该无形资产开发阶段的支出能够可靠地计量。

企业开发阶段发生的直接用于新产品、新技术、新工艺的原材料、职工薪酬等支出,应当予以资本化;发生的用于管理、培训等方面的支出,不应资本化,而应予以费用化。企业开发阶段发生的资本化支出,应借记"研发支出——资本化支出""应交税费——应交增值税(进项税额)"科目,贷记有关科目;在确认无形资产时,应根据发生的全部开发支出,借记"无形资产"科目,贷记"研发支出——资本化支出"科目。企业开发阶段发生的费用化支出,其核算方法与研究阶段发生支出的核算方法相同。

【例23】某企业自行开发某项专利技术,研究和开发阶段发生的应予以费用化的支出100 000元,开发阶段发生符合资本化条件的支出200 000元,支付增值税16 000元;开发成功后发生注册登记费1 000元,增值税600元,均以银行存款支付。根据以上资料,编制会计分录如下:

(1) 发生各项支出

借：研发支出——费用化支出	100 000
——资本化支出	200 000
应交税费——应交增值税(进项税额)	16 000
贷：银行存款	316 000

(2) 期末结算费用化支出

借：管理费用	100 000
贷：研发支出——费用化支出	100 000

(3) 登记注册后

借：无形资产——专利权	201 000
应交税费——应交增值税(进项税额)	600
贷：研发支出——资本化支出	200 000
银行存款	1 600

(四) 后续计量

1. 无形资产的摊销

企业应当于取得无形资产时分析判断其使用寿命。

无形资产的使用寿命为有限的，应当估计该使用寿命的年限或者构成使用寿命的产量等类似计量单位数量；无法预见无形资产为企业带来经济利益期限的，应当视为使用寿命不确定的无形资产。

使用寿命有限的无形资产，其应摊销金额应当在使用寿命内系统合理摊销。

企业摊销无形资产，应当自无形资产可供使用时起，至不再作为无形资产确认时止。

企业选择的无形资产摊销方法，应当反映与该项无形资产有关的经济利益的预期实现方式。无法可靠确定预期实现方式的，应当采用直线法摊销。

无形资产的摊销金额一般应当计入当期损益，其他会计准则另有规定的除外。

无形资产的应摊销金额为其成本扣除预计残值后的金额。已计提减值准备的无形资产，还应扣除已计提的无形资产减值准备累计金额。使用寿命有限的无形资产，其残值应当视为零，但下列情况除外：

(1) 有第三方承诺在无形资产使用寿命结束时购买该无形资产。

(2) 可以根据活跃市场得到预计残值信息，并且该市场在无形资产使用寿命结束时很可能存在。

使用寿命不确定的无形资产不应摊销，但应当在每个会计期间进行减值测试。

2. 无形资产的减值

无形资产的减值，应当按照《企业会计准则第8号——资产减值》处理。

企业至少应当于每年年度终了，对使用寿命有限的无形资产的使用寿命及摊销方法进行复核。无形资产的使用寿命及摊销方法与以前估计不同的，应当改变摊销期限和摊销方法。

企业应当在每个会计期间对使用寿命不确定的无形资产的使用寿命进行复核。如果有证据表明无形资产的使用寿命是有限的，应当估计其使用寿命，并按本准则规定处理。

(五)无形资产的处置

企业出售无形资产,应当将取得的价款与该无形资产账面价值的差额计入当期损益。无形资产预期不能为企业带来经济利益的,应当将该无形资产的账面价值予以转销。

【例24】甲公司20×1年1月5日购入一项专利权,实际成本为300 000元,预计使用年限为10年。20×4年12月31日,该项专利权发生减值,预计未来现金流量的现值为120 000元,公允价值为110 000元。该项专利权发生减值以后,预计剩余使用年限为5年。20×7年1月5日,甲公司将该专利权出售,收取价款60 000元,应交增值税3 600元。

(1)计算该项专利权在20×4年12月31日计提减值准备前的账面余额

账面余额=300 000-30 000×4=180 000(元)

(2)计提减值准备

可回收金额=120 000元

应计提的减值准备=180 000-120 000=60 000(元)

借:资产减值损失 60 000
　　贷:无形资产减值准备 60 000

(3)计算剩余使用年限内年摊销额

剩余使用年限内年摊销额=(180 000-60 000)/5=24 000(元)

(4)计算该项专利权在20×7年1月5日的累计摊销和账面价值

20×5年至20×6年摊销额=24 000×2=48 000(元)

累计摊销=120 000+48 000=168 000(元)

账面价值=300 000-168 000-60 000=72 000(元)

(5)出售专利权

借:银行存款 63 600
　　累计摊销 168 000
　　无形资产减值准备 60 000
　　营业外支出 12 000
　　贷:无形资产 300 000
　　　　应交税费——应交增值税(销项税额) 3 600

☞ 小结

本章主要介绍了资产的概念和特征、确认与计量,按照资产流动性的分类,分别从流动资产、金融资产和非流动资产的核算三个部分来介绍资产的会计核算。

资产是指企业过去的交易或者事项形成的、由企业拥有或者控制的、预期会给企业带来经济利益的资源。对于资产的这一定义,需要着重强调以下几个方面:(1)资产是由企业过去的交易或者事项形成的;(2)作为资产的资源应该为特定企业现在所拥有或者控制;(3)作为资产的资源必须具有能为特定企业带来未来经济利益的服务潜力,即具有有用性的特点;(4)作为资产的资源必须能够用货币进行可靠的计量。

第三章 资产的核算

资产分为流动资产和非流动资产。流动性即是指资产变现的难易程度和时间长短。资产通常列示在资产负债表的左侧，按照流动性的强弱顺序，由上而下排列。流动资产是指满足下列条件之一的资产：预计在一个正常营业周期中变现、出售或耗用；主要为交易目的而持有；预计在资产负债表日起一年内变现；自资产负债表日起一年内，交换其他资产或清偿负债的能力不受限制的现金或现金等价物。流动资产主要包括货币资金、应收票据、应收账款和存货。本章分别从货币资金、应收款项与存货的核算介绍了流动资产的会计核算。

流动资产以外的资产应当归类为非流动资产，并应按其性质分类列示，包括债权投资、其他债权投资、长期股权投资、固定资产、无形资产等。固定资产是企业生产经营过程中的重要劳动资料。它能够在若干个生产经营周期中发挥作用，并保持其原有的实物形态，但其价值则由于损耗而逐渐减少。这部分减少的价值以折旧的形式，分期转移到产品成本或费用中去，并在销售收入中得到补偿。无形资产是指企业拥有或者控制的没有实物形态，且为企业带来多少经济利益具有较大不确定性的可辨认经济资源。本章分别从固定资产与无形资产的核算两个方面介绍了非流动资产的会计核算。

☞ 关键名词

货币资金　应收账款　坏账准备　应收票据　存货　存货跌价准备　交易性金融资产　长期股权投资　固定资产　无形资产

☞ 思考题

1. 货币资金内部控制制度的基本要求和主要内容有哪些？
2. 存货包括的具体内容有哪些？持有这些存货的目的是什么？存货减值迹象有哪些？
3. 应收票据贴现如何处理？应收账款的坏账准备如何计提？
4. 以公允价值计量且其变动计入当期损益的金融资产应具备哪些特征？如何进行会计核算？
5. 固定资产折旧的直线法和加速折旧法各有哪些特点？
6. 无形资产有哪些特征？如何确定自行开发无形资产的成本？

☞ 练习题

一、单选题

1. 购入原材料一批，货款尚未支付，应计入下列（　　）账户的贷方。
   A. 原材料　　　B. 主营业务成本　　　C. 生产成本　　　D. 应付账款
2. 以下选项中哪一项属于会计信息的质量特征（　　）。
   A. 持续经营和权责发生制　　　　　B. 相关性和可靠性
   C. 受托责任观和决策有用观　　　　D. 货币计量和会计主体

3. 净利润最可能以怎样的方式影响会计恒等式（　　）？
   A. 增加资产并增加负债　　　　　　B. 减少资产并减少负债
   C. 增加负债并减少所有者权益　　　D. 增加资产并增加所有者权益
4. 以下哪一项不属于资本性支出（　　）。
   A. 为建筑物增加侧翼的支出
   B. 公司车辆的发动机调试
   C. 安装设备的成本
   D. 将一台设备的旧发动机更换为新发动机
5. 企业愿意选择加速折旧法用于计税的原因是（　　）。
   A. 与直线法相比，加速折旧法使资产处置时能实现更大的利得
   B. 加速折旧法的前期折旧费用更高，因此前期的所得税支出较少
   C. 加速折旧法更容易计算，因为忽略了净残值
   D. 加速折旧法在资产使用寿命内计提的总折旧高于直线法
6. 下列经济业务的发生，不会导致会计恒等式两边总额发生变化的是（　　）。
   A. 用本公司产品对外捐赠　　　　　B. 收到投资者以实物出资
   C. 赊购原材料　　　　　　　　　　D. 发行长期债券融资
7. EW 公司全年实现收入120 000元，发生费用50 000元，发放股利4 000元。所有者权益变动额为（　　）。
   A. +66 000元　　B. +70 000元　　C. -66 000元　　D. +74 000元
8. JV 公司年初资产总额340 000元，所有者权益总额为130 000元。在当年，公司资产增加70 000元，负债增加25 000元。年末公司所有者权益余额为（　　）。
   A. 95 000元　　B. 175 000元　　C. 200 000元　　D. 155 000元
9. 用银行存款偿还本企业所欠供应单位的购料款是（　　）。
   A. 资产增加，负债减少　　　　　　B. 资产增加，负债增加
   C. 资产减少，负债减少　　　　　　D. 资产减少，负债增加
10. 下列会计报表中属于静态会计报表的是（　　）。
    A. 资产负债表　　B. 利润表　　C. 现金流量表　　D. 利润分配表

二、多选题

1. 下列经济业务中，可引起资产、负债同时变化的有（　　）。
   A. 从供应商处赊购原材料
   B. 宣布股东大会通过的现金股利方案
   C. 从银行取得长期借款供以后建造固定资产使用
   D. 赊销商品
2. 下列项目属于管理费用的有（　　）。
   A. 商品广告支出　　　　　　　　　B. 业务招待费
   C. 管理人员工资　　　　　　　　　D. 非生产固定资产折旧费
3. 下列有关无形资产的表述中，正确的有（　　）。

A. 无形资产减值准备一旦计提，不得转回
B. 无形资产账面价值，是指无形资产的账面余额，扣除其累计摊销和累计减值准备后的金额
C. 企业内部研究开发项目中，研究阶段发生的支出应计入当期费用，开发阶段发生的支出应计入无形资产成本
D. 投资者投入的无形资产，属于企业自创的无形资产

4. 下列账户中，年末应无余额的有（　　）。
A. 所得税费用　　　　　　　　　　B. 税金及附加
C. 利润分配——未分配利润　　　　D. 本年利润

5. 下列各项中，需要通过"固定资产清理"账户核算的有（　　）。
A. 固定资产出售　　　　　　　　　B. 固定资产盘亏
C. 固定资产报废　　　　　　　　　D. 固定资产改扩建

三、会计业务题

1. 某企业有甲产品、乙材料两种存货因市场价格下跌可能存在减值。其中：甲产品账面价值4 000万元，共有4 000件。其中，1 000件已签订销售合同，合同售价（不含增值税）每件1.3万元，按合同价出售的部分估计将发生销售费用及相关税费（不含增值税）230万元；另3 000件无销售合同，按市场一般销售价格计算售价总额（不含增值税）为3 000万元，估计销售费用及相关税费（不含增值税）为70万元。乙材料账面价值300万元。乙材料用于加工制成A产品，在现有环境下，再投入加工费及其他生产必要消耗200万元，即可完成A产品生产。生产的A产品不含税正常售价为510万元，估计销售A产品的销售费用及相关税费为9万元。

要求：根据以上资料确定该企业甲、乙两种存货应确认的减值，并编制会计分录。

2. 某公司对存货的期末计价采用成本与可变现净值孰低法。该公司存货的有关资料如下：(1)20×1年年末首次计提存货跌价准备，库存商品的账面成本为5 000元，可变现净值为4 500元。(2)20×2年将年初存货的一半对外出售，结转销售成本。(3)2×19年年末，库存商品的账面成本为7 500元，可变现净值为6 700元。

要求：根据上述资料编制存货期末计提跌价准备业务的会计分录。

3. 某企业自20×1年起采用备抵法核算应收账款坏账损失，并按账龄分析法计提坏账准备。20×1年年末按应收账款账龄估计的坏账为10 000元；20×2年发生坏账4 000元，20×2年年末估计的坏账为14 000元；20×3年发生坏账20 000元，20×2年确认的坏账4 000元中有3 000元收回，20×3年年末估计的坏账为9 000元。

要求：根据上述资料编制该企业20×1年、20×2年及20×3年与坏账有关的各项会计分录。

4. 某公司自行研制一项新型技术，成功后拟申请专利。研究过程中，发生职工薪酬10 000元，以银行存款支付各项费用20 000元（未取得增值税专用发票）；开发过程中，发生职工薪酬20 000元，以银行存款支付其他各项费用50 000元（其中职工薪酬全部符合资本化条件，其他各项费用未取得增值税专用发票，符合资本化条件的为40 000元）。该项目研制成功后申请专利，以银行存款支付申请专利费1 000元，获专利部门批准领取了专

利证书。

要求：编制有关专利权的各项会计分录。

☞ 案例讨论题

2019年4月29日晚，A股上市公司康美药业披露了2018年年度报告，同时康美药业发布《关于前期会计差错更正的公告》，更正其2017年报中出现的会计差错。根据康美药业发布的公告，对于2017年的年报，"会计差错"主要有以下几点：(1)公司采购付款、工程款支付以及确认业务款项时的会计处理存在错误，造成应收账款少计6.41亿元，存货少计195.46亿元，在建工程少计6.32亿元；(2)核算账户资金时存在错误，造成货币资金多计299.44亿元；(3)在确认营业收入和营业成本时存在错误，造成营业收入多计88.98亿元，营业成本多计76.62亿元；(4)核算销售费用和财务费用存在错误，造成销售费用少计4.97亿元，财务费用少计2.28亿元。2019年4月30日，康美药业开盘即跌停，下跌1.06元，报9.54元。

请根据上市公司康美药业的相关财务数据，并查阅康美药业案例的相关资料，思考并讨论如下问题：(1)康美药业的会计数字更正，你认为这是会计差错还是会计舞弊呢？为什么？(2)康美药业300亿元现金短账的"会计差错"的原因可能有哪些？(3)康美药业的案例能给我们哪些启示？

第四章　负债与所有者权益的核算

◎ 学习目标

通过本章学习，你应当能够：
1. 了解负债和所有者权益的概念和特征；
2. 了解负债和所有者权益的确认方法；
3. 掌握负债和所有者权益具体分类类别；
4. 掌握负债和所有者权益的会计核算。

根据"资产=负债+所有者权益"的会计基本等式，资产构成资产负债表左边的内容和项目，负债和所有者权益构成资产负债表右边的内容和项目。本章讲述负债和所有者权益的核算。

第一节　负债和所有者权益核算概述

负债和所有者权益是企业所拥有或控制的经济资源的来源，代表债权人和所有者对企业资产的索取权。

一、负债核算概述

（一）负债的定义

根据我国《企业会计准则——基本准则》第四章第二十三条，负债是指企业过去的交易或者事项形成的、预期会导致经济利益流出企业的现时义务。

（二）负债的特征

1. 负债是企业承担的现时义务

现时义务是指企业在现行条件下已承担的义务。未来发生的交易或者事项形成的义务，不属于现时义务，不应当确认为负债。

这里所指的义务可以是法定义务，也可以是推定义务。其中，法定义务是指具有约束力的合同或者法律法规规定的义务，通常在法律意义上需要强制执行。例如企业购买原材料形成应付账款、企业向银行贷入款项形成借款、企业按照税法规定应当交纳的税款等，均属于企业承担的法定义务，需要依法予以偿还。推定义务是指根据企业多年来的习惯做法、公开的承诺或者公开宣布的政策而导致企业将承担的责任，这些责任也使有关各方形成了企业将履行义务解脱责任的合理预期。例如某企业多年来制定有一项销售政策，对于售出商品提供一定期限内的售后保修服务，预期将为售出商品提供的保修服务就属于推定义务，应当将其确认为一项负债。

2. 负债预期会导致经济利益流出企业

预期会导致经济利益流出企业是负债的一个本质特征。只有在履行义务时会导致经济利益流出企业的，才属于负债，如果履行义务不会导致经济利益流出，则不属于负债。

履行现时义务清偿负债导致经济利益流出企业的形式可以有多种，例如，以现金或以实物资产清偿债务，以提供劳务形式清偿，以部分转移资产、部分提供劳务形式清偿，将负债转为资本等。

3. 负债是由企业过去的交易或者事项形成的

只有过去的交易或者事项才形成负债，企业在未来发生的承诺、签订的合同等交易或者事项，不形成负债。

（三）负债的确认

《企业会计准则——基本准则》第四章第二十四条规定，符合本准则第二十三条规定的负债定义的义务，在同时满足以下条件时，确认为负债：

1. 与该义务有关的经济利益很可能流出企业

从负债的定义可以看到，预期会导致经济利益流出企业是负债的一个本质特征。在实务中，履行义务所需流出的经济利益带有不确定性，尤其是与推定义务相关的经济利益通常需要依赖于大量的估计。因此，负债的确认应当与经济利益流出的不确定性程度的判断结合起来。如果有确凿证据证明与现时义务有关的经济利益很可能流出企业，就应当确认为负债；反之，如果与该义务有关的经济利益流出企业的可能性很小，就不符合负债的确认条件，不应确认为负债。

2. 未来流出的经济利益的金额能够可靠地计量

负债的确认在考虑经济利益流出企业的同时，对于未来流出的经济利益的金额应当能够可靠计量。对于与法定义务有关的经济利益流出金额，通常可以根据合同或者法律法规予以确定，考虑到经济利益流出的金额通常在未来期间，有时未来期间较长，有关金额的计量需要考虑货币时间价值等因素的影响。对于与推定义务有关的经济利益流出金额，企业应当根据履行相关义务所需支出的最佳估计数进行估计，并综合考虑有关货币时间价值、风险等因素的影响。

根据我国《企业会计准则——基本准则》第四章第二十五条，符合负债定义和负债确认条件的项目，应当列入资产负债表；符合负债定义，但不符合负债确认条件的项目，不应当列入资产负债表。

二、所有者权益核算概述

所有者权益与负债一样，都是企业资源的来源。所有者权益按其形成渠道可分为投入资本和留存收益，前者是所有者对企业的资本投入，后者则是企业在生产经营过程中形成的利润留存，即每年获得的净利润扣除向所有者分配后剩余的累积金额。

（一）所有者权益的概念和内容

根据我国《企业会计准则——基本准则》第五章第二十六条："所有者权益是指企业资产扣除负债后由所有者享有的剩余权益。公司的所有者权益又称为股东权益。"由于所有者权益是资产减去负债后的剩余价值,所有者权益也被称为净资产。

《企业会计准则——基本准则》第五章第二十七条指出"所有者权益的来源包括所有者投入的资本、直接计入所有者权益的利得和损失、留存收益等。"其中,所有者投入的资本既包括构成企业注册资本或者股本部分的金额,也包括投入资本超过注册资本或者股本部分的金额,即资本溢价或者股本溢价。直接计入所有者权益的利得和损失,是指不应计入当期损益、会导致所有者权益发生增减变动、与所有者投入资本或者向所有者分配利润无关的利得或者损失。留存收益是企业历年实现的净利润留存于企业的部分,主要包括计提的盈余公积和未分配利润。

(二)所有者权益的确认、计量、记录和报告

根据所有者权益的定义,所有者权益体现的是所有者在企业中的剩余权益,是资产扣除负债后的净值。因此,所有者权益的确认主要依赖于其他会计要素,尤其是资产和负债的确认。

《企业会计准则——基本准则》第五章第二十八条指明"所有者权益金额取决于资产和负债的计量",作为企业的净资产,资产和负债的净变动就是所有者权益的变动额。

与所有者权益相关的交易或事项经借贷记账法进行记录和汇总后,在资产负债表中以期初、期末余额的形式列报,并在相关资料中进行披露,并在所有者权益变动表中列示会计期间内企业所有者权益各项目总量增减变化情况及相关结构性信息。我国《企业会计准则第 30 号——财务报表的列报》第三章第二十七条要求了"资产负债表中的所有者权益类至少应当单独列示反映下列信息的项目:实收资本、资本公积、盈余公积和未分配利润",其中盈余公积和未分配利润统称为留存收益,并规定"在合并资产负债表中应单独列示少数股东权益"。第五章第三十六条要求了"所有者权益变动表至少应当单独列示反映下列信息的项目:综合收益总额、会计政策变更和前期差错更正的累积影响金额、所有者投入资本和向所有者分配利润等、按照规定提取的盈余公积、所有者权益各组成部分的期初和期末余额及其调节情况。"

第二节 负债的核算

负债按其流动性(负债的偿还期限)分为流动负债和非流动负债。负债项目增加时,计入有关负债科目的贷方,负债项目减少时,计入相应负债科目的借方,负债科目的贷方余额反映企业期末尚未偿还的负债金额。以下分别介绍流动负债和非流动负债的核算。

一、流动负债的核算

(一)流动负债的概念和内容

流动负债是指将在一年或者超过一年的一个正常营业周期内偿还的债务。流动负债包括短期借款、应付票据、应付账款、预收款项、应付职工薪酬、应交税费、应付股利、其他应付款和一年内到期的非流动负债等。

根据我国《企业会计准则第 30 号——财务报表列报》第三章第十九条,流动负债的判

断标准与流动资产的判断标准相类似。负债满足下列条件之一的，应当归类为流动负债：

（1）预计在一个正常营业周期中清偿。

（2）主要为交易目的而持有。

（3）自资产负债表日起一年内到期应予以清偿。

（4）企业无权自主地将清偿推迟至资产负债表日后一年以上。

(二)流动负债的核算举例

1. 短期借款

短期借款是指企业向银行或其他金融机构等借入的期限在一年以下（含一年）的各种借款。

短期借款的主要账务处理：对企业借入的各种短期借款，借记"银行存款"科目，贷记"短期借款"科目；归还借款做相反的会计分录。

"短期借款"科目期末贷方余额，反映企业尚未偿还的短期借款。短期借款可按借款种类、贷款人和币种进行明细核算。

2. 应付利息

应付利息是指企业按照合同约定应支付的利息，包括吸收存款、分期付息到期还本的长期借款、企业债券等应支付的利息。

应付利息的主要账务处理：资产负债表日，应按摊余成本和实际利率计算确定的利息费用，借记"利息支出""在建工程""财务费用""研发支出"等科目，按合同利率计算确定的应付未付利息，贷记"应付利息"科目，按其差额，借记或贷记"长期借款——利息调整""吸收存款——利息调整"等科目。实际支付利息时，借记"应付利息"科目，贷记"银行存款"等科目。

"应付利息"科目期末贷方余额，反映企业应付未付的利息。"应付利息"科目可按存款人或债权人进行明细核算。

【例1】甲公司向银行借入期限为6个月的借款500 000元，年利率6%，到期一次性还本付息，款项已收到，并存入甲公司银行存款账户。短期借款到期时，以银行存款支付本金和利息。

取得借款时：

借：银行存款　　　　　　　　　　　　　　　500 000
　　贷：短期借款　　　　　　　　　　　　　　　　500 000

解析：该项经济业务的发生，一方面使企业的银行存款增加500 000元，应记入"银行存款"账户的借方；另一方面企业向银行取得的期限为6个月的短期借款增加500 000元，应记入"短期借款"账户的贷方。

第1个月末预提本月实际发生的利息费用2 500元：

借：财务费用——利息费用　　　　　　　　　2 500
　　贷：应付利息　　　　　　　　　　　　　　　　2 500

解析：第一个月月末预提本月实际发生的利息费用2 500元，企业贷款500 000元，年利率6%，月利率0.5%，每月利息费用2 500元。第一个月虽然没有支付利息，但是按照权责发生制的核算要求，只要发生了支付利息的责任，就应当确认当期的利息费用。该项经济业务的发生,一方面使企业的利息费用增加2 500元,应记入"财务费用"账户的借方;另一方面使企业应付给银行的利息增加2 500元,应记入"应付利息"账户的贷方。

第2~5月末发生的利息费用的会计处理相同。

第6个月末短期借款到期,以银行存款支付本金和利息:

借:财务费用——利息费用　　　　　　　　　2 500
　　应付利息　　　　　　　　　　　　　　　12 500
　　短期借款　　　　　　　　　　　　　　　500 000
　　贷:银行存款　　　　　　　　　　　　　　515 000

解析:第6个月末短期借款到期,以银行存款支付本金和利息515 000元,其中500 000元为借款本金,15 000元为借款利息,利息15 000元中的12 500元属于前5个月的费用,剩余2 500元为第6个月的费用。因此,该项经济业务的发生,引起利息费用增加2 500元,应记入"财务费用"账户的借方;"应付利息"减少12 500元,应记入"应付利息"的借方;短期借款减少500 000元,应记入"短期借款"的借方;银行存款减少515 000元,应记入"银行存款"账户的贷方。

3. 应付账款

应付账款是企业以摊余成本计量的因购买材料、商品和接受劳务供应等经营活动应支付的款项。

应付账款的主要账务处理:企业购入材料、商品等验收入库,但货款尚未支付,根据有关凭证借记"材料采购""在途物资"等科目,按应付的款项,贷记"应付账款"科目。接受供应单位提供劳务而发生的应付未付款项,根据供应单位的发票账单,借记"生产成本""管理费用"等科目,贷记"应付账款"科目。支付时,借记"应付账款"科目,贷记"银行存款"等科目。上述交易涉及增值税进项税额的,还应进行相应的处理。可按债权人进行明细核算。

【例2】甲公司向乙公司购入A材料10吨,单价4 000元,共计买价40 000元,另发生运杂费共计2 000元,以上金额不含增值税,货物已经验收入库,但货款及相关款项还未支付。3个月后用银行存款支付货款及相关款项。

材料验收入库时:

借:材料采购——A材料　　　　　　　　　　42 000
　　应交税费——应交增值税(进项税额)　　　5 380
　　贷:应付账款　　　　　　　　　　　　　　47 380

解析:发生的买价和运杂费属于采购成本,材料采购增加42 000,应记入"材料采购"账户的借方;按照我国税法的相关规定,企业购买生产产品所需的原材料时支付给供应方的增值税额以及支付给物流公司的增值税额可以在实际缴纳增值税时予以抵扣。因此,购入原材料时支付的增值税不计入原材料的采购成本,而是作为进项税额处理,采购材料支付的增值税5 380元,其中买价部分应缴纳的增值税5 200元(40 000×13% = 5 200),运杂费部分增值税180元(2 000×9% = 180),进项税额5 380可以抵扣,应记入"应交税费"的借方;货款未付,应付账款增加47 380,应记入"应付账款"账户的贷方。

3个月后用银行存款支付货款及相关款项时:

借：应付账款　　　　　　　　　　　　　　　　　47 380
　　　　贷：银行存款　　　　　　　　　　　　　　　　47 380
　　解析：用银行存款支付货款及相关款项时，银行存款减少47 380，应记入"银行存款"账户的贷方；应付账款减少47 380，应记入"应付账款"账户的借方。

　　4. 应付票据

　　应付票据是指企业以摊余成本计量的购买材料、商品和接受劳务供应等而开出、承兑的商业汇票，包括银行承兑汇票和商业承兑汇票。在我国，商业汇票的付款期限最长为12个月，因而应付票据即短期应付票据。应付票据按是否带息分为带息应付票据和不带息应付票据两种。

　　应付票据的主要账务处理：企业开出、承兑商业汇票或以承兑商业汇票抵付货款、应付账款等，借记"材料采购""库存商品"等科目，贷记"应付票据"科目。涉及增值税进项税额的，还应进行相应的处理。支付银行承兑汇票的手续费，借记"财务费用"科目，贷记"银行存款"科目。支付票款，借记"应付票据"科目，贷记"银行存款"科目。银行承兑汇票到期，企业无力支付票款的，按应付票据的票面金额，借记"应付票据"科目，贷记"短期借款"科目。

　　"应付票据"科目期末贷方余额，反映企业尚未到期的商业汇票的票面金额，可按债权人进行明细核算。

　　【例3】 甲公司向乙公司购入A材料10吨，单价4 000元，共计买价40 000元，另发生运杂费共计2 000元，以上金额不含增值税，材料已验收入库。企业采取商业汇票结算方式，签发并承兑3个月期的商业承兑汇票。

　　材料验收入库时：
　　借：材料采购——A材料　　　　　　　　　　　　42 000
　　　　应交税费——应交增值税（进项税额）　　　　　 5 380
　　　　贷：应付票据　　　　　　　　　　　　　　　　47 380

　　解析：由于货款采取商业汇票结算方式，企业签发并承兑商业承兑汇票使应付票据增加47 380，应记入"应付票据"账户的贷方。

　　商业承兑汇票到期支付时：
　　借：应付票据　　　　　　　　　　　　　　　　　47 380
　　　　贷：银行存款　　　　　　　　　　　　　　　　47 380

　　解析：用银行存款支付货款时，银行存款减少47 380，应记入"银行存款"账户的贷方；应付票据减少47 380，应记入"应付票据"账户的借方。

　　5. 应交税费

　　应交税费是指企业按照税法等规定计算应交纳的各种税费，包括增值税、消费税、所得税、资源税、土地增值税、城市维护建设税、房产税、土地使用税、车船使用税、教育费附加等。企业代扣代缴的个人所得税等，也通过本科目核算。

　　"应交税费"科目可按应交的税费项目进行明细核算，应交增值税还应分别按"进项税额""销项税额""出口退税""进项税额转出""已交税金"等设置专栏。企业采购物资等，按应计入采购成本的金额，借记"材料采购""在途物资"或"原材料""库存商品"等科目，按可抵扣的增值税额，借记"应交增值税——进项税额"，按应付或实际支付的金额，贷记"应付账款""应付票据""银行存款"等科目；发生退货做相反的会计分录。销售物资或提供应税劳务，按营业收入和应收取的增值税额，借记"应收账款""应收票据""银行存款"等科目，按专用发票上注明的增值税额，贷记"应交增值税—销项税额"，按确认的营业收入，贷记"主营业务收入""其他业务收入"等科目；发生销售退回做相反的会计分录。出口产品按规定退税的，借记"其他应收款"科目，贷记"应交增值税——出口退税"。缴纳增值税，借记"应交增值税——已交税金"，贷记"银行存款"科目。

企业按规定计算应交的消费税、资源税、城市维护建设税、教育费附加等，借记"税金及附加"科目，贷记本科目。实际缴纳时，借记本科目，贷记"银行存款"等科目。

"应交税费"期末贷方余额，反映企业尚未缴纳的税费；期末如为借方余额，反映企业多缴或尚未抵扣的税费。

【例4】甲公司为增值税一般纳税人，向乙公司销售A产品500件，单价200元，增值税专用发票上注明价款100 000元，增值税13 000元，款项113 000元已收到并存入银行。

借：银行存款　　　　　　　　　　　　　　　113 000
　　贷：主营业务收入　　　　　　　　　　　　100 000
　　　　应交税费——应交增值税（销项税额）　 13 000

解析：甲公司银行存款增加113 000元，应记入"银行存款"账户的借方；商品销售收入增加100 000元，应记入"主营业务收入"账户的贷方，增值税销项税额增加13 000元，应记入"应交税费——应交增值税（销项税额）"账户的贷方。

【例5】甲公司结转本月销售商品应负担的城市维护建设税7 000元，教育费附加3 000元。

借：税金及附加　　　　　　　　　　　　　　10 000
　　贷：应交税费——城市建设维护税　　　　　7 000
　　　　　　　　——教育费附加　　　　　　　3 000

解析：企业销售商品应负担的税金及附加增加10 000元，应记入"税金及附加"账户的借方；另一方面使企业应交的应交税费增加10 000元，应记入"应交税费"账户的贷方。

6. 应付职工薪酬

根据我国《企业会计准则第9号——职工薪酬》第一章第二条，职工薪酬是指企业为获得职工提供的服务或解除劳动关系而给予的各种形式的报酬或补偿。职工薪酬包括短期薪酬、离职后福利、辞退福利和其他长期职工福利。企业提供给职工配偶、子女、受赡养人、已故员工遗属及其他受益人等的福利，也属于职工薪酬。

"应付职工薪酬"科目可按"工资""职工福利""社会保险费""住房公积金""工会经费""职工教育经费""非货币性福利""辞退福利""股份支付"等进行明细核算。

应付职工薪酬的主要账务处理：对生产部门人员的职工薪酬，借记"生产成本""制造费用""劳务成本"等科目，贷记本科目。对应由在建工程、研发支出负担的职工薪酬，借记"在建工程""研发支出"等科目，贷记本科目。对管理部门人员、销售人员的职工薪酬，借记"管理费用"或"销售费用"科目，贷记本科目。

企业以其自产产品发放给职工作为职工薪酬的,借记"管理费用""生产成本""制造费用"等科目,贷记本科目。无偿向职工提供住房等固定资产使用的,按应计提的折旧额,借记"管理费用""生产成本""制造费用"等科目,贷记本科目;同时,借记本科目,贷记"累计折旧"科目。租赁住房等资产供职工无偿使用的,按每期应支付的租金,借记"管理费用""生产成本""制造费用"等科目,贷记本科目。

对因解除与职工的劳动关系给予的补偿,借记"管理费用"科目,贷记本科目。

对企业以现金与职工结算的股份支付,在等待期内每个资产负债表日,按当期应确认的成本费用金额,借记"管理费用""生产成本""制造费用"等科目,贷记本科目。在可行权日之后,以现金结算的股份支付当期公允价值的变动金额,借记或贷记"公允价值变动损益"科目,贷记或借记本科目。对企业(外商)按规定从净利润中提取的职工奖励及福利基金,借记"利润分配——提取的职工奖励及福利基金"科目,贷记本科目。

企业发放职工薪酬时,借记本科目,贷记"银行存款""库存现金""其他应收款""应交税费——应交个人所得税""主营业务收入"等科目。

"应付职工薪酬"科目期末贷方余额,反映企业应付未付的职工薪酬。

【例6】甲公司本月工资结算汇总表显示:本月应付工资总额为80 000元,其中A产品生产工人工资30 000元,B产品生产工人工资30 000元,车间管理人员工资10 000元,公司管理部门人员工资10 000元。根据当地政府规定,公司分别按照工资总额的14%、10%和8%计提职工福利费、医疗保险费和住房公积金,公司分别按照工资总额的2%和1.5%计提工会经费和职工教育经费。工资将于下月支付。

计提本月的职工薪酬:

借:生产成本——A产品	40 650
——B产品	40 650
制造费用	13 550
管理费用	13 550
贷:应付职工薪酬——工资	80 000
——职工福利费	11 200
——医疗保险费	8 000
——住房公积金	6 400
——工会经费	1 600
——职工教育经费	1 200

解析:甲公司应付职工薪酬增加108 400元,应记入"应付职工薪酬"账户的贷方;生产费用增加81 300元,其中,A产品生产成本增加40 650元(30 000×(1+14%+10%+8%+2%+1.5%)=40 650)元,B产品生产成本增加40 650元,制造费用增加13 550(10 000×(1+14%+10%+8%+2%+1.5%)=13 350)元,管理费用增加13 550元(10 000×(1+14%+10%+8%+2%+1.5%)=13 350)元,应分别记入"生产成本""制造费用""管理费用"账户的借方。

下月用银行存款实际支付职工薪酬时:

借:应付职工薪酬	108 400
贷:银行存款	108 400

解析：用银行存款支付职工薪酬时，企业应付职工薪酬减少 108 400 元，应记入"应付职工薪酬"账户的借方；企业的银行存款减少 108 400 元，应记入"银行存款"账户的贷方。

7. 预收账款

预收账款是指企业按照合同规定预收的款项。预收账款情况不多的，也可以不设置本科目，将预收的款项直接记入"应收账款"科目的贷方。

预收账款的主要账务处理：对企业向购货单位预收的款项，借记"银行存款"等科目，贷记本科目；销售实现时，按实现的收入，借记本科目，贷记"主营业务收入"科目。涉及增值税销项税额的，还应进行相应的处理。

"预收账款"科目期末贷方余额，反映企业预收的款项；期末如为借方余额，反映企业尚未转销的款项。"预收账款"科目可按购货单位进行明细核算。

【例7】甲公司为增值税一般纳税人，向乙公司预售 A 产品 500 件，单价 200 元，增值税专用发票上注明价款 100 000 元，增值税 13 000 元，款项 113 000 元已收到并存入银行。

收到乙公司的账款时：

借：银行存款　　　　　　　　　　　　　　113 000
　　贷：预收账款　　　　　　　　　　　　　　113 000

解析：企业银行存款增加 113 000 元，应记入"银行存款"账户的借方；企业预收账款增加 100 000 元，应记入"预收账款"账户的贷方。

向乙公司交付 A 产品确认销售收入时：

借：预收账款　　　　　　　　　　　　　　113 000
　　贷：主营业务收入　　　　　　　　　　　　100 000
　　　　应交税费——应交增值税（销项税）　　 13 000

8. 应付股利

应付股利是指企业分配的现金股利或利润。

应付股利的主要账务处理：企业根据股东大会或类似机构审议批准的利润分配方案，按应支付的现金股利或利润，借记"利润分配"科目，贷记本科目。实际支付现金股利或利润，借记本科目，贷记"银行存款"等科目。对董事会或类似机构通过的利润分配方案中拟分配的现金股利或利润，不做账务处理，但应在附注中披露。

"应付股利"科目期末贷方余额，反映企业应付未付的现金股利或利润。"应付股利"科目可按投资者进行明细核算。

9. 其他应付款

其他应付款是指企业除短期借款、应付票据、应付账款、预收账款、应付职工薪酬、应付利息、应付股利、应交税费、长期应付款等以外的其他各项应付、暂收的款项。企业（保险）应交纳的保险保障基金，也通过本科目核算。

其他应付款的主要账务处理：企业采用售后回购方式融入资金的，应按实际收到的金额，借记"银行存款"科目，贷记本科目。对回购价格与原销售价格之间的差额，应在售后回购期间内按期计提利息费用，借记"财务费用"科目，贷记本科目。按照合同约定购回该项商品等时，应按实际支付的金额，借记本科目，贷记"银行存款"科目。对企业发生的其他各种应付、暂收款项，借记"管理费用"等科目，贷记本科目；对支付的其他各种应付、暂收款项，借记本科目，贷记"银行存款"等科目。

"其他应付款"科目期末贷方余额，反映企业应付未付的其他应付款项。本科目可按其他应付款的项目和对方单位(或个人)进行明细核算。

二、非流动负债的核算

(一)非流动负债的概念和内容

企业总负债中不符合流动负债条件的所有负债都被划入非流动负债。非流动负债一般是指偿还期在1年或者超过1年的一个营业周期以上的债务。我国《企业会计准则第30号——财务报表列报》列举的非流动负债项目是：长期借款、应付债券、长期应付款、预计负债、递延所得税负债等。

(二)非流动负债的核算举例

1. 长期借款

长期借款是指企业向银行或其他金融机构借入的期限在1年以上(不含1年)的各项借款。可按贷款单位和贷款种类，分别按"本金""利息调整"等进行明细核算。

企业借入长期借款，应按实际收到的金额，借记"银行存款"科目，贷记本科目(本金)。如存在差额，还应借记本科目(利息调整)。资产负债表日，应按摊余成本和实际利率计算确定的长期借款的利息费用，借记"在建工程""制造费用""财务费用""研发支出"等科目，按合同利率计算确定的应付未付利息，贷记"应付利息"科目，按其差额，贷记本科目(利息调整)。实际利率与合同利率差异较小的，也可以采用合同利率计算确定利息费用。在本册书中，暂时仅讨论实际利率与合同利率相同的情况，二者利率不同的情况今后专门在《中级财务会计》中讲述。

归还长期借款本金，借记本科目(本金)，贷记"银行存款"科目。同时，存在利息调整余额的，借记或贷记"在建工程""制造费用""财务费用""研发支出"等科目，贷记或借记本科目(利息调整)。本科目期末贷方余额，反映企业尚未偿还的长期借款。

【例8】甲公司为增值税一般纳税人，为购建固定资产于20×1年1月1日从银行借入资金4 000 000元，借款期限为3年，20×3年12月31日到期，年利率为7.2%(到期一次还本付息，不计复利)。所借款项已存入银行。甲公司用该借款于当日购买需安装的设备一台，价款3 000 000元，增值税税额510 000元，另支付运杂费及保险费用490 000元，设备已于20×2年12月31日投入使用。根据上述资料，甲公司应作如下会计处理：

20×1年1月1日取得长期借款时，分录为：

借：银行存款　　　　　　　　　　　　　　　4 000 000
　　贷：长期借款——本金　　　　　　　　　　　4 000 000

20×1年1月31日计提长期借款利息，分录为：

借：在建工程　　　　　　　　　　　　　　　24 000
　　贷：长期借款——应计利息　　　　　　　　　24 000

(20×1年2月至20×2年12月计提利息分录如上)

20×3年1月31日起，每月计提长期借款利息时，分录为：

借：财务费用　　　　　　　　　　　　　24 000
　　贷：长期借款——应计利息　　　　　　　　　　24 000

20×3年12月31日，偿还该笔银行借款本息时，分录为：

借：长期借款——本金　　　　　　　　　4 000 000
　　长期借款——应计利息　　　　　　　　864 000
　　贷：银行存款　　　　　　　　　　　　　　4 864 000

解析：长期借款利息支出根据长期借款用途，分别做费用化处理、资本化处理。本例中，2×18年1月1日前后，长期借款利息支出分别进行了资本化处理和费用化处理。

2. 应付债券

应付债券是指企业为筹集(长期)资金而发行的约定在一定期限内还本付息的有价证券。企业发行债券，应按实际收到的金额，借记"银行存款"等科目，按债券票面金额，贷记本科目(面值)。存在差额的，还应借记或贷记本科目(利息调整)。

资产负债表日，对于分期付息、一次还本的债券，应按摊余成本和实际利率计算确定的债券利息费用，借记"在建工程""制造费用""财务费用""研发支出"等科目，按票面利率计算确定的应付未付利息，贷记"应付利息"科目，按其差额，借记或贷记本科目(利息调整)。对于一次还本付息的债券，应于资产负债表日按摊余成本和实际利率计算确定的债券利息费用，借记"在建工程""制造费用""财务费用""研发支出"等科目，按票面利率计算确定的应付未付利息，贷记本科目(应计利息)，按其差额，借记或贷记本科目(利息调整)。实际利率与票面利率差异较小的，也可以采用票面利率计算确定利息费用。债券按照非票面价值发行以及债券溢价、折价按照实际利率摊销的会计核算业务比较复杂，以后将在《中级财务会计》中讲解。

长期债券到期，支付债券本息，借记本科目(面值、应计利息)、"应付利息"等科目，贷记"银行存款"等科目。同时，存在利息调整余额的，借记或贷记本科目(利息调整)，贷记或借记"在建工程""制造费用""财务费用""研发支出"等科目。

【例9】甲公司于20×1年1月1日发行3年期债券20 000 000元，债券的票面利率为10%，实际市场利率也为10%，债券按照票面价值发行，该债券每半年计息一次，到期一次还本付息。根据上述资料，公司应作如下处理：

20×1年1月1日公司发行债券时，分录为：

借：银行存款　　　　　　　　　　　　20 000 000
　　贷：应付债券——本金　　　　　　　　　　20 000 000

每半年计提应计利息时，分录为：

借：财务费用　　　　　　　　　　　　　1 000 000
　　贷：应付债券——应计利息　　　　　　　　　1 000 000

20×3年12月31日公司偿还全部本息时，分录为：

借：应付债券——本金　　　　　　　　　　　20 000 000
　　应付债券——应计利息　　　　　　　　　6 000 000
　　贷：银行存款　　　　　　　　　　　　　　　　26 000 000

解析：发行债券时，甲公司长期债务增加，贷记"应付债券"；偿还债券时，甲公司长期债务减少，借记"应付债券"。

3. 长期应付款

长期应付款是指企业除了长期借款和应付债券以外的长期负债，包括应付引进设备款、应付融资租入固定资产的租赁费等。

长期应付款可按长期应付款的种类和债权人进行明细核算。

(1)企业融资租入的固定资产，在租赁期开始日，按应计入固定资产成本的金额(租赁开始日租赁资产公允价值与最低租赁付款额现值两者中较低者，加上初始直接费用)，借记"在建工程"或"固定资产"科目，按最低租赁付款额，贷记本科目，按发生的初始直接费用，贷记"银行存款"等科目，按其差额，借记"未确认融资费用"科目。以按期支付的租金，借记本科目，贷记"银行存款"等科目。

(2)购入有关资产超过正常信用条件延期支付价款、实质上具有融资性质的，应按购买价款的现值，借记"固定资产""在建工程"等科目，按应支付的金额，贷记本科目，按其差额，借记"未确认融资费用"科目。

本科目期末贷方余额，反映企业应付未付的长期应付款项。

4. 预计负债

预计负债是因或有事项可能产生的负债。根据或有事项准则的规定，与或有事项相关的义务同时符合以下三个条件的，企业应将其确认为负债：

一是该义务是企业承担的现时义务；

二是该义务的履行很可能导致经济利益流出企业，这里的"很可能"指发生的可能性为"大于50%，但小于或等于95%"；

三是该义务的金额能够可靠地计量。

本科目可按形成预计负债的交易或事项进行明细核算：

(1)企业由对外提供担保、未决诉讼、重组义务产生的预计负债，应按确定的金额，借记"营业外支出"等科目，贷记本科目。由产品质量保证产生的预计负债，应按确定的金额，借记"销售费用"科目，贷记本科目。

由资产弃置义务产生的预计负债，应按确定的金额，借记"固定资产"或"油气资产"科目，贷记本科目。在固定资产或油气资产的使用寿命内，按计算确定各期应负担的利息费用，借记"财务费用"科目，贷记本科目。

(2)实际清偿或冲减预计负债，借记本科目，贷记"银行存款"等科目。

(3)根据确凿证据需要对已确认的预计负债进行调整的，调整增加的预计负债，借记有关科目，贷记本科目；调整减少的预计负债做相反的会计分录。

本科目期末贷方余额，反映企业已确认尚未支付的预计负债。

第三节 所有者权益的核算

从内容上考察，所有者权益主要有两种来源：一是权益投资者直接投入的资金，主要是实收资本和资本公积；二是各期利润的留存额，称为留存收益，留存收益又可细分为盈余公积和未分配利润。以下分别介绍这些项目的核算。

一、实收资本的核算

按照我国有关法律规定，投资者设立企业需要有资本投入，投入的资本可以是现金，也可以是现金以外的其他有形资产或符合国家规定比例的无形资产。企业应设置"实收资本"科目核算企业接受投资者投入的实收资本，股份有限公司则应将该科目改为"股本"。

"实收资本（或股本）"账户反映的是企业投入资本中被注册的金额，如果是发行股票吸收投资的企业则相当于已发行股票的面值。投资者出资超过其在注册资本或股本中所占份额的部分，作为资本溢价或股本溢价，在"资本公积"科目核算。

企业接受投资者投入的资本，借记"银行存款""其他应收款""固定资产""无形资产""长期股权投资"等科目，按其在注册资本或股本中所占份额，贷记"实收资本（或股本）"，按其差额，贷记"资本公积——资本溢价或股本溢价"科目。

期末"实收资本（或股本）"为贷方余额，反映企业实收资本或股本总额。

【例10】甲股份有限公司发行普通股 30 000 000 股，每股面值 1 元，每股发行价格 3 元，股款 90 000 000 元已全部收到，不考虑发行过程中的税费等因素，甲公司的账务处理如下：

借：银行存款　　　　　　　　　　　　　　90 000 000
　　贷：股本　　　　　　　　　　　　　　　30 000 000
　　　　资本公积——股本溢价　　　　　　　60 000 000

解析：甲公司发行股票接受投资者投入的资本，收讫股款 90 000 000 元记入"银行存款"，按发行股票的面值总计 30 000 000 元贷记"股本"，投资者出资超过股本所占金额的部分记入"资本公积"，即按 90 000 000-30 000 000=60 000 000 元贷记"资本公积"。

【例11】乙公司设立时收到甲公司作为资本投入的不需要安装的机器设备一台，合同约定设备价值 500 000 元，增值税进项税额 65 000 元。合同约定的固定资产价值与公允价值相符，固定资产出资全部当作实收资本。不考虑其他因素，乙公司的账务处理如下：

借：固定资产　　　　　　　　　　　　　　500 000
　　应交税费——应交增值税（进项税额）　　65 000
　　贷：实收资本　　　　　　　　　　　　　565 000

解析：企业接受投资者作价投入的房屋、建筑物、机器设备等固定资产，应按投资合同或协议规定的价格（不公允的除外）确定固定资产的价值和在注册资本中应享有的份额。乙公司接受投入的资本总额为固定资产公允价值与相应的增值税进项税额之和，即 565 000 元，按题目要求全部计入实收资本。同时，乙公司收到甲公司作为资本投入的机器设备，导致固定资产和增值税进项税额增加。

二、资本公积的核算

资本公积是企业收到投资者出资额超出其在注册资本或股本中所占份额的部分，以及直接计入所有者权益的利得和损失，分"资本溢价（股本溢价）""其他资本公积"进行明细核算。

对企业接受投资者投入的资本、可转换公司债券持有人行使转换权利、将债务转为资本等形成的资本公积，借记有关科目，贷记"实收资本（或股本）"科目、本科目（资本溢价或股本对溢价）等。

对与发行权益性证券直接相关的手续费、佣金等交易费用，借记"资本公积—股本溢价"等，贷记"银行存款"等科目。

资本公积可转增资本。经股东大会或类似机构决议，用资本公积转增资本，借记本科目（资本溢价或股本溢价），贷记"实收资本（或股本）"科目。

期末"资本公积"科目为贷方余额，反映企业的资本公积。

【例12】丙股份有限公司委托某证券公司代理发行普通股1 000 000股，每股面值1元，每股按1.2元的价格出售。按协议，证券公司按收入的3%计提手续费，并直接从发行收入中扣除。不考虑其他因素，丙公司的账务处理如下：

借：银行存款   1 164 000
   贷：股本   1 000 000
      资本公积   164 000

解析：丙公司溢价发行股票，溢价部分贷记"资本公积"，而与发行权益性证券直接相关的手续费需借记"资本公积"，因此，按溢价部分减去发行费用的余额，计入资本公积的金额为（1.2−1）×1 000 000−1 000 000×1.2×3% = 164 000元。丙公司收到的扣除手续费后的银行存款合计1.2×1 000 000−1.2×1 000 000×3% = 1 164 000元。

三、其他综合收益的核算

其他综合收益是指企业根据其他会计准则规定未在当期损益中确认的各项利得和损失，分为两类：

一是以后会计期间不能重分类进损益的其他综合收益项目。包括：（1）重新计量设定受益计划净负债或净资产导致的变动的税后净额；（2）按照权益法核算的在被投资单位以后会计期间不能重分类进损益的其他综合收益中所享有份额的税后净额。

二是"以后会计期间在满足规定条件时将重分类进损益的其他综合收益"项目。主要包括：其他债权投资公允价值变动形成的利得或损失，现金流量套期工具产生的利得或损失中属于有效套期的部分，外币财务报表折算差额等。

因为其他综合收益不能在当期损益中确认，所以不能通过当期利润结转反映在资产负债表上。因此单独设立"其他综合收益"科目，在资产负债表中作为所有者权益的构成部分，反映企业其他综合收益的余额，并以总额的形式列报，不下设明细科目。列示的金额为扣除所得税后的其他综合收益额。

四、留存收益的核算

(一) 盈余公积

盈余公积是指企业按照国家法律或公司章程规定，从税后利润中提取形成的各种积累资金，可用于弥补亏损、转增资本、扩大企业经营等方面。

根据《公司法》等有关法规规定，企业当年实现的净利润应当按如下顺序进行分配：(1) 提取法定公积金；(2) 提取任意公积金；(3) 向投资者分配利润或股利。

法定盈余公积需以国家法律或行政规章为依据提取，公司制企业的法定盈余公积按照税后利润的 10% 提取（非公司制企业也可按照超过 10% 的比例提取），法定盈余公积累计额已达注册资本的 50% 时可以不再提取。公司从税后利润中提取法定公积金后，经股东大会或非公司制企业的类似权力机构批准还可以从税后利润中提取任意盈余公积金。任意盈余公积的提取政策由公司自行决定。

企业按规定提取法定或任意盈余公积时，借记"利润分配——提取法定盈余公积、提取任意盈余公积"科目，贷记"盈余公积——法定盈余公积""盈余公积——任意盈余公积"。

经股东大会或类似机构决议，用盈余公积弥补亏损或转增资本时，借记"盈余公积"科目，贷记"利润分配——盈余公积补亏""实收资本"或"股本"科目。

"盈余公积"科目期末为贷方余额，反映企业的盈余公积。

【例 13】 甲公司经股东大会决议，决定将法定盈余公积 300 000 元，转增资本，按规定增资程序获得批准后，甲公司的账务处理如下：

借：盈余公积——法定盈余公积　　　　　300 000
　　贷：股本　　　　　　　　　　　　　　　300 000

解析：通过将法定盈余公积转增资本，盈余公积减少 300 000 元，同时股本增加相同金额。权益类科目增加记贷方，减少记借方。

(二) 未分配利润

未分配利润是企业留待以后年度进行分配的结存利润，是企业已经实现的净利润，减去提取的各种盈余公积和向投资者分派股利或利润后的历年结存的余额。

未分配利润一般在年度终了时通过"利润分配"科目进行核算。"利润分配"科目下设"提取法定盈余公积""提取任意盈余公积""应付现金股利或利润""未分配利润"等明细科目。

企业期末结转利润时，应将各损益类科目的余额转入"本年利润"科目，结平各损益类科目。结转后"本年利润"的贷方余额为当期实现的净利润；借方余额为当期发生的净亏损。

年度终了，应将本年收入和支出相抵后结出的本年实现的净利润，转入"利润分配"科目，借记"本年利润"，贷记"利润分配——未分配利润"科目；如为净亏损则做相反的会计分录。结转后"本年利润"科目无余额。

同时，将提取盈余公积、向投资者分配利润等已经发生的分配额结转到"利润分配——未分配利润"账户的借方。

年末结转后的"利润分配——未分配利润"账户的期末余额可能是贷方也可能是借方。贷方期末余额反映累计的未分配利润,借方期末余额反映累计的未弥补亏损。

【例14】 甲公司20××年实现税后净利润50 000 000元,按10%的比例提取法定盈余公积金,股东大会决议按20%提取任意盈余公积金,并将本期净利润的25%用于向股东发放现金股利。不考虑其他因素,甲公司的账务处理如下:

(1) 20××年度终了时,企业结转本年实现的净利润

借:本年利润　　　　　　　　　　　　　　50 000 000
　　贷:利润分配——未分配利润　　　　　　　　　50 000 000

(2) 提取法定盈余公积和任意盈余公积

借:利润分配——提取法定盈余公积　　　　　5 000 000
　　　　　　——提取任意盈余公积　　　　　10 000 000
　　贷:盈余公积——法定盈余公积　　　　　　　　5 000 000
　　　　　　　——任意盈余公积　　　　　　　　10 000 000

(3) 批准发放现金股利

借:利润分配——应付现金股利　　　　　　12 500 000
　　贷:应付股利　　　　　　　　　　　　　　　12 500 000

(4) 结转"利润分配"的明细科目

借:利润分配——未分配利润　　　　　　　27 500 000
　　贷:利润分配——提取法定盈余公积　　　　　5 000 000
　　　　　　　——提取任意盈余公积　　　　　10 000 000
　　　　　　　——应付现金股利　　　　　　　12 500 000

(5) 实际发放现金股利时

借:应付股利　　　　　　　　　　　　　　12 500 000
　　贷:银行存款　　　　　　　　　　　　　　　12 500 000

解析:甲公司20××年实现的净利润已经转入"本年利润",形成贷方余额50 000 000元,年度终了时将"本年利润"余额结转至"利润分配——未分配利润"明细科目。提取的法定盈余公积50 000 000×10%=5 000 000元、任意盈余公积50 000 000×20%=10 000 000元,以及向投资者分配的股利50 000 000×25%=12 500 000元,按"利润分配"相应的明细科目进行核算后,将各明细科目余额转入"利润分配——未分配利润"。最终,甲公司20××年未分配利润增加50 000 000-27 500 000=22 500 000元。

☞ 小结

本章主要介绍了负债和所有者权益的概念、基本特征和主要构成内容,重点讨论了与负债和所有者权益基本业务有关的会计核算。

负债和所有者权益是企业所拥有或控制的经济资源的来源,代表债权人和所有者对企业资产的索取权。负债是指企业过去的交易或者事项形成的、预期会导致经济利益流出企业的现时义务。按照偿还期的长短,负债分为流动负债和非流动负债。流动负债,是指预

期在 1 年或者超过 1 年的一个营业周期内到期，需要偿还的债务。流动负债主要包括短期借款、应付票据、应付账款、预收账款、应付职工薪酬、应交税费、应付股利、应付利息、其他应付款等项目。流动负债以外的负债项目全部被归类为非流动负债，又称为长期负债。非流动负债主要包括长期借款、应付债券、长期应付款、专项应付款和递延所得税负债等项目。负债项目增加时，计入有关负债项目的贷方，负债项目减少时，计入相应负债项目的借方，负债项目的贷方余额反映企业期末尚未偿还的负债金额。

所有者权益是指企业资产扣除负债后由所有者享有的剩余权益。所有者权益又称为净资产，在资产负债表上所有者权益总是等于资产减去负债后的净值。在股份公司中，所有者权益叫作股东权益。从内容上考察，所有者权益主要有两种来源：一是权益投资者直接投入的资金，主要是实收资本和资本公积；二是各期利润的留存额，称为留存收益，留存收益又可细分为盈余公积和未分配利润。所有者权益项目增加时，计入有关所有者权益账户的贷方，所有者权益项目减少时，计入相应所有者权益账户的借方，所有者权益账户的贷方余额反映企业期末结存的所有者权益金额。

☞ 关键名词

负债　流动负债　非流动负债　所有者权益　投入资本　留存收益

☞ 思考题

1. 负债是一项负资产，所有者权益是一项净资产。这种说法对吗？
2. 负债越多，企业破产的可能性越大。你认同这种看法吗？
3. 负债和所有者权益有哪些异同点？
4. 为什么要将负债划分为流动负债和非流动负债？
5. 投入资本和留存收益有哪些异同点？
6. 留存收益越多，说明本期企业的盈利水平越高，对不对？

☞ 练习题

一、单项选择题

1. 下列关于所有者权益特征的说法中，不正确的是(　　)。
   A. 除非发生减资、清算或分派现金股利，企业不需要偿还所有者权益
   B. 企业清算时，在清偿所有的负债前，所有者权益可以返还给所有者
   C. 所有者权益金额的确定主要取决于资产和负债的计量
   D. 所有者凭借所有者权益能够参与企业利润的分配
2. 短期借款利息应计入(　　)科目。
   A. 管理费用　　　B. 销售费用　　　C. 制造费用　　　D. 财务费用
3. 甲公司于 20××年 1 月 1 日向银行借入一笔生产用资金 100 000 元，期限 3 个月，

年利率6%。根据借款协议约定每月末支付利息。20××年1月份甲公司对短期借款利息应作的会计处理为（　　）。

  A. 借：财务费用 500　　贷：银行存款 500
  B. 借：财务费用 500　　贷：短期借款 500
  C. 借：财务费用 500　　贷：应付利息 500
  D. 借：财务费用 500　　贷：应付账款 500

  4. 某上市公司发行普通股1 000万股，每股面值1元，每股发行价格5元，支付手续费20万元，支付咨询费60万元。该公司发行普通股计入股本的金额为（　　）万元。
  A. 1 000　　　　B. 4 920　　　　C. 4 980　　　　D. 5 000

  5. 某股份有限公司首次公开发行普通股6 000万股，每股价值1元，每股发行价格3元，发生手续费、佣金等500万元。该项业务应计入资本公积的金额为（　　）万元。
  A. 11 500　　　B. 12 000　　　C. 12 500　　　D. 17 500

  6. 某企业年初所有者权益160万元，本年度实现净利润300万元，以资本公积转增资本50万元，提取盈余公积30万元，向投资者分配现金股利20万元。假设不考虑其他因素，该企业年末所有者权益为（　　）万元。
  A. 360　　　　　B. 110　　　　　C. 440　　　　　D. 460

  7. 下列各项中，属于企业按规定代扣代缴职工个人所得税时，应借记的会计科目是（　　）。
  A. 管理费用　　　　　　　　　　B. 税金及附加
  C. 营业外支出　　　　　　　　　D. 应付职工薪酬

  8. 某股份有限公司按法定程序报经批准后采用收购本公司股票方式减资，回购股票支付价款低于股票面值总额的，所注销库存股账面余额与冲减股本的差额应计入（　　）。
  A. 盈余公积　　B. 营业外收入　　C. 资本公积　　D. 未分配利润

  9. 下列各项中，不属于所有者权益的是（　　）。
  A. 递延收益　　B. 盈余公积　　C. 未分配利润　　D. 资本公积

  10. 江河股份公司2×19年1月按照每股5元从股票交易市场收购本公司每股面值1元的股票1 000万股实现减资，假设有足够的"资本公积——股本溢价"，注销库存股时，江河公司的会计处理是（　　）。
  A. 冲减库存股1 000万元
  B. 冲减股本1 000万元，冲减资本公积——股本溢价4 000万元
  C. 冲减股本1 000万元，冲减资本公积——股本溢价3 000万元
  D. 冲减库存股2 000万元，冲减资本公积——股本溢价4 000万元

  11. 2×19年1月1日，某股份有限公司未分配利润为100万元，2019年度实现净利润400万元，法定盈余公积的提取率为10%。不考虑其他因素，下列关于盈余公积的账务处理正确的是（　　）。
  A. 借：利润分配——提取法定盈余公积　　　　　　　　400 000
    贷：盈余公积　　　　　　　　　　　　　　　　　　400 000
  B. 借：本年利润——提取法定盈余公积　　　　　　　　400 000

    贷：盈余公积   400 000
  C. 借：本年利润——提取法定盈余公积   500 000
    贷：盈余公积   500 000
  D. 借：利润分配——提取法定盈余公积   500 000
    贷：盈余公积   500 000

12. 2×19年9月1日，某企业向银行借入资金350万元用于生产经营，借款期限为3个月，年利率为6%，到期一次还本付息，利息按月计提。下列各项中，关于该借款相关科目的会计处理结果正确的是( )。

  A. 借入款项时，借记"短期借款"科目350万元
  B. 每月预提借款利息时，贷记"财务费用"科目5.25万元
  C. 每月预提借款利息时，借记"应付利息"科目1.75万元
  D. 借款到期归还本息时，贷记"银行存款"科目355.25万元

13. 下列各项中，应列入资产负债表"其他应付款"项目的是( )。

  A. 应付租入包装物租金
  B. 应付融资租入固定资产租金
  C. 结转到期无力支付的应付票据
  D. 应付由企业负担的职工社会保险费

二、多项选择题

1. 企业发生的下列款项通过"其他应付款"科目核算的有( )。

  A. 企业收取的各种押金   B. 企业应收取的赔偿款
  C. 企业收取的各种暂收款项 D. 企业支付的代垫款项

2. 资产负债表日，对于分期付息、一次还本的债券，企业应按应付债券的摊余成本和实际利率计算确定的债券利息费用，可能借记( )科目。

  A. 在建工程 B. 应付利息 C. 财务费用 D. 研发支出

3. 某公司期初的所有者权益为：股本5 000万元(面值为1元)，资本公积1 000万元(其中股本溢价800万元)，盈余公积500万元。未分配利润600万元。本期经董事会批准，以每股7元的价格回购本公司股票200万股并按期注销。下列各项中，该公司回购并注销股票的相关科目会计处理，结果正确的有( )。

  A. 注销时，借记"资本公积——股本溢价"科目800万元
  B. 注销时，借记"盈余公积"科目400万元
  C. 回购时，借记"库存股"科目1 400万元
  D. 注销时，借记"股本"科目1 400万元

4. 所有者权益的特征包括( )。

  A. 所有者凭借所有者权益能够参与企业的利润分配
  B. 企业清算时，只有在清偿所有负债后，所有者权益才会返还给所有者
  C. 除非发生减资、清算或分配现金股利，企业不需要偿还所有者权益
  D. 企业清算时，只有在清偿所有者权益之后，才能偿还负债

5. 下列各项中，应通过"应付职工薪酬"科目核算的有( )。

A. 计提的职工住房公积金 B. 计提的职工医疗保险费
C. 提取的工会经费 D. 确认的职工短期带薪缺勤

6. 下列关于资本公积和其他综合收益的说法中，正确的有(   )。
   A. 其他综合收益指的是企业未在当期损益中确认的各项利得和损失
   B. 部分其他综合收益可以在满足规定条件时，重分类进损益
   C. 部分其他资本公积可以在满足规定条件时，重分类进损益
   D. 资本公积和其他综合收益都会引起企业所有者权益发生增减变动

7. 在"应交税费"科目下，核算的内容包括(   )
   A. 增值税 B. 企业所得税
   C. 土地增值税 D. 城市维护建设税

8. 企业提取的盈余公积可用于(   )。
   A. 弥补亏损 B. 扩大生产经营
   C. 派送新股 D. 转增资本

9. 下列各项中，应列入资产负债表"应付利息"项目的有(   )。
   A. 计提的短期借款利息
   B. 计提的一次还本付息债券利息
   C. 计提的分期付息到期还本债券利息
   D. 计提的分期付息到期还本长期借款利息

10. 下列各项中，引起企业留存收益总额发生增减变动的有(   )。
    A. 用盈余公积发放现金股利
    B. 用盈余公积弥补亏损
    C. 用盈余公积转增资本
    D. 用净利润发放现金股利

11. 下列各项中，关于"应付利息"科目表述正确的有(   )。
    A. 企业开出银行承兑汇票支付银行手续费，应记入"应付利息"科目借方
    B. "应付利息"科目期末贷方余额反映企业应付未付的利息
    C. 按照短期借款合同约定计算的应付利息，应记入"应付利息"借方科目
    D. 企业支付已经预提的利息，应计入"应付利息"科目借方

12. 下列各项中，应通过"其他应付款"科目核算的有(   )。
    A. 应付的租入包装物租金
    B. 应付的社会保险费
    C. 应付的客户存入保证金
    D. 应付的经营租入固定资产租金

13. 下列各项中，属于"应付职工薪酬"科目核算内容的有(   )。
    A. 正式任命并聘请的独立董事津贴
    B. 已订立劳动合同的全职职工的工资
    C. 已订立劳动合同的临时职工的工资
    D. 向住房公积金管理机构缴存的住房公积金

14. 下列各项中，属于"其他应付款"科目核算内容的有（　　）。
    A. 应付投资者的现金股利
    B. 应退回出租包装物收取的押金
    C. 应付经营租入固定资产的租金
    D. 应付销货方代垫的运杂费

15. 下列关于盈余公积的说法中正确的有（　　）。
    A. 盈余公积是指企业按照有关规定从净利润中提取的积累基金
    B. 公司制企业的盈余公积包括法定盈余公积和任意盈余公积
    C. 法定盈余公积是指企业按照股东会或股东大会决议提取的盈余公积
    D. 任意盈余公积是指企业按照规定的比例从净利润中提取的盈余公积

三、判断题

1. "未分配利润"明细科目的借方余额表示未弥补亏损的金额。（　　）
2. "应付职工薪酬"科目的核算不包括离职后福利。（　　）
3. 企业预收账款情况不多的，可将其直接计入"应收账款"科目。（　　）
4. 企业行政管理部门人员的工资应通过"制造费用"科目核算。（　　）
5. 负债是由企业未来的交易或事项形成的，预期会导致经济利益流出企业的未来义务。（　　）
6. 企业购入原材料所发生的运费，不应计入材料成本。（　　）
7. 企业向银行或其他金融机构等借入的期限为6个月的借款应通过"短期借款"科目核算。（　　）
8. 资本公积包括资本（股本）溢价以及盈余公积。（　　）
9. 法定盈余公积是指企业按照股东会或股东大会决议从税后利润中提取的盈余公积。（　　）
10. 实际分配股票股利，不作账务处理，只在备查账簿中登记。（　　）

四、业务题

1. 甲公司20××年7月1日向银行借入一笔生产经营用短期借款，共计400 000元，期限为6个月，年利率6%，该项借款到期一次还本付息。

2. 甲公司购入一批生产用零件，金额共计20 000元（不含增值税）。款项尚未支付，货物已验收入库。

3. 甲公司，为扩大经营购入一套房产作为办公场地。甲公司通过银行存款支付房屋价款330万元，其中包含增值税30万元。

4. 甲公司主营A、B两种产品，本月销售A产品200件，单价为10元；销售B产品50件，单价80元。款项均已收入，存入银行账户。（以上金额均不包含增值税）

5. 甲公司向乙公司购入一辆卡车，含增值税金额共计33 900元，向乙公司签发一张商业汇票，期限为3个月。

6. 甲公司收到乙公司预付的款项5 000元，已存入银行账户。

7. 甲公司本月应付职工工资150 000元，其中A产品生产工人工资60 000元，B产品生产工人工资 40 000 元，车间管理人员工资 20 000 元，公司管理部门人员工资 30 000 元。公司分别按工资总额的 14%、2%、8%计提职工福利费、工会经费、职工教育经费，工资将于下月支付。

8. 乙公司曾向甲公司预付 A 产品货款 5 000 元，本月甲公司向乙公司销售 A 产品，不含税金额为 20 000 元，款项已全部存入银行。

9. 甲公司结转当月应缴城市维护建设税 14 000 元、教育费附加 6 000 元。

10. 甲公司为建造一栋办公楼，于 20××年 1 月 1 日向银行借入一笔 2 000 000 元借款，款项已存入银行，该笔借款年利率为 10%，每年付息一次，到期归还本金。请写出 2×18 年相关会计分录。

11. 甲公司用现金预支员工王华差旅费 500 元。

12. 王华报销实际发生的差旅费 550 元，曾预支差旅费 500 元，以现金付讫。

13. 甲公司于 20××年 1 月 1 日平价发行 3 年期债券 3 000 000 元，债券票面利率为 8%，与市场利率相等。该债券为到期一次还本付息债券。

14. 甲公司为股份有限公司，本月发行普通股 2 000 000 股，每股发行价格 4 元，面值 1 元。款项均已存入银行账户，不考虑相关税费和手续费。

15. 甲公司收到乙公司作为资本投入的原材料 1 吨，金额共计 100 000 元(不含增值税)。

16. 甲公司收到乙公司作为资本投入的货币资金 100 000 元，款项已存入银行。

17. 甲公司收到丙公司捐赠的货币资金 5 000 元，款项已存入银行。

18. 甲公司月末将相关账户结转本年利润，其中：主营业务收入 900 000 元，其他业务收入 30 000 元，营业外收入 5 000 元，主营业务成本 500 000 元，税金及附加 1 000 元，其他业务成本 20 000 元，管理费用 12 000 元，财务费用 3 000 元，销售费用 14 000 元，营业外支出 20 000 元。

19. 甲公司将法定盈余公积 100 000 元转增资本，该事项已经过股东大会决议。

20. 甲公司年终"本年利润"贷方余额 1 000 万元，拟对其进行结转，法定盈余公积计提比例为 10%，任意盈余公积计提比例为 5%，不分红。

要求：根据相关事项作出会计分录。

☞ 案例讨论题

甲公司为扩大经营规模新建一栋办公楼作为办公场所，为此，甲公司于 2×16 年 1 月 1 日向乙银行借入一笔 3 年期借款 4 000 000 元，借款利率 10%，每年末支付一次利息，到期归还本金。该办公楼于 2×15 年年末开始动工，2×19 年年初竣工。2×19 年 1 月 1 日，为满足生产经营需求，甲公司向丙银行借入 300 000 元，期限为 6 个月，年利率 6%，到期一次还本付息。请依据甲公司发生的上述业务，写出相应的会计分录。

第五章 收入、费用与利润的核算

◎ 学习目标
1. 掌握收入、费用与利润的基本概念、内容、特征和分类;
2. 理解和掌握新收入准则的"五步法"确认和计量模型,掌握费用确认和计量的基本原理和方法,掌握利润结转和分配的处理思路;
3. 掌握与收入、费用和利润相关的基本业务的会计核算方法。

第一节 收入的定义、特征及分类

一、收入的定义

我国财政部颁布的《企业会计准则第 14 号——收入》(2017 年)将收入定义为:收入是指企业在日常活动中形成的、会导致所有者权益增加的、与所有者投入资本无关的经济利益的总流入。

收入的概念存在狭义和广义两种观点。狭义的收入通常指企业因销售商品、提供劳务等日常经营活动而形成的经济利益总流入。它强调收入必须产生于日常经营活动,而不是产生于偶然的交易或事项。我国企业会计准则和美国公认会计原则使用的都是狭义的收入概念。广义的收入是指企业因生产经营及其他活动而获得的全部经济利益总流入。具体说来,广义收入包括营业收入、投资收益、营业外收入以及其他收入。

二、收入的特征

根据收入的定义,收入具有如下特征:

第一,收入是企业从日常活动中产生的,而不是从偶然的交易和事项中产生的,比如企业为完成其经营目标所从事的经常性活动以及与之相关的活动中形成的、会导致所有者权益增加的、与所有者投入资本无关的经济利益的总流入。也就是说只有由企业本身所从事的日常活动所产生的经济利益的总流入才能确认为企业的收入。其中,日常活动,是指企业为完成其经营目标所从事的经常性活动以及与之相关的活动。例如,工业企业制造并销售产品、商品流通企业销售商品、咨询公司提供咨询服务、软件公司为客户开发软件、安装公司提供安装服务、建筑企业提供建造服务等,均属于企业的日常活动。在某些交易安排下,企业在日常经营活动中从客户所收取的款项中可能包含了代第三方收取的金额,在这种情况下,该代收款项并不会为企业带来经济利益的流入,也并不会导致企业所有者权益的增加，不能确认为企业的收入。

第二，收入是与企业投入资本无关的经济利益总流入。收入能带来企业经济利益的流入，并且这一经济利益流入没有扣除相应的费用，称之为总流入。但并不是所有的经济利益流入都和收入有关，例如所有者可能追加对企业的投资、企业会因投资活动或接受捐赠等获得经济利益流入，这些流入都不能作为收入或利得，而是直接计入所有者权益。

第三，收入能够引起企业资产的增加、负债的减少或兼而有之，这必然会导致所有者权益的增加。根据"资产＝负债+所有者权益"这一会计恒等式，收入能够引起企业资产的增加、负债的减少或兼而有之，最终可以得出收入将使得企业的所有者权益增加。例如企业销售商品，因此取得了现金或获得了收取一定现金的权益，这将导致银行存款或者应收账款增加。又如企业通过提供劳务的形式偿还债务，从而使得企业的负债减少。

第四，收入源于与客户之间的合同。《企业会计准则第 14 号——收入》(2017 年)将合同作为与收入相关的权利和义务的基础，进而基于合同的权利和义务进行资产和负债的确认。这里客户是指与企业订立合同以向该企业购买日常活动产出的商品或服务并支付对价的一方；合同是指双方或多方之间订立有法律约束力的权利义务协议。例如生产家电的企业与商场签订了销售一批家电的协议，商场就是客户，协议就是合同，生产家电的企业需要根据此合同确认收入。

三、收入的分类

收入有不同的分类形式，通常可以按照收入性质进行分类，也可以按照企业经营业务的主次进行分类。

(一)按照收入的性质分类

按照收入的性质分类，可以分为销售商品收入、提供劳务收入、让渡资产使用权收入和建造合同收入。

1. 销售商品收入。销售商品收入是指企业销售商品、产品及其他存货(如原材料、包装物等)取得的收入。

2. 提供劳务收入。提供劳务收入一般是指那些劳务的结果不形成有形物的劳务(如安装、广告制作、提供特许权、餐饮、咨询等)取得的收入。

3. 让渡资产使用权收入。让渡资产使用权的收入通常包括他人使用本企业的现金或现金等价物而收取的费用；他人使用本企业无形资产或固定资产而收取的使用费等。

4. 建造合同收入。建造合同收入是指为完成建造一项或数项与设计、技术、功能、最终用途等方面密切相关的资产订立的合同而获得的收入。

(二)按照企业经营业务的主次分类

按照企业经营业务的主次分类，可以分为主营业务收入和其他业务收入。

1. 主营业务收入。主营业务收入是指企业进行经常性业务取得的收入，是利润形成的主要来源。不同行业主营业务收入的表现形式有所不同。工业企业的主营业务收入是指销售产成品、自制半成品以及提供代制、代修品等工业性劳务取得的收入，称为产品销售收入；商品流通企业的主营业务收入是销售商品取得的收入，称为商品销售收入；施工企业的主营业务收入主要是工程结算收入。主营业务收入一般占企业营业收入的比重较大，在会计核算中，单独设置"主营业务收入"科目核算。

2. 其他业务收入。其他业务收入是指企业在生产经营过程中取得的除主营业务收入以外的各项收入。主要包括转让技术取得的收入、销售材料取得的收入、包装物出租收入等。其他业务收入一般占企业营业收入的比重较小，在会计核算中，单独设置"其他业务收入"科目核算。

第二节　收入的核算

一、收入的确认和计量

收入的确认和计量大致分为五步：第一步，识别与客户订立的合同；第二步，识别合同中的单项履约义务；第三步，确定交易价格；第四步，将交易价格分摊至各单项履约义务；第五步，履行每一单项履约义务时确认收入。其中，第一步、第二步和第五步主要与收入的确认有关，第三步和第四步主要与收入的计量有关。

（一）识别与客户订立的合同

1. 收入确认的原则。企业应当在履行了合同中的履约义务，即在客户取得相关商品控制权时确认收入。取得相关商品控制权，是指能够主导该商品的使用并从中获得几乎全部的经济利益，也包括有能力阻止其他方主导该商品的使用并从中获得经济利益。取得商品控制权包括三个要素：

一是能力，即客户必须拥有现时权利，能够主导该商品的使用并从中获得几乎全部的经济利益。如果客户只能在未来的某一期间主导该商品的使用并从中获益，则表明其尚未取得该商品的控制权。

二是主导该商品的使用。客户有能力主导该商品的使用，是指客户有权使用该商品，或者能够允许或阻止其他方使用该商品。

三是能够获得几乎全部的经济利益。商品的经济利益是指该商品的潜在现金流量，既包括现金流入的增加，也包括现金流出的减少。客户可以通过很多方式直接或间接地获得商品的经济利益，例如使用、消耗、出售或持有该商品，使用该商品提升其他资产的价值，以及将该商品用于清偿债务、支付费用或抵押等。

2. 收入确认的前提条件。企业与客户之间的合同同时满足下列条件的，企业应当在客户取得相关商品控制权时确认收入：

第一，合同各方已批准该合同并承诺将履行各自义务；

第二，该合同明确了合同各方与所转让的商品（或提供的服务，以下简称转让的商品）相关的权利和义务；

第三，该合同有明确的与所转让的商品相关的支付条款；

第四，该合同具有商业实质，即履行该合同将改变企业未来现金流量的风险、时间分布或金额；

第五，企业因向客户转让商品而有权取得的对价很可能收回。

对于不能同时满足上述5个条件的合同，企业只有在不再负有向客户转让商品的剩余义务，且已向客户收取的对价无须退回时，才能将已收取的对价确认为收入；否则，应当将已收取的对价作为负债进行会计处理。

【例1】甲房地产开发公司与乙公司签订合同，向其销售一栋建筑物，合同价款为100万元。该建筑物的成本为60万元，乙公司在合同开始日即取得了该建筑物的控制权。根据合同约定，乙公司在合同开始日支付了5%的保证金5万元，并就剩余95%的价款与甲公司签订了不附追索权的长期融资协议，如果乙公司违约，甲公司可重新拥有该建筑物，即使收回的建筑物不能涵盖所欠款项的总额，甲公司也不能向乙公司索取进一步的赔偿。乙公司计划在该建筑物内开设一家餐馆，并以该餐馆的收益偿还甲公司的欠款。但是，在该建筑物所在的地区，餐饮行业面临激烈的竞争，且乙公司缺乏餐饮行业的经营经验。

解析：本例中，乙公司计划以该餐馆产生的收益偿还甲公司的欠款，除此之外并无其他的经济来源，乙公司也未对该笔欠款设定任何担保。如果乙公司违约，则甲公司可重新拥有该建筑物，但是，根据合同约定，即使收回的建筑物不能涵盖所欠款项的总额，甲公司也不能向乙公司索取进一步的赔偿。因此，甲公司对乙公司还款的能力和意图存在疑虑，认为该合同不满足合同价款很可能收回的条件。甲公司应当将收到的5万元确认为一项负债。

3. 合同合并。企业与同一客户（该客户的关联方）同时订立或在相近时间内先后订立的两份或多份合同，在满足下列条件之一时，应当合并为一份合同进行会计处理：

该两份或多份合同基于同一商业目的而订立并构成一揽子交易，如一份合同在不考虑另一份合同对价的情况下将会发生亏损；

该两份或多份合同中的一份合同的对价金额取决于其他合同的定价或履行情况，如一份合同发生违约，将会影响另一份合同的对价金额。

该两份或多份合同中所承诺的商品（或每份合同中所承诺的部分商品）构成单项履约义务。

【例2】为建造一个冶炼厂，某建造承包商与客户签订了三项合同，分别建造一个选矿车间、一个冶炼车间和一个工业污水处理系统。根据合同的规定，这三个工程将由该建造承包商同时施工，并根据冶炼厂整体的施工进度统一办理价款结算。

解析：本例中，由于建造承包商与客户签订的三项合同是基于同一商业目的而订立并构成一揽子交易，因而满足合同合并的条件，该建造承包商应将该组合同合并为一个合同进行会计核算。

4. 合同变更。合同变更是指合同各方同意对原合同范围或价格（或两者）作出的变更。企业应当区分下列三种情形对合同变更分别进行会计处理：

第一种情形，合同变更部分作为单独合同进行会计处理。合同变更增加了可明确区分的商品及合同价款，且新增合同价款反映了新增商品单独售价的，应当将该合同变更作为一份单独的合同进行会计处理。判断新增合同价款是否反映了新增商品的单独售价时，应当考虑为反映该特定合同的具体情况而对新增商品价格所做的适当调整。例如，在合同变更时，企业由于无须支付为发展新客户等所须发生的相关销售费用，可能会向客户提供一定的折扣，从而在新增商品单独售价的基础上予以适当调整。

【例3】某建造承包商与客户签订了一项建造图书馆的合同，建设期为3年。第二年，客户要求在原设计基础上增加塑钢门窗,并同意增加合同造价50万元,这种合同变更增加了可明确区分的商品及合同价款,且新合同价款反映了新增商品单独售价,应作为单独的合同处理。

第二种情形,合同变更作为原合同终止及新合同订立进行会计处理。合同变更不属于上述第一种情形,且在合同变更日已转让商品与未转让商品之间可明确区分的,应当视为原合同终止,同时,将原合同未履约部分与合同变更部分合并为新合同进行会计处理。新合同的交易价格=原合同交易价格中尚未确认为收入的部分(包括已从客户收取的金额)+合同变更中客户已承诺的对价金额。

【例4】 某商店与客户签订了一项销售窗帘的合同,合同约定5幅窗帘1万元,每幅窗帘2 000元。当商店已为客户安装了两幅窗帘后,客户要求将剩下的3幅窗帘改为另一种款式,每幅为3 000元。由于已转让的商品与未转让的商品之间可明确区分,这种合同变更应视为原合同终止并签订新的合同。原合同按4 000元确认收入,新合同履约后按9 000元确认收入。

第三种情形,合同变更部分作为原合同的组成部分进行会计处理。合同变更不属于上述第一种情形,且在合同变更日已转让商品与未转让商品之间不可明确区分的,应当将该合同变更部分作为原合同的组成部分,在合同变更日重新计算履约进度,并调整当期收入和相应成本等。

【例5】 某装修公司与客户签订了一项硬装修的合同,合同约定总的装修价款为10万元。合同履约过程中,客户要求将原设计中采用的铝合金门窗改为塑钢门窗,但不同意增加合同价款。这种合同变更并未增加新的合同价款,不能作为一份单独的合同进行会计处理。硬装修属于单项履约义务,在合同变更日已转让的商品与未转让的商品之间不可明确区分,那么合同变更应视为原合同的一部分进行会计处理。

(二)识别合同中的单项履约义务

履约义务,是指合同中企业向客户转让可明确区分商品的承诺。履约义务既包括合同中明确的承诺,也包括由于企业已公开宣布的政策、特定声明或以往的习惯做法等导致合同订立时客户合理预期企业将履行的承诺。企业为履行合同而应开展的初始活动,通常不构成履约义务,除非该活动向客户转让了承诺的商品。在本节中,如果没有特殊说明,合同只有单项履约义务,其他内容见中级财务会计教材。

(三)确定交易价格

交易价格,是指企业因向客户转让商品而预期有权收取的对价金额。企业代第三方收取的款项(例如增值税)以及企业预期将退还给客户的款项,应当作为负债进行会计处理,不计入交易价格。合同标价并不一定代表交易价格,企业应当根据合同条款,并结合以往的习惯做法等确定交易价格。企业在确定交易价格时,应当假定将按照现有合同的约定向客户转让商品,且该合同不会被取消、续约或变更。

交易价格主要分为固定价格与可变对价。对于可变对价,企业与客户的合同中约定的对价金额可能会因折扣、价格折让、返利、退款、奖励积分、激励措施、业绩奖金、索赔等因素而变化。此外,根据一项或多项或有事项的发生而收取的不同对价金额的合同,也属于可变对价的情形。企业在判断合同中是否存在可变对价时,不仅应当考虑合同条款的约定，还应当考虑下列情况：一是根据企业已公开宣布的政策、特定声明或者以往的习惯做法等，客户能够合理预期企业将会接受低于合同约定的对价金额，即企业会以折扣、返利等形式提供价格折让；二是其他相关事实和情况表明企业在与客户签订合同时即意图向客户提供价格折让。合同中存在可变对价的，企业应当对计入交易价格的可变对价进行估计。

【例6】某建造公司与客户签订了一项资产建造合同，客户已承诺的合同对价为600万元。合同同时规定，如果该建造公司未能在合同指定的日期完工，则每延期完工一天，已承诺的合同对价将减少2万元；但若该建造公司能提前完工，则每提前完工一天，已承诺的合同对价将增加2万元。此外，资产完工后，将由第三方对资产实施检查并基于合同界定的标准给予评级。如果资产达到特定评级，该建造公司将有权获得奖励性付款30万元。

解析：本例中，对该建造公司来说，合同包含了两项可变对价：一项是已承诺合同对价600万元加上或减去每天2万元的提前完工奖励或延期完工罚金；另一项是根据资产是否能达到特定评级而给予的金额为30万元或0万元的奖励性付款。

(四)将交易价格分摊至各单项履约义务

当合同中包含两项或多项履约义务时，为了使企业分摊至每一单项履约义务的交易价格能够反映其因向客户转让已承诺的相关商品(或提供已承诺的相关服务)而预期有权收取的对价金额，企业应当在合同开始日，按照各单项履约义务所承诺商品的单独售价的相对比例，将交易价格分摊至各单项履约义务。由于本节只介绍单项履约义务，所以不存在分摊情况，如需进一步学习，可以详见中级财务会计教材。

(五)履行每一单项履约义务时确认收入

企业应当在履行了合同中的履约义务，即客户取得相关商品控制权时确认收入。企业应当根据实际情况，首先判断履约义务是否满足在某一时段内履行的条件，如不满足，则该履约义务属于在某一时点履行的履约义务。对于在某一时段内履行的履约义务，企业应当选取恰当的方法来确定履约进度；对于在某一时点履行的履约义务，企业应当综合分析控制权转移的迹象，判断其转移时点。

1. 在某一时段内履行的履约义务的收入确认条件。满足下列条件之一的，属于在某一时段内履行的履约义务，相关收入应当在该履约义务履行的期间内确认。

客户在企业履约的同时即取得并消耗企业履约所带来的经济利益。企业在履约过程中是持续地向客户转移该服务的控制权的，该履约义务属于在某一时段内履行的履约义务，企业应当在提供该服务的期间内确认收入。

客户能够控制企业履约过程中在建的商品。企业在履约过程中创建的商品包括在产品、在建工程、尚未完成的研发项目、正在进行的服务等，如果客户在企业创建该商品的过程中就能控制这些商品，应当认为企业提供该商品的履约义务属于在某一时段内履行的履约义务。

企业履约过程中所产出的商品具有不可替代用途，且该企业在整个合同期间内有权就累计至今已完成的履约部分收取款项。

2. 在某一时段内履行的履约义务的收入确认方法。对于在某一时段内履行的履约义务，企业应当在该时期内按照履约进度确认收入，履约进度不能合理确定的除外。企业应当采用恰当的方法确定履约进度，以使其如实反映企业向客户转让商品的履约情况。企业应当考虑商品的性质，采用产出法或投入法确定恰当的履约进度，并且在确定履约进度时，应当扣除那些控制权尚未转移给客户的商品和服务。

（1）产出法。产出法主要是根据已转移给客户的商品对于客户的价值确定履约进度，主要包括按照实际测量的完工进度、评估已实现的结果、已达到的里程碑、时间进度、已完工或交付的产品等确定履约进度的办法。企业在评估是否采用产出法确定履约进度时，应当考虑所选择的产出指标是否能够如实地反映向客户转移商品的进度。

（2）投入法。投入法主要是根据企业履行履约义务的投入确定履约进度，主要包括以投入的材料数量、花费的人工工时或机器工时、发生的成本和时间进度等投入指标确定履约进度。当企业从事的工作或发生的投入是在整个履约期间内平均发生时，按照直线法确认收入是合适的。由于企业的投入与向客户转移商品的控制权之间未必存在直接的对应关系，因此，企业在采用投入法时，应当扣除那些虽然已经发生，但是未导致向客户转移商品的投入。

【例7】企业与客户签订合同，在客户拥有的土地上按照客户的设计要求为其建造厂房。在建造过程中客户有权修改厂房设计，并与企业重新协商设计变更后的合同价款。客户每月末按照当月工程进度向企业支付工程款。如果客户终止合同，已完成建造部分的厂房归客户所有。

解析：本例中，企业为客户建造厂房，该厂房位于客户的土地上，客户终止合同时，已建造的厂房归客户所有。这些均表明客户在该厂房建造的过程中就能够控制该在建的厂房。因此，企业提供的该建造服务属于在某一时段内履行的履约义务，企业应当在提供该服务的期间内确认收入。

3. 在某一时点履行的履约义务的收入确认。当一项履约义务不属于在某一时段内履行的履约义务时，应当属于某一时点履行的履约义务。对于在某一时点履行的履约义务，企业应当在客户取得相关商品控制权时点确认收入。

二、收入核算举例

（一）一般业务收入的会计核算

1. 在某一时点履行的履约义务。在某一时点确认收入时，企业应按已收或应收的合同或协议价款，加上应收的增值税税额，借记"银行存款""应收账款"或"应收票据"等科目，贷记"主营业务收入""其他业务收入"等科目，按应收取的增值税税额贷记"应交税费——应交增值税（销项税额）"等账户，同时结转相应的成本。如果售出商品不符合收入确认条件，则不应确认收入，已发出的商品应当通过"发出商品"科目进行核算。现举例说明如下：

【例8】20××年8月1日，甲公司和客户乙公司签订一项合同，合同约定甲公司向乙公司销售一批商品，合同价款为10 000元，当日开出的增值税专用发票上注明销售价格为10 000元，增值税税额为1 300元，款项尚未收到；该批商品的成本为7 000元。8月20日，甲公司收到这批货款。

20××年8月1日，甲公司的账务处理如下：

借：应收账款　　　　　　　　　　　　　　　　　　　　11 300
　　贷：主营业务收入　　　　　　　　　　　　　　　　　　10 000
　　　　应交税费——应交增值税（销售税额）　　　　　　　1 300
借：主营业务成本　　　　　　　　　　　　　　　　　　　7 000
　　贷：库存商品　　　　　　　　　　　　　　　　　　　　7 000
20××年8月20日，甲公司的账务处理如下：
借：银行存款　　　　　　　　　　　　　　　　　　　　11 300
　　贷：应收账款　　　　　　　　　　　　　　　　　　　11 300

【例9】20××年9月4日，甲公司与客户乙公司签订销售合同，合同约定甲公司向乙公司销售一批原材料，合同价款为20 000元，当日开出的增值税专用发票上注明销售价格为20 000元，增值税税额为2 600元，款项已收到，该批原材料的实际成本为15 000元。

20××年9月4日，甲公司的账务处理如下：
借：银行存款　　　　　　　　　　　　　　　　　　　　22 600
　　贷：其他业务收入　　　　　　　　　　　　　　　　　20 000
　　　　应交税费——应交增值税（销项税额）　　　　　　　2 600
借：其他业务成本　　　　　　　　　　　　　　　　　　15 000
　　贷：原材料　　　　　　　　　　　　　　　　　　　　15 000

【例10】20××年10月12日，甲公司与客户乙公司签订一项合同，合同约定甲公司向乙公司销售一批商品，合同价款为10 000元，当日开出的增值税专用发票上注明销售价格为10 000元，增值税税额为1 300万元，款项尚未收到；该批商品的成本为7 000元。甲公司在销售时已知乙公司资金周转发生困难，但为了减少存货积压，同时也为了维持与乙公司长期的商业关系，仍将商品发往乙公司且办妥托收手续。20××年12月20日，甲公司得知乙公司经营情况逐渐好转，乙公司承诺近期付款。20××年12月25日，甲公司收到该款项11 300元。假定甲公司销售该批商品的增值税纳税义务已经发生。

解析：由于乙公司资金周转存在困难，甲公司因向乙公司转让商品而有权收取的对价不是很可能收回。对于合同开始日不符合收入确认条件的合同，企业不能确认收入，企业应当对其进行持续评估，直到符合条件才能确认收入。因此，甲公司在发出商品且办妥托收手续时不能确认收入，已发出的商品成本应通过"发出商品"科目反映。账务处理如下：

20××年10月12日甲公司发出商品时：
借：发出商品　　　　　　　　　　　　　　　　　　　　　7 000
　　贷：库存商品　　　　　　　　　　　　　　　　　　　　7 000
同时，将增值税专用发票上注明的增值税税额转入应收账款：
借：应收账款　　　　　　　　　　　　　　　　　　　　　1 300
　　贷：应交税费——应交增值税（销项税额）　　　　　　　1 300
20××年12月20日甲公司确认收入：
借：应收账款　　　　　　　　　　　　　　　　　　　　10 000
　　贷：主营业务收入　　　　　　　　　　　　　　　　　10 000

借：主营业务成本　　　　　　　　　　　　　　7 000
　　贷：发出商品　　　　　　　　　　　　　　　　7 000
20××年12月25日甲公司收到款项：
借：银行存款　　　　　　　　　　　　　　　　11 300
　　贷：应收账款　　　　　　　　　　　　　　　11 300

2. 在某一时段确认的履约义务。在某一时段确认收入时，通常按履约进度确认收入，履约进度的确定方法包括两种：产出法和投入法。产出法是根据已转移给客户的商品对于客户的价值确定履约进度。投入法是根据企业为履行履约义务的投入确定履约进度。企业应根据具体情况选择适当的确定方法。

【例11】20××年12月5日，甲公司与客户乙公司签订一项设备安装合同，合同约定安装期为3个月，合同总价款为600 000元。截至12月31日甲公司已预收安装费440 000元，实际发生安装费用为280 000元（假定均为安装人员薪酬），估计还会发生安装费用120 000元。假定甲公司按投入法确定的履约进度为70%。假设不考虑增值税等相关税费及其他因素的影响。

甲公司实际发生劳务成本时：
借：劳务成本　　　　　　　　　　　　　　　　280 000
　　贷：应付职工薪酬　　　　　　　　　　　　　280 000
甲公司预收劳务款时：
借：银行存款　　　　　　　　　　　　　　　　440 000
　　贷：预收账款　　　　　　　　　　　　　　　440 000
20××年12月31日确认收入并结转成本时：
借：预收账款　　　　　　　　　　　　　　　　420 000（600 000×70%）
　　贷：主营业务收入　　　　　　　　　　　　　420 000
借：主营业务成本　　　　　　　　　　　　　　280 000
　　贷：劳务成本　　　　　　　　　　　　　　　280 000

3. 销售折扣、折让与退回的核算

销售折扣是指企业销售商品时给予买方在价格上的优惠，具体可分为商业折扣和现金折扣两种。商业折扣是指企业为促进商品销售而在商品标价上给予的价格扣除。商业折扣是企业最常见的促销手段，商业折扣一般在交易发生时就已确定，它仅仅是确定实际销售价格的一种手段，不需在买卖双方任何一方账上反映，所以商业折扣对应收的入账价值没有影响。因此，在存在商业折扣的情况下，企业应当按照实际的售价确认销售收入。

现金折扣是指企业未来鼓励客户在一定期限内及早偿还货款而给予客户的折扣优惠。现金折扣对于销售企业来说，称为销货折扣；对于购货企业来说，称为购货折扣。现金折扣一般表示为"2/10，1/20，n/30"等，含义是客户如果在10天内付款，给予2%的折扣；20天内付款，给予1%的折扣；超过20天以上全额付款，客户最迟在30天内付款。现行准则规定，现金折扣属于交易价格中的可变对价，在会计上一般作为对销售收入金额的调整。

销售折让是指企业因售出商品的质量不合格等原因在售价上给予的额外折让。给予销售折让会使企业销售收入相应减少，所以应对销售收入进行调整。从理论上讲，企业应当按月计算收入、结转成本、计算盈亏，所以发生的销售折让应冲减销售产品那个月份的销售收入。但实际做法是：一般不管属于本年销售的产品还是以前年度销售的产品，都在给予销售折让的当月冲减销售收入。销售折让属于资产负债表日后事项的，适用《企业会计准则第29号——资产负债表日后事项》进行会计处理。

销售退回是指企业售出的商品由于质量、品种不符合要求等原因而发生的退货。

对于未确认收入的售出商品发生销售退回的，企业应按已计入"发出商品"科目的商品成本金额，借记"库存商品"科目，贷记"发出商品"科目。

对于已确认收入的售出商品发生退回的，企业应在发生时冲减当期销售商品收入同时冲减当期销售成本。

已确认收入的售出商品发生的销售退回属于资产负债表日后事项的，应当按照有关资产负债表日后事项的相关规定进行会计处理。

【例12】20×1年12月3日，甲公司与乙公司签订一项销售合同，合同约定甲公司向乙公司销售一批货物，该批货物的原价是40 000元，但考虑到乙公司作为老客户和批量采购，合同规定甲公司给予乙公司10%的商业折扣，当日甲公司已经收到货款，并开出发票和发出商品，该批货物的成本是25 000元。

20×1年12月15日甲公司与丙公司签订一项合同，规定甲公司向丙公司销售一批货物，合同价款为50 000元，开出的增值税专用发票上注明的销售价款为50 000元，增值税税额为6 500元。该批货物的成本为30 000万元，为及早收回货款，甲公司和丙公司约定的现金折扣条件为：2/10，1/20，n/30。丙公司在20×1年12月24日支付货款。

20×1年12月28日，甲公司销售给乙公司的这批货物中部分出现了质量问题，随即要求甲公司给予10%的销售折让，甲公司答应了其要求。20×2年2月6日，甲公司销售给丙公司的这批货物也发现了质量问题，丙公司要求全部退回，甲公司当日支付了有关款项。假定销售商品适用的增值税税率为13%，计算现金折扣时不考虑增值税，销售退回不属于资产负债表日后事项。甲公司的账务处理如下：

20×1年12月3日，对乙公司销售实现时，按扣除商业折扣的实际售价确认收入，并结转成本，会计分录如下：

借：银行存款　　　　　　　　　　　　　　　　40 680
　　贷：主营业务收入　　　　　　　36 000（40 000×（1-10%））
　　　　应交税费——应交增值税（销项税额）4 680（36000×13%）
借：主营业务成本　　　　　　　　　　　　　　25 000
　　贷：库存商品　　　　　　　　　　　　　　25 000

20×1年12月15日，对丙公司销售实现时，考虑现金折扣引起的可变对价后确认收入，会计分录如下：

借：应收账款　　　　　　　　　　　　　　　　55 500
　　贷：主营业务收入　　　　　　　　　　　　49 000
　　　　应交税费——应交增值税（销项税额）　6 500（50 000×13%）
借：主营业务成本　　　　　　　　　　　　　　30 000
　　贷：库存商品　　　　　　　　　　　　　　30 000

20×1年12月24日收到丙公司货款时,按销售总价50 000的2%享受现金折扣1 000元,实际收款55 500元,会计分录如下:

借:银行存款　　　　　　　　　　　　　　55 500
　　贷:应收账款　　　　　　　　　　　　　　55 500

20×1年12月28日,甲公司给予乙公司10%的销售折让,会计分录如下:

借:主营业务收入　　　　　　　　　　　　　3 600
　　贷:银行存款　　　　　　　　　　　　　　3 600

20×2年2月6日,甲公司发生对丙公司的销售退回时,会计分录如下:

借:主营业务收入　　　　　　　　　　　　 49 000
　　应交税费——应交增值税(销项税额)　　 6 500
　　贷:银行存款　　　　　　　　　　　　　 55 500
借:库存商品　　　　　　　　　　　　　　 30 000
　　贷:主营业务成本　　　　　　　　　　　 30 000

第三节　费用的核算

一、费用概述

(一)费用的概念

费用是企业在生产经营过程中发生的各种耗费,即企业在生产经营过程中为取得收入而支付或耗费的各项资产。费用的发生意味着资产的减少或负债的增加,表示企业经济利益的减少。国际会计准则规定:费用是指会计期间经济利益的减少,其形式表现为由资产流出、资产消耗或是发生负债而引起业主产权的减少。美国财务会计准则委员会在《财务会计概念和准则框架》中对费用的定义是:费用是某一企业在其持续的、主要或核心业务中,因交付或生产了货品,提供了劳务,或进行了其他活动,而付出的或耗用的资产,或因而承担的负债(或两者兼而有之)。我国《企业会计准则——基本准则》将费用定义为:费用是指企业在日常活动中发生的、会导致所有者权益减少的、与向所有者分配利润无关的经济利益的总流出。费用有狭义和广义之分。广义的费用泛指企业各种日常活动发生的所有耗费,狭义的费用仅指与本期营业收入相配比的那部分耗费。

(二)费用的特征

第一,费用是企业日常活动产生的。与收入的特征相同,费用的产生也是由于企业的日常活动,有的费用与收入产生于同一活动,例如,企业销售一批货物而得到一笔收入,并为销售人员支付工资,那么工资就是费用,并且该收入和费用都产生于这一销售活动;而那些非日常活动发生的经济利益的流出不属于费用,而是作为损失。

第二,费用是以获利为目的,为创造收入所付出的代价。费用应同盈利活动联系起来,即费用是企业在取得收入的过程中所耗费的各种支出。费用这种"获利"的目的性,是其区别于损失的最明显性质。一般情况下,费用的发生可能产生一定的收入,而凡是不产生收入的资产耗费,例如一些由火灾、失窃等导致的资产损耗,则被认作损失。

第三,费用以消耗资产的形式存在。费用产生于企业耗用自身资产创造利润的过程,而收入、利润的取得是以资产的消耗或资产创造利润能力的消蚀为代价。费用要么表现为货币资产的直接消耗,如支付销售人员工资;要么表现为非货币资产的直接消耗,如销售商品的成本;或者表现为长期资产创造利润能力的消蚀,如固定资产的折旧。

第四,费用能引起企业资产的减少、负债的增加或者兼而有之,这必然会导致所有者权益的减少。与收入是经济资源的流入相反,费用作为取得收入的代价,本质上是某种经济资源流出企业,形式上表现为资产减少或负债增加。例如,支付工资、消耗原材料、长期资产的折旧与摊销等,都是企业资产的减少。即使企业承担了某笔费用没有引起资产的减少,其必定将引起某一项负债的增加,例如财务费用的发生往往伴随应付利息的增加。根据会计恒等式,最终将使得所有者权益减少。

第五,费用是与向所有者分配利润无关的经济利益的总流出。费用的总流出与收入的总流入相配比,通过收入扣除费用后,得到企业当期利润。尽管企业对所有者的股利分红会导致经济利益的流出,但这与向所有者分配利润有关,不属于费用。需要注意的是,向债权人支付利息也是经济利益的流出,并且是以财务费用的形式作为费用进行核算。

(三)费用的分类

1. 按照费用的经济内容分类

按照费用的经济内容,分为外购材料费用、外购燃料费用、外购动力、工资及职工福利费用、折旧费用、利息支付、税金和其他支出费用。

外购材料费用,指企业为生产而耗用的一切从外部购入的原材料、半成品、辅助材料、包装物、修理用备件和低值易耗品等。

外购燃料费用,指企业为生产而耗用的一切从外部购进的各种燃料。

外购动力,指企业为生产而耗用的从外部购进的各种动力。

工资及职工福利费用,指企业应计入生产费用的职工工资以及按照工资总额的一定比例提取的职工福利费用。

折旧费用,指企业所拥有的或控制的固定资产按照使用情况计提的折旧费用。

利息支付,指企业为筹集生产经营资金而发生的利息支出。

税金,指企业应计入生产费用的各种税金,如房产税、车船税、土地使用税等。

其他支出费用,指不属于以上各项目的费用支出之和。

2. 按照费用的经济用途分类

按照费用的经济用途,分为生产成本和期间费用。

生产成本,是指企业在一定期间生产产品和提供劳务(含服务)发生的费用。它和企业日常生产经营活动有关,包括直接材料、直接人工和制造费用三个项目。直接材料是指直接用于产品生产、构成产品实体的原料、主要材料、外购半成品、有助于产品形成的辅助材料以及其他直接材料。直接人工是指直接参加产品生产的工人工资以及按生产工人工资总和规定比例计算提取的职工福利费。制造费用是指企业各生产单位为组织和管理生产而发生的各项费用,包括工资和福利费、折旧费、修理费、办公费、水电费、机物料消耗、劳动保护费以及其他制造费用,但不包括企业管理部门为组织和管理生产所发生的管理费用。

期间费用，是指本期发生的、不能直接或间接归入某种产品成本的、直接计入损益的各项费用，包括管理费用、销售费用和财务费用。管理费用，是指企业为组织和管理企业生产经营所发生的管理费用，包括企业在筹建期间内发生的开办费、董事会和行政管理部门，在企业经营管理中发生的或者应由企业统一负担的公司经费(包括行政管理部门职工工资及福利费、物料消耗、低值易耗品摊销、办公费和差旅费等)、工会经费、董事会费(包括董事会成员津贴、会议费和差旅费等)、聘请中介机构费、咨询费(含顾问费)、诉讼费、业务招待费、技术转让费、矿产资源补偿费、研究费用、排污费以及企业行政管理部门等发生的固定资产修理费用。销售费用，是指企业在销售商品和材料、提供劳务的过程中发生的各种费用，包括企业在销售商品过程中发生的保险费、包装费、展览费和广告费、商品维修费、装卸费等以及为销售本企业商品而专设的销售机构(含销售网点、售后服务网点等)的职工薪酬、业务费、折旧费、固定资产修理费用等费用。财务费用，是指企业为筹集生产经营所需资金等而发生的筹资费用，包括利息支出(减利息收入)、汇兑损益以及相关手续费、企业发生的现金折扣或收到的现金折扣等。

3. 其他分类

按照费用与产品的关系，可分为直接费用和间接费用。凡是根据费用发生的原始凭证就可以确定成本计算对象，直接计入产品成本的费用，即为直接费用，如直接材料和直接人工费用；凡是根据费用发生的原始凭证不能确定成本计算对象，必须通过分配程序才能计入产品生产成本的费用，即为间接费用，如制造费用。

按照费用与生产工艺的关系，可以分为基本费用和一般费用。基本费用是指由于生产工艺本身引起的各项费用，如直接用于产品生产的材料费用；一般费用是指由于管理和组织生产而发生的各项费用，如制造费用。

按照费用与产品产量的关系，可以分为变动费用和固定费用。变动费用是指随着产品增减变动而变动的费用，如构成产品实体的原材料耗费等；固定费用是指在一定的相关范围内发生的与产品生产量的多少没有直接联系的费用，如采用直线法计提的固定资产折旧费等。

(四) 费用与支出、成本的关系

从费用的特征来看，费用是与支出、成本有着密切联系的重要会计概念。它们之间既有联系，又存在着很大区别。

支出一般是指企业在生产经营过程中为获得某项资产、取得某种服务或清偿债务而发生的资产的流出(多为货币资金)。例如，当期为购置原材料、支付保险费用、偿还银行贷款等而发生的支出。支出中一部分构成当期发生的费用，一部分则转化为另一种资产(有时表现为负债的清偿)。可以说，"一项支出不是形成资产(或负债的减少)就会产生费用"。在企业的整个存续期间内，大部分的支出都会转换成费用，只是在较短的期间内，支出和费用没有必然的联系。费用与支出之间的关系为：费用性支出形成费用，但费用是按权责发生制确认的，其中还包括未发生支出的耗费，如尚未支付的本月管理人员工资费用等。

成本则有狭义的成本和广义的成本之分。广义的成本泛指取得资产或服务的代价，与支出有着密切的联系，如为购买原材料所支付的现金就是原材料成本，生产产品所花费的代价就是生产成本；而狭义的成本仅指企业为生产产品或提供劳务而发生的各种耗费，而在会计核算中所提及的成本多是狭义的成本。成本是与一定种类和数量的产品联系起来的，在某种程度上说就是一种对象化的费用。费用与成本的区别与联系为：费用与会计期间相联系，成本则与某种对象相联系；费用必须抵减当期的收入，从而导致利润的减少，而产品生产成本只不过是产成品的一种计量属性，当产成品或劳务对外出售取得收入时，其生产成本也将转化为与销售收入相配比的费用即营业成本。

二、费用的核算

(一)费用的确认和计量

1. 费用的确认。费用的确认是指何时、以何种项目登记本期发生的费用。企业发生的费用如何进行确认，这是正确计算企业损益的重要问题。国际会计准则提出了费用确认标准，即"如果资产的减少或负债的增加关系到未来经济利益的减少，并且能够可靠地计量，就应当在利润表中确认费用"。也就是说，确认费用的标准主要有两点：第一是某项资产的减少或负债的增加。例如，生产产品领用的材料、支付的工资和其他支出，虽然减少存货和货币资金，即某种资产已经减少，但它又转化为另一种资产形式，企业经济利益并没有因此减少。因此，它只是成本而不是费用，只有产品已完工并销售时，才确认费用。第二是某项资产的减少或负债的增加必须能够准确地计量。长期的会计实务中，形成了两条可用于指导费用确认的基本原则，一是划分资本性支出和收益性支出；二是权责发生制。

根据划分资本性支出和收益性支出这一原则，若一项支出的效益长于一个会计期间，则该项支出就应予以资本化，计入某项长期资产，并在该项长期资产耗用的期间结转为费用；若一项支出的效益仅限于一个会计期间，则此项支出就应作为收益性支出，即在支出期间确认为费用。

根据权责发生制原则，只要属于本期的收入和费用，不论其是否实际收到或支付，均应确认为本期的收入和费用；对于不属于本期的收入和费用，即使款项已经在本期收到或付出，也不应确认为本期的收入和费用。这一原则是根据费用与收入的配比关系建立起来的，只有遵循这一原则，才能正确反映各期的盈亏情况。

费用的确认可归纳为以下三种确认方式：按费用与收入的因果关系加以确认，按系统、合理的方法进行分配加以确认和直接确认。

(1)按费用与收入的因果关系加以确认。通过费用与收入的因果关系确认费用是配比原则的应用。在确认收入的同时确认与该笔收入有直接因果联系的费用。这种因果关系体现在以下两个方面：第一，经济性质上的因果性，即收入的取得必然有企业相应的付出来对应，例如若想销售商品取得收入，必然要让渡商品的价值和使用价值；第二，时间上的一致性，即应予以确认的费用是与某项收入同时或结合起来加以确认的，例如只有当商品所有权实质上发生转移、收入确认后，才能确认销售成本。

(2)按系统、合理的方法进行分配加以确认。若该笔费用所带来的未来经济利益有望在以后若干个会计期间内实现，并且有可行且客观的方法来进行分配，使其能够大致地与带来的经济利益相匹配，则该笔费用可以采用特定的计算方法在多个会计期间内进行合理的分摊并加以确认。例如，固定资产的折旧费用与任何一个会计期间的收入都没有直接的因果关系，只能通过人为地分配来加以确认。

(3) 直接确认。在企业经营过程中，有些经济利益的流出并不能够提供明确的未来经济利益，也不与某项具体的收入具有明确的因果关系，并且对这些费用人为地作出分配也没有意义，则把这些费用直接作为期间费用加以确认。例如，虽然广告可以在未来的会计期间内促进销售收入的增长，从而为企业带来经济利益的流入，但是由于没有可行且客观的方法对其进行分摊，所以广告费用在发生时就直接确认为期间费用中的销售费用。

2. 费用的计量。相对于收入一般采用公允价值进行计量而言，费用更多地采用历史成本来进行计量，即采用费用实际发生的金额来进行计量。这是因为收入的金额，一般是交易双方进行公平交易的结果，并且经常发生，在一定程度上是公允的，这为收入采用公允价值计量创造了相应的条件。而费用作为资产的一种转化形式，它的发生金额在一定程度上会受到不同的会计处理方法或者会计人员的专业判断的影响，因此采用历史成本这种更客观且不易被操控的方法来对费用进行计量，相对于采用公允价值计量而言，将会使会计信息更加具有决策有用性。但是在信息充分和会计信息可靠性可以得到保证的情况下，可采用公允价值或重置成本法来对费用进行计量，以提高会计信息的质量。

(二) 费用核算举例

1. 销售商品和提供劳务成本的核算。对商品销售和提供劳务成本的核算，应设置"主营业务成本"和"其他业务成本"等账户。当企业确认商品的销售收入后，应该同时结转商品的销售成本，以便与销售收入相配比。由于企业生产或购入的库存商品的成本可能因为批次的原因各不相同，因此对于已售出商品的成本会有多种不同的计价方法，例如有先进先出法、加权平均法等方法；而对于提供劳务的成本，则应当按照其实际发生的金额确定其成本。企业应当按照其选择的成本计价方法所确定的金额借记"主营业务成本"或"其他业务成本"账户，贷记"库存商品"或"原材料"账户。对于提供劳务的成本核算，在发生时应借记"劳务成本"，贷记"银行存款""应付职工薪酬""原材料"等账户。待结转劳务的成本时，应借记"主营业务成本""其他业务成本"等科目，贷记"劳务成本"账户。现举例说明：

【例13】20××年6月1日，甲公司以赊销的方式向乙公司销售A产品100件，每件售价500元（不含增值税），该产品的单位成本为300元。甲公司已经发货给乙公司，并开出增值税专用发票。假定A产品适用的增值税税率为13%。

20××年6月1日，甲公司实现销售，应作如下会计分录：

借：应收账款　　　　　　　　　　　　　　　　56 500
　　贷：主营业务收入　　　　　　　　　　　　50 000
　　　　应交税费——应交增值税（销项税额）　6 500（100×500×13%）

同时应结转该产品的销售成本，会计分录如下：

借：主营业务成本　　　　　　　　　　　　　　30 000
　　贷：库存商品　　　　　　　　　　　　　　30 000

【例14】甲公司是专门提供劳务服务的公司，20××年6月20日，甲公司与丙公司签订为期6个月的劳务合同，为丙公司提供劳务服务，合同总价款为4 000 000元，待完工时一次性收取。至 12 月 21 日，该项合同已经履约完成，实际发生劳务成本 2 000 000 元（均为职工薪酬），甲公司已收取合同价款。该劳务不属于增值税应税劳务。

在发生劳务成本时，甲公司应作如下会计分录：

借：劳务成本　　　　　　　　　　　　　　　　2 000 000
　　贷：应付职工薪酬　　　　　　　　　　　　　　　　2 000 000

甲公司收取合同价款时，应确认收入，并作以下会计分录：

借：银行存款　　　　　　　　　　　　　　　　4 000 000
　　贷：主营业务收入　　　　　　　　　　　　　　　　4 000 000

同时应结转劳务成本，并作如下会计分录：

借：主营业务成本　　　　　　　　　　　　　　2 000 000
　　贷：劳务成本　　　　　　　　　　　　　　　　　　2 000 000

【例 15】20××年 9 月 10 日，甲公司与丁公司签订销售合同，甲公司欲将其仓库中剩余的 A 原材料销售给丁公司，当日甲公司开出增值税专用发票，发票上注明的销售价格为 30 000 元，增值税税额为 3 900 元，货款未收到。该批原材料的成本为 20 000 元。

20××年 9 月 10 日，甲公司实现销售，应作如下会计分录：

借：应收账款　　　　　　　　　　　　　　　　　　33 900
　　贷：其他业务收入　　　　　　　　　　　　　　　　30 000
　　　　应交税费——应交增值税（销项税额）　　　　　3 900

同时结转原材料成本，应作如下会计分录：

借：其他业务成本　　　　　　　　　　　　　　　　20 000
　　贷：原材料　　　　　　　　　　　　　　　　　　　20 000

2. 期间费用的核算。对期间费用的核算，应设置"管理费用""销售费用""财务费用"等账户。当期间费用发生时，按照实际发生的金额借记"管理费用""销售费用""财务费用"等，贷记"银行存款""应付职工薪酬""累计折旧""应付利息"等账户。

【例 16】甲公司某年 4 月份发生以下管理费用：以银行存款支付业务招待费 7 200 元；计提行政管理部门使用的固定资产折旧 10 000 元，分配管理人员工资 14 000 元，提取职工福利 1 960 元；摊销无形资产 3 000 元。

甲公司 4 月应作如下会计分录：

支付业务招待费：

借：管理费用——业务招待费　　　　　　　　　　7 200
　　贷：银行存款　　　　　　　　　　　　　　　　　　7 200

计提折旧费：

借：管理费用　　　　　　　　　　　　　　　　　10 000
　　贷：累计折旧　　　　　　　　　　　　　　　　　　10 000

分配工资及计提福利费：

借：管理费用——工资及福利费　　　　　　　　　15 960
　　贷：应付职工薪酬　　　　　　　　　　　　　　　　15 960

摊销无形资产：

借：管理费用 3 000
　　贷：累计摊销 3 000

【例17】甲公司某年4月发生的销售费用包括：以银行存款支付的广告费6 000元，以现金支付的销售商品的运输费800元，分配给销售人员的工资8 000元，提取的职工福利费1 120元。

甲公司4月应作如下会计分录：

支付广告费：

借：销售费用——广告费 6 000
　　贷：银行存款 6 000

支付运输费：

借：销售费用——运输费 800
　　贷：库存现金 800

分配工资及计提福利费：

借：销售费用——工资及福利费 9 120
　　贷：应付职工薪酬 9 120

【例18】甲公司某年4月份发生如下事项：接银行通知，已划拨本月银行借款利息20 000元；银行转来存款利息13 000元。

甲公司4月应作如下会计分录：

划拨本月银行借款利息：

借：财务费用 20 000
　　贷：银行存款 20 000

银行转来存款利息：

借：银行存款 13 000
　　贷：财务费用 13 000

3. 研发费用的核算。对研发费用的核算，属于企业自行开发无形资产发生的研发支出，不满足资本化条件的，借记"研发支出——费用化支出"科目，贷记"原材料""银行存款""应付职工薪酬"等科目。期（月）末，应将本科目归集的费用化支出金额转入"管理费用"科目，借记"管理费用"科目，贷记"研发支出——费用化支出"科目。

【例19】甲公司自行研究开发一项技术，截至20×1年12月31日，发生研发支出合计1 000 000元，均用银行存款进行支付，经测试该项研发活动完成了研究阶段，从20×2年1月1日开始进入开发阶段。

20×1年发生的研发支出：

借：研发支出——费用化支出 1 000 000
　　贷：银行存款 1 000 000

20×1年12月31日，甲公司发生的研发支出全部属于研究阶段的支出，应当归集转入期间费用：

借：管理费用 1 000 000
　　贷：研发支出——费用化支出 1 000 000

属于企业自行开发无形资产发生的研发支出，满足资本化条件时，应计入无形资产。

第四节 利润的核算

一、利润概述

(一)利润的概念

企业作为一个以营利为目的的独立经济实体，应当以自己的经营收入抵补其成本费用，不断地获得最大化的利润。利润水平的高低，在很大程度上反映了企业在一定会计期间生产经营的经济效益，不仅关系到企业未来的生存发展和投资者所能获得的投资收益多少，而且还能反映出企业管理层的经营业绩和企业对社会所作出的贡献大小。

我国《企业会计准则——基本准则》将利润定义为：利润是企业在一定会计期间的经营成果，利润包括收入减去费用后的净额、直接计入当期利润的利得和损失等。其中，直接计入当期的利得和损失，是指应当计入当期损益、会导致所有者权益发生增减变动的、与所有者投入资本或向所有者分配利润无关的利得或损失。因此，利润是企业在一定会计期间内生产经营的最终财务成果，是收入和费用相配比并考虑利得和损失后的共同结果。

需要注意的是，会计学中的利润概念和经济学中的利润概念是不同的。在会计上，利润仅仅是收入与费用配比后的一个净额或结果，强调的是收入与费用的配比原则；而经济学中利润的概念并不相同，英国著名经济学家弗雷德·马歇尔对经济利润的定义是"所有者或经理的利润在按现行利率扣除了资本利息后剩余的部分可称为经营收益或管理收益"。由此看来，经济学中认为的利润是在考虑了权益资本的机会成本基础上的一种"价值增值"，真实地反映了股东财富的增加。目前经济学中利润的定义正深深影响着现行会计理论和会计准则的发展。在以历史成本计价和权责发生制等"传统"的会计原则作用下，以配比原则为基础而计算的会计利润很可能遭到扭曲，使其大大偏离企业真实的现金流量，从而在一定程度上丧失了决策有用性；而经济利润考虑了权益资本的机会成本后，更客观地体现企业经营管理者的工作绩效，从一定程度上反映了企业的发展前景，对投资决策更加有用。

(二)利润的构成

1. 营业利润。营业利润是企业利润的主要来源，营业利润能够反映企业经营业务的主要财务成果，其来源于企业的主要经营业务和其他业务，营业利润的多少不仅反映企业经营业绩的优劣，而且能衡量企业利润质量的高低，用公式表示为：

营业利润=营业收入-营业成本-税金及附加-销售费用-管理费用-财务费用-资产减值损失+公允价值变动收益(-公允价值变动损失)+投资收益(-投资损失)+资产处置收益(-资产处置损失)+其他收益

其中，营业收入是指企业经营业务所实现的收入总额，包括主营业务收入和其他业务收入。营业成本是指企业经营业务所发生的实际成本总额，包括主营业务成本和其他业务成本。资产减值损失是指企业计提各项资产减值准备所形成的损失，公允价值变动收益(损失)是指企业交易性金融资产等公允价值变动形成的应计入当期损益的利得(或损失)。投资收益(或损失)是指企业以各种方式对外投资所取得的收益(或发生的损失)。资产处置收益(或损失)是指企业的固定资产、无形资产等因出售或转让等原因,产生的处置利得或损失。其他收益是指与企业日常活动相关,但不宜确认收入或冲减成本费用的政府补助等。

2. 利润总额。利润总额也称会计利润,是指企业依据会计准则规定的会计确认和计量基础,按照一定的会计处理方法计算确定的财务成果。利润总额的多少可以反映企业在一定会计期间的盈利状况和经营成果,也是企业依法缴纳所得税的重要依据。利润总额主要由营业利润和营业外收支净额构成。用公式表示为:

$$利润总额=营业利润+营业外收入-营业外支出$$

其中,营业外收入(或支出)是指企业发生的与日常活动无直接关系的各项利得(或损失)。

3. 净利润。净利润也称净收益,是指企业当期利润总额减去所得税费用后的余额。净利润是企业经营成果依法纳税后的净收益,即企业的税后利润,也是企业进行利润分配的基础。用公式表示为:

$$净利润=利润总额-所得税费用$$

其中,所得税费用是指企业确认的应当从当期利润总额中扣除的所得税费用。

(三) 利润的来源

从经济活动的角度来看利润的来源,企业的利润是来自企业的各种经济活动,大体上我们可以将企业所有的经济活动分为三大类:经营活动、投资活动和筹资活动。

经营活动是指除企业投资活动和筹资活动以外的所有交易和事项。经营活动的范围很广,就工商企业来说主要包括:销售商品、提供劳务、经营性租赁、购买商品、广告宣传等。经营活动是企业获得利润的主要来源,一般是通过生产产品、销售商品和提供劳务等业务获得收入,在取得收入的同时也会发生一系列费用。由经营活动获得的收入弥补各项费用后所得的利润通常称为"营业利润",它反映了一个企业的核心盈利能力,常常被用来判断一个企业目前经营状况和未来的发展前景。

投资活动是指企业长期资产的构建和不包括在现金等价物范围内的投资及其处置活动。企业在投资活动中,通过购入、出售或转让有价证券或者通过被投资企业分回现金股利等获得投资收益;同时企业也通过构建固定资产等对内投资,为了企业的长期经营发展,并在未来获得利润。因此,投资活动是通过"投资收益"来增加企业利润,通过计提折旧或摊销来减少利润。

筹资活动是指导致企业资本及债务规模和构成发生变化的活动,包括吸收投资、发行股票、分配利润、支付债权人的本金和利息以及融资租入资产所支付的现金。一般而言,筹资活动是不能直接创造利润的,相反它会造成利润的减少和分配。例如,作为企业筹措资金的代价,需要支付利息和分配利润,支付利息一般是作为财务费用扣减利润,而分配利润或者分配现金股利则是直接导致利润流出企业。虽然筹资活动不能直接创造利润,但它是企业进行投资活动和经营活动的前提。

二、利润核算举例

(一) 利润结转及其核算举例

企业为了核算当期实现的利润,应设置"本年利润"账户。该账户贷方反映从有关收入类账户借方转入的本期实现的各种收入；借方反映从有关成本、费用等账户转入的本期发生的各种成本和费用。结转后"本年利润"的贷方余额为当期实现的净利润，借方余额为当期发生的净亏损。

利润的结转有账结法和表结法两种。一般来说，在每年末对利润的结转同时采用账结法和表结法，企业在每月末对利润的结转采用表结法。

1. 账结法。账结法是指在期末将所有损益类科目的余额转入"本年利润"科目：借记所有收入类科目，贷记"本年利润"科目；借记"本年利润"科目，贷记所有费用类科目。经过上述结转后，损益类科目月末均没有余额，"本年利润"科目的贷方余额表示年度内累计实现的税后利润总额，借方余额表示年度内累计发生的亏损总额。采用账结法，账面上能够直接反映各月末累计实现的税后利润总额或累计发生的亏损总额，但是每月采用账结法，结转本年利润的工作量较大。

2. 表结法。表结法是指各月月末不结转"本年利润"账户，直接通过编制利润表结算本月利润。只有在年末才将所有损益类科目的余额转入"本年利润"科目。采用表结法，各损益类科目的月末余额表示累计的收入或费用，"本年利润"科目1~11月不做任何记录。12月末结转本年利润，借记所有收入类科目，贷记"本年利润"科目；借记"本年利润"科目，贷记所有费用类科目。年末，损益类科目没有余额，"本年利润"科目的贷方余额表示全年累计实现的税后利润总额，借方余额表示全年累计发生的亏损总额。采用表结法，各月末的累计税后利润总额或亏损总额不能在账面上直接反映得到，直接在利润表中进行结算，但由于平时不必结转本年利润，能够简化会计核算工作。

会计期末，企业应将"主营业务收入""其他业务收入""营业外收入"等收入类科目的余额转入"本年利润"科目的贷方，借记"主营业务收入""其他业务收入""营业外收入"等科目，贷记"本年利润"。将"主营业务成本""其他业务成本""管理费用""销售费用""财务费用"等成本费用或支出类科目的余额转入"本年利润"的借方，借记"本年利润"，贷记"主营业务成本""其他业务成本""管理费用""销售费用""财务费用"等科目。将"公允价值变动损益"、"投资收益"科目的净额转入本账户，借记或贷记"公允价值变动损益""投资收益"科目，贷记或借记"本年利润"科目。

【例20】甲公司20××年各损益类科目的年末余额如表5-1所示：（该企业年末一次结转损益类科目，假设无纳税调整事项，所得税税率为25%）

表 5-1

科目名称	结账前余额	
	借方	贷方
主营业务收入		6 000 000
主营业务成本	4 000 000	
销售费用	500 000	
管理费用	700 000	

续表

科目名称	结账前余额	
	借方	贷方
财务费用	300 000	
投资收益		600 000
税金及附加	80 000	
其他业务收入		1 000 000
其他业务成本	600 000	
营业外收入		50 000
营业外支出	30 000	
所得税费用	360 000	

甲公司期末结转利润，有关会计分录如下：

借：主营业务收入　　　　　　　　　　　　　6 000 000
　　其他业务收入　　　　　　　　　　　　　1 000 000
　　投资收益　　　　　　　　　　　　　　　600 000
　　营业外收入　　　　　　　　　　　　　　50 000
　　贷：本年利润　　　　　　　　　　　　　7 650 000
借：本年利润　　　　　　　　　　　　　　　6 570 000
　　贷：主营业务成本　　　　　　　　　　　4 000 000
　　　　销售费用　　　　　　　　　　　　　500 000
　　　　管理费用　　　　　　　　　　　　　700 000
　　　　财务费用　　　　　　　　　　　　　300 000
　　　　税金及附加　　　　　　　　　　　　80 000
　　　　其他业务成本　　　　　　　　　　　600 000
　　　　营业外支出　　　　　　　　　　　　30 000
　　　　所得税费用　　　　　　　　　　　　360 000

将"本年利润"科目余额转入"利润分配——未分配利润"：
借：本年利润　　　　　　　　　　　　　　　1 080 000
　　贷：利润分配——未分配利润　　　　　　1 080 000

(二)利润分配及其核算举例

1. 利润分配。利润分配是指企业根据董事会的建议，最终通过股东大会的决议，对企业已实现的净利润按法定及相关规定部分留给企业、部分向投资者分配的过程。利润分配一般按以下顺序进行分配：首先按一定比例提取法定盈余公积；其次，经过股东大会同意后，企业可以提取任意盈余公积；最后，企业可以向投资者分配利润和股利。

2. 利润分配的核算。企业为了分配当期实现的利润，应设置"利润分配"科目。该科目应当下设"提取法定盈余公积""提取任意盈余公积""应付现金股利或利润"和"未分配利润"等明细科目进行核算,并按以下步骤实施:

企业按规定提取的盈余公积,借记"利润分配——提取法定盈余公积""利润分配——提取任意盈余公积"等科目,贷记"盈余公积——法定盈余公积""盈余公积——任意盈余公积"等科目。

当企业经股东大会或类似机构决议,分配给股东或投资者现金股利或利润时,借记"利润分配——应付现金股利或利润"科目,贷记"应付股利"或"应付利润"科目。分配给股东股票股利时,借记"利润分配——转作股本的股利"科目,贷记"股本"科目。

利润分配结束后,将"利润分配"科目所属其他明细科目的余额全部转入本账户的"未分配利润"明细科目。结转后,"利润分配"科目除"利润分配——未分配利润"明细科目外,其他明细科目无余额。

【例21】甲股份有限公司的股本为100 000 000元,每股面值1元。20×1年年初未分配利润为贷方80 000 000元,20×1年实现净利润50 000 000元。

假定甲公司按照20×1年实现净利润的10%提取法定盈余公积,按5%提取任意盈余公积,同时向股东按照每股0.2元派发现金股利,按每10股送3股的比例派发股票股利。20×2年3月20日,甲公司以银行存款支付了全部现金股利,新增股本也已经办理完股权登记和相关增资手续。甲公司的账务处理如下:

20×1年年度终了时,企业结转本年实现的净利润:
借:本年利润　　　　　　　　　　　　　　　　50 000 000
　　贷:利润分配——未分配利润　　　　　　　　　　50 000 000

提取法定盈余公积和任意盈余公积:
借:利润分配——提取法定盈余公积　　　　　　5 000 000
　　　　　　——提取任意盈余公积　　　　　　2 500 000
　　贷:盈余公积——法定盈余公积　　　　　　　　5 000 000
　　　　　　　——任意盈余公积　　　　　　　　2 500 000

结转利润分配的明细科目:
借:利润分配——未分配利润　　　　　　　　　7 500 000
　　贷:利润分配——提取法定盈余公积　　　　　　5 000 000
　　　　　　　——提取任意盈余公积　　　　　　2 500 000

甲公司20×1年年末在向股东实施利润分配前的"利润分配——未分配利润"科目的余额为:

$$80\,000\,000+50\,000\,000-7\,500\,000=122\,500\,000 \text{元}$$

即贷方余额为122 500 000元,反映企业的累计未分配利润为122 500 000元。

批准并宣告发放现金股利:
借:利润分配——应付现金股利　　20 000 000(100 000 000×0.2)
　　贷:应付股利　　　　　　　　　　　　　　　　20 000 000

20×2年3月20日,甲公司实际发放现金股利:

借：应付股利　　　　　　　　　　　　　　　　　20 000 000
　　贷：银行存款　　　　　　　　　　　　　　　　20 000 000
20×2年3月20日，甲公司实际发放股票股利：
借：利润分配——转作股本的股利　30 000 000（100 000 000×1×30%）
　　贷：股本　　　　　　　　　　　　　　　　　　30 000 000

☞ 小结

　　收入、费用和利润是基本的会计要素，对收入和费用的概念可以分别从广义和狭义的角度认识。本章分别阐述了收入和费用的概念、内容、特征和分类，系统介绍了收入、费用确认和计量的基本原理和方法，并通过例题讲解了有关收入和费用业务的会计核算。本章也阐述了利润的概念、构成和来源，并通过例题讲解了有关利润结转和利润分配业务的会计核算。

　　收入的确认和计量应遵循"五步法"模型：第一步，识别与客户订立的合同；第二步，识别合同中的单项履约义务；第三步，确定交易价格；第四步，将交易价格分摊至各单项履约义务；第五步，履行每单项履约义务时确认收入。

　　费用的确认主要遵循划分资本性支出与收益性支出和权责发生制两个原则。根据以下三种方式进行确认：按费用与收入的因果关系加以确认，按系统、合理的方法进行分配加以确认和直接确认。

　　利润的结转有账结法和表结法两种。利润分配的顺序是：首先按一定比例提取法定盈余公积；其次，经过股东大会同意后，企业可以提取任意盈余公积；最后，企业可以向投资者分配利润和股利。

☞ 关键名词

　　收入　合同　合同开始日　合同变更　履约义务　交易价格　单独售价　费用　利润

☞ 思考题

　　1. 收入的特征有哪些？怎么理解这些特征？
　　2. 收入确认和计量的"五步法"模型是什么？
　　3. 为了和国际会计准则趋同，我国财政部对收入准则进行了相应的修订，那么新旧收入准则的不同点是什么？实施新收入准则对企业的会计核算和经营发展带来什么影响？
　　4. 费用作为企业经济利益的流出是企业收入的抵减项目，因此，如何控制和减少费用将是企业必须面对的问题。而费用并不是孤立存在的，它与支出和成本有着密切的联系。试从费用、支出和成本三者之间的关系的角度，谈谈企业如何控制和减少费用。
　　5. 由于企业存在盈余管理的动机，在依照目前的会计准则进行会计处理所得出的会计利润并不能完全客观公允地反映企业真实经营成果，请说明你对利润指标的作用和局限性的理解。

☞ 练习题

一、判断题

1. 企业销售原材料、出租包装物和商品、出租固定资产等实现的收入应通过"其他业务收入"科目核算。（　　）
2. 如果劳务的开始和完成分属不同的会计年度，就应按已完成的工作量确定劳务合同的履约进度，进而确认收入。（　　）
3. 若发出的商品不符合收入确认的条件，但已经开出增值税发票，则应确认应交的增值税销项税额。（　　）
4. 企业为客户提供的现金折扣应在实际发生时冲减当期收入。（　　）
5. 企业在评估其因向客户转让商品而取得的对价是否有可能收回时，要考虑多种因素，其中包含客户到期时支付对价的能力和意图。（　　）
6. 确认和计量任何一项合同收入都必须经过五个步骤。（　　）
7. 企业发生的与专设销售机构相关的固定资产修理费用属于期间费用。（　　）
8. 主营业务成本按主营业务的种类进行明细核算，期末，将主营业务成本转入本年利润科目，结转后本科目无余额。（　　）
9. 收入类账户和费用类账户一般没有期末余额，但有期初余额。（　　）
10. 年度终了，如果企业发生亏损，不能将"本年利润"科目的本年累计余额转入"利润分配—未分配利润"科目。（　　）

二、单项选择题

1. 下列选项中属于收入的是(　　)。
   A. 转让固定资产所得　　　　B. 债券利息收入
   C. 从某企业得到一笔捐赠　　D. 对外提供劳务而预收的款项
2. 企业应当在履行了合同中的履约义务，即在(　　)时确认收入。
   A. 签订合同　　　　　　　　B. 发出商品
   C. 客户取得相关商品的控制权　D. 风险报酬转移
3. 以下选项中，属主营业务收入的是(　　)。
   A. 烟草公司销售香烟收入
   B. 工业企业销售原材料
   C. 水泥厂出租办公楼的租金收入
   D. 工业企业出租包装物的租金收入
4. 下列有关收入的特征描述中，不正确的是(　　)。
   A. 它是从企业日常经济活动中产生的
   B. 它可能导致资产的增加或者负债的减少
   C. 它有时也包含为第三方代收的部分款项
   D. 它最终会导致所有者权益增加

5. 下列各项中，不属于费用的是(　　)。
   A. 销售商品等经常性活动发生的成本
   B. 预计产品质量保修费用
   C. 企业发生的现金折扣
   D. 因违约支付的赔偿款
6. 下列各项中，不影响利润表中营业利润的是(　　)。
   A. 对产成品计提的资产减值损失
   B. 无法查明原因的现金缺失
   C. 管理不善导致原材料盘亏净损失
   D. 地震造成产品毁损净损失

三、多项选择题

1. 以下选项中，可能影响主营业务收入确认金额的有(　　)。
   A. 销售折让　　B. 现金折扣　　C. 销售退回　　D. 销售商品的数量
2. 下列关于折扣的说法错误的有(　　)。
   A. 现金折扣发生时计入财务费用
   B. 商业折扣是指债权人为鼓励债务人在规定的期限内付款而向债务人提供的债务扣除
   C. 涉及现金折扣的收入，应按照折扣前金额确认收入
   D. 商业折扣发生时计入销售费用
3. 按我国企业会计准则规定，下列项目中不应确认为收入的有(　　)。
   A. 销售商品收取的增值税　　　　B. 出售飞机票时代收的保险费
   C. 随商品单独出售的包装物　　　D. 销售商品代垫的运杂费
   E. 销售商品的价款
4. 企业取得收入会影响的会计要素有(　　)。
   A. 资产　　　　B. 利润　　　　C. 所有者权益　　D. 负债
   E. 费用
5. 下列各项中，不属于期间费用的有(　　)。
   A. 生产车间支付的办公费、水电费
   B. 生产车间管理人员的工资等职工薪酬
   C. 研发支出费用化的金额
   D. 借款利息费用资本化的部分
6. 在表结法下，年末结账后下列会计科目无余额的是(　　)。
   A. 主营业务收入　　　　　　　B. 所得税费用
   C. 本年利润　　　　　　　　　D. 利润分配——未分配利润

四、业务题

1. A公司在20××年9月发生以下经济业务：
   (1)3日，与B公司签订一项销售合同，合同规定A公司向B公司销售甲产品60件，售价为200元/件，成本为130元/件；销售乙产品80件，售价为300元/件，成本为220

元/件。当日货物已发出，发票也已开出，但货款尚未收到。

(2)5日，与C公司达成一项劳务合同，为C公司专门设计图纸，协议价格为150 000元，C公司全额预付款项。该图纸于本月28号交给C公司，C公司验收合格。

(3)8日，向广告公司D公司支付本月广告费用250 000元。

(4)12日，与E公司签订一项销售合同，合同规定对E公司赊销乙产品80件，售价为300元/件，成本为220元/件。为及早收回货款，在销售合同中规定的现金折扣条件为：2/10，1/20，n/30。（假定现金折扣不考虑增值税）

(5)16日，与F公司签订一项销售合同，合同规定对F公司销售A产品250件，售价为200元/件，成本为130元/件，但是考虑到丁公司是老顾客，且购货批量大，合同约定将给予F公司10%的商业折扣。当日货物已发出，发票也已经开出，并且已经收到了F公司的货款。

(6)23日，上月销售给G公司的甲产品因出现质量问题而出现了退货，该批货物共100件，售价200元/件，成本130元/件。当日支付了有关款项，并收回了这批货物。

(7)27日，E公司付款。

(8)30日，计提管理用固定资产折旧费50 000元，计算确定的银行借款利息100 000元，银行存款利息80 000元。

要求：

根据以上经济业务，编制甲公司的会计分录。假设甲公司适用的增值税税率为13%。

2. 乙公司20××年各损益类科目的年末余额如表5-2所示：（该企业年末一次结转损益类科目，假设无纳税调整事项，所得税税率为25%）

表 5-2

科目名称	结账前余额	
	借方	贷方
主营业务收入		6 800 000
主营业务成本	4 900 000	
销售费用	600 000	
管理费用	820 000	
财务费用	410 000	
投资收益		900 000
税金及附加	100 000	
其他业务收入		1 300 000
其他业务成本	800 000	
营业外收入		70 000
营业外支出	40 000	
所得税费用	350 000	

假设乙公司对净利润按10%提取法定盈余公积，按5%提取任意盈余公积，本年分配现金股利300 000元，股票股利400 000元。

要求：

（1）将各损益类账户进行年末结转，并编制会计分录。

（2）编制利润分配的分录。

☞ 案例讨论题

甲公司与客户签订信息化管理平台开发合同，开发内容分为三个阶段：第一阶段为基础建设阶段，总工期2个月，2018年7~8月；第二阶段为经济类模块开发阶段，总工期3个月，2018年9~11月；第三阶段为非经济类模块开发阶段，总工期3个月，2018年12月至2019年2月。每个阶段的开发活动均有详尽的内容罗列，第一阶段开发活动对客户不产生经济效益，仅为后续开发进行基础建设。每个阶段开发完毕后，客户验收通过后签署《竣工验收报告》。系统全部开发完毕到合同有效期止，甲公司负责免费对系统进行应用维护和技术支持，其他软件企业可提供类似服务。客户违约，需支付违约金20万元，且之前的已付合同款不退还。合同有效期：2018年7月1日至2020年3月31日。结算方式如下：合同总金额为200万元，在合同有效期内分5期支付。

1. 合同签订后7个工作日内，客户向甲公司支付第一笔合同款，占比30%，金额为60万元。

2. 第一阶段系统功能交付后，客户签署《竣工验收报告》7个工作日内，向甲公司支付第二笔合同款，占比10%，金额为20万元。

3. 第二阶段系统功能交付后，客户签署《竣工验收报告》7个工作日内，向甲公司支付第三笔合同款，占比25%，金额为50万元。

4. 第三阶段系统功能交付后，客户签署《竣工验收报告》7个工作日内，向甲公司支付第四笔合同款，占比25%，金额为50万元。

5. 《第三期系统竣工验收报告》经客户签字确认之日起一年后7个工作日内，客户向甲公司支付第五笔进度款，占比10%，金额为20万元。

附：根据合同具体条款与甲公司开发模块定价单计算后可知，第一阶段开发单独售价为30万元；第二、第三阶段开发单独售价均为95万元；后期的维护和技术支持单独售价为30万元。按照各阶段单独售价的相对比例分摊合同金额，各阶段合同价为：第一阶段24万元(200×30/(30+95+95+30))，第二、第三阶段均为76万元(200×95/(30+95+95+30))，维护和技术支持为24万元(200×30/(30+95+95+30))。

要求：

根据我国财政部颁布的《企业会计准则第14号——收入》(2017)中规定的收入确认和计量原则，分析甲公司何时确认收入？合同中的履约义务是什么？交易价格是多少？对于每项履约义务的收入是多少？

第六章 会计凭证

◎ 学习目标

通过本章学习，你应当能够：
1. 理解会计凭证的概念和作用；
2. 掌握会计凭证的分类方法；
3. 了解各种会计凭证的格式和基本内容；
4. 掌握会计凭证的填制和审核方法；
5. 了解会计凭证的传递程序和保管要求。

第一节 会计凭证的作用与种类

一、会计凭证的作用

会计核算的对象是会计主体的经济业务。为了保证所核算的经济业务真实、可靠和责任明确，对所有记入账户的经济业务，会计人员都必须确认其有可靠的文件来证明经济业务的发生。会计凭证(Source Documents)就是这种记录经济业务、明确经济责任、具有法律效力、作为记账依据的书面证明。

会计核算程序包括三个基本步骤：凭证—账簿—报告。填制和审核会计凭证是会计核算和监督单位经济活动的起点和基础，也是会计核算的专门方法之一，更是对经济业务进行日常监督的重要环节。

首先，单位办理任何一项经济业务，都必须按照规定的程序和要求，由执行或完成该项经济业务的有关人员取得或填制会计凭证，标明经济业务发生的日期、内容、数量和金额，并在会计凭证上签名、盖章，以明确经济责任，作为账务处理的第一手材料。

其次，所有会计凭证在填制或取得后，必须送交会计部门进行审核。只有经过审核无误的会计凭证，才能真正成为登记账簿的依据。

最后，因为会计凭证具有法律效力，它也是日后会计检查、会计监督的重要材料。通过审核会计凭证可以对此项经济业务的合法性、合理性进行监督，保证国家的法律、法规以及本单位有关制度的贯彻执行，维护会计主体的财产安全，保证企业利益相关者的合法权益。

会计凭证的填制和审核，对于如实反映和有效监督企业的经济活动，保证会计信息的真实完整具有十分重要的作用。

(一) 记录经济业务，提供真实和合法的经济信息

任何一项管理工作都离不开信息的收集、整理、保存和处理。会计信息作为经济信息

的重要组成部分，是企业管理信息系统不可缺少的一部分。一方面，会计凭证是经济信息的载体，是记录经济活动的最原始资料，它将企业日常发生的每一笔经济业务真实地记录下来，为了解每一项经济业务的具体完成情况提供依据，为经济活动的真实性、合法性提供佐证，并为审计提供原始资料与证据；另一方面，通过对会计凭证的加工、整理，提供会计主体内外各部门单位进行经营决策所需的会计信息，更好地为企业管理服务。

(二)为登记账簿提供合理、合法的依据

从凭证—账簿—报告的会计程序来看，会计账簿的记账依据来自会计凭证。从会计工作的基本原则来看，会计核算应当以实际发生的经济业务为依据，而这些实际发生的经济业务是由会计凭证提供的。因此，做好凭证的填制和审核工作是实现会计职能的基本前提。经济业务一旦发生，就必须取得或填制会计凭证，随着经济业务的执行和完成，反映业务执行情况的会计凭证会按照规定的程序最终传递到财务会计部门，经过审核之后成为登记账簿的基本依据，不但维护了会计主体的经济利益，还保证了所记录经济业务的合法性和合理性。

(三)明确经济责任，强化经济责任制

会计凭证记录了经济业务发生的时间、单位、名称、金额、数量等具体内容，以及相关人员和部门的签章。这样，就可以明确各经办单位或人员的经济责任，使得他们对经济业务的真实性、合法性负责，加强他们的责任感。尤其是当发生违法乱纪或其他不良行为时，可以凭借会计凭证来确定有关人员或部门的责任，找出失误或舞弊的源头，从而进行正确的裁决和处理。同时，通过会计凭证的传递，还可以形成各个经办人员之间的相互监督和相互牵制，实现基本的内部控制，以及时发现问题，分清责任。

(四)实行会计监督，控制经济活动

由于会计凭证是对经济业务发生和完成情况的纪录，在记账前都要对会计凭证进行严格的逐笔审核。因此，通过会计凭证，从宏观上可以检查经济业务的合法性和合规性，极大地发挥会计在监督和保护国家、企业财产的安全中的重要作用；从微观上看可以检查企业是否执行了企业业务经营、财务收支的方针、计划及预算的规定，可以及时发现企业经济管理上存在的问题和内部控制上存在的漏洞，并及时加以制止和纠正，改善经营管理，提高经济效益，控制企业经济活动。

二、会计凭证的种类

由于各个企业所处的行业不同，相应的经济业务也不相同。作为记录、反映和监督这些经济活动载体的会计凭证也是各种各样的。会计凭证可以按不同的标准进行分类。无论是纸质版凭证还是电子版凭证，根据实际会计核算工作的需要，最基本的分类是按照会计凭证的填制程序和用途进行分类，即将会计凭证分为原始凭证和记账凭证两大类。

(一)原始凭证

原始凭证是指在经济业务发生或完成时所取得或填制的，载明经济业务具体内容和完成情况，明确业务经办人员责任的书面证明，是进行会计核算的原始资料和依据，如发票、收据、银行结算凭证、领料单等。原始凭证与记账凭证相比，有较强的法律效力，是经济业务发生的第一手资料。原始凭证的种类、格式多种多样，也可以按照不同标准进行分类。

1. 按原始凭证的来源不同划分

原始凭证按其来源不同，可分为外来原始凭证和自制原始凭证。

(1) 外来原始凭证。它是指与外部单位发生经济业务时，从外部单位取得的原始凭证。如企业购买材料或存货时供应单位开来或在网站上自助取得的"增值税专用发票"(如表 6-1、图 6-1 所示)、"购货发票(发货票)"(如表 6-2 所示)和银行进账单(如 6-3 表所示)、企业归还欠款时由收款单位或个人开来的"收据"(如表 6-4 所示)等。

表 6-1　　　　　　　　　　　　**增值税专用发票**

开票日期：20××年　　　月　　　日　　　　发票联　　　　　　　　　　No：

购货单位	名称				纳税人登记号			
	地址电话				开户银行及账号			
货物或应税劳务名称	计量单位	数量	单价	金　额 百 十 万 千 百 十 元 角 分	税率 %	金　额 百 十 万 千 百 十 元 角 分		
合计								
价税合计	(大写) 百 十 万 千 百 十 元 角 分 (小写) ¥							
销货单位	名称				纳税人登记号			
	地址电话				开户银行及账号			
备注								

收款人：　　　　　　复核：　　　　　　开票人：　　　　　销货单位(未盖章无效)：

图 6-1　增值税普通发票电子版

表 6-2 购 货 发 票
（发 货 票）

购货单位：　　　　　　　　　　　　　　　　　开票日期：　20××年　月　日

合同号		开户银行地址及名称			付款单位账号										本发票无财务结算戳记
名称及规格		单位	数量	单价	金　额										
					百	十	万	千	百	十	元	角	分		
核收增值税17%　　　元，管理费　　　%　　元															
合计金额（大写）															出纳收款员：

发货仓库：　　　发料人：　　　提货方式：　　　提货人：　　　会计：　　　制单：

表 6-3 中国××银行进账单(回单或收款通知)

付款人	名　称		收款人	名　称									
	账　号			账　号									
	开户银行			开户银行									
人民币（大写）				千	百	十	万	千	百	十	元	角	分
票据种类			收款人开户行盖章										
票据张数													
主管　　　　会计　　　　复核　　　　记账													

表 6-4 收　据
20××年　月　日

收款单位_____收款方式_____
人民币(大写)_____¥_____
收款事由_____

（2）自制原始凭证。它是指由本单位经办业务的部门和人员在执行或完成某项经济业务时自行填制的凭证。如仓库保管人员在验收入库材料时填制的"收料单"（如表6-5所示)、在完工产成品入库时填制的"产品入库单"(如表6-6所示)、车间向材料仓库领取材料时填制的"领料单"(如表6-7所示)等。在信息化环境下,企业各业务部门可以通过授权实现信息共享。

表6-5　　　　　　　　　　　　　　　收　料　单

收料部门:　　　　　材料类别:　　　20ＸＸ 年 月 日 收料仓库:　　　　编号:

材料编号	名称	规格	单位	数量	单价	总值	备注
合　计							

主管:　　　　　　　记账:　　　　　　　　　　　仓库保管:

表6-6　　　　　　　　　　　　　　　产品入库单

　　　　　　　　　　　　　　　　　　　　　　　　　　　　　编　号:

交库单位:　　　　　　　　　20ＸＸ年 月 日　　　　产品仓库:

产品编号	产品名称	规格	单位	交付数量	检验结果		实收数量	单价	金额
					合格	不合格			
备　注									

记账:　　　　　检验:　　　　　仓库:　　　　　经手:

表6-7　　　　　　　　　　　　　　　领　料　单

　　　　　　　　　　　　　　　　　　　　　　　材料类别:

领料部门:　　　　　　　　　　　　　　　　　　发料仓库:

用　途:　　　　　　　　　20ＸＸ年 月 日　　　编　号:

材料编号	材料名称	规格	单位	数量		计划单价	金额
				请领	实发		

主管:　　　　　记账:　　　　　　仓库保管:　　　　　　领料人:

2. 按原始凭证的填制手续和方法不同划分

原始凭证按其填制手续和方法不同可分为一次凭证、累计凭证、汇总原始凭证和记账编制凭证四类。

(1)一次凭证,也称一次有效凭证。它是指对一项经济业务或若干项同类性质经济业务,在其发生或完成时,一次填制完毕的原始凭证,填制完成则凭证手续也同时完成。如收据、入库单、领料单、发货票、借款单、差旅费报销单(如表6-8所示)、银行结算凭证等。一次凭证只能反映一笔经济业务的内容,绝大多数业务的原始凭证都是一次凭证。

表6-8　　　　　　　　　　　　　　差旅费报销单

出差人姓名：　　　　　职别：　　　　级别：　　　　出差事由：　　　　出差起止日期：

起止日期	车船机票			未购卧铺补贴	出差补助费			宿费	市内交通	其他	合计金额
	种类	起止地点	金额		天数	标准	金额				
自 年 月 日至 年 月 日											
自 年 月 日至 年 月 日											
自 年 月 日至 年 月 日											
合　计											

合计：人民币(大写)　　　　　　　　　(小写)¥　　　　　　核准金额：¥

备　注

(2)累计凭证,也称多次有效凭证。它是指在一定时期内连续在一张凭证中记录若干项同类经济业务的会计凭证,其填制手续是随着经济业务的发生而分次进行的。如制造企业常常使用的限额领料单(如表6-9所示),在限额领料单中标明了某种材料在规定期限内的领料限额,用料单位每次领料及退料,都要由经办人员在限额领料单上逐笔记录并签章,最后结算出限额结余。还有商业企业在收购农副产品或废旧物资时使用的收购单也属于累计凭证。使用累计凭证,平时随时登记发生的经济业务,并于期末计算累计数,将其作为记账的依据,可以简化核算手续,并能对材料消耗、成本管理起事先控制作用,是企业进行计划管理的重要手段之一。

表6-9　　　　　　　　　　　　　　限额领料单

　　　　　　　　　　　　　　　　　　　　　　　　　材料类别：
领料部门：　　　　　　　　　　　　　　　　　　　　发料仓库：
用　　途：　　　　　　　20××年　月　日　　　　编　号：

材料编号	材料名称	规格	计量单位	领用限额	实际领用			备注
					数量	单价	金额	

日期	请领		实发			退回			限额节余(超支)
	数量	负责人	数量	发料人	领料人	数量	收料人	退料人	

生产计划部门负责人：　　　供应部门负责人：　　　发料人：　　　领料人：

(3)汇总原始凭证,也称原始凭证汇总表。它是指把一定时期内反映经济业务内容相同的若干张原始凭证,按照一定标准汇总以集中反映某项经济业务发生情况的一张汇总原始凭证。如月末根据月份内所有领料单汇总编制的发料凭证汇总表(如表6-10所示)、收料凭证汇总表、现金收入汇总表等都是汇总原始凭证。汇总原始凭证合并了同类型的经济业务,简化了核算手续,减少了记账的工作量,提高了核算工作效率,且能够使核算资料更为系统化,核算过程更为条理化,能够直接为管理提供某些综合指标,因此它在大中型企业中使用得非常广泛,但它本身不具备法律效力。汇总原始凭证所汇总的内容,只能是同类经济业务,不能汇总两类或两类以上的经济业务。

表 6-10　　　　　　　　　　　发料凭证汇总表

会计科目	领料部门	原材料	燃料	合计
基本生产成本	甲产品			
	乙产品			
	小　计			
辅助生产成本	动力车间			
	机修车间			
	小　计			
制造费用				
管理费用				
合　计				

会计主管:　　　　　　复核:　　　　　　制表:

(4)记账编制凭证。企业的原始凭证一般都是以实际发生或完成的经济业务为依据,由经办人员填制并签章,但有些原始凭证则是根据账簿记录的结果和经济业务的需要,把某一项经济业务加以分类、整理而重新编制的,这类自制原始凭证就是记账编制凭证。如在计算产品成本时,编制的制造费用分摊表(如表6-11所示)、制造费用分配表(如表6-12所示)就是根据制造费用明细账记录的数字按费用的用途编制的,月末根据"应付职工薪酬"账户归集本月发生的工资费用编制的工资费用分配表也属记账编制凭证。

3. 按原始凭证格式不同划分

原始凭证按其不同的格式可分为通用凭证和专用凭证。

(1)通用凭证。它是指由有关部门统一印制、在一定范围内使用的具有统一格式和使用方法的原始凭证。如某省(市)印制的"发货票""收据"等,在该省(市)通用;由人民银行制作的银行转账结算凭证,在全国通用等。

(2)专用凭证。它是指单位自行印制,仅在本单位内部使用的、有专门用途的原始凭证。如"领料单""差旅费报销单""折旧计算表""工资费用分配表"等。

表 6-11   制造费用分摊表
20××年 月 日起   年 月 日止   厂别：

费用项目	辅助车间应分摊的费用					生产车间应分摊的费用					合计
	加工	维修	供电	供水	……	一车间	二车间	三车间	四车间	……	
间接人工											
物　料											
燃　料											
运输费用											
修理费用											
福利费											
招待费											
差旅费											
租　金											
保险费											
折　旧											
低值易耗品											
研究试验费											
其他费用											
合　计											

表 6-12   制造费用分配表
20××年 月 日

应借科目		生产工时	分配率	分配金额
生产成本	A 产品			
	B 产品			
合　计				

4. 按原始凭证填写手段不同划分

传统的原始凭证都是由业务人员或会计人员手工填制的。但随着计算机的普及，越来越多的原始凭证通过计算机打印来完成填制，如火车票、飞机票等。所以，按照原始凭证填写手段不同可分为手工填制原始凭证和机打填制原始凭证。

(二) 记账凭证

记账凭证又称记账凭单，是由会计人员根据审核无误的原始凭证或原始凭证汇总表，按账簿登记的要求归类整理，指明账户的名称、记账方向和金额，作为登记账簿直接依据的一种会计凭证。根据会计核算程序，在登记账簿之前，应按实际发生的经济业务内容编制会计分录，然后据以登记账簿。在实际工作中，会计分录就是以填制记账凭证的方式来完成的，且填制好具有统一格式的记账凭证之后，还要将相关的格式不一、数量繁多的原始凭证附在其后，这样有利于原始凭证的保管，便于账簿的登记和对账、查账和减少差错的发生。

记账凭证是根据原始凭证填制的，可以根据不同的分类标准进行划分。

1. 按记账凭证填制方法的不同划分

记账凭证按其填制方式不同，可以分为复式记账凭证和单式记账凭证两大类。

(1)复式记账凭证，又称为多科目记账凭证，即将某项经济业务所涉及的全部会计科目集中填列在一张记账凭证上。复式记账凭证的主要优点在于：集中反映账户的对应关系，便于了解经济业务的来龙去脉，减少记账凭证的张数，便于凭证的分析和审核；而缺点在于：不便于对会计科目的发生额同时进行汇总、归类、计算和整理，也不便于会计人员分工记账。大部分单位一般使用复式记账凭证。

(2)单式记账凭证，也称单科目记账凭证，即将某项经济业务所涉及的每个借方科目和贷方科目，分别编制借项凭证和贷项凭证。填列借方科目的称为借项记账凭证(如表6-13所示)，填列贷方科目的称为贷项记账凭证(如表6-14所示)。也就是说，每张单式记账凭证只填列一个会计科目，其对方科目仅供参考，不据以记账，某一项经济业务的会计分录都要按其所涉及的会计科目，分散填制，一笔经济业务涉及几个会计科目就要填列几张记账凭证。

表6-13　　　　　　　　　　　　　　　**借项记账凭证**
对应科目：原材料　　　　　　20××年　月　日　　　　编号 6 1/2　附件　　张

摘要	一级科目	明细账户	金额	记账
厂部领用A材料	管理费用	维修费	3 000	√

会计主管：　　　　记账：　　　　出纳：　　　　审核：　　　　制证：

表6-14　　　　　　　　　　　　　　　**贷项记账凭证**
对应科目：管理费用　　　　　20××年　月　日　　　　编号 6 1/2　附件　　张

摘要	一级科目	明细账户	金额	记账
厂部领用A材料	原材料	A材料	3 000	√

会计主管：　　　　记账：　　　　出纳：　　　　审核：　　　　制证：

采用单式记账凭证时,每项经济业务要填制两张或两张以上的记账凭证,因此在编号时,对记录同一项经济业务的记账凭证应使用同样的顺序号,并在顺序号后面用分数形式表示共有几张凭证。如所列第一项经济业务有两张记账凭证,其编号为 1 1/2。

单式记账凭证的优点在于:便于会计人员分工记账;便于同时对每一会计科目的发生额进行汇总计算。缺点在于:由于凭证张数较多,填制工作量大,且不便于从一种记账凭证中反映经济业务的全貌及会计科目之间的对应关系,出现差错也不易查找。单式记账凭证一般适用于业务量较大、会计部门内部分工较细的单位。

2. 按记账凭证的用途不同划分

此处的记账凭证主要是指复式记账凭证,即复式记账凭证按其用途不同,可分为专用记账凭证和通用记账凭证。

(1)专用记账凭证。它是专门用于记录某一类经济业务的记账凭证,换而言之,即记录不同性质的经济业务,要采用不同格式的记账凭证。专用记账凭证按其反映经济业务内容的不同,又可以分为收款凭证、付款凭证和转账凭证三种。这种划分方法是基于记账凭证所反映的经济业务是否与现金、银行存款有关这一点来考虑的。在实际工作中,为了便于识别,避免差错,提高工作效率,各种专用记账凭证通常采用不同颜色的纸张印刷。

收款凭证(如表 6-15 所示)是用来记录现金与银行存款收入业务的记账凭证,是根据现金和银行存款收入业务的原始凭证编制的。如以现金或银行存款收到货款等。收款凭证是登记现金日记账和银行存款日记账以及有关明细账和总分类账的依据,也是出纳人员收入款项的依据。在实际的会计工作中,出纳人员根据现金或银行存款收款原始凭证收取款项,同时应在凭证上加盖"收讫"戳记,以避免差错,而且尽管现金和银行存款的收款凭证格式相同,仍将它们分两类编号,即把收款凭证进一步划分为现金收款凭证和银行存款收款凭证两种。其中,现金收款凭证是根据现金收款业务原始凭证填制的收款凭证;银行存款收款凭证是根据银行存款收款业务原始凭证填制的收款凭证。

需要说明的是,在各种记账凭证中,账页栏只有在根据记账凭证登记账户时才予以记载。

表 6-15

收 款 凭 证

20××年 月 日

总字第 号
现收字第 号

借方账户:库存现金

附件 张

摘要	贷方账户		金额	记账
	一级账户	明细账户		
合 计				

会计主管:　　　　记账:　　　　出纳:　　　　审核:　　　　制证:

付款凭证(如表6-16所示)是专门用来记录货币资金付出业务的凭证,根据现金和银行存款付出业务的原始凭证填制而成。与收款凭证类似,付款凭证也是登记现金日记账和银行存款日记账以及有关明细账和总分类账的依据,是出纳人员付出款项的依据。出纳人员应根据经过主管人员核准的现金或银行存款付款原始凭证支付款项,同时应在凭证上加盖"付讫"戳记,以避免重复付款。现金付款凭证和银行存款付款凭证的格式也是一样的,但在实际工作中也将它们分类编号,即付款凭证又可根据记录的具体对象不同区分为现金付款凭证和银行存款付款凭证两种。其中,现金付款凭证是根据现金付款业务原始凭证编制的付款凭证;银行存款付款凭证是根据银行存款付款业务原始凭证编制的付款凭证。

需要强调的是,虽然收款凭证和付款凭证是根据现金、银行存款收付业务的原始凭证编制的,但出纳人员必需按照企业内部控制程序的要求进行收付款项,以加强对货币资金的管理,有效地监督货币资金的使用情况。

表6-16

付 款 凭 证

20××年 月 日

总字第 号
银付字第 号
附件 张

贷方账户:银行存款

摘　要	借方账户		金额	记账
	一级账户	明细账户		
合　计				

会计主管:　　　　记账:　　　　出纳:　　　　审核:　　　　制证:

转账凭证(如表6-17所示)是用来反映非货币资金业务的凭证,是根据转账业务,即不涉及现金和银行存款收付业务的原始凭证、汇总原始凭证或记账编制凭证填制的专用凭证,如仓库领料、分配费用等。转账凭证是登记有关明细账和总分类账的依据。

特别注意的是,如果某项经济业务只涉及现金与银行存款之间的相互划转,如将现金存入银行或从银行提取现金的业务,惯例上统一按减少方编制付款凭证,不编制收款凭证,以避免重复记账。

因此,从明细划分来看,按现金收款凭证、银行存款收款凭证、现金付款凭证、银行存款付款凭证,再加上转账凭证,把专用凭证划分为五类。"收款凭证""付款凭证"和"转账凭证"是最为常见的记账凭证。

(2)通用记账凭证(如表6-18所示)。通用记账凭证是不分收款、付款、转账业务,而是全部业务采用通用的一种记账凭证,采用顺序连续编号。通用记账凭证的格式与专用记账凭证中的转账凭证相同,收款、付款和转账业务都使用一种凭证。对于规模比较小的会计主体,由于其经济业务比较少,会计人员的数量也比较少,对于记账凭证不需要按专用凭证那样划分，而只使用单一的记账凭证即可。

表 6-17

转 账 凭 证

20××年 月 日

总字第　　号
转字第　　号
附件　　张

摘　　要	一级账户	明细账户	借方金额	贷方金额	记账
合　　计					

会计主管：　　　　记账：　　　　出纳：　　　　审核：　　　　制证：

表 6-18

记 账 凭 证

20××年 月 日

总字第　　号
分字第　　号
附件　　张

摘　　要	一级账户	明细账户	借方金额	贷方金额	记账
合　　计					

会计主管：　　　　记账：　　　　出纳：　　　　审核：　　　　制证：

3. 按记账凭证所包括的内容划分

记账凭证按所包括的内容可分为单一记账凭证、汇总记账凭证和科目汇总表。

（1）单一记账凭证，是指只包括一笔会计分录的记账凭证。上述的专用记账凭证和通用记账凭证都属于单一记账凭证。单一记账凭证一般是登记日记账、明细账的重要依据，同时也是在记账凭证核算形式下登记总分类账的直接依据。

（2）汇总记账凭证，是指把一定时期内同类经济业务的单一记账凭证加以汇总而重新编制的记账凭证。其目的是为了简化登记总分类账的手续。包括现金汇总收款凭证、银行存款汇总收款凭证、现金汇总付款凭证、银行存款汇总付款凭证和汇总转账凭证（如表6-19、表6-20、表6-21所示）。一般情况下，汇总记账凭证只有在汇总记账凭证核算形式下需要编制，它是登记总分类账的直接依据。

（3）科目汇总表（如表 6-22 所示），又称记账凭证汇总表、账户汇总表，是指根据一定时期内所有的记账凭证定期加以汇总而重新编制的记账凭证。就本质上而言，科目汇总表也是汇总记账凭证的一种，其目的是为了简化登记总分类账的手续。一般情况下，科目汇总表只有在科目汇总表核算形式下需要编制，它是登记总分类账的直接依据。

表6-19　　　　　　　　　　　汇总收款凭证
借方科目：　　　　　　　　　　　　　　　　　　　　　　　　汇收字第　号

贷方科目	金额				总账页数	
	1—10日 第　号至第　号	11—20日 第　号至第　号	21—30日 第　号至第　号	合计	借方	贷方

表6-20　　　　　　　　　　　汇总付款凭证
贷方科目：　　　　　　　　　　　　　　　　　　　　　　　　汇付字第　号

借方科目	金额				总账页数	
	1—10日 第　号至第　号	11—20日 第　号至第　号	21—30日 第　号至第　号	合计	借方	贷方

表6-21　　　　　　　　　　　汇总转账凭证
借方科目：　　　　　　　　　　　　　　　　　　　　　　　　汇转字第　号

贷方科目	金额				总账页数	
	1—10日 第　号至第　号	11—20日 第　号至第　号	21—30日 第　号至第　号	合计	借方	贷方

表6-22　　　　　　　　　　　科　目　汇　总　表
　　　　　　　　　　　　　　　　20××年　月　　　　　　　　　　　　　　　第　号

会计科目	总账页数	本期发生额		记账凭证起讫号数
		借方	贷方	
银行存款				
应收账款				
原材料				
生产成本				
应付账款				
……				
合　计				

会计凭证的分类综合表示如图 6-2 所示：

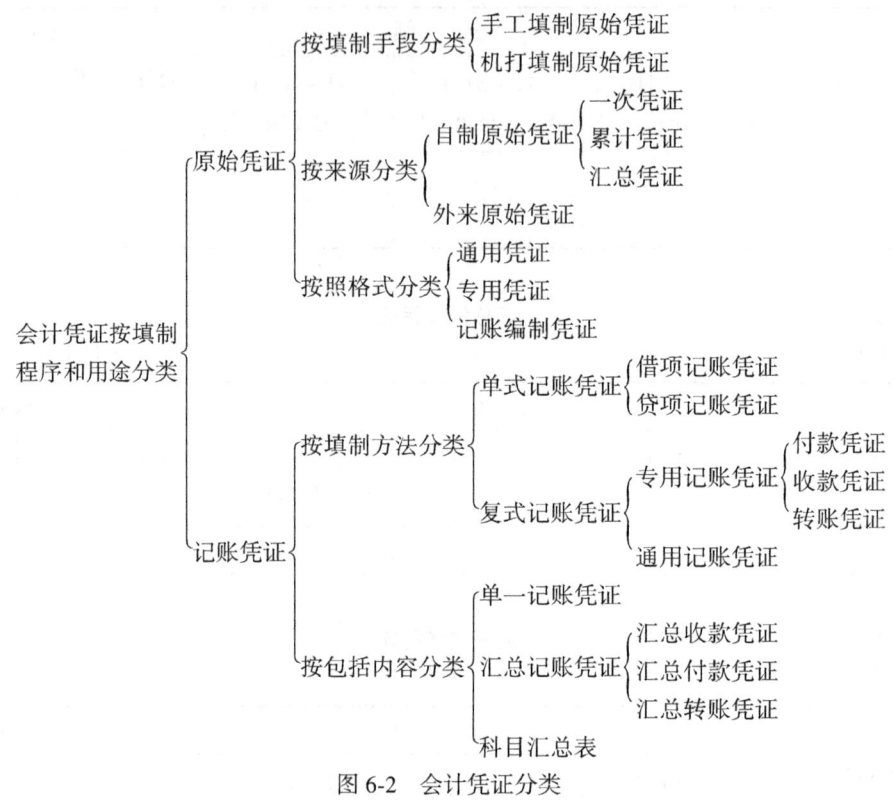

图 6-2　会计凭证分类

第二节　原始凭证的填制与审核

一、原始凭证的填制

（一）原始凭证的基本内容

在现实经济生活中，由于企业的经济业务复杂多样，因而记录经济业务的各种原始凭证也不尽相同。但是，原始凭证作为反映经济业务已经发生或完成的原始证明，必须具备说明经济业务发生或完成情况、明确有关人员经济责任等基本内容。因此，无论原始凭证的格式和外表形状如何变化，但就基本内容来看都基本相同。

1. 原始凭证的名称

原始凭证的名称表明原始凭证所记录的经济业务类型，反映原始凭证的用途。如"收料单"表明仓库收到了购入的原材料并已验收入库，"领料单"表明企业内部某职能部门向仓库领用材料的业务，"发票"表明企业的销售或采购业务等。

2. 凭证填制日期

填制原始凭证的日期应该是经济业务发生或完成的日期。如果在业务发生或完成时，

第二节 原始凭证的填制与审核

因各种原因未能及时填制原始凭证的，应以实际填制日期为准。如在领料单上要写明填制领料单的日期，以备考查。

3. 凭证的编号

出票单位填制原始凭证应该按照业务发生时间的先后顺序填制。一方面便于统计业务发生的总量，另一方面便于日后核查。填写失误的凭证或退回的凭证也必须完整保留，防止舞弊行为。

4. 交易双方单位的名称

一份完整的原始凭证应该能载明交易双方单位的名称，以便准确地反映双方的经济责任，否则就很难追查其真实性。如"××公司""××商场"等，单位名称要写全称，不得省略。

5. 经济业务的基本内容

包括所发生经济业务的摘要、名称、规格及有关附注说明等内容。

6. 经济业务所涉及的数量、单价和金额

如领料单上要有计量单位、数量、单价和金额等，这些不仅是记账所必需的资料，也是检查业务的真实性、合理性和合法性所必需的。

7. 填制单位及有关人员的签章

如领料单上应有主管人员、记账人员、领料单位负责人、领料人和发料人的签名或签章，这是明确经济责任所必需的。

以上这些只是原始凭证的基本内容，是原始凭证的共同特征，对于一些特殊的原始凭证，还应当符合一定的附加条件。例如：

（1）外来原始凭证应该使用统一的发票，发票上应该印有税务专用章，必须加盖开票单位的公章，但几种公认的特殊外来原始凭证例外，如火车票、机票、汽车票等。

（2）支付款项的原始凭证，必须要有收款单位和收款人的收款证明，不能仅仅以支付款项的有关凭证代替。

（3）购买实物的原始凭证，必须附有验收证明。

（4）销售货物并发生退回时，必须以退回发票、退回验收证明和对方的收款收据作为原始凭证。

（5）职工暂借款时填制的借款单，必须附在记账凭证后。收回借款时，应该另外开收据或者退还借款副本，不得退还原借款凭证。

（6）需经有关部门批准办理的某些特殊业务，应将批准文件作为原始凭证的附件，若批准文件需单独归档，应在凭证上注明批准机关名称、日期和文件字号。

在实际工作中，各会计主体可以根据经济业务的特点和本单位会计核算和管理的需要，按照原始凭证应当具备的基本内容和补充内容，设计和使用适合本单位的各种原始凭证，以充分发挥原始凭证的作用。对于在一定范围内经常发生的同类经济业务，可以由有关主管部门设计统一的原始凭证格式。例如，由税务部门统一印制的增值税专用发票、交通部门统一印制的运费单据、中国人民银行统一印制的结算凭证等。这样可以加强宏观管理，防止舞弊等违法行为的发生。

(二)原始凭证的填制要求

根据我国《会计基础工作规范》第四十八条的规定和要求，在填制原始凭证时，总体上必须符合的基本要求是：内容真实与完整；填写方法规范；填制时间及时。由于原始凭证是一种具有法律效用的证明文件，在填制时需要符合下列的具体要求：

1. 遵纪守法

凭证所反映的经济业务必须合法，必须符合国家有关政策、法令、规章、制度的要求。不符合以上要求的，不得作为原始凭证。

2. 记录真实

填制在凭证上的内容和数字，必须真实可靠，要符合有关经济业务的实际情况，不得扭曲经济业务的真相，弄虚作假。同时，填制原始凭证时要注意：购买实物的原始凭证必须有验收证明；支付款项的原始凭证必须有收款单位和收款人的收款证明。对于实物的数量质量检验和金额计算，都要经过严格的审核。从外单位取得的原始凭证若有遗失，应取得原签发单位盖有财务专用章的证明，并证明原来凭证的编号、金额和内容等，经单位负责人审批之后，可代作原始凭证。对于确实无法取得证明的，如火车票、飞机票等凭证，由当事人写出详细情况，由经办单位负责人批准后，可代作原始凭证。

3. 内容完整

凭证中的各项内容，包括基本内容和补充内容都要详尽地填写齐全，不得漏填或省略不填。如果项目填写不全，则不能作为经济业务的合法证明，也不能作为有效的会计凭证。需要填写一式数联的凭证必须用复写纸套写，各联的内容必须完全相同，联次也不得短少；手续必须完备，经办业务的有关部门和人员要认真审查并签名盖章；有附件的必须注明附件的自然张数，其有效金额必须相等。各种附件应附在原始凭证背面。如凭证数量较多，应从原始凭证右上角起按自右向左顺序重叠粘贴，不得遮盖报销金额。

4. 经办人员和有关责任人的签章齐备

为了明确经济责任，原始凭证必须有相关经办人员或部门的签章；从外单位取得的原始凭证必须盖有填制单位的财务专用章；发票必须有税务部门监制印章；收据必须有财政部门监制印章；从个人取得的原始凭证必须有当事人的签名或者盖章；自制原始凭证必须有经办单位领导或者其指定的人员签名或盖章；对外开出的原始凭证必须加盖本单位财务专用章。

5. 格式规范

各种凭证的书写要用蓝黑墨水，文字要简要，若要填制一式几联的原始凭证时，可以用圆珠笔加双面复写纸复写，各联字迹必须保持清晰，易于辨认，属于套写的凭证，一定要写透，不要上面清楚，下面模糊。不得使用未经国务院公布的简化字。

6. 大小写金额的书写符合规格

凡涉及填有大写和小写金额的原始凭证大写与小写金额必须相符，大小写金额数字要符合规格，正确填写。

（1）大写金额数字应一律使用壹、贰、叁、肆、伍、陆、柒、捌、玖、拾、佰、仟、万、亿、元、角、分、零、整等，不得乱造简化字；大写金额中有角分的、元以下不写"整"字，其余一律在末尾加"整"字。大写金额前还应加注币值单位，注明"人民币""港元""美元"等字样,且币值单位与金额数字之间不得留有空隙。银行结算制度规定的结算凭证、预算的缴款凭证、拨款凭证、发票、收据、提货单、运单、合同、契约以及其他规定需要填列大写金额的各种凭证,必须有大写的金额,不得仅填写小写金额而漏填大写金额。

(2) 对阿拉伯数字要逐个写清楚,不得连写。合计的阿拉伯数字前应填写货币币种符号或名称,如人民币符号为"¥",港币符号为"HKD",美元符号为"USD"等。

(3) 所有以元为单位的阿拉伯数字金额,除了表示单价等情况外,一律填写到分;无角分的,角位和分位可以写作"00";有角无分的,分位应该写"0"。

(4) 阿拉伯数字金额中间有"0"或连续几个"0"时,大写金额中可以只写一个"零"字,如小写金额¥1001.50,汉字大写金额应为人民币"壹仟零壹元伍角"。

7. 各种凭证不得随意涂改、乱擦、挖补

填写错误需要更正时,应用画线更正法,即将错误的文字和数字,用红色墨水画线注销,再将正确的数字和文字用蓝字写在画线部分的上面,并签字盖章。提交银行的各种结算凭证的大小写金额一律不得涂改。

8. 各种凭证必须编号,以便查证

各种凭证如果已经预先印定编号,在写坏作废时,应当加盖"作废"戳记,并全部保存,不得撕毁。一式几联的原始凭证应当注明各联的用途,只能以一联作为报销凭证。一式几联的发票和收据,必须用双面复写纸套写连续编号。作废时应当加盖"作废"戳记,连同存根一起保存,不得撕毁。

9. 编制及时

各种原始凭证的填制应该及时,要在经济业务发生、执行或完成时即予以填制,不可拖延时日,以防事过境迁,记忆模糊,出现差错,难以查清。

10. 所有原始凭证都应按照规定程序进行填写

在填写时间上,一般应在业务发生结束时及时填写,及时送交财会部门,由财会部门及时审核,并据以编制记账凭证;发生销货退回时,除填制退货发票以外,还必须有退货验收证明;退款时,必须取得对方的收款收据或者汇款银行的凭证,不得以退货发票代替收据;对职工开出的借款凭证,必须附在记账凭证之后。收回借款时,应当另开收据或者退还借据副本,不得退回原借据收据;经上级有关部门批准的经济业务,应当将批准文件作为原始凭证附件。凭证文件需要单独归档的,应当在凭证上注明批准机关名称、日期和文件号。

二、原始凭证的审核

审核原始凭证是正确组织会计核算和进行会计检查的一个重要环节,也是实行会计监督的一个重要手段。为了正确地反映和监督各项经济业务,保证核算资料的真实、准确和合法,会计部门和经办业务的有关部门,必须对原始凭证进行严格而认真的审核。

(一) *原始凭证审核的主要内容*

为了防止不符合填制要求的原始凭证影响会计信息的质量,由会计部门对一切外来的和自制的原始凭证进行严格的审核。原始凭证的质量直接关系到会计核算工作的质量。各种原始凭证除由经办业务的有关部门审核外，最后还要由会计部门进行审核。及时审核原始凭证，是对经济业务进行的事前监督。在审核原始凭证时，必须要注意审核原始凭证的合规性、完整性、正确性。

1. 审核原始凭证的合法性、合规性和真实性

审核人员首先须审核原始凭证所反映的经济业务是否符合现行的法律、法规、政策、法令、制度、计划、预算和合同；是否符合本单位制定的有关规则、规章、预算和计划的要求；是否如实反映了经济业务的本来面貌。审核有无违反规定的开支标准而乱支乱用、随意扩大费用开支范围的情况，有无弄虚作假、贪污舞弊、违法乱纪的行为。

如有违反合法性、合规性和真实性原则的情况，要向本单位领导汇报，提出拒绝执行的意见。必要时，可向上级领导机关反映情况。对于弄虚作假、营私舞弊、伪造涂改凭证等违法乱纪行为，必须及时揭露，并向有关领导汇报。只有经过审核无误的原始凭证，才能作为填制记账凭证、登记账簿的依据。

2. 审核原始凭证的完整性

审核人员还须审核原始凭证是否具备作为合法有效凭证所必须具备的基本内容。原始凭证的格式、内容和填制手续是否符合规定的要求，即各项内容是否填写齐全，手续是否完备，文字和数字是否填写清楚，有关部门单位和经办人员是否已签字盖章，是否经过主管人员审批同意，对填制给外单位的原始凭证应在凭证上加盖本单位财务专用章等。对于内容填列不全、手续不完备、书写不清楚的原始凭证应退回补办手续或更正后，才能据以办理有关业务并登记入账。

3. 审核原始凭证的正确性

审核原始凭证的正确性主要是看原始凭证中的中文摘要和数字是否填写清楚、正确，数量、单价、金额的计算有无差错，大写和小写的金额是否相符等。会计人员对于填写不清楚或有误的原始凭证，应退给原经办人员更正后才能受理。

(二) 原始凭证审核后的处理

1. 对于符合合法性、合规性、真实性、完整性和正确性要求的原始凭证

对于符合合法性、合规性、真实性、完整性和正确性要求的原始凭证，应该按照规定及时办理有关会计手续，填制相应的记账凭证，并作为有关附件粘贴于记账凭证后，以备查核。

2. 对于符合合法性、合规性、真实性但不够完整、正确的原始凭证

对于符合合法性、合规性、真实性但不够完整、正确的原始凭证，应该暂缓办理会计手续，退回给有关的责任人和经办人，责令其改正或补办。

3. 对于内容完整、正确但不符合合法性、合规性的原始凭证

对于内容完整、正确但不符合合法性、合规性的原始凭证，应该按照有关规定拒绝办理会计手续，责令经办人员自行承担后果；同时，对于弄虚作假、营私舞弊的违法乱纪行为，应该及时向有关主管机关和责任人报告，请求严肃处理。

第三节 记账凭证的填制与审核

一、记账凭证的填制

由于原始凭证反映了经济业务的内容,是登记账簿的原始依据,所以也可以根据审核无误的原始凭证在观念上确定会计分录,直接登记账簿。但是单位的各种经济业务错综复杂,原始凭证种类繁多,格式不一,大小各异,而总分类账户及明细分类账户数量又很多,直接登记账簿难免会发生错误。倘若发生差错,既不易于查找,而且频繁的更改又影响账簿记录的严肃性,这时就需要一种书面载体先将观念上的会计分录记录下来,这种书面载体就是记账凭证。

记账凭证在会计核算中发挥重要作用。首先,记账凭证是根据原始凭证载明的经济业务,对其会计要素的归属作出分析,列明其应借、应贷的会计科目和它们的金额,简要地列明经济业务的内容,经审核无误后,据以登记账簿。这就避免了根据原始凭证直接登记账簿容易发生差错的情况,保持了账簿记录的严肃性。其次,记账凭证的编制也对经济业务的内容起到了整理的作用,使记账凭证记录更具有条理性。最后,编制记账凭证为以后的审计工作也提供了便利。

(一)记账凭证的基本内容

尽管各单位编制的记账凭证均不相同,种类很多,格式不一,但其主要作用都是一样的,就是通过对原始凭证进行分类、整理,按照复式记账的要求,运用会计科目,编制会计分录,据以登记账簿。因此,作为对原始凭证的归类和整理并作为登记账簿的直接依据,无论哪种记账凭证都须具备以下基本内容,也称为基本要素:

1. 填制单位的名称和记账凭证的名称
2. 凭证的填制日期
3. 记账凭证的编号
4. 经济业务的内容摘要
5. 应借、应贷账户的名称,记账方向和金额(包括一级账户、二级或明细账户),即会计分录
6. 记账标记
7. 所附原始凭证的张数
8. 会计主管、复核、记账、制证人员的签名或盖章,收、付款凭证还要有出纳人员的签名或盖章
9. 过账备注,以防重登、漏登或便于查账

(二)记账凭证的填制要求和编制方法

1. 记账凭证的填制要求

明确了记账凭证的基本内容后,掌握记账凭证填制的要求,则是做好会计工作的一项重要内容。如果记账凭证在填制时就发生错误,那么必然导致账簿记录错误,进而导致报表编制的错误。

如果说会计人员对原始凭证重在审核，那么对记账凭证则重在填制。填制记账凭证除了按照复式记账的要求，运用会计科目，确定会计分录，使之成为登记账簿的依据外，还应符合一些基本的填制要求。具体来讲：

(1)填制记账凭证的依据，必须以审核无误的原始凭证或汇总原始凭证为依据。除结账和更正错账的记账凭证可以不附原始凭证外，其余记账凭证必须附有原始凭证。例如从银行提取现金业务，所填制的付款凭证须有现金支票存根(俗称"支票头")为依据。而且记账凭证上应注明所附的原始凭证张数，以便查核。记账凭证可以根据每一张原始凭证填制，或者根据若干张同类原始凭证汇总填制，也可以根据原始凭证汇总表填制，但不得将不同内容和类别的原始凭证汇总填制在一张记账凭证上。根据同一原始凭证填制数张记账凭证时，则应在未附原始凭证的记账凭证上注明"附件××张，见第××号记账凭证"，如果原始凭证需要另行保管，则应在附件栏目内加以注明。

(2)填制的内容必须完备。包括填制凭证的日期，凭证编号，经济业务摘要，会计科目，金额，所附原始凭证张数，填制凭证人员、稽核人员、记账人员、会计机构负责人、会计主管人员签名或盖章。收款和付款记账凭证还应当由出纳人员签名或者盖章。以自制的原始凭证或原始凭证汇总表代替记账凭证的，也必须具备记账凭证应有的基本要素。

(3)按照统一会计准则的规定，正确填制会计科目、子目和编制会计分录。①填写会计科目时，应当填写会计科目的全称和子目甚至细目；②记账凭证中所编制的会计分录一般应是一借一贷或多借一贷、一借多贷，避免因多借多贷而带来账户的对应关系不清；③对于一些特殊业务，只有多借多贷才能说明来龙去脉时，应按多借多贷填写一张记账凭证，而不能将其拆开；④不得将不同内容和类别的经济业务汇总填制在一张记账凭证上。

总之，对于填写的摘要，一级科目、二级科目或明细科目，账户的对应关系、金额都应正确无误，必须按照会计准则统一规定的会计科目，根据经济业务的性质来编制会计分录，并保证核算的口径一致，以便于今后的综合汇总。

(4)选择、确定记账凭证的种类。一个单位的经济业务繁杂且收、付款业务较多时，可采用专用记账凭证；如果一个单位的经济业务较简单，或规模较小，或收、付款业务较少，可采用通用记账凭证。

(5)正确填写记账凭证的日期。①付款凭证，一般以财会部门付出现金或开出银行存款结算凭证的日期填写；②现金收款业务，应当填写收款当日的日期；③银行存款收款凭证，实际收款日期可能和收到该凭证的日期不一致，此时记账凭证应以收到原始凭证的日期为日期，但要在"摘要"栏中注明经济业务发生的实际日期；④月末计提、分配费用、成本计算、转账等业务，大多是在下月初进行，但所填日期应当填写当月最后一日的日期。

(6)记账凭证中的金额填写。①记账凭证的金额必须与原始凭证的金额相符；②阿拉伯数字应书写规范，并填至分位；③相应的数字应平行对准相应的借贷栏次和会计科目的栏次，防止错栏串行；④合计行填写金额合计时，应在金额最高位值数前填写人民币"￥"字符号，以示金额封口，防止篡改。

(7)记账凭证应按行次逐笔填写，不得跳行或留有空行。记账凭证金额栏的最后一行与最底部的合计行之间留有空行，用斜线或"S"线注销；所画的斜线或"S"线应自金额栏最后一笔金额数字下的空行画到合计数行上面的空行。

(8) 记账凭证应按月编号。记账凭证的编号有以下几种方式：①按经济业务顺序号统一编号。一般情况下，采用通用记账凭证时，常使用这种编号方法，每月从第1号编起，并始终遵循一定的规律，做到不重号、不漏号。在采用专用记账凭证时，有时也使用这种编号法，即不区分收款凭证、付款凭证和转账凭证，而按经济业务发生的先后顺序统一编号。②分收款、付款、转账业务三类按顺序编号。编号时，按收款凭证、付款凭证和转账凭证每月分别从收字第1号、付字第1号和转字第1号起连续编号。③分现收、银收、现付、银付和转账业务五类按顺序编号。将收款凭证和付款凭证再划分为现收第×号、银收第×号、现付第×号、银付第×号进行编号，即在编号时，按收款凭证分为现金收款凭证和银行存款收款凭证，每月分别从现收字第1号、银收字第1号起连续编号，按付款凭证分为现金付款凭证和银行存款付款凭证，每月分别从现付字第1号、银付字第1号起来连续编号。若一笔经济业务须在两张或两张以上的同类记账凭证上共同反映时，应采用"分数编号法"，即按该项经济业务的记账凭证数量编列分号。例如，某笔经济业务需要编制三张转账凭证，凭证的顺序号为69时，这三张凭证的编号应分别为转字第 69 1/3, 69 2/3, 69 3/3 号。

(9) 除结账和更正错误的记账凭证可以不附原始凭证之外，其他记账凭证必须附有原始凭证。如果一张原始凭证涉及几张记账凭证，可以把原始凭证附在一张主要的记账凭证后面，并在其他的记账凭证上注明附有该原始凭证的编号或附原始凭证复印件。一张原始凭证所列支出需要几个单位共同负担的，应当将其他单位负担的部分，开给对方原始凭证分割单，然后再进行结算。原始凭证分割单必须具备原始凭证的基本内容：凭证内容、填制凭证日期、填制凭证的单位名称或填制人姓名、经办人的签名或者盖章、接受凭证单位的名称、经济业务的内容、数量、单价、金额和费用分摊情况等。

(10) 计算和填写所附原始凭证的张数。①记账凭证一般应当附有原始凭证，凭证张数用阿拉伯数字写在记账凭证的一侧（一般在记账凭证的右侧"附件××张"竖行内）。附件张数的计算方法有如下几种：第一，以所附原始凭证的自然张数为准；第二，以所附原始凭证汇总表的张数为准，但需把原始凭证作为原始凭证汇总表的附件张数处理；第三，对于汽车票、火车票等外形较小的原始凭证，可粘贴在"凭证粘贴单"上，作为一张原始凭证处理，但需在"原始凭证粘贴单"上注明所粘贴的张数和金额。②当一张或几张原始凭证涉及几张记账凭证时：第一，可将原始凭证附在一张主要的记账凭证后面，并在摘要栏内注明"本凭证附件包括××号记账凭证业务"字样；第二，在其他没有附有原始凭证的记账凭证上注明"原始凭证附在××号记账凭证后面"字样，并附原始凭证的复印件。③原始凭证的复印件不能作为填制记账凭证的依据。

(11) 记账凭证的签名或盖章。①记账凭证（包括机制记账凭证）填制完成后，相关人员应分别签名盖章；②其目的是明确经济责任，并使会计人员相互制约、相互监督，防止错误和舞弊行为的发生；③对于收款凭证及付款凭证，还应由出纳人员签名盖章，以证明款项已收讫或付讫。

(12) 机制记账凭证的要求。实行会计信息化的单位，机制记账凭证应当符合记账凭证的一般要求，打印出来的机制记账凭证要加盖制单人员、审核人员、记账人员及会计机构负责人、会计主管人员的签章,以加强审核,明确责任。

2. 记账凭证的具体编制方法

专用记账凭证包括收款凭证、付款凭证和转账凭证,不同的记账方法采用的格式也不相同,下面就按借贷记账法的要求来分别介绍它们的填制方法。

(1)收款凭证的填制

收款凭证是用来记录现金和银行存款收款业务的记账凭证,是根据现金或银行存款收款业务的原始凭证填制的。收款凭证既是登记有关账簿的依据,也是出纳人员收款的依据。

填制方法:收款凭证按借方科目设置凭证,并在其左上方填列"库存现金"或"银行存款"科目,与设证科目相对应的"贷方科目"栏,应填写与收取现金或银行存款相对应的会计科目,金额栏填写经济业务实际发生的数额,在凭证的一侧填写所附原始凭证的张数。

在会计实际工作中,出纳人员应根据会计管理人员或指定人员审核批准的收款凭证,作为记录货币资金的收入依据。出纳人员根据收款凭证收款(尤其是收入现金)时,要在凭证上加盖"收讫"戳记,以避免差错。收款凭证一般按现金和银行存款分别编制。

【例 6-1】某企业 20××年 6 月 15 日销售货物一批,价款为 30 000 元,增值税销项税额为 5 100 元,收到购买单位支票一张,收讫 35 100 元存入银行。会计人员根据审核无误的原始凭证填制银行存款收款凭证(如表 6-23 所示)。

表 6-23

收 款 凭 证

20××年 6 月 15 日

总字第 134 号
银收字第 67 号

借方账户:银行存款 附件 2 张

摘要	贷方账户		金额	记账
	一级账户	明细账户		
售出甲产品 10 件	主营业务收入	略	30 000	√
售出甲产品 10 件	应交税费	略	5 100	√
合 计			35 100	

会计主管:(签章) 记账:(签章) 出纳:(签章) 审核:(签章) 制证:(签章)

(2)付款凭证的填制

付款凭证是用来记录现金和银行存款付款业务的记账凭证,是根据现金或银行存款付款业务的原始凭证填制的。付款凭证既是登记有关账簿的依据,也是出纳人员付款的依据。

填制方法:付款凭证按贷方科目设置凭证,并在其左上方填列"库存现金"或"银行存款"科目,与设证科目相对应的"借方科目"栏,应填写与支付现金或银行存款相对应的会计科目,金额栏填写经济业务实际发生的数额,在凭证的一侧填写所附原始凭证的张数。

第三节 记账凭证的填制与审核

在会计实际工作中，出纳人员应根据会计管理人员或指定人员审核批准的付款凭证，作为记录货币资金支出并付出货币资金的依据。出纳人员根据付款凭证付款（尤其是支付现金）时，要在凭证上加盖"付讫"戳记，以避免差错。付款凭证一般按现金和银行存款分别编制。

【例 6-2】某企业 20××年 7 月 5 日购入原材料一批，买价为 20 000 元，增值税进项税额为 3 400 元，共计 23 400 元，开出支票一张支付其购货款。会计人员根据审核无误的原始凭证填制银行存款付款凭证（如表 6-24 所示）。

表 6-24

付 款 凭 证

20××年 7 月 5 日

总 字 第 205 号
银付字第 76 号

贷方账户：银行存款　　　　　　　　　　　　　　　　　　　　　附　件　2 张

摘　要	借 方 账 户		金额	记账
	一级账户	明细账户		
购入材料一批	原材料	略	20 000	√
购入材料一批	应交税费	略	3 400	√
合　　计			23 400	

会计主管：（签章）　　记账：（签章）　　出纳：（签章）　　审核：（签章）　　制证：（签章）

对于银行存款与现金之间的经济业务，只填制一张付款凭证即可。

【例 6-3】某企业 20××年 8 月 13 日从银行提取现金 500 000 元，备发工资。会计人员根据审核无误的原始凭证，填制"银行存款"付款凭证（如表 6-25 所示）。

表 6-25

付 款 凭 证

20××年 8 月 13 日

总　字第 321 号
银付字第 86 号

贷方账户：银行存款　　　　　　　　　　　　　　　　　　　　　附　件　1 张

摘　要	借 方 账 户		金额	记账
	一级账户	明细账户		
提取现金准备发工资	库存现金	略	500 000	√
合　　计			500 000	

会计主管：（签章）　　记账：（签章）　　出纳：（签章）　　审核：（签章）　　制证：（签章）

对于以上现金、银行存款之间的划转业务所填制的付款凭证,应据以同时登记现金日记账和银行存款日记账。

在同一项经济业务中,如果既有现金或银行存款的收付业务,又有转账业务时,应相应地填制收款凭证、付款凭证和转账凭证。如企业的业务员王海出差回来,报销差旅费1 000元,但走前已预支1 500元,剩余款项交回现金。对于这项经济业务应根据收款收据的记账联填制现金收款凭证,同时根据差旅费报销单填制转账凭证。

(3)转账凭证的填制

转账凭证是用来记录与现金、银行存款收付业务无关的转账业务的记账凭证,是根据有关转账业务的原始凭证填制的。

填制方法:将经济业务所涉及的会计科目全部填列在凭证内,借方科目在上,贷方科目在下,将各会计科目所记应借应贷的金额分别填列在"借方金额"或"贷方金额"栏内。借、贷方金额合计数应该相等。制单人应在填制凭证后签名盖章,并在凭证的一侧填写所附原始凭证的张数。

【例6-4】某企业20××年8月31日计提当月折旧20 000元,其中生产车间计提折旧16 000元,厂部管理部门提取折旧4 000元。会计人员根据"折旧计算表"填制"转账凭证"(如表6-26所示)。

表6-26

转 账 凭 证

20××年8月31日

总字第212号
转字第121号
附 件 2 张

摘 要	一级账户	明细账户	借方金额	贷方金额	记账
计提本月折旧	制造费用	略	16 000		√
计提本月折旧	管理费用	略	4 000		√
计提本月折旧	累计折旧	略		20 000	√
合 计			20 000	20 000	

会计主管:(签章)   记账:(签章)   出纳:(签章)   审核:(签章)   制证:(签章)

(4)通用记账凭证的填制方法

通用记账凭证所记录的经济业务包括收款、付款及转账。它的填制是由会计人员根据审核无误的原始凭证所填制的,通用"记账凭证"的填制方法与转账凭证的填制方法基本相同。

【例6-5】某企业20××年9月17日销售货物一批,价款为30 000元,增值税销项税额为5 100元,收到购买单位支票一张,收讫35 100元存入银行。会计人员根据审核无误的原始凭证填制通用记账凭证(如表6-27所示)。

表 6-27   记 账 凭 证

20××年9月17日

总 字 第 231 号
分 字 第 123 号
附　件　2　张

摘　　要	一级账户	明细账户	借方金额	贷方金额	记账
销售产品一批	银行存款	略	35 100		√
销售产品一批	主营业务收入	略		30 000	√
销售产品一批	应交税费	略		5 100	√
合　　计			35 100	35 100	

会计主管：(签章)　　记账：(签章)　　出纳：(签章)　　审核：(签章)　　制证：(签章)

二、记账凭证的审核

按照规定，只有审核无误的记账凭证才能作为登记账簿的依据。所以，为了保证账簿记录的准确性，提供全面可靠的会计信息，监督经济业务的发生，除了编制记账凭证的人员在平时编制记账凭证时要认真负责、正确填制、加强自审外，会计部门还应当建立相互复核或专人审核的制度，对记账凭证进行严格的审核。

（一）审核内容

记账凭证审核的内容主要包括以下四个方面：

1. 审核所附原始凭证的真实性

审核记账凭证是否附有原始凭证或原始凭证汇总表，所附原始凭证是否齐全，是否审核无误，原始凭证所反映经济业务的发生日期和内容是否与记账凭证填制的日期和摘要的内容一致。

2. 审核记账凭证的正确性

审核记账凭证上所列应借、应贷的会计科目及明细科目是否恰当，使用的会计科目及其核算的内容是否符合会计准则的规定，账户对应关系是否清晰，借、贷双方的金额是否准确。

3. 审核记账凭证的完整性

审核记账凭证的各项内容是否按规定的要求填写完整，摘要是否填写清楚，日期、凭证编号、附件张数及各类有关人员的签章是否齐全等。

4. 审核记账凭证的合法性与合理性

审核记账凭证所反映的经济业务是否合法、合理，有无违法乱纪、弄虚作假的情况。

对审核过程中发现的填制错误的记账凭证，应依据有关规定及时处理。在填制记账凭证时，发现内容填错的，应当重新填制。已经登记入账的记账凭证，在当年内发现填写错误时，可以用红字填写一张与原内容相同的记账凭证，在摘要栏注明"注销某月某日某号凭证"字样，同时再用蓝字重新填制一张正确的记账凭证，注明"订正某月某日某号凭证"字样。如果会计科目没有错误，只是金额错误，也可以将正确数字与错误数字之间的差额，另编一张调整记账凭证，调增金额用蓝字，调减金额用红字。发现以前年度记账凭证有错误的，应当用蓝字填制一张更正的记账凭证；记账凭证填制完经济业务事项后，如有空行，应当自金额栏最后至合计数上的空行处画线注销。

(二) 审核方式

记账凭证审核的主要方式包括：

1. 自审

自审即自我审核，是记账凭证填制人员对自己编制的记账凭证进行的审核，记账凭证一旦填制完毕随即进行审核。这是保证记账凭证质量的第一道关口。

2. 序审

序审是按照记账凭证的传递顺序，由下一道岗位的会计人员对上道岗位传递来的记账凭证进行的审核。序审使得记账凭证得到了重复审核，每位记账人员都负有审核的责任。

3. 专审

专审是指由单位专设的稽核人员对记账凭证的审核。只有经审核符合要求的记账凭证才能作为登记账簿的依据。

第四节 会计凭证的设计、传递与保管

一、会计凭证的设计

一切会计记录都必须有真凭实据，这是会计工作应当遵守的一条原则，也是保证会计核算资料具有真实性、客观性和可验证性的关键。在企业的会计核算中，货币资金的收付、收入费用的发生、产品成本的计算、财产物资的增减、往来款项的清算等任何一项经济业务，都必须根据有关的凭据进行账务处理。因此，设计会计凭证，不仅对记录经济业务、反映资金变化、明确经济责任有直接作用，而且影响登记账簿、计算成本、清查财产以及编制报表等会计核算工作，同时与会计分析、会计检查以及内部控制等工作也有直接关系。

(一) 会计凭证的设计原则

由于原始凭证和记账凭证的主要作用、使用方法、应用范围、重要尺度等各不相同，设计凭证时应考虑企业的具体业务需要。但无论企业业务如何复杂，会计人员在设计凭证时都要遵循一些共同的原则。

1. 原始凭证的设计原则

设计原始凭证，就是按照经济业务的发生情况和内部控制制度的要求，对原始凭证的种类、格式、内容和联次(张数)等进行的规划和制定。由于原始凭证具有法律性强、种类繁多、使用范围广、经手人员多的特点，因此，设计时应当遵循以下原则：

(1) 详细反映经济业务发生情况。作为业务发生最初书面证明的原始凭证，应把业务发生的时间、地点、内容、有关人员的责任等基本情况详细地提供出来，以便充分发挥原始凭证的作用，并加强原始凭证的管理。因此，设计的原始凭证应当具备以下内容：原始凭证的名称(反映业务种类)，填制凭证的日期(反映业务发生的时间)，填制凭证和接受

凭证的单位名称(表明业务发生的地点)，经济业务的具体内容，有关单位和人员的签章(表明经手人员的责任)。这样的原始凭证才能保证经济业务反映的全面性和可靠性。

(2)充分满足内部控制制度的要求。企业、行政事业等单位发生的经济业务，除少数外，大部分都要涉及若干单位或同一单位的几个职能机构以及相关人员。因此，在设计原始凭证时，必须根据实际需要，合理确定各种原始凭证所需要的联次数量，并规定各联的具体用途。既要满足各单位、各部门从事经济管理和核算要求，加强岗位责任制，又要通过连续编号、复写多联等方式使各部门之间形成相互制约、相互监督，加强内部控制制度。例如，反映销货业务的"销货单"(发货票)，在大中型企业中，最少应设计四联，并由销货单位的销售部门、财会部门和仓库以及购货单位各持一联，其中，销售部门留作存根进行业务核算，财会部门凭以收款并作会计处理，仓库凭借其作为发货并进行实物核算的依据，购货单位作为付款凭证办理采购业务的会计核算。

(3)有利于加快凭证传递，提高工作效率。凭证如何传递，不仅关系到经办业务的各职能部门如何联系和相互制约，促使他们尽职尽责，积极完成自己承担的任务，而且关系到如何简化凭证传递过程、提高工作效率、防止工作脱节问题。这就要求在设计原始凭证时，科学合理地规定每一原始凭证的传递程序，避免传递过程中的迂回或脱节。具体规定哪些凭证联需要经过哪些部门，在传递过程中的哪个环节的哪个凭证联要留归相关部门，各个传递环节的任务等。例如，反映领料业务的"领料单"，一般由领料单位填制后，交物资供应部门审批，仓库根据审批后的"领料单"发料，并将实发数量填入单中，交给各有关部门。

(4)原始凭证的种类、用途、格式应力求标准化和通用化。在企事业单位内部，办理同类性质的经济业务所用的凭证必须统一，并保持稳定，不能经常改变，以方便凭证的填制和审查，同时节约设计和印制费用。有些凭证应尽可能地在部门、系统范围内通用，有条件的还应在地区或全国范围内统一使用，以方便财政、税务和审计等部门的监督工作。

2. 记账凭证的设计原则

记账凭证与原始凭证虽有紧密的联系，但又存在明显的区别。因此，设计记账凭证在符合内部控制和力求标准通用化的基础上，还应遵循以下原则：

(1)必须具备记账凭证的基本内容。它包括记账凭证的名称、填制凭证的日期和编号、经济业务的简要说明、使用的会计科目(包括总账科目和明细科目)及其增减变化金额、所附原始凭证的张数以及有关人员的签名或盖章。

(2)必须与使用的会计核算形式相适应。不同的会计核算形式，要求有不同种类的记账凭证，如记账凭证核算形式，可以设计"收款""付款"和"转账"三种凭证，也可以设计统一的"记账凭证"。但在汇总记账凭证核算形式下，则必须分别设计"收、付、转"三种，并相应设计"汇总收款凭证""汇总付款凭证"和"汇总转账凭证"，才能满足需要。

(3)满足账簿登记的需要。记账凭证是登记账簿的主要依据，由于账簿有总分类账和明细分类账之别，为了能够使总账和明细账的登记都有依据，设计记账凭证时，会计科目必须分清总账科目、子目和细目，以便分别记载它们的增减变化。此外，为了使记账凭证与账簿之间的关系更加严密，能清楚地反映凭证中的每一项数字记入账簿的页码，应在记账凭证上设计"账页"一栏。

(二)会计凭证的设计方法

1. 原始凭证的设计步骤

明确原始凭证的设计步骤,有利于在设计原始凭证时统筹规划、合理安排,有秩序、有主次地进行,防止重复、遗漏等现象。一般来讲,在企业里原始凭证应按下列步骤设计。

(1)根据实际需要,确定原始凭证的种类

原始凭证的种类一般由经济业务具体内容、管理要求和核算方式决定。确定符合实际需要的原始凭证种类,是设计原始凭证必须首先解决的问题,它给原始凭证的设计工作划定了范围,指出了方向。因此,各企事业单位在设计原始凭证时,首先必须根据本单位的经济业务类型、经济管理要求和会计核算方式等,确定所需要的原始凭证种类,保证单位发生的各种经济业务都有相应的原始凭证予以反映。

(2)按照原始凭证用途,设计原始凭证的格式和联次

这是设计原始凭证的关键步骤和具体工作,是产生各种类型原始凭证的基础。不同种类的原始凭证具有不同的用途,而用途不同,又使得各种原始凭证的具体内容不同。这就要求针对不同用途的原始凭证,按照设计原则,分别设计各种凭证的格式、联次,并规定各联的具体用途。设计时,必须将凭证具备的全部内容作出合理的安排。表格内外各列示哪些项目,有关项目之间的勾稽关系如何反映,上下左右怎样布局,规格尺寸如何确定,每一凭证需要一式几份,各联如何予以区分以及采用什么纸质印刷,印成何种颜色,印刷多少等,都应当作出合理的设计或明确的说明,以保证设计和印制的质量。

(3)制定原始凭证的传递程序

科学合理的原始凭证传递程序,是建立正常的会计业务处理秩序、加强会计工作内部控制、提供真实可靠的会计资料、促进会计工作效率提高的保证。制定传递程序,就是对原始凭证填制或取得后,应当经由哪些部门或个人进行必要的业务处理,直到最后归档为止的全部过程作出规定。原始凭证的传递程序一般可以通过原始凭证各联次的具体用途或有关单位和个人的签章表明。

(4)建立原始凭证的使用保管制度

原始凭证是具有法律效力的经济资料和会计档案,任何单位在设计完成原始凭证后,都应明确规定原始凭证的使用要求,建立规范化的使用制度,保证原始凭证使用的合理性、合法性和合规性。同时在完成经济业务手续和记账之后,必须对原始凭证妥善保管,以便日后随时查阅。未使用的空白原始凭证也应由专人负责保管,特别是事先已经盖章的原始凭证和已经使用的原始凭证"存根"更要加强管理,防止丢失。因此,必须按照《会计档案管理办法》的要求,对原始凭证的保管方法、保存期限、查阅和复制手续、销毁办法等作出明确的规定,建立严密完善的原始凭证保管制度。

2. 记账凭证设计的步骤

如前所述,记账凭证的设计也应当遵循一定的原则,如必须考虑记账凭证的基本内容、适应会计核算形式和登记账簿的需要等。同时,记账凭证的设计,又必须按照一定的步骤进行。科学合理的设计步骤,有利于减少设计工作量、提高设计工作的效率。

记账凭证的设计,一般应按下列步骤进行:

（1）设计记账凭证的种类

在各企业、行政事业单位里，使用何种记账凭证，主要受单位经营规模的大小、经济业务量的多少、财会机构内部分工的详细程度等因素影响，同时还要考虑会计核算形式需要。一般情况下，小型经济单位设计单一的、通用的记账凭证即可，无论现金、银行存款的收付业务，还是转账业务都可以统一使用。在大中型企业，一般应设计收款凭证、付款凭证和转账凭证三种，以便区分各类经济业务，如收款凭证反映货币资金收入业务，付款凭证反映货币资金支出业务，转账凭证反映与货币资金无关的经济业务。同时，也便于汇总记账凭证，减少登记总账的工作量。

由于记账凭证的填制方式不同，有些是把同类经济业务所涉及的会计科目集中填列在一张凭证上，反映经济业务的全部内容；有些是把同类经济业务所涉及的会计科目分别填列在几张记账凭证上，一张凭证只记一个会计科目，反映经济业务某方面的内容。由此，记账凭证分为复式记账凭证和单式记账凭证两种，正如在前文记账凭证的种类中所涉及的。这就要求设计记账凭证时，应确定采用复式记账凭证还是单式记账凭证，并在此基础上设计凭证格式。

（2）设计记账凭证的格式

根据单位规模大小等因素确定了使用的记账凭证种类后，就可以按照记账凭证设计原则对各种记账凭证进行格式设计。这一步骤是设计记账凭证的具体工作和关键。

（3）规定记账凭证的用途和管理制度

记账凭证格式设计完毕后，应当对各种记账凭证的用途、使用方法及注意事项等作出明确规定，以保证各种记账凭证的合理使用，使凭证自身的用途与其经济业务的内容相符。例如，通用的记账凭证适用于一切经济业务，而收款、付款和转账等专用记账凭证则分别适用于现金、银行存款的收、支业务和与现金、银行存款无关的转账业务。

此外，由于记账凭证是对原始凭证内容的分类整理和会计加工，它反映了经济业务发生后引起的资金变化情况，因此，它也是重要的会计资料。必须建立完善的管理制度，使记账凭证同原始凭证一起保管和销毁。这也是设计记账凭证时应当注意的问题。

二、会计凭证的传递

会计凭证的传递是指从会计凭证的填制或取得之时起，经过审核、记账、装订到归档保管为止，在单位内部有关业务部门和人员之间按照规定的时间、线路办理业务手续和进行传递、处理的程序。它包括传递程序和传递时间两个方面的内容。会计凭证的传递具体地说就是取得或填制会计凭证后，应在什么时间内送到哪个部门、哪个岗位的相关人员手上，由谁接办业务手续，直至归档保管为止。如果凭证是一式数联的，则还应当具体明确各联的用途、交接时间和交接部门及工作岗位。

（一）正确组织会计凭证传递的意义

由于各种会计凭证所记录的经济业务性质各不相同，所涉及的部门和人员也不相同，所要据以办理的业务手续也不尽相同，因此各单位应根据自身具体经济业务的性质和特点，为每种会计凭证规定合理的传递程序和传递时间。

会计凭证既是对经济业务的记录，又是办理经济业务手续的依据，因此，正确组织会计凭证的传递在会计管理中具有重要意义。

1. 有利于经济业务的正常开展，提高经济活动的效率

经济业务的发生或完成往往由单位内部多个部门和相关人员共同进行。例如，企业职工出差借差旅费业务，首先要由职工填制借款单，注明借款的用途和事由，再经主管部门负责人同意签字后，到财务部门办理借款手续，经财务部门相关人员审核批准填制付款凭证后，出纳人员方可据以支付这笔款项。再例如，企业销售商品，通常要经过销售部门开单、仓库提货发运、会计部门办理商品销售的会计处理和货款结算等手续。若能够合理安排会计凭证的传递，就能使各个部门协调工作，缩短销售和回款过程，从而提高企业经济活动的效率，为企业创造更多的价值。

2. 有利于完善岗位责任制，加强会计监督

会计凭证的传递体现了企业内部各部门和相关人员间的分工协作关系。任何单位在经济活动中所发生的各项经济业务，以及本单位与各方面的经济联系，都要借助于会计凭证加以记录和证明；而会计凭证作为记录经济业务、明确经济责任的书面证据，体现了岗位责任制的执行情况。因此，会计凭证的传递程序实际上还起着相互牵制和相互监督的作用。它能够督促经办经济业务的相关部门和相关人员及时、正确地完成各项经济业务，并按规定履行办理凭证手续，最终有利于完善岗位责任制，加强会计监督。

3. 有利于及时进行会计监督和会计核算

经济业务从发生到完成直至登记账簿有一定的时间间隔，正确而顺畅的会计凭证传递，能使会计部门尽早地了解经济业务的发生和完成情况，及时地进行会计监督和会计核算。

(二) 会计凭证传递的程序

科学合理地组织会计凭证的传递一般包括规定凭证的传递路线、传递时间以及传递手续三个方面的内容。

1. 传递路线

会计凭证的传递路线是指凭证流转的各个环节及其先后次序。各单位的经济业务不同，内部机构设置和人员分工的情况不同，会计凭证的传递程序也相应地有所不同。因此，各单位应根据自己的特点，恰当地规定会计凭证的传递路线。既要保证会计凭证经过必要的环节进行处理和审核，又要尽量避免会计凭证经过不必要的环节，做到既要有利于会计反映和监督，又要减少不必要的劳动，从而提高工作效率。

2. 传递时间

会计凭证的传递时间，是指各种凭证在各经办部门、环节所停留的最长时间。关于凭证传递时间的确定，应考虑各环节的工作内容和工作量，以及在正常情况下完成工作所需的时间。为了保证核算的及时性，应明确规定各种凭证在各个部门和业务环节停留的最长时间，指定专人负责，按规定的顺序和时间监督凭证的传递。只有这样才能保证凭证传递畅通无阻，使其通过最短途径并以最快速度传递。

3. 传递手续

会计凭证的传递手续，是指凭证在传递过程中的衔接手续。应尽量做到既完备严密，又简便易行。凭证的收发、交接应有一定的制度手续，以确保会计凭证的完全和完整。在会计凭证传递过程中，若遇有不合理的环节，应根据实际情况及时加以修改，确保会计凭

证传递程序的合理化、制度化和传递时间的节约。

三、会计凭证的保管

会计凭证的保管是指会计凭证的装订、编号、存档和按规定办理调阅手续及到期销毁的全过程。会计凭证是一种有法律效力的重要经济档案，入账后要妥善保管，以便日后随时利用、查阅。

(一) 装订成册

每月记账完毕，要将各种记账凭证连同所附原始凭证和原始凭证汇总表，分类按顺序编号整理，加具封面和封底，装订成册，并在封面上写明所属年度、月份、共计册数、每册的起止号数，最后在月末最后一张记账凭证的号旁边要加注"全"字，以免凭证散失，并要在装订处贴上封签，由装订人员和会计主管人员共同在封签处加盖骑缝章。会计凭证的封面格式参见图6-3。

某些原始凭证过多的，如收料单、发料单、工资单等，或某些性质相同，且今后仍要随时利用和查阅的重要原始凭证，如合同、存储保险金收据等，也可另行装订或单独保管，但封面上应注明记账凭证的日期、编号、种类，同时在记账凭证上注明"附件另订"和原始凭证名称及编号。

年月份第册	（企业名称） 年　　月份　第　　册（共　　册） 收款 付款　　　凭证　　第　　号至第　　号共　　张 转账 　　　　　附：原始凭证共　　　张 会计主管（签章）　　　　　　　　　　　　　　　　保管（签章）

图6-3　会计凭证封面

(二) 归档保管

装订成册的会计凭证，应按规定归档保管。一般情况下，当年的会计凭证，在会计年度终了后，可暂由本单位会计部门保管1年，期满后，原则上应由会计部门编造清册，交本单位档案管理编码保管。档案管理部门接收的会计凭证，原则上要保持原卷册的封装，个别需要拆封重新整理的，应由会计部门和经办人员共同拆封，以明确各自的责任。会计凭证应严格保管，防止毁损或泄密。对于重要的空白原始凭证，如支票、发票、收据等，应指定专门人员保管，建立收、发（领）、销（销号）制度，并按每种票据设立票据登记簿，加以记载，防止丢失、冒领。

(三) 查阅

装订成册的会计凭证，年度终了送交会计档案室或企业单位综合档案室归档，应由指定的人员负责妥善保管，一般不得出借。本单位会计人员确实因工作需要的，可以借阅会计凭证，但必须得到会计主管人员的同意，办理查阅手续，填写"借阅登记簿"。会计凭证原则上不外借，遇有特殊情况，如需查阅，应按一定的手续制度进行；如发生贪污盗窃等经济犯罪案件，需要某项凭证作证时，经单位领导批准调阅后要填写会计档案调阅表，但只能复制，不得拆散原卷册，避免抽出原始凭证，致使原册缺失。

（四）保管和销毁

会计凭证的保管期限和销毁手续，应严格执行会计制度的有关规定。原始凭证、记账凭证和汇总凭证的保管期限为15年，其中涉及外事的永久保管，银行存款余额调节表保管5年。保管期未满，任何人都不得随意销毁会计凭证。保管期满后，要开具清单并报经上级主管部门批准后，方能销毁，并要有监销人。在销毁前，还应由负责监销的人员认真核对清单，销毁后，在销毁清册上签名或盖章，并将销毁情况报单位负责人。但保管期满而未结清的债权债务原始凭证和涉及其他未了事项的原始凭证，不得销毁，而应当单独抽出立卷，保管到事项完结时为止。

☞ 小结

本章主要介绍了会计凭证。会计凭证是记录经济业务、明确经济责任的书面证明，是登记账簿的依据。按其填制程序和用途的不同，一般可以分为原始凭证和记账凭证。原始凭证按照来源、用途的不同又可分为不同种类的原始凭证。但无论哪类的原始凭证，都必须按其所设计的内容如实填写，不得漏项，确保正确反映经济业务的真实全貌。记账凭证可采用复式记账的方法，按经济业务的内容进行科学的划分，并随之计入相互关联的会计科目中，客观地反映经济业务的来龙去脉，保证会计凭证的合法性、真实性、准确性和完整性，且在此基础上，正确合理地组织会计凭证的设计、传递和保管，建立健全传递过程中的衔接手续，同时保证各个重要经济档案的安全与完整。

☞ 关键名词

会计凭证　原始凭证　记账凭证　会计凭证的传递　会计凭证的保管

☞ 思考题

1. 结合企业的经济实务，谈谈会计凭证在财务核算和财务管理中的作用。
2. 会计凭证按照其填制程序和用途如何分类？
3. 原始凭证应具备哪些基本要素？为什么这些要素是原始凭证不可缺少的？
4. 通过对企业会计核算流程的了解，谈谈原始凭证与记账凭证的相互关系如何。
5. 如何填制原始凭证与记账凭证？
6. 从企业内部控制的角度，你认为审核会计凭证的流程应该是怎样的？其关键步骤和关键内容又有哪些？

7. 假设你是一个新建企业的财务人员，且被要求负责设计本企业的会计凭证，此时你认为在设计过程中必须把握的要点有哪些？

8. 在会计信息化的时代背景下如何合理设置会计凭证的传递才能更好地完善企业的内部控制制度，防范舞弊行为的发生？

☞ **练习题**

一、判断题

1. 只有原始凭证是登记账簿的依据。（   ）
2. 原始凭证和记账凭证都具有较强的法律效力。（   ）
3. 各种记账凭证都只能根据一张原始凭证逐一编制。（   ）
4. 付款凭证是只用于银行存款付出业务的记账凭证。（   ）
5. 原始凭证的内容中包括会计分录。（   ）
6. 转账凭证是用于反映不涉及现金和银行存款收付业务的其他业务。（   ）
7. 付款凭证的贷方科目只能填写"现金"或"银行存款"。（   ）
8. 出纳人员可以依据现金、银行存款收付业务的原始凭证收付款项。（   ）
9. 一般情况下，当年的会计凭证，在会计年度终了后可暂由本单位会计部门保管1年。（   ）
10. 记账凭证按其所反映的经济业务内容不同，可以分为原始凭证、汇总凭证和累计凭证。（   ）

二、单项选择题

1. 向银行提取现金准备发放职工工资的业务，应根据有关原始凭证填制(   )。
   A. 收款凭证　　　　　　　　B. 付款凭证
   C. 转账凭证　　　　　　　　D. 收款凭证和付款凭证
2. 用转账支票支付前欠货款，应填制(   )。
   A. 收款凭证　　B. 付款凭证　　C. 转账凭证　　D. 原始凭证
3. 差旅费报销单属于(   )。
   A. 记账凭证　　B. 自制原始凭证　　C. 外来原始凭证　　D. 累计凭证
4. 记账凭证应根据合法的(   )填列。
   A. 收款凭证　　B. 付款凭证　　C. 转账凭证　　D. 原始凭证
5. 原始凭证按其填制手续的不同可分为(   )。
   A. 通用凭证和专用凭证
   B. 通知凭证、执行凭证和计算凭证
   C. 外来凭证和自制凭证
   D. 一次凭证和累计凭证
6. 限额领料单按其填制方法属于(   )。
   A. 记账凭证　　B. 累计凭证　　C. 汇总凭证　　D. 一次凭证
7. 只反映一项经济业务，或同时反映若干项同类经济业务，办理凭证填制手续时一次完成的自制原始凭证，称为(   )。
   A. 累计凭证　　B. 汇总原始凭证　　C. 一次凭证　　D. 记账凭证

8. 对于将现金存入银行的经济业务，按规定应编制(　　)。
   A. 现金收款凭证　　　　　　　　　B. 现金付款凭证
   C. 银行存款收款凭证　　　　　　　D. 银行存款付款凭证
9. 会计凭证的传递，是指(　　)，在单位内部有关部门及人员之间的传递程序和传递时间。
   A. 会计凭证的填制到登记账簿为止
   B. 会计凭证的填制或取得到归档为止
   C. 会计凭证审核后到归档为止
   D. 会计凭证的填制或取得到汇总登记账簿为止
10. 下列各项中，不属于原始凭证审核的内容是(　　)。
    A. 凭证是否有填制单位的公章和填制人员的签章
    B. 会计科目的使用是否正确
    C. 凭证项目填列是否齐全
    D. 凭证所列事项是否符合有关的计划和预算

三、多项选择题

1. 在下列各项分类标准中，适用原始凭证分类的有(　　)。
   A. 来源　　　　B. 用途　　　　C. 格式　　　　D. 经济业务
2. 记账凭证应该是(　　)。
   A. 根据审核无误的原始凭证填列的　　B. 由经办人员填制的
   C. 由会计人员填制的　　　　　　　　D. 登记账簿的直接依据
3. 以下各项中，属于原始凭证的有(　　)。
   A. 收款凭证　　　　　　　　　　　　B. 销货发票
   C. 收料单　　　　　　　　　　　　　D. 制造费用分配表
4. 以下各项中，属于一次性原始凭证的是(　　)。
   A. 产品质量检验单　　　　　　　　　B. 收料单
   C. 销货发票　　　　　　　　　　　　D. 限额领料单
5. 原始凭证的要素包括(　　)。
   A. 凭证的名称、日期和编号　　　　　B. 接受凭证单位的名称
   C. 会计分录　　　　　　　　　　　　D. 经济业务的内容
6. 下列各项属于记账凭证必须具备内容的有(　　)。
   A. 记账凭证的名称　　　　　　　　　B. 原始凭证的名称
   C. 会计分录　　　　　　　　　　　　D. 接受单位的名称
7. 涉及现金与银行存款之间划转业务时，可以编制的记账凭证有(　　)。
   A. 现金收款凭证　　　　　　　　　　B. 现金付款凭证
   C. 银行存款收款凭证　　　　　　　　D. 银行存款付款凭证
8. 记账凭证按其用途不同，可以分为(　　)。
   A. 收款凭证　　B. 付款凭证　　C. 转账凭证　　D. 通用记账凭证
9. 记账凭证审核的主要内容有(　　)。

A. 是否附有原始凭证，所记内容与原始凭证是否一致

B. 应借应贷的会计账户与金额是否一致

C. 是否有经手人员签名或盖章

D. 摘要、项目、日期是否填制齐全、清楚

10. 科学合理地组织会计凭证的传递一般包括规定凭证的(　　)内容。

A. 传递路线　　　B. 传递时间　　　C. 传递手续　　　D. 传递内容

四、业务题

某企业20××年8月份发生下列经济业务：

(1) 8月4日，收到A公司归还前欠货款40 000元存入银行；

(2) 8月9日，向B工厂购入甲材料，进价35 100元(含增值税进项税额)，货款以商业汇票支付，材料已验收入库；

(3) 8月12日，从银行提取现金30 000元；

(4) 8月15日，销售乙产品一批共计20 000元，增值税销项税额3 400元，收到转账支票一张，已送存银行；

(5) 8月21日，车间领取甲材料10 000元用以生产甲产品；

(6) 8月24日，管理人员李某出差回来，报销差旅费4 000元，交回现金400元；

(7) 8月26日，销售乙产品一批给C公司，计价40 000元，增值税销项税额6 800元，货款未收；

(8) 8月30日，以银行存款支付电费1 500元，水费480元。

要求：

(1) 根据上列经济业务，确定应编制的记账凭证的种类。

(2) 根据上列经济业务编制记账凭证。

☞ 案例讨论题

案例一

某企业在内部审计过程中发现如下两张原始凭证：

1. 供应部采购员王海2022年5月10日去A公司采购原材料，事先预借差旅费6 000元，借款单据见表6-28。

表6-28

人民币(大写)	陆仟元			￥6 000.00			
用　　途	差旅费			财务部门		借款部门	
付款方式		票据号码		负责人		负责人	李凤
收款人	王海	开户银行		审核	张惠	借款人	王海
		账　　号		记账	姜宁	经办人	王海

193

第六章 会计凭证

2. 2022 年 5 月 17 日王海出差回来后报销差旅费，填列差旅费报销单如表 6-29。

表 6-29　　　　　　　　　　　　　　　**差旅费报销单**

出差人姓名：王海　　　　职别：业务员　　　　级别：　　　　出差事由：采购
出差起止日期：22.5.10—22.5.17

起止日期	车船机票			未购卧铺补贴	出差补助费			宿费	市内交通	其他	合计金额
	种类	起止地点	金额		天数	标准	金额				
自2022年05月10日至2022年05月17日	车票	上海——嘉兴	96		7	200	1 400	2 000	500	1 498	5 494
自　年　月　日至　年　月　日											
自　年　月　日至　年　月　日											
合　计											
合计：人民币(大写) 伍仟肆佰玖拾肆元整　　　(小写) ¥ 5 494　　　核准金额：¥ 5 494											
备　注	报销 2022 年 5 月 17 日借款 6 000 元　结余 506 元										

注：1. 出差补贴按有关政策规定为每天 200 元。

2. 经审核，在差旅费报销单中所填列的其他栏中，所支出的其他费用 1 998 元组成为：长途电话费 1 000 元，餐费 488 元，均有相关的原始凭证。

3. 出发地和目的地之间两张金额共为 96 元的原始凭证经审核没有问题。

案例要求：指出上述两张原始凭证存在的问题并提出处理意见。

案例二

赵×是某大学在读二年级的学生，今年暑假他向学校申请了一个暑期社会实践项目，经费总额为 4 000 元。但是，赵×在做项目时基本未发生费用，主要就是查阅各种资料，因为他觉得没有必要做调查，所有资料网上都有，实际调查又耗时又耗钱，所以他就没有进行调查。但是在报销经费的时候赵×就发愁了，因为他没有票据，于是他就想办法搞到了 4 000 元的票据去报销，其中 3 000 是在一个开店的朋友那里开来的，1 000 元是到火车站买来的空头发票后自己填制的。请问赵×的做法违反了哪些会计凭证管理规定？

第七章 会计账簿

◎ 学习目标

通过本章学习，你应当能够：
1. 了解账簿的意义和种类；
2. 了解账簿设置和登记的规则；
3. 掌握日记账的设置与登记方法；
4. 掌握分类账的设置与登记方法；
5. 理解对账与结账的方法；
6. 了解错账的查找与更正方法。

第一节 会计账簿的含义、作用和分类

一、会计账簿的含义

会计账簿，简称账簿，是以会计凭证为依据，对全部经济业务进行全面、系统、连续、分类地记录和核算的簿籍，是由专门格式并以一定形式联结在一起的账页所组成的。只有通过账簿的登记，才能把分散在会计凭证上的大量核算资料，加以集中和归类整理，从而形成一系列综合反映经济活动情况的财务指标，以便为经济管理提供系统的核算资料。由于账簿的记录是对经济活动的全面反映，因此，账簿也是积累、储存经济活动情况的数据库。设置和登记账簿，是对经济信息进行加工整理的一种专门方法，是会计核算的7大核算方法之一，是会计工作的重要环节。

账簿与账户有着十分密切的联系。账户是根据会计科目开设的，并存在于账簿之中，账簿中的每一账页就是账户的存在形式和载体，没有账簿，账户就无法存在；然而，账簿只是一个外在形式，账户才是它的内容。账簿序时、分类地记载经济业务，是在个别账户中完成的，因此也可以说，账簿是由若干账页组成的一个整体，而开设于账页上的账户则是这个整体中的个别部分，所以，账簿与账户的关系，是形式和内容的关系。

二、会计账簿的作用

在实际工作中，设置、登记会计账簿主要是基于人们为加强经济核算、提高管理水平而产生的对企业会计信息的需要。会计凭证的填制和审核能对每日发生的经济业务进行记录和反映，但是会计凭证所提供的信息资料是零星分散的，且数量庞杂，不能使阅读者快

速而简洁地了解企业经营活动的全部过程。为了全面、系统、连续地反映企业单位的经济活动和财务收支情况，需要把会计凭证所记载的大量分散的资料加以分类、整理和登记，会计账簿就是实现这个目的的一种工具。通过账簿记录，既可对经济活动进行序时核算，又能进行分类核算；既可提供总括的核算资料，又可提供明细的核算资料。设置和登记会计账簿的作用主要表现在以下几个方面：

1. 为企业的经营管理提供系统、完整的会计信息

会计凭证虽然对每项经济业务做了详细的记录、反映与监督，但这种会计信息资料比较零星、分散，不能连续、系统、全面地反映和监督一定时期内各类及全部经济活动的情况，不能满足经营管理上的需要。通过设置和登记账簿，对会计凭证所反映的经济业务，既可序时，又可分类地进行核算。这样，通过账簿提供的资料，可以系统、全面地反映企业单位在一定时期内每一类经济业务和所有经济业务的发生和完成情况，为企事业单位日常经营管理提供会计信息。

2. 为会计分析和会计检查提供依据

通过账簿的设置和登记，可以正确地计算一定时期内企业的财务收支、费用成本和财务成果，并将其与计划、预算相比较，从而可考核和分析各项计划、预算的完成情况，并从中找出差距与存在的问题，为今后加强经营管理、制订合理的生产经营计划、提高经济效益提供决策依据。

3. 为定期编制会计报表提供数据资料

账簿是定期编制会计报表的基础。会计报表中的各项数据资料有的是根据账簿记录直接填列，有的是根据账簿记录计算分析后填列。因此，会计报表指标是否真实，会计报表编报能否及时，都与账簿设置和登记的质量有密切关系。

4. 有利于加强经济责任制

会计账簿以会计凭证为依据。相关人员在记账后也必须在账簿上签字，在记账过程中也要对相关会计资料进行审核。因此，会计账簿和会计凭证一样，都可以达到加强经济责任制的目的。

三、会计账簿的分类

会计账簿的种类多种多样，在实际工作中，根据不同的标志和依据可以对账簿做出各种不同的分类。以下对账簿按其用途、外表形式和账页格式进行了分类。

（一）账簿按用途分类

账簿按用途可以分为日记账、分类账和备查账。

1. 日记账

也称为序时账，是按照经济业务发生时间的先后顺序逐日逐笔进行登记的账簿。日记账簿按其记录经济业务内容的不同又分为普通日记账和特种日记账。

普通日记账，也称为分录簿，是用来登记全部经济业务发生情况的日记账。在普通日记账中，根据每天发生的经济业务的先后顺序，确定其应借应贷的会计科目，记载会计分录，作为计入分类账的依据。登记普通日记账要花费大量的时间和精力，而且查阅也不方便，后来逐渐被各种特种日记账所代替。

特种日记账，是仅将性质相同、发生频率高、易发生舞弊行为而需要经常查核的经济业务，按照时间顺序逐笔登记的日记账。我国企业目前主要设置的现金日记账、银行日记账和转账日记账就是基于这一原理而在实际工作中普遍使用的特种日记账，其主要的作用在于加强对货币资金的监督和控制。

2. 分类账

分类账是按照账户对经济业务进行分类核算和监督的账簿。分类账按照反映内容的详细程度不同，可分为总分类账和明细分类账两种。总分类账是按照一级会计科目设置的，用以总括反映和监督各项资产、负债、所有者权益、费用、成本和收入的增减变动情况的账簿，简称总账。明细分类账是按照二级或二级以下科目设置的，详细记录某一种经济业务增减变化及其结果的账簿，简称明细账。在会计核算中，分类账簿是每一个会计主体必须设置的主要账簿，它所提供的核算资料是编制会计报表的主要依据。

3. 备查账

也称辅助账，是对日记账和分类账未能记载或记载不全面，而在经营管理中又必须掌握其信息数据的经济事项，进行补充登记的辅助性账簿。它可以为经营管理提供必要的参考资料，如租入包装物、代管商品物资、委托加工材料等就需要在备查账簿中登记。它是对账簿记录的一种补充辅助登记，有备查的性质，与其他账簿之间不存在着严密的依存和勾稽关系，也没有固定的格式，可根据企业管理的实际需要来进行具体的设计。这种账簿不是企业必须设置的，而是企业根据实际的需要自行决定是否设置。

(二) 账簿按外表形式分类

账簿按外表形式的不同可以分为订本账、活页账、卡片账和电子账。

1. 订本账

订本账是在启用前固定装订成册并预先按顺序固定编号的账簿。采用订本式账簿可以防止账页的散失和非法抽换，能够很好地起到控制作用；但是账页固定后，不便于分工记账，在同一时间内，只能由一个人登记，也不能根据记账的需要增减账页，可能存在预留空白账页过多或者不足的情况。订本账一般用于现金日记账、银行存款日记账等日记账和总分类账的登记。

2. 活页账

活页账是把账页置放在活动的账夹中，可以根据需要增添或取出账页的账簿。由于这种账簿可以随时增添或重新排列账页，并且可以组织同时分工记账，所以较订本式账簿灵活；但是其账页容易丢失和被抽换。采用活页账，平时应按账页顺序编号，由相关的记账人员在账簿使用记录上做好记载，并签名盖章，明确经济责任，并在会计期末装订成册。装订完毕后，应按照实际账页顺序数进行编号，并加目录。这种账簿主要用于一般的明细分类账。

3. 卡片账

卡片账是由若干具有专门格式的卡片账页排列在卡片箱中所组成的一种账簿。这种账实际上也是一种活页账，只是有些账页不需要经常抽取登记，为了长期使用而又防止破损，便采用硬卡片形式。卡片账根据核算和管理的特殊需要，在卡片的正反两面设计必要的栏次，反映各种指标和内容。卡片账簿可以跨年使用，但使用范围较窄，账簿主要用于"固定资产明细账"和"低值易耗品明细账"等需要特殊管理的项目。

4. 电子账

电子账，是随着信息技术的发展而形成的，用电子数据存储介质（本地数据存储介质、云端存储介质等）记录经济业务活动的账务系统。这种账簿以会计分录为核心，可根据用户的要求实时输出适当的账务信息。电子账输出前以电子数据的形式存在，是摸不着的，输出后才有实体账簿。这种账务系统信息量大，可以实时启用和分析，方便高效。

（三）账簿按账页格式分类

账簿按账页格式分类，分为两栏式账簿、三栏式账簿、多栏式账簿和数量金额式账簿。

1. 两栏式账簿

两栏式账簿是由两栏式账页组成的账簿。一般采用"借方"和"贷方"作为基本结构，分别用于反映某项资金的增加或减少。普通日记账一般采用这种格式。

2. 三栏式账簿

三栏式账簿是由三栏式账页组成的账簿。三栏式账页一般采用"借方""贷方"和"余额"三栏作为基本结构，分别用于反映某项资金的增加、减少和结余情况。三栏式账页适用于只需要进行金额核算，不需要进行数量核算的经济业务。特种日记账、总分类账、结算类账户等可以采用三栏式的账簿。

3. 多栏式账簿

多栏式账簿是由多栏式账页组成的账簿。多栏式账页包括若干金额栏，主要用于需要进行分项目反映的经济业务。账页上设有借方和贷方两个基本金额栏，在借方或贷方基本栏下再分设若干栏的账簿。收入类、费用类等明细账通常采用这种格式。

4. 数量金额式账簿

数量金额式账簿是由数量金额式账页组成的账簿。其基本结构也采用"借方（收入）""贷方（发出）"和"余额（结存）"三栏，但是在每栏下面再分别设置"数量""单价"和"金额"三小栏。该种账簿适用于既需要进行金额核算又需要进行数量核算的经济业务。材料物资类明细账通常采用这种格式。

以上对会计账簿的分类如图 7-1 所示。

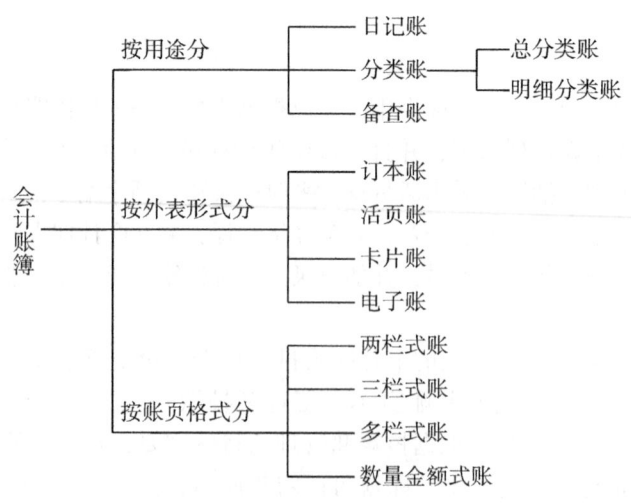

图 7-1　会计账簿分类示意图

第二节 会计账簿的设置、启用和登记

一、会计账簿设置的原则

会计账簿的设置,包括确定账簿的种类,设计账页的格式、内容和规定账簿登记的方法等。因此,为了充分发挥会计账簿的作用,并切实做好记账工作,设置账簿应遵守以下基本原则:

1. 设置账簿要考虑企业经营规模的大小和经济业务的特点

企业经营规模大小和经济业务特点的不同就要求有不同的账簿体系与之相适应,企业的各种账簿之间既要互相联系又要有合理的分工,使之形成互相联系又密切配合的账簿体系,以满足不同的需要。

2. 设置账簿要做到繁简得当

设置账簿不但要保证完成会计任务的需要,还要结合各会计主体科学管理的要求,既要防止账簿重叠、繁琐复杂,又要防止过于简化,以至于不能提供日常管理所需要的资料和编制报表的数据,应使人力、物力、财力得到合理利用。

3. 设置账簿要组织严密、层次分明,体现内部控制原则

账簿之间要互相衔接、互相补充、互相制约,能清晰地反映账户之间的对应关系,以便能提供完整、系统的资料。设置的账簿要能体现出会计业务分工与岗位责任制的紧密结合,既要保证会计工作的合理分工,又要注意会计工作各岗位的职责分离,以保证会计信息的真实性和完整性,企业资产的安全完整性。

4. 设置账簿要遵守相关财经法律法规的要求

相关财经法律法规为财会工作的顺利进行提供了法律保障,设置账簿时遵守相关的法律法规既是对会计工作人员的行为约束,又是对他们的合理保护。如《会计法》规定各单位发生的各项经济业务事项应当在依法设置的会计账簿上统一登记、核算,不得违反会计法和国家统一的会计制度的规定,私设会计账簿登记、核算。

二、会计账簿的基本内容

由于账簿记录的经济业务不同,因而账簿的格式也就多种多样,但各种账簿一般应具备以下几个基本内容:

1. 封面

填写账簿名称、记账单位名称和会计年度。

2. 扉页

账簿扉页包括"账簿启用及接交表"和"科目索引表","账簿启用及接交表"应注明启用日期、起讫页数、册次、记账人员姓名和签章、会计主管人员签章、账户目录等内容。扉页分正面和反面,正面是"账簿启用及接交表",格式见表7-1,反面是"科目索引表",其格式见表7-2。

3. 账页

根据经济业务的不同，账页具有多种格式，其基本内容应包括：

表7-1 账簿启用及接交表

单位名称				账簿名称	
账簿编号	字第 号第 册共 册			单位主管签章	
启用截止日期	20 年 月 日起至20 年 月 日止				
责任人（签章）	会计主管理	会计		记账	审核
经管人员姓名	经管日期	签章	移交日期	签章	监交人姓名	签章
	20 年 月 日		20 年 月 日			
	20 年 月 日		20 年 月 日			
	20 年 月 日		20 年 月 日			
备注						

表7-2 科目索引表

编号	科目	页码	编号	科目	页码	编号	科目	页码

(1)账户的名称：账户的名称即是会计科目，应按照相关规定规范填写。

(2)账户的类别：科目的类别是指总账、明细账或日记账等内容。

(3)记账日期栏：用于记载经济业务发生的年、月、日等要素。在这一栏填写经济业务发生日期，其中年度和月份通常只在开始换页时填写。也就是说，每一账页记录的第一行须全部填写年度、月份和日期各项内容，登账时只填写月份、日期等项。

(4)凭证种类和号数栏：凭证种类是指登记账簿所用的收、付、转凭证和登记总账所用的汇收、汇付、汇转凭证(汇总记账凭证会计核算程序)或科汇凭证(科目汇总表会计核算组织程序)等凭证类别。号数为记账凭证的顺序编号。对凭证种类和凭证号数的记录主要是为日后查找相关记账凭证指明顺序。

(5)摘要栏：主要用于对经济业务作简要的说明或简要阐明编制会计分录的原因。会计账簿中摘要栏的内容应与记账凭证中摘要的内容栏相一致。

(6)借方、贷方、余额等金额栏和余额方向栏：用以记录经济业务的金额增减变动情况及其应借、应贷、余额及余额方向。

三、日记账的设置与登记

(一)普通日记账的设置与登记

普通日记账，是用来登记全部经济业务的账簿，是在把经济业务记入总分类账簿之前，根据日常发生的经济业务所取得的原始凭证逐日逐笔序时登记的表列式记录。普通日记账也称为分录簿，其格式统一，便于使用。一般只设借方和贷方两个金额栏，所以也称为两栏式日记账，其格式见表7-3。普通日记账由记账员根据经济业务逐笔登记，除了登记日期、凭证号数和借贷方科目及金额外，还须在摘要栏说明经济业务的内容。如果分类账是根据日记账登记的，则在过账后应在日记账的过账页数栏中说明分类账的页数。不难看出，普通日记账的功能和作用只是把每一张记账凭证的内容集合在一起。

表7-3　　　　　　　　　　××企业普通日记账

20××年		凭证		摘要	账户名称	借方金额	贷方金额	过账
月	日	种类	编号					
8	1	略	略	购入材料 货款未付	材料采购 应付账款	36 000	36 000	✓ ✓

（过账）　　　　　　　　　　　　（过账）

材料采购　　　　　　　　　　　　应付账款

8/1　36 000　　　　　　　　　　8/1　36 000

事实上，普通日记账的产生要比记账凭证早，在会计发展的早期，由于经济业务并不繁多，人们只需根据每天发生的经济业务，逐笔地记入这种日记账，以反映当天业务的金额，然后再据以过入各有关总分类账，如表7-3中箭头所示。现在，我国一般不设置这种普通日记账，而习惯于直接根据记账凭证登记分类账，因为这种记录实质上是一种重复记录，增加了会计人员的工作量。但西方国家大多采用这种普通日记账格式。

普通日记账也可采用多栏式，这种日记账通常称为专栏日记账，也是用来序时地记录和反映全部经济业务的发生和完成情况，但它为常用的账户专门设置金额栏来登记。其格式如表7-4所示。

表7-4　　　　　　　　　　××企业多栏式普通日记账

20××年		摘要	现金		银行存款		物资采购	主营业务收入	其他			
月	日		借方	贷方	借方	贷方	（借方）	（贷方）	账户名称	借方	贷方	过账
7	1	提取现金	500			500						
	2	领用原材料 投入生产							生产成本 原材料	5 000	5 000	✓ ✓
	3	销售产品			7 000			7 000				
	4	领备用金		300					备用金	300		✓

201

这种日记账登记方法基本上与上述两栏式日记账相同，仍须每天逐笔进行登记。只是对于设有专栏的账户名称(如现金、银行存款、物资采购、主营业务收入)，只须将其金额记入其专栏内。对那些没有设专栏的账户名称，则应记入"其他"栏下的账户名称栏内，并把借方和贷方金额记入"借方"和"贷方"金额栏内。"其他"栏的分录要逐笔过账，对于设有专栏的只需在月末结算合计数，将合计数过入总账。过账后则把所记总账的页数记在专栏合计数的下面。

显然，多栏式日记账与两栏式日记账相比，节省了大量的过账工作，这是多栏式日记账的主要优点。但多栏式日记账也只有一本日记账，不便于分工记账，也不能反映各类经济业务的发生和完成情况。

以下举例说明普通日记账的格式和登记。

【例1】 华强公司20××年7月发生如下经济业务：

(1)1日，接受外单位现金投资800 000元，存入银行存款户；

(2)3日，以银行存款600 000元购买一台设备；

(3)6日，向银行提取5 000元现金备用；

(4)8日，以银行存款3 000元支付本月水电费；

(5)12日，以现金330元购买办公用品；

(6)15日，员工张强借差旅费2 000元；

(7)18日，归还银行借款50 000元；

(8)20日，收回M公司前欠货款30 000元，存入银行存款户；

(9)22日，以银行存款20 000元预付购货款；

(10)25日，向M公司赊销A产品98 000元；

(11)29日，员工张强报销差旅费1 600元；

(12)31日，分配本月员工工资28 000元，其中：生产工人工资14 000元，车间人员工资5 500元，行政管理人员工资8 500元；

(13)31日，提取固定资产折旧，其中：车间用固定资产折旧4 000元，行政管理部门用固定资产折旧500元。

根据上述经济业务的有关凭证登记普通日记账。普通日记账的格式及登记方法如表7-5所示。

表7-5　　　　　　　　　　　　普通日记账

20××年		摘要	账户名称	借方金额	贷方金额	过账
月	日					
7	1	接受外单位投资	银行存款	800 000		√
			实收资本		800 000	√
	3	购买设备，已付款	固定资产	600 000		√
			银行存款		600 000	√

续表

20××年		摘要	账户名称	借方金额	贷方金额	过账
月	日					
	6	提取现金备用	库存现金	5 000		√
			银行存款		5 000	√
	8	用银行存款支付水电费	管理费用	3 000		√
			银行存款		3 000	√
	12	用现金购买办公用品	管理费用	330		√
			库存现金		330	√
	15	张强预借差旅费	其他应收款	2 000		√
			库存现金		2 000	√
	18	归还银行借款	短期借款	50 000		√
			银行存款		50 000	√
	20	收回M公司欠款	银行存款	30 000		√
			应收账款——M		30 000	√
	22	用银行存款预付货款	预付账款	20 000		√
			银行存款		20 000	√
	25	向M赊销A产品	应收账款	98 000		√
			主营业务收入		98 000	√
	29	张强报销差旅费	管理费用	1 600		√
			库存现金	400		√
			其他应收款		2 000	√
	31	分配7月工资	生产成本	14 000		√
			制造费用	5 500		√
			管理费用	8 500		√
			应付职工薪酬		28 000	
	31	提取固定资产折旧	管理费用	500		√
			制造费用	4 000		√
			累计折旧		4 500	√

(二)特种日记账的设置与登记

特种日记账是对特定经济业务进行序时记录的账簿。设置特种日记账的基本原则是：特种日记账主要记录本单位大量发生、重复次数很多的经济业务。企业常见的特种日记账是"现金日记账"和"银行日记账"。除此之外,有的集团企业设置"转账日记账",商业企业设置"购货日记账"和"销货日记账"。

1. 现金日记账的设置与登记

现金日记账是由出纳人员根据审核无误的现金收款、付款凭证,序时逐笔登记的账簿。而对于从银行提取现金的业务,由于只填制银行存款付款凭证,不填制现金收款凭证,因而现金的收入数,应根据银行存款付款凭证登记。

现金日记账的格式主要有:三栏式和多栏式。

三栏式现金日记账,将现金的收入和支出同时设置在一张账页上,各个对方科目,不分别设专栏反映。其格式如表7-6所示,它的基本结构为"收入""付出"和"结余"三栏,或者"借方""贷方"和"余额"三栏。两种格式的实质一样,因为现金的收入数是记在现金账户的借方;现金的支出数是记在现金账户的贷方;收支差额就是借贷差额。出纳人员在每日业务终了,应将收、付款项逐笔登记,结出余额,并同实存现金相核对,借以检查每日现金的收、付、存情况及库存现金限额的执行情况。

表 7-6　　　　　　　　　　　　　现金日记账　　　　　　　　　　　　　第　　页

20××年		凭证号码		摘要	对方科目	借方	贷方	余额
月	日	种类	编号					

三栏式现金日记账的登记方法如下:

(1)日期栏:指记账凭证的日期,应与现金实际收付日期一致。

(2)凭证栏:指登记入账的收付款凭证的种类和编号,如:"现金收(付)款凭证"简写为"现收(付)","银行存款收(付)款凭证"简写为"银收(付)"。凭证栏还应登记凭证的编号数,以便于查账和核对。

(3)摘要栏:摘要说明登记入账的经济业务的内容。文字要简练,但要能说明问题。

(4)对方科目栏:指现金收入的来源科目或支出的用途科目。如从银行提取现金,其来源科目(即对方科目)为"银行存款",其作用在于了解经济业务的来龙去脉。

(5)借方、贷方栏:指现金实际收付的金额。每日终了,应分别计算现金收入和付出的合计数,结出余额,同时将余额与保险柜里的现金核对,即通常说的"日清"。如账实不符,应查明原因,并记录备案。月终同样要计算现金收、付和结存的合计数,通常称为"月结"。

多栏式现金日记账是按照与现金收入相对应的贷方账户和与现金支出相对应的借方账户分别设置若干专栏,序时并分类地反映与现金收支有关的经济业务的一种日记账。这种日记账是在三栏式日记账基础上发展建立起来的,其各有关专栏的合计数,可用以直接登记有关的总账。这种现金日记账的收入栏和支出栏,如果分别按其对应科目设置专栏,并列入一本账簿,那么账簿的篇幅势必太大,因而一般将这种日记账分为现金收入日记账和现金支出日记账。其格式如表7-7、表7-8所示。

表7-7　　　　　　　　　　　　　　现金收入日记账　　　　　　　　　　　第　　页

20××年		凭证号数	摘要	应贷科目		支出合计	结余
月	日			……	收入合计		
			合计				

表7-8　　　　　　　　　　　　　　现金支出日记账　　　　　　　　　　　第　　页

20××年		凭证号数	摘要	应借科目		收入合计	结余
月	日			……	支出合计		
			合计				

多栏式现金日记账的登记方法,其基本原理与三栏式一样,区别主要在于现金收入和支出分别反映在两本账上。根据现金付款凭证登记现金支出日记账,并按日结出每天的现金支出总数填记在支出合计栏内,同时将现金支出日记账上的支出合计数转记到现金收入日记账上。根据现金收入凭证登记现金收入日记账,并按日结出每天现金收入总数,登记在收入合计栏内,同时按"上期结存+本期收入-本期支出=本期结存"的计算公式,结出当天现金的结存余额,再与现金实存数核对是否相符。

以下举例说明现金日记账的格式和登记。

【例2】华强公司20××年7月份发生下列现金收款、付款业务:

(1)6日,向银行提取2 000元现金备用;

(2)12日,以现金330元购买办公用品;

(3)15日,员工张强预借差旅费2 000元;

(4)29日,员工张强报销差旅费1 600元。

假定"现金"账户期初余额为1 000元。根据7月份经济业务的现金收款凭证、现金付款凭证及银行存款付款凭证登记现金日记账。现金日记账的格式及登记方法如表 7-9 所示。

表7-9　　　　　　　　　　　　　现金日记账　　　　　　　　　　　　　第1页

20××年		凭证号码		摘要	对方科目	借方	贷方	余额
月	日	种类	编号					
7	1			期初余额				1 000
	6	银付		提现备用	银行存款	2 000		3 000
	12	现付		购买办公用品	管理费用		330	2 670
	15	现付		张强预借差旅费	其他应收款		2 000	670
	29	现收		张强报销差旅费	其他应收款	400		1 070
6	30			本月合计		2 400	2 330	1 070

2. 银行存款日记账的设置与登记

银行存款日记账，是由出纳人员根据银行存款收款凭证、银行存款付款凭证和现金付款凭证(记录将现金存入银行业务)按经济业务发生时间的先后顺序，逐日逐笔进行登记的账簿。若一个单位开设有若干银行存款账户，应分别设置日记账登记，便于与银行核对，也有利于单位对银行存款的管理。银行存款日记账的"借方栏"一般根据银行存款收款凭证登记，"贷方栏"一般根据银行存款付款凭证登记。但对于现金存入银行或从本单位其他存款户转入本存款户的银行存款的业务，规定只编制现金付款凭证或其他存款户的银行存款付款凭证，不再填制收款凭证，所以，对于将现金送存银行或从本单位其他存款户转入本存款户的银行存款收入数额，应根据现金付款凭证或本单位其他存款户的银行存款付款凭证登记银行存款日记账的借方栏。每次收付银行存款后，应随时结出银行存款的余额，至少将每日收付款项逐笔登记完毕后，计算出每日银行存款收入和支出的合计数及账面余额，以便定期同银行送来的对账单核对，并随时检查、监督各种款项收付，避免因超过实有余额的付款而出现透支。

为了坚持内部牵制原则，实行钱、账分管，出纳人员除负责登记现金日记账和银行存款日记账以外，不能兼管收入、费用、债权、债务账簿的登记工作。出纳人员登记现金日记账和银行存款日记账后，应把各种收付款凭证交由会计人员据以登记总分类账及有关的明细分类账。通过"现金"和"银行存款"总账与日记账的定期核对，达到控制现金日记账、银行存款日记账的目的。

银行存款日记账格式有三栏式和多栏式两种，基本结构与现金日记账类似。由于银行存款的收付，都是根据特定的结算凭证进行的，为了反映结算凭证的种类、号数，特设有"结算凭证种类、号数"栏。三栏式银行存款日记账的格式如表 7-10 所示。

如果银行存款的对应科目较多，为了避免账页过宽，可以分别设置"银行存款收入日记账"和"银行存款支出日记账"，其格式见表 7-11 和表 7-12。

表 7-10 　　　　　　　　　　　　　银行存款日记账　　　　　　　　　　　　　　第　　页

20××年		凭证号	摘要	结算凭证		对方科目	收入	付出	结余
月	日			种类	号数				
			合计						

表 7-11 　　　　　　　　　　　　银行存款收入日记账　　　　　　　　　　　　　第　　页

20××年		凭证		摘要	结算凭证		应贷科目			支出合计
月	日	种类	号数		种类	号数		……	收入合计	
				合计						

表 7-12 　　　　　　　　　　　　银行存款支出日记账　　　　　　　　　　　　　第　　页

20××年		凭证		摘要	结算凭证		应借科目			收入合计
月	日	种类	号数		种类	号数		……	支出合计	
				合计						

多栏式日记账的登记，可以采用以下两种方法：

(1)由出纳人员根据审核后的收、付款凭证逐日逐笔登记银行存款的收入日记账和支出日记账，每日应将支出日记账中当日支出合计数，转入收入日记账中当日支出合计栏内，以结算当日账面结余额，会计人员应对多栏式银行存款日记账的记录加强监督检查，并于月末根据多栏式银行存款日记账各专栏的合计数，分别登记有关总分类账。

(2)另外设置银行存款出纳登记簿，并由出纳人员根据审核后的收、付凭证逐日登记，以便掌握银行存款收入情况并同银行核对收付款项。然后将收、付款凭证交给会计人员，由其据以逐日汇总登记多栏式银行日记账，并于期末根据日记账登记总账，出纳登记簿与多栏式银行存款日记账要互相核对，采用这种方法有利于加强内部控制和监督。

以下举例说明银行存款日记账的格式和登记。

【例3】 华强公司20××年7月份发生下列银行存款收付业务：

(1)1日，接受外单位现金投资200 000元，存入银行存款户；

(2)4日，以银行存款30 000元购买一台设备；

(3)7日，从银行提取2 000元现金备用；

(4)9日，以银行存款1 500元支付本月水电费；

(5)19日，以银行存款40 000元归还银行短期借款；

(6)21日，收回A公司前欠货款21 000元，存入银行存款户；

(7)25日，以银行存款18 000元预付购货款。

假定"银行存款"账户期初余额为31 000元。根据7月份经济业务的银行存款收款凭证、银行存款付款凭证及现金付款凭证登记银行存款日记账。

银行存款日记账的格式及登记方法如表7-13所示。

表7-13　　　　　　　　　　银行存款日记账　　　　　　　　　　第　　页

20××年		凭证		摘要	对方科目	借方	贷方	余额
月	日	种类	号数					
7	1			期初余额				31 000
	1	银收		接受外单位投资	实收资本	200 000		231 000
	4	银付		购买设备	固定资产		30 000	201 000
	7	银付		提现备用	库存现金		2 000	199 000
	9	银付		支付水电费	管理费用		1 500	197 500
	19	银付		归还银行借款	短期借款		40 000	157 500
	21	银收		收回A公司欠款	应收账款	21 000		178 500
	25	银付		预付购货款	预付账款		18 000	160 500
	31			本月合计		221 000	91 500	160 500

3. 转账日记账的设置与登记

转账日记账是根据每天的转账凭证按照时间顺序逐日逐笔进行登记的账簿。转账业务不多的企业，也可不设转账日记账。转账日记账的格式如表7-14所示。

转账日记账登记的方法是首先记明日期和转账凭证号数，其次在"摘要"栏内简明填写经济业务主要内容。"借方"栏和"贷方"栏内分别按转账凭证上的借方、贷方账户和金额进行登记。

四、分类账的设置与登记

分类账簿是对各项经济业务按照账户进行分类登记的一种账簿，在会计核算中，分类账的主要作用是：系统地归纳、综合同类经济业务，提供资产、负债和所有者权益、费用、收入等总括或明细资料，为编制会计报表做好基础准备。分类账簿按照其提供的各会计要素指标的详略程度可分为总分类账簿和明细分类账簿。按照会计制度的规定，每一会计单位都应设置这两种分类账。

表 7-14　　　　　　　　　　　　　　　　转账日记账　　　　　　　　　　　　　　第　　页

20××年		转账凭证		摘要	借方		贷方	
月	日	号	数		一级账户	金额	一级账户	金额
				合计				

(一) 总分类账的设置与登记

总分类账是根据会计制度规定的统一会计科目中的一级会计科目设置的，用以记录全部经济业务总括核算资料的分类账簿。因为总分类账能分类、连续、全面、总括地反映企业经济活动的情况，并为编制会计报表提供资料，所以每一个企业必须设置总分类账簿。一般应按照会计科目的编号顺序，为每个一级科目开设账户。总账的外表形式一般采用订本式，账页格式一般有两种形式，即三栏式总分类账和多栏式总分类账。

1. 三栏式总分类账

三栏式总分类账一般采用借、贷、余三栏式，其格式如表 7-15 所示。为了便于反映经济业务的具体内容并方便检查监督，还应登记记账日期、凭证种类及号数、摘要等。三栏式总分类账的登记依据可视企业账务处理形式的不同而有所区别。具体地说，总分类账可以按记账凭证逐笔进行登记，也可按汇总记账凭证进行登记，还可按科目汇总表在月末时汇总登记。

表 7-15　　　　　　　　　　　　　　　　三栏式总分类账　　　　　　　　　　　　　第　　页

20××年		凭证		摘要	借方	贷方	借/贷	余额
月	日	种类	号数					
				合计				

2. 多栏式总分类账

多栏式总分类账是按会计科目分设专栏，将所有科目的总分类核算集中在一张账页上进行，其格式如表7-16所示，这种总账只适用于企业业务量少，所设科目不多的情况。所以，一般单位较少采用多栏式总分类账。

表7-16　　　　　　　　　　　　　多栏式总分类账　　　　　　　　　　　　　　第　　页

20××年		凭证号数	摘要	发生额	＿＿科目		＿＿科目		＿＿科目		＿＿科目	
月	日				借方	贷方	借方	贷方	借方	贷方	借方	贷方

3. 总分类账的登记方法

由于会计核算的账务处理程序有多种，下面仅以记账凭证会计核算方式下总分类账的登记为例说明总分类账的登记程序：

第一，按照记账凭证的顺序编号，依次登记记账凭证中会计分录所涉及的相关总分类账户。一般情况下，先过入借方账户，再过入贷方账户。如果贷方账户的账页在总账中排列的次序在借方账户的账页之前，也可以先过入贷方账户；

第二，记账日期、凭证种类及编号、借方金额以及贷方金额各栏，均应根据记账凭证注明的内容誊抄一遍，总分类账摘要栏中的内容应与记账凭证上注明的摘要基本一致。每笔账过完后，应在记账凭证上的"过账"栏内做出相应的过账标志，一般用"√"表示；

第三，结算并登记余额栏。账户的余额在计算并填入相应的栏次后，还应指明余额的借贷方向。资产类账户的余额一般在借方，负债和所有者权益类账户的余额一般在贷方。若账户余额为零则在余额的"借或贷"栏内填"平"字，并在余额栏内做标记。现金和银行存款总账的余额应定期与现金日记账和银行存款日记账核对相符，其他总账的余额在会计期末必须和与之所属的明细账核对相符。

(二) 明细分类账的设置与登记

明细分类账，也称明细账。它是根据经营管理需要，按照某些一级会计科目下的二级或明细科目设置的，用来分类连续地记录和反映经济活动详细情况的账簿。明细分类账是总账的必要补充，也是编制会计报表的重要依据。明细分类账是出于管理需要而设置的，管理要求不同，明细账所记录和反映的内容也不一样，因而明细分类账簿的格式也较多。最常见的明细分类账格式包括三栏式明细分类账、数量金额式明细分类账和多栏式明细分类账三种。

1. 三栏式明细账

三栏式明细账的结构与三栏式总账的结构基本相同，只设有借方、贷方和余额三个金额栏，这种格式只适用于那些只要求核算金额的明细账，如"应收账款""应付账款""其他应收款""其他应付款"等明细账的核算。其格式如表7-17所示。

表7-17 三栏式明细分类账

总账科目：
二级或明细科目：　　　　　　　　　　　　　　　　　　第　　页

20××年		凭证		摘要	借方	贷方	借/贷	余额
月	日	种类	号数					
				合计				

2. 数量金额式明细账

数量金额式明细账设有收入（借方）、发出（贷方）和结存三大栏，每一栏下又分别设置数量、单价和金额三小栏，主要适用于既要进行金额核算，又要进行数量核算的各种实物资产的账户，如"原材料""库存商品"等账户的明细核算。其格式如表7-18所示。

表7-18 数量金额式明细分类账

类　别：　　　计划单价：　　　最高储量：　　　存放地点：　　　第　　页
品名规格：　　材料代码：　　　最低储量：　　　编　　号：　　　计量单位：

20××年		凭证		摘要	收入			发出			结存		
月	日	种类	号数		数量	单价	金额	数量	单价	金额	数量	单价	金额
				合计									

3. 多栏式明细账

多栏式明细分类账，是根据经济业务的特点和经营管理的需要，在一张账页内按有关明细项目分设若干专栏，用以集中反映各有关明细项目的账簿。按明细分类账登记的经济业务不同，多栏式明细分类账页又分为借方多栏、贷方多栏和借贷方均多栏三种格式。

借方多栏式明细分类账的账页格式适用于借方需要设多个明细项目的账户，如"生产成本""制造费用""管理费用"等账户的明细分类核算，其格式与内容见表7-19；贷方多栏式明细分类账的账页格式适用于贷方需要设多个明细项目的账户，如"主营业务收入""营业外收入"等账户的明细分类核算,其格式与内容见表 7-20;借方、贷方多栏式明细分类账的账页格式适用于借方、贷方均需要设置多个明细项目的账户,如"本年利润"账户的明细分类核算。借方、贷方均设多栏式明细分类账页,其格式与内容见表 7-21。

表 7-19　　　　　　　　　　　制造费用明细分类账　　　　　　　　　第　页

20××年		凭证号数	摘要	应借账户								合计
月	日			工资薪酬	福利费	差旅费	折旧费	修路费	办公费	水电费	其他	
			合计									

表 7-20　　　　　　　　　　主营业务收入明细分类账　　　　　　　　　第　页

20××年		凭证号数	摘　要	应贷账户				合计
月	日			主营业务收入	出租收入	……	其他	
			合计					

表 7-21　　　　　　　　　　　本年利润明细分类账　　　　　　　　　第　页

20××年		凭证		摘要	借方项目		贷方项目		借或贷	余额
月	日	种类	号数		……	合计	……	合计		
				合计						

4. 明细分类账登记方法

各种明细分类账,应根据记账凭证及所附的原始凭证登记。在登记时,可以根据这些凭证逐笔或逐日登记,或定期汇总登记。一般来说,固定资产、债权债务等明细分类账应当逐笔登记;商品、材料物资明细分类账可以逐笔登记,也可以逐日汇总登记;业务收入、费用开支等明细分类账可以逐笔登记,也可以逐日或定期汇总登记。各种明细分类账在每次登记完毕后,都应结算出余额。为了便于检查和核对账目,在明细分类账的摘要栏内，必须将有关经济业务的简要内容填写清楚。

五、账簿启用的规则

为了保证账簿记录的合法性，明确记账规则，每本账簿启用时，应在账簿扉页"账簿启用及接交表"（活页式账簿和卡片式账簿应在装订成册后填列）详细载明：单位名称、启用日期、账页数、账簿编号、账簿册数、记账人员和会计主管人员姓名等加盖私章和公章。调换记账人员时，应办理交接手续，在表内注明交接日期、接办人员和监交人员的姓名，并由双方签字或盖章。"账簿启用及接交表"格式，见本章第二节表7-1所示。此外会计人员在启用时应正确选择账簿的外表形式，账簿的外表形式应根据其用途来决定，总账和日记账一般应采用订本式，明细账应采用活页式，财产物资的明细账可以采用卡片式。启用订本式账簿应从第一页起连续编写页数，中间不得跳页缺页；启用活页式账页，活页账的账夹上应当写明账簿的名称，应按账户顺序编号，年度结束应装订成册，加编科目索引表，科目索引表一般位于账簿扉页的反面，格式见本章第二节表7-2所示。

六、账簿登记的规则

登记账簿是会计核算的重要基础工作和中心环节，账簿登记是否正确、完整，关系到企业整个会计核算的质量。为了向经营管理者提供正确可靠的会计资料，必须认真负责地做好记账工作，为此，在登记账簿时，必须按照记账规则的要求登记账簿。

(1)由于账簿是一种长期保存的经济档案，为了保证账簿记录的清晰，便于日后查阅，记账要用蓝黑或黑色墨水书写，不能用圆珠笔（银行的复写账簿除外）或铅笔。红墨水仅限于在账簿中画线、更正、冲账和登记负数时使用。摘要内的文字力求简明扼要，金额、数量栏的数字要写得整齐、清晰。

(2)为了保证账簿记录的正确性，记账必须以审核无误的会计凭证为依据。记账时，应将记账凭证的日期、种类、编号、业务的内容摘要和金额等逐项记入账簿内，并做到数字准确、登记及时。记账后，要在记账凭证上签名或盖章，同时注明所记载账簿的页数，或画"√"号，表示已登记入账，以避免重记、漏记和错记。

(3)在总分类账和明细分类账中，应在账页上注明账户的名称，账户的名称不能任意简化，账页应按页次编号，并按顺序逐行逐页填写，不能跳行、隔页填写。如果发生隔页或跳行，不得随意涂改，应将空页、空行用红线对角画掉，在对角线交叉处填写"作废"字样，并由记账人员盖章。订本式账簿中的账页不准撕毁，活页式账簿也不得任意抽换账页。

(4)每张账页的第一行及最后一行一般不用于记账。每登满一张账页时，应加计本页发生额合计数，结出的余额填在账页的最末一行，并在摘要栏内注明"转次页"字样；同时，在下一页的首行摘要栏内注明"承前页"字样，并在首行金额栏内登入上一页最后一行结算的本期发生额合计及余额。

(5)记账的文字、数字必须书写整齐，清晰准确。账簿的数字记录，应靠紧底线书写，约占全行2/3左右的位置，以预留改错的空间；数字排列要均匀，阿拉伯数字的书写要规范。记账的文字应使用中文，在民族自治地区，可同时使用当地通用的一种民族文

213

字,在我国境内的涉外企业可同时使用一种外文。

(6)记账可采用下列一些代用符号:

单价可用"@"表示;

号码顺序可用"#"表示;

已记账或核对无误可用"√"表示;

账户余额为零可用"0"或"平"表示等。

(7)账簿的记录应保持整洁。为此,记账时要做到正确和清楚。如果记账发生错误,应按照规定的方法进行更正,不得涂改、刮擦、挖补或用褪色药水更改字迹。

(8)定期打印。实行会计信息化的单位,总账和明细账应当定期打印。发生收款和付款业务的,在输入收款凭证和付款凭证的当天必须打印出现金日记账和银行存款日记账,并与库存现金核对无误。

第三节 对账和结账

一、对账

(一)对账的意义和概念

一个主体的经济活动,应该根据能够证明经济业务实际情况的原始凭证来编制记账凭证,根据审核无误的记账凭证登记账簿,期末要进行结账,根据结账后的账面数字,编制各种会计报表。从理论上讲,按照上述程序核算的结果应该是四个方面相符,即账证相符、账账相符、账表相符、账实相符。但是,由于各种原因,在以上各环节中可能会发生错误。如记账凭证编制错误、过账错误、账户余额结算错误等,造成总分类账借贷不平衡,或总分类账和所属明细分类账不平衡等,这就需要进行查错和对账。

对账简单地说就是核对账目,即把账簿上记载的资料进行内部核对、内外核对、账实核对,以保证账证相符、账账相符和账实相符。

(二)对账的内容

对账的内容主要包括:账簿记录与会计凭证互相核对;总分类账记录与有关明细分类账记录、日记账记录互相核对;账簿记录与有关财产物资的实存数相互核对;对债权债务的查询核对。上述账证核对、账账核对、账实核对,不仅可以及时纠正差错,为生产经营过程提供正确、可靠的数据资料,还可及时地揭露徇私舞弊和违法乱纪事件,保护企业财产的安全与完整。具体内容如下:

1. 账证核对

这是指各种账簿的记录应该与有关的记账凭证和原始凭证相核对。具体地说,原始凭证、记账凭证中所记载的经济业务,应正确地按其内容、数量、金额,以及应使用的会计账户如实地反映在账簿中。由于借贷是否平衡的问题,已在编制总分类账户本期发生额及余额表时得以验证或纠正,所以,账证核对的主要问题是金额有无全数记错和会计账户有无使用不当。如有差错,应查对最初的依据,包括合同、协议等文件,直到查明原因为止。

2. 账账核对

这是指对各种账簿之间的记录应核对其有关数字是否相符。例如：总分类账各账户期末借方余额合计数与贷方余额合计数相核对是否相等；总分类账各账户期末余额与相关明细分类账期末余额合计数相核对是否相等；现金日记账和银行存款日记账本期收、付、结存数，与总分类账"现金""银行存款"账户中的本期借、贷方发生额和期末余额是否相互一致；银行存款日记账每笔收、付金额与银行对账单是否相符，如有未达账项，经过调节，其账面余额是否一致。同时，还要特别注意有无串户的情况，如将应记入甲账户的数字误记入乙账户，因为这并不影响上述的相等关系。

3. 账实核对

这是指账簿的记录与各项财产物资和现金的实存数相核对。这种核对工作又称财产清查。凡固定资产、库存商品、原材料、在产品、现金等均应一一盘点实物，并在盘点以后编制"财产物资盘点单"，将其与账存数核对，如果发生盘盈、盘亏或毁损等情况，应先调整账面数字，并将其缺溢数分别转入"待处理财产损溢"或"以前年度损益调整"账户，待查明原因后，再作处理。具体账务处理将在第八章"财产清查"讲授。

二、结账

(一) 结账的概念及作用

结账是会计期末(月末、季末、年末)对账簿记录所作的结束工作，也就是把一定时间内所发生的经济业务在全部登记入账的基础上，计算出各种账簿记录的本期发生额和期末余额，以便根据账簿记录，编制会计报表。

结账是一个单位经营了一个会计期间后，对本单位的账目所进行的整理和对全部账户所作的总结。每到会计期末，为了解当期的经营成果和期末财务状况，必须将所有账户的数据汇总编表。利润表账户的用途是归集各期的收入、费用数，故期末应予汇总，并结转至"本年利润"账户中反映当期盈亏，也便于下期重新开始记录新会计期的收入、费用。这种将收入、费用等虚账户结清的工作，称为结账。另外，经过一个会计期的经营之后，资产负债表账户也发生了增减变化，为了解期末财务状况，应计算这些实账户的期末余额，并结转到下期，这也称为结账。结账的最终目的，是要为编制利润表和资产负债表提供必要的数据。

结账时，首先要查明本期所发生的经济业务是否已经全部入账，属于本期的应计收入和应计成本、费用是否都已调整入账，进而计算出当期的产品成本和财务成果，结出全部账户的本期发生额及余额并试算平衡，从而为编制会计报表提供正确、完整的账簿资料。其主要作用是：

1. 有利于正确了解本单位在一个会计期内的生产经营状况及其财务成果；
2. 有利于全面了解本单位在期末的实际财务状况。

(二) 结账的程序

结账是会计期末对账簿记录的总结工作。它是一个过程，包括以下基本程序：

1. 查明本期所发生的经济业务是否已全部登记入账，若发现漏账、错账，应及时补记、更正。

2. 在全面入账的基础上，按照权责发生制的原则将收入和费用归属于各个相应的会计期间，即编制调整分录，包括摊配已登账的费用、递延已经收到但未完全实现的收入、计提应承担但尚未支付的应计费用、确认已实现但尚未收到的应收收益等。然后，据以登记入账。

3. 编制结账分录。对于各种收入、费用类账户的余额，应在有关账户之间进行结转，如将主营业务收入、主营业务成本、管理费用、财务费用、销售费用等损益类账户的余额转入本年利润账户，以便在账簿上重新记录下一个会计期间的业务。结账分录也需要登记到相应的账簿中去。

4. 计算各账户的本期发生额合计和期末余额，画双线以结束本期记录。然后，将期末余额结转到下期，作为下一个会计期间的期初余额。

(三)结账的种类和方法

结账按照结算的时期不同，主要有月结、季结和年结三种。

1. 月结

月结时应该根据各账户的不同特点分别采用不同的方法，具体如下：

(1)对不需要按月计算本期发生额而只需要计算余额的明细账，每次记账以后，都要随时结出余额，如结算类、资本类、财产物资类账户明细账。要在最后一笔经济业务记录行的下一行靠上线画通栏单红线(也称结账线)，不需要再结计一次余额。画线的目的，是为了突出有关数字，表示本期的会计记录已经截止或结束，并将本期与下期的记录明显分开。

(2)对需要按月计算发生额和期末余额的账户，要加计本月的发生额并计算出余额。如现金和银行存款日记账、采用"记账凭证核算形式"所登记的总账和成本费用类明细账、采用"结账法"下的损益类明细账等，要在最后一笔经济业务记录行的下一行(月结行)紧靠上线处画通栏单红线，并在其行内结出本月发生额和余额，在日期栏内填写本月最后一天的号数，在摘要栏内注明"本月合计"字样，再在"月结行"的下一行紧靠上线画通栏单红线。

(3)对需要结计本年累计发生额的账户既要进行本月发生额的月结，又要进行年度累计发生额的月结。如"本年利润""利润分配"总账及其从属明细账，采用"表结法"下的损益类账户，每月结账时先在该月最后一笔经济业务记录的下一行(月结行)紧靠上线处画通栏单红线，进行月结；然后再在"月结行"的下一行(本年累计行)，结出自年初始至本月末止累计发生额和月末余额，在摘要栏内注明"本年累计"字样，并在本年累计行的下一行紧靠上线处通栏画单红线。

(4)总账(除"本年利润""利润分配"账户和采用"记账凭证核算形式"所登记的总账)平时只需要结出月末余额，即只需要在最后一笔经济业务记录之下通栏画单红线，不需要再结计一次余额。

2. 季结

季度结账一般是总账才需要，由于总账在年终结账时要将所有总账结出全年发生额和年末余额，以便于总括反映本年全年各项资金运动情况的全貌并核对账目，而总账在各月只结余额而不结发生额，为减少年终结账的工作量而对总账进行季结，即在每季度结束时，应按季末月份月结后，分别结算出本季度借方、贷方本期发生额合计数和期末余额，在"摘要"栏内注明"本季度累计"字样，并在该行下面再画一条通栏单红线。

3. 年结

（1）如果年末没有余额，在总账第四季度"本季度累计"行下一行的"摘要"栏内注明"本年合计"字样，加计1~4季度的"本季度累计"，填在该行的"借方""贷方"栏内，并在"借/贷"栏写"平"字和"余额栏"写"0"符号。然后在"本年合计"行下通栏画双红线（也称为封账线），封账即可。

（2）如果年末有余额，对于总账，应分借、贷加计在1~4季度的"本季度累计"行下一行的相关栏内，同时在该行的"摘要"栏内注明"本年合计"字样；对于明细账，如果是只需结计期末余额和结计本年累计发生额的12月份的月结就是年结，而需要按月结计发生额的，还需要在12月月结的基础上分借、贷方加计全年的发生额，并将其发生额和年末余额（12月月末的余额）填在12月月结行的下一行相关栏内，同时在该行的"摘要"栏内注明"本年合计"字样。

（3）结转下年，要将其年末余额结转下年，即将余额记入新账第一页第一行的"余额"栏内，并在新账第一行的"摘要"栏内注明"上年结转"字样；同时，需在"本年合计"行下一行的"摘要"栏内注明"结转下年"字样，并将余额记入同一行的"余额"栏内，然后在"结转下年"行下画两条通栏红线，封账即可。

结转下年既不需要编制记账凭证，也不必以相反的方向记入下一行（"结转下年"行）的发生额栏内，使本年有余额的账户的余额为零。因为，年末时有余额的账户，其余额应当如实在账户中加以反映，否则，容易混淆有余额的账户和没有余额的账户的区别。

第四节　错账的查找及更正

一、试算平衡和错账的类型

第二章借贷记账法中已提到试算平衡是检查和验证账簿记录错误的基本方法。但试算是根据借贷平衡的原理来设计的，对影响试算平衡的错误能通过试算发现，而对于不影响试算平衡的错误，试算就发现不了。账簿记录错误的类型与试算平衡的关系可用表7-22反映。

表7-22　　　　　　　　　　错账类型与试算平衡的关系

错账类型	试算表能发现 （影响平衡）	试算表不能发现 （不影响平衡）
1. 试算表错误： 　各账户金额抄错 　各栏合计数加错	能发现 能发现	
2. 账户余额结错	能发现	借贷金额相抵的同数错误

续表

错账类型	试算表能发现 （影响平衡）	试算表不能发现 （不影响平衡）
3. 过账错误： 　　科目过错 　　方向过错 　　漏过账 　　重过账 　　金额过错 4. 记账凭证编错	 单方向过错 单方向漏过 单方向重过 能发现 借贷金额不平衡	科目过错，方向无误 借贷方向同时颠倒 借贷方同时漏过 借贷方同时重过 会计科目用错 会计科目借贷颠倒

二、错账查找的程序和方法

（一）影响试算平衡的错误的查找方法

在有关数字未抄错的情况下，如果试算不平衡，可以肯定记账已经发生了错误，必须查找。错账查找应该先确定错误的范围和差数（正确数字和误记数字的差额），把差数的金额和相关情况联系起来，找出线索，以便把差错的范围逐步缩小，有针对性地查找，最终把错误找出来。错账查找的程序和方法具体如下：

首先，检查试算表本身。复核试算表内各栏金额是否抄错，各账户期初余额加减本期发生额是否等于期末余额。通过检查，可以查出试算表金额抄错、各栏合计数加错的错误。如果某个账户的余额不平衡，则可以肯定错误是发生在这个账户内，并可查出差额是多少。

然后，检查分类账内试算不平衡的账户。逐笔复算余额，查看余额结算是否正确，特别注意从上页过入下页的余额抄录是否错误，核对总账及其所属明细账的发生额及余额是否相符。复核时应注意某些账户的余额有无不正常现象，从而发现问题。

通过以上检查，若试算表仍不能平衡，则可能是过账错误。过账错误中影响借贷平衡的错误通常采用"除2法"和"除9法"查找。

除2法是根据求得的差数除以2，按取得的商数，在有关的账户和相关会计凭证中查找有无这个数额的方法。错账差数能用2除尽，则错账很可能是一笔分录记错了借贷方向。如2 456元，用2除以后，商数为1 228元，可先查有无1 228元这个数字的经济业务，记入账户的借贷方向有无错误。除2法适用查找记错借贷方向的错误，因为应记入借方的数额误记入贷方，或应记入贷方的数额误记入借方，就必然使一方的合计数恰好多于另一方合计数的这个错账的差数。

除9法是指以差数除以9来查找错数的方法。适用于以下三种情况：一是将数字写小。如将700写为70，错误数字小于正确数字9倍。查找的方法是：以差数除以9后得出的商即为写错的数字，商乘以10即为正确的数字。上例差数630（即700-70）除以9，商70即为错数，扩大10倍后即可得出正确的数字700。二是将数字写大。如将60写为600，错误数字大于正确数字9倍。查找的方法是：以差数除以9后得出的商为正确的数字，商乘以10后所得的即为错误数字。上例差数540（即600-60）除以9后，所得的商60为正确数字，60乘以10（即600）为错误数字。三是邻数颠倒。如将23写成32，将72写成27，将45写成54等。颠倒的两个数字之差最小为1，最大为8（即9-1）。查找的方法是：将差数除以9，得出的商连续加11，直到找出颠倒的数字为止。如78与87的差数为9，除9得1，连加11为12、23、34、45、56、67、78、89，如有78数字的业务，即有可能是颠倒的数字。

(二) 不影响试算平衡的错误的查找方法

如表7-22所示，不影响试算平衡的错误是试算表本身反映不出来的，这样的错误主要有两种。

其一是重记或漏记了一项会计记录。这种错误不会影响总分类账户发生额和余额试算表的平衡，只是本期发生额不正确。查找时，可以将总分类账户发生额和余额试算表的本期发生额同本期全部记账登记的合计数相核对。如果记账凭证的合计数比试算表的本期发生额小，可能是重记；反之，则可能是漏记。

其二是会计分录中用错了会计科目。这种错误比较难找，要避免这样的错误，必须在编制记账凭证后认真审核。即使编制棋盘式本期发生额对照表，不属于异常的错误分录也难于查找。因此，查找这类错误的最有效方法是重新审核每张记账凭证的账户对应关系。

三、错账的更正方法

如上所述，账簿记录中发生的错误是多种多样的。账簿记录的错误，一经发现，应根据其性质和发现时间，按规定的更正方法进行更正。记账错误的更正方法，一般有下列几种：

(一) 画线更正法

在结账以前，如果发现账簿记录中有错误，而记账凭证无错误，即纯属数字或文字笔误或数字计算错误，可采用画线更正法进行更正。更正的方法是，先在错误的数字或文字上画一条红线，表示注销。然后在画线的上面用蓝字写上正确的数字或文字，并在画线处加盖记账员图章，以示负责。但应注意，错数要整笔画掉，不能只画去其中一个或几个记错的数字，并保持画去的字迹仍可清晰辨认。例如把8675.02元误记为8765.02元，不能只画去其中"76"改为"67"，而是要把"8765.02"全部用红线画去，并在其上方写"8675.02"。

(二) 红字更正法

红字更正法，又称红字冲销法或赤字冲账法。这种方法在会计上以红字记录表明对原记录的冲减。红字更正法一般适用于下列两种情况：

(1)记账以后，发现记账凭证中应借应贷科目或记账方向有错误，且已记账和结账，应采用红字更正法更正。更正的方法是：先用红字金额填制一张与原错误记账凭证内容完全相同的记账凭证，并据以用红字登记入账，冲销原有错误的账簿记录；然后，再用蓝字或黑字填制一张正确的记账凭证，据以用蓝字或黑字登记入账。

【例4】办公室耗用仓库中A材料500元，编制记账凭证时候，借方科目误写为"销售费用"并登记入账。错误的分录是：

借：销售费用　　　　　　　　　　　　　　　500
　　贷：原材料——A　　　　　　　　　　　　　　　500

要更正上述错误，应用红字金额填制一张内容与原来一样的记账凭证：

借：销售费用　　　　　　　　　　　　　　　<u>500</u>
　　贷：原材料——A　　　　　　　　　　　　　　　<u>500</u>

（注：<u>500</u> 表示红字。）

然后，用蓝字重新填制一张正确的记账凭证：

借：管理费用　　　　　　　　　　　　　　　500
　　贷：原材料——A　　　　　　　　　　　　　　　500

将上述两张记账凭证登记入账后，账簿记录的错误得以更正。

(2) 在记账以后，如发现记账凭证中应借、应贷会计科目和方向都没有错，只是金额发生错误，而且记入账簿的金额大于应记的正确金额，也可用红字更正法进行更正。更正的方法是：将多记的金额用红字填制一张与原错误记账凭证所记载的借贷方向，应借、应贷会计科目相同的记账凭证，在"金额"栏中填列多计的数额，在"摘要"栏内注明"冲转第×号凭证多计数"，并据以登记入账，以冲销原多计金额，求得正确金额。

【例5】 办公室耗用仓库中 A 材料 600 元，编制记账凭证时，误将金额记为 6 000。错误的分录是：

借：管理费用　　　　　　　　　　　　　　6 000
　　贷：原材料——A　　　　　　　　　　　　　　6 000

为了更正上述账户中多记的 5 400 元，应用红字金额填制一张记账凭证，其分录为：

借：管理费用　　　　　　　　　　　　　　<u>5 400</u>
　　贷：原材料——A　　　　　　　　　　　　　　<u>5 400</u>

（注：<u>5 400</u> 表示红字。）

按上述更正错误的记账凭证，记入有关账户后，原账簿中的错误记录得到更正。

如果记账凭证所记录的文字、金额与账簿记录的文字、金额不符，应首先采用画线更正法，然后用红字冲销法更正。

(三) 补充登记法

补充登记，又称蓝字补记。记账以后，如果发现记账凭证上应借、应贷的会计科目和记账方向并无错误，只是所填的金额小于应填的金额，致使账簿记录也发生同样的差错，则可采用补充登记法。更正的方法是：将少填的金额（即正确金额与错误金额之间的差额）用蓝字或黑字填制一张记账凭证，在"摘要"栏内注明"补记第×号凭证少计数"，并据以登记入账。这样便将少记的金额补充登记入账簿。

【例6】 收到客户开出的一张购买商品票据，面值为 600 000 元，填制记账凭证时，将金额误记为 60 000 元，并已登记入账。其错误分录为：

借：应收票据　　　　　　　　　　　　　　60 000
　　贷：主营业务收入　　　　　　　　　　　　　　60 000

为了更正错误的记录，可将少记的 540 000 元用蓝字填制一张记账凭证，其分录为：

借：应收票据　　　　　　　　　　　　　　　　540 000
　　贷：主营业务收入　　　　　　　　　　　　　　540 000

按上述更正错误的记账凭证登记入有关账户后，原账簿记录中的错误记录得到更正。

如果记账凭证中所记录的文字、金额与账簿记录的文字、金额不符，应首先采用画线更正法，然后用补充登记法更正。

在用红字更正法和补充登记法更正错误时，在更正错误的记账凭证上，应注明被更正的记账凭证的日期和编号，以便核对查考。

☞ 小结

会计账簿，是以会计凭证为依据，对全部经济业务进行全面、系统、连续、分类地记录和核算的簿籍，是由专门格式并以一定形式联结在一起的账页所组成。设置和登记账簿，可以系统地归纳和积累会计核算资料，可以为核算财务成果编制会计报表提供依据，为开展财务分析和会计核算提供依据。会计账簿按其用途可以分为日记账簿、分类账簿和备查账簿；按照账页格式可以分为三栏式、多栏式、数量金额式和横线登记式；按照外表形式可以分为订本账、活页账、卡片账和电子账。

会计账簿的设置、启用和登记要遵守相应的会计账簿的设置原则、启用规则和登记规则。设置和登记会计账簿具体可以分为日记账的设置和登记与分类账的设置和登记，其中日记账的设置和登记可以细化为普通日记账的设置和登记与特种日记账的设置和登记；分类账的设置和登记主要分为总分类账的设置和登记与明细分类账的设置和登记。

对账是将一定时期所发生的经济业务全部登记入账后，在期末结账之前进行的账账核对、账证核对和账实核对。结账是会计期末对账簿记录所做的结束工作，也就是在把一定时间内所发生的经济业务已经全部登记入账的基础上，计算出各种账簿记录的本期发生额和期末余额，以便根据账簿记录编制会计报表。

差错更正的方法有画线更正法、红字更正法和补充登记法，各种不同的更正方法适用于不同的差错更正。

☞ 关键名词

会计账簿　日记账　总分类账　明细分类账　对账　结账

☞ 思考题

1. 设置账簿的作用和意义何在？如何对账簿进行分类？
2. 会计账簿的设置、启用和登记有哪些原则？在会计信息化日益强化的今天如何通过设置、启用和登记会计账簿达到提供更加可靠、与决策更相关的会计信息的目的？
3. 什么是特种日记账？为什么要设置特种日记账？
4. 明细分类账的格式有哪几种？各种格式的明细分类账的适用范围有哪些？

5. 什么是对账和结账？手工记账条件下的对账和结账的方法和内容有哪些？会计信息化环境下，为了加强财务内部控制，在对账和结账的程序的设计上应该注意哪些事项？

6. 错账更正的方法有哪些？每种错账更正方法的适用条件有哪些？

☞ **练习题**

一、判断题

1. 登记账簿的唯一依据是审核无误的原始凭证。   (   )
2. "材料采购"明细账应该采用数量金额式账页格式。   (   )
3. 现金日记账是由出纳人员根据审核无误的现金收、付款凭证和转账凭证，按照经济业务发生的先后顺序，逐日逐笔序时登记的。   (   )
4. 若记账凭证上的会计科目和应借、应贷方向未错，但所记金额大于应记金额并已入账，应采用红字更正法更正。   (   )
5. 固定资产、债权、债务、库存商品、原材料等明细账应逐日逐笔登记。   (   )
6. 从银行提取现金的经济业务，应根据现金收款凭证登记现金日记账。   (   )

二、单项选择题

1. 下列账簿中可以采用卡片式账簿的是(   )。
   A. 原材料总分类账   B. 现金日记账
   C. 固定资产明细分类账   D. 固定资产总分类账
2. 总分类账簿、现金日记账和银行存款日记账必须采用(   )。
   A. 订本账   B. 活页账   C. 卡片账   D. 备查账
3. 将现金存进银行的经济业务，应根据(   )登记银行存款日记账。
   A. 现金收款凭证   B. 银行存款收款凭证
   C. 现金付款凭证   D. 银行存款付款凭证
4. "应付账款"账户的明细分类账格式，一般采用(   )。
   A. 三栏式   B. 数量金额式   C. 多栏式   D. 卡片式
5. 账账核对不包括(   )。
   A. 总账各账户余额核对   B. 总账与明细账之间的核对
   C. 总账与备查账之间的核对   D. 总账与日记账之间的核对
6. 下列关于会计账簿意义说法错误的是(   )。
   A. 账簿是积累会计核算资料的工具
   B. 账簿记录是编制会计报表的主要依据
   C. 账簿资料是会计分析和会计检查的依据
   D. 账簿记录是登记原始凭证、记账凭证的依据
7. 期末根据账簿记录，计算并记录出各账户的本期发生额和期末余额，在会计上称为(   )。
   A. 对账   B. 结账   C. 调账   D. 查账
8. 记账之后，发现记账凭证中误将 20 000 元写为 2 000 元，会计科目名称及记账方

向无误,应采用的错账更正方法是( )
   A. 画线更正法   B. 红字更正法   C. 补充登记法   D. 红字冲销法

三、多项选择题

1. 结账的程序包括( )。
   A. 将本期内发生的经济业务全部记入有关账簿
   B. 根据权责发生制要求,调整有关账项,合理确定本期应计的收入和应计的费用
   C. 将"损益类"科目计入"本年利润"科目,结平所有损益类科目
   D. 结算出日记账、总账、明细账的本期发生额和余额
2. 账簿按账页格式分为( )。
   A. 三栏式账簿   B. 备查账簿   C. 数量金额式   D. 多栏式账簿
3. "原材料"总分类账( )。
   A. 采用三栏式格式   B. 不采用数量金额式格式
   C. 采用多栏式格式   D. 其所属明细分类账采用数量金额式格式
4. 对账的内容包括( )。
   A. 账证核对   B. 账实核对   C. 表表核对   D. 账账核对
5. 错账更正的方法有( )。
   A. 画线更正法   B. 红字更正法   C. 补充登记法   D. 更正分录法
6. 下列账簿中,一般采用多栏式的有( )。
   A. 资本明细账   B. 收入明细账   C. 债务明细账   D. 费用明细账
7. 在会计实务中,下列情况可以使用红色墨水的有( )。
   A. 结账时画线
   B. 表示冲减的数额
   C. 采用画线更正法进行错账更正
   D. 在不设借、贷方向的账页中表示减少发生额

四、业务题

1. 某企业 2×18 年 8 月 31 日银行存款日记账余额 400 000 元,现金日记账余额为 8 000 元。9 月上旬发生下列银行存款和现金收付业务:
   (1) 1 日,投资者投入现金 23 000 元,存入银行(银收 901);
   (2) 1 日,以银行存款 20 000 元归还短期借款(银付 901);
   (3) 2 日,以银行存款 30 000 元偿还应付账款(银付 902);
   (4) 2 日,以现金 1 500 元存入银行(现付 901);
   (5) 3 日,用现金暂付职工差旅费 700 元(现付 902);
   (6) 3 日,从银行提取现金 3 000 元备用(银付 903);
   (7) 4 日,收到应收账款 60 000 元,存入银行(银收 902);
   (8) 5 日,以银行存款 35 000 元支付购买材料款(银付 904);
   (9) 6 日,从银行提取现金 20 000 元,准备支付工资(银付 905);
   (10) 6 日,用现金 20 000 元发放职工工资(现付 903);
   (11) 7 日,以银行存款支付本月电费 1 700 元(银付 907);

(12)8日，销售产品一批，获得71 200元存入银行(银收903)；
(13)9日，用银行存款支付销售费用500元(银付907)；
(14)10日，用银行存款上交销售税金4 200元(银付908)；
要求：登记银行存款日记账和现金日记账，并结出10日的累计余额。

2. 资料：已知某企业生产A、B、C三种型号的产成品，该期末产成品库存为10 000元。
要求：根据已知条件和表中已有的数字，完成表7-23。

表7-23

产品名称		A产品	B产品	C产品	合计
期初余额		1 000	（　）	（　）	（　）
本期发生额	收入(借方)	（　）	2 000	2 000	（　）
	发出(贷方)	2 000	（　）	2 000	8 000
期末余额		4 000	3 000	（　）	（　）

注：表中"计量单位""单价""数量"等栏均省略。

3. 时代公司在账证核对中，发现以下错误。要求：按有关错账更正规则进行更正。
(1)从银行提取现金16 000元，备发工资。记账凭证为：
借：库存现金　　　　　　　　　　　　　　　　　16 000
　　贷：银行存款　　　　　　　　　　　　　　　　16 000
账簿记录金额为1 600元。
(2)预付宏光公司购货款26 000元。记账凭证为：
借：预收账款　　　　　　　　　　　　　　　　　26 000
　　贷：银行存款　　　　　　　　　　　　　　　　26 000
(3)以银行存款支付公司行政部门用房的租金32 000元。记账凭证为：
借：管理费用　　　　　　　　　　　　　　　　　320 000
　　贷：银行存款　　　　　　　　　　　　　　　　320 000

☞ **案例讨论题**

某公司张会计2×18年8月发现7月一笔500元的营业费用记入了管理费用，原分录为：
借：管理费用　　　　　　　　　　　　　　　　　500
　　贷：库存现金　　　　　　　　　　　　　　　　500
张会计考虑到"库存现金"科目并未记错，只是管理费用记错了，于是又编制了一张转账凭证，予以更正，分录为：

借：营业费用 500
　　贷：管理费用 500
你认为以上做法是否正确，为什么？

第八章 财产清查

◎ 学习目标
　　1. 了解财产清查的含义、分类、内容和作用；
　　2. 理解并掌握各种流动资产的清查方法及其会计处理过程；
　　3. 理解并掌握各种非流动资产清查的方法及其会计处理过程。

第一节 财产清查概述

　　在生产经营过程中，各种原因往往导致企业账簿所记录的实物资产的变动情况与实际的变动情况不一致，例如，原材料、辅助材料、库存商品等在运输、交接、入库、保管等过程中可能出现自然损耗、计量误差、贪污盗窃等现象，进而造成这些物资的账面记录与实际结存并不一致。为了保证会计信息的可靠性以及会计账簿记录的及时性和准确性，确保企业资产的安全和完整，企业就必须适时地对各项资产进行财产清查。鉴于财产清查的重要作用，我国各个层次的会计规范都对各项资产的盘点和核对作出了规定。例如，《中华人民共和国会计法》(2024)第二章第十七条规定，"各单位应当定期将会计账簿记录与实物、款项及有关资料相互核对，保证会计账簿记录与实物及款项的实有数额相符、会计账簿记录与会计凭证的有关内容相符、会计账簿之间相对应的记录相符、会计账簿记录与会计报表的有关内容相符"。

一、财产清查的含义与内容

　　财产清查，亦称"盘存"，是通过各项资产的盘点和核对，确定各项资产如货币资金、债权、存货的实存数，并与各项资产的账面结存数相核对，查明账实不符的原因并将账存数调整为实有数的一种会计核算方法。

　　从清查的对象上看，财产清查的内容主要包括两类：一类是流动资产的清查，另一类是非流动资产的清查。流动资产的清查主要包括库存现金、银行存款、其他货币资金、应收账款、存货等流动资产的盘点，非流动资产的清查包括在建工程、固定资产、无形资产等长期资产的核对。例如，存货的清查包括各种材料、在产品、半成品、库存商品、低值易耗品等资产的清点，而固定资产清查包括房屋、建筑物、机器设备、工器具、运输工具等资产的核对。不管是流动资产清查还是非流动资产清查，不仅要对存放于本企业的各项财产物资进行清查，还要对企业拥有或控制的，但存放于企业外的财产物资进行清查。

二、财产清查的分类

企业的财产由货币资金、应收账款、存货、固定资产等组成,进行财产清查时要针对不同的要求对各项财产展开相应的清查。财产清查可按照不同的分类标准作如下划分:

(一)按财产清查的对象和范围分类

1. 全面清查

全面清查是指对某企业控制和拥有的各项资产进行全面的盘点和核对。制造业全面清查的对象包括货币资金(包括库存现金、银行存款、其他货币资金)、债权资产(包括应收票据、应收账款、其他应收款等)、存货(包括原材料、在产品、在途产品、委托其他单位加工的材料或保管的产品、商品等)、固定资产(包括厂房、建筑、设备等)。全面清查的范围广,工作内容多,清查时间长,耗费成本大,参加的部门和人员多,有时甚至会影响企业的正常生产经营活动,所以非特定要求并不需要频繁进行全面清查。一般在下列情况下,才需要进行全面清查:

(1)年终决算之前,为了确保年终决算所需的会计信息的真实可靠,每年都需要进行一次全面清查。

(2)企业进行资产评估之前,需要进行一次全面清查。

(3)企业倒闭、合并或改变所有权时,需要进行全面清查。

(4)中外合资、国内联营,需要进行全面清查。

(5)开展清产核资,需要进行全面清查。

(6)单位主要负责人调离工作岗位时,需要进行全面清查。

2. 局部清查

局部清查是指针对特定的需要对企业的一部分资产进行的清查。局部清查的对象一般为变动性较大的财产物资,所以要定时进行清查,以确保准确的财产价值。例如:货币资金、存货、债务债权等。局部清查的范围窄,工作内容少,清查时间短,耗费成本不大,参加的人员少,一般都在相关员工的工作范围之内,所以不会影响企业的正常生产经营活动。需要进行局部清查的财产如下:

(1)库存现金一般由出纳员每日盘点一次。

(2)银行存款应由相关会计人员每月至少核对一次。

(3)对各种存货除在年度清查外,还应该根据不同存货的不同流动情况相应进行重点清查。

(4)债权债务应在每个会计年度至少核对一到两次,特殊情况及时核对。

(二)按照财产清查的时间分类

1. 定期清查

定期清查是指根据财产管理制度的规定或者预先计划安排的时间对财产所进行的清查。这种清查一般根据清查对象的具体特征而规定不同的间隔时间进行定期清查,可以是全面清查也可以是局部清查,通常在年末、季末或者月末结账前进行。

2. 不定期清查

不定期清查是指根据特定需要对特定财产所进行的临时清查。例如:更换出纳员时需

第八章 财产清查

要对货币资金进行清查；更换仓库保管员时需要对其所管辖的存货进行清查；发生非常损失时需要对受损财产进行清查；法定部门根据需要对某企业进行审计查账时，企业撤销、合并或改变隶属关系时均需要进行财产清查等。

(三) 按照财产清查的执行主体分类

1. 内部清查

内部清查是指本企业的相关人员对本企业的财产进行的清查，是企业内部控制的重要程序，通过内部清查不仅可以提高企业管理水平，还可以有效地防止员工不道德行为和违法行为的发生，保护企业资产的安全和完整。

2. 外部清查

外部清查是指由企业外部的相关部门或人员根据法律制度的规定对某企业所进行的财产清查，属于外部监督机制，如政府审计部门对国有企业开展的财产清查就是一种典型的外部清查。

三、财产清查前的准备工作

财产清查工作是一件较为复杂的会计工作，不仅清查对象繁杂，方法多样，每项资产的清查都涉及不同的部门。为了保证财产清查工作的顺利进行，应在组织和业务上做好充分的清查前准备工作。

(一) 组织上的准备工作

在财产清查工作开始前，应在主管厂长和总会计师的领导下成立专门的领导小组来负责财产清查的领导和组织工作，该小组由财务部门牵头，联合设备、技术、生产及行政等相关部门共同组成。该领导小组的主要任务是：

1. 清查工作开展之前

须根据要求制定清查计划，明确财产清查的对象和范围，安排具体的清查工作进程，配备相关财产清查人员。

2. 清查过程中

掌握清查的进度，检查和督促清查工作的进行，及时解决出现的问题。

3. 清查过程结束之后

总结清查工作的经验，写出清查工作的书面报告，对财产清查结果提出处理意见。

(二) 业务上的准备工作

业务上的准备工作是进行财产清查的必要前提条件，各业务部门和相关人员应积极配合，充分做好清查前的准备工作，内容如下：

1. 财会部门

财会部门及其人员应在财产清查之前将所有发生的经济业务登记入账，并结出余额。账簿登记的经济业务应所属明确，同时做到账账相符、账证相符，为财产清查提供可靠的会计信息。

2. 财产物资保管部门

财产物资保管部门及其人员应在财产清查之前为各项财产物资的进出办好相应的凭证手续、登记入账、结出余额，并与财会部门的相应财产物资的分类账户核对相符。同时该部门人员应将其所保管的各种财产物资摆放整齐，挂上标签，标明品种、规格及结存数额，以便进行实物盘点。

四、财产清查的意义和作用

会计是一个以提供财务信息为主的经济信息系统，在账簿记录的基础上正确合理地进行财产清查，为会计信息系统的有效运行提供了一定的保证，同时也为企业内部管理控制的执行创造了有利的条件。财产清查的意义和作用主要表现在以下几个方面：

（一）确保会计核算资料真实可靠

在我国的会计信息质量要求中，可靠性是最为重要的，也是其他会计信息质量要求的基础，因此，为了避免会计信息在确认、计量、记录和报告的过程中受各种因素影响而失真，进而导致信息使用者的错误理解和决策，就应该在编制财务报表前进行财产清查，通过财产清查来检查账实是否相符，如果不符则查明原因，并据以调整账簿记录，保证账簿记录的真实性和正确性，为会计信息系统正常运行提供有效保证。

（二）检查企业有关内部控制措施是否有效

内部控制，是由企业董事会、监事会、经理层和全体员工实施的，旨在实现控制目标的过程。内部控制的目标是合理保证企业经营管理合法合规、资产安全、财务报告及相关信息真实完整，提高经营效率和效果，促进企业实现发展战略。因此，适时地进行财产清查可检查现有有关内部控制制度是否得到有效执行，还可进一步查明各项资产的储备和利用情况，如果有闲置、积压的财产，应加以充分利用或进行有效的处理，以便及时采取措施，堵塞漏洞，健全有关内部控制制度。

（三）保护所有者财产的安全与完整

《会计法》规定了企业在会计核算过程中应遵循的法律依据，但会计核算是否顺利有效进行还需要通过财产清查来检验，这样就可以查明各项财产的记录是否完整。如果发现问题，应及时查明原因，根据情况处理，若是人为因素造成的损失，应当追究其经济或法律责任，这样就可以建立健全企业内部管理制度，保证各项财产的安全与完整。

（四）维护国家财经纪律

通过国家指定部门对各企业的财产清查，可以查明该企业有无拖欠、偷税漏税等违反财经纪律的情况，并查明原因，采取相应措施，促使企业严格遵守财经纪律。

第二节　流动资产的清查及其核算

流动资产是企业持有的预计在一年或者超过一年的一个营业周期内变现或者耗用的资产，具有周转速度快、循环周期短、实物形态多样、数量变动频繁等特征。本节根据流动资产的不同组成内容，对货币资金、应收账款、存货等内容的清查与核算方法进行详细介绍。

一、货币资金的清查

货币资金是企业财产的重要组成部分，是流动性最强的流动资产，也是最容易被盗用的资产。根据其表现形态和用途受限情况，货币资金又进一步地分为库存现金、银行存款及其他货币资金。

(一)库存现金的清查

对库存现金进行清查的基本方法是实地盘点法,即对库存现金进行实地盘点,将所得到的实际盘存数与"库存现金日记账"和"库存现金总账"中的账面余额进行比较,来核对实际现金数额和账面是否相符。

库存现金清查根据清查执行主体的不同分为以下两种情况:

1. 出纳员的日常盘点

现金出纳员应当在每日终了结算现金的同时盘点现金的实有数额,并与库存现金账项余额核对,这样可以确保现金收支记录的可靠性,若账实存在差异,应及时发现问题并查找原因。

2. 专门清查人员的特定盘点

根据企业内部某种需要或者企业外部的要求,当专门清查人员对库存现金进行清查时,出纳员必须在场以明确经济责任,清查人员在盘点现金并审核收付凭证和账簿记录的同时,还要防止以不符合制度的凭证顶替入库,例如"白条"。当专门清查人员结束库存现金盘点后,应根据实际盘点的结果及与"库存现金日记账"和"库存现金总账"中的账面余额核对的情况填制"现金盘点报告表"。现金盘点报告表是重要的原始凭证,同时起到"盘存单"和"实存账存对比表"的作用,该表填制完后需要盘点人和出纳员同时签章方能生效。库存现金盘点报告表的一般格式见表8-1。

表 8-1 **库存现金盘点报告表**
单位名称: 年 月 日

实存金额	账存金额	实存与账存对比		备注
		盘盈	盘亏	

盘点人签章: 出纳员签章:

(二)银行存款的清查

按照国家有关规定,除在特定的范围内可以用库存现金直接支付款项外,在经营过程中所发生的一切货币业务都必须通过银行存款账户进行结算,所以企业必须设置银行存款日记账。银行存款清查主要通过企业的银行存款日记账与银行对账单的核对来实现。

银行存款清查的基本过程如下:首先,应当把到清查日为止的所有涉及银行存款收付的经济业务登记入账,及时查清和更正错账和漏账;其次,将银行存款日记账与银行对账单逐笔进行核对;最后,对发现的不一致情况进行处理,查找未达账项,编制银行存款余额调节表,如果对未达账项进行调整后余额仍有差异,就要进一步查找原因,检查是否有记错账、银行存款违规挪用、盗窃等问题发生。

银行存款日记账与银行对账单二者间的不一致通常由未达账项造成。所谓未达账项是指企业与银行取得凭证的时间不同而导致的记账时间不一致造成的差异,也就是一方接到结算凭证已经入账,而另一方由于未收到结算凭证尚未入账。未达账项主要有两大类,分为以下四种情况:

1. 企业已经入账,银行尚未入账

(1)企业已经收款入账,银行尚未收款入账的款项;

(2)企业已经付款入账,银行尚未付款入账的款项。

2. 银行已经入账,企业尚未入账

(1)银行已经收款入账,企业尚未收款入账的款项;

(2)银行已经付款入账,企业尚未付款入账的款项。

上述任何一种未达款项的存在,都会导致企业的银行存款日记账与银行对账单的余额不一致,这时企业就要编制银行存款余额调节表(如表8-2)进行调整,银行存款余额调节表要在银行存款日记账与银行对账单余额的基础之上加减未达账项,使得调整后的双方余额相一致,并且调整后的余额是企业当时实际可以动用的款项。在银行存款清查中还需要注意的是,银行存款余额调节表的编制只是一种银行存款清查的手段,它只起到对账的作用,并不能作为调节账面余额的原始凭证,银行存款日记账的登记还是应该在收到有关原始凭证、进行会计处理后再进行。此外,对在清查过程中发现的长期存在的未达账项,应查明其形成原因与性质(如是否为坏账),并根据具体情况进行进一步的处理。

【例1】某企业20××年9月30日银行存款日记账的余额为352 000元,银行对账单的余额为478 000元,经过清查人员逐笔核对发现如下未达账项:

(1)企业收到销售货物款61 000元,企业已经记入银行存款增加,可是银行尚未登记入账。

(2)企业已经支付购买原材料的货物款70 000元,并已登记入账,可是银行尚未收到入账凭证,所以银行还没有登记入账。

(3)异地企业购货以汇款方式直接汇入银行118 000元,银行已经收到入账,而企业尚未收到银行通知,所以尚未入账。

(4)银行代企业支付水电费1 000元,银行账上已经登记减少,可是企业尚未收到凭证入账。

根据上述资料编制的银行存款余额调节表如8-2所示。

表8-2 **银行存款余额调节表**

20××年9月30日　　　　　　　　　　　　　　　单位:元

项目	金额	项目	金额
企业银行存款日记账余额	352 000	银行对账单余额	478 000
加:银行已收企业未收	118 000	加:企业已收银行未收	61 000
减:银行已付企业未付	1 000	减:企业已付银行未付	70 000
调解后的存款余额	469 000	调整后的存款余额	469 000

上述银行存款的清查方法,同样也适用于其他货币性资金的清查。

二、应收账款的清查

应收账款的清查一般采用函证核对法,即通过电函、信函,或面询等方式与业务往来企业核对账目的方法。清查时,清查单位应在其各种往来款项记录准确的基础上,按照每一笔业务往来企业编制"往来款项对账单"(如表8-3)(一式两份,其中一份作为回联单),寄发或派人送交业务往来公司进行核对。经对方核对相符后,在回联上加盖公章寄回表示已经核对;如果对方核对不符,对方应在回联单上注明情况,或另外抄一份对账单退回本企业。当发生不符的情况时,企业应进一步查明原因,再次进行核对,直到相符为止。

表8-3

应收账款对账单

_____单位:

贵单位于20××年10月23日在我单位购入A产品2 000件,已付货款23 000元,尚有17 000元货款未付,请核对后将回联单寄回。

清查单位:(盖章)

20××年12月19日

沿虚线剪开,将以下回联单寄回!

应收账款对账单

_____清查单位:

贵单位寄来的"往来款项对账单"已经收到,经核对相符无误。

××单位(盖章)

年　月　日

三、存货的清查

企业的存货通常包括各类材料、在产品、半成品、产成品、商品以及周转材料等。企业持有存货的最终目的是为了出售,不论是可供直接出售的产成品和商品,还是需经过进一步加工后才能出售的原材料,均具有较强的变现能力和流动性。存货的清查首先需要确定存货的账面结存数额和实际结存数,再通过账存数额与实存数额的比较来确定账实是否相符。

(一)确定存货账面结存的盘存制

对存货的实存数量进行盘存是企业日常工作的一部分,同时也是存货清查的重要环节,所以应当建立一定的盘存制度,来使存货的盘存工作顺利进行。一般来说存货的盘存制度有两种:永续盘存制和实地盘存制。

1. 永续盘存制

永续盘存制又称账面盘存制,是指企业平时对各项存货的实收和发出数,都要根据相关凭证在有关账簿中进行连续登记，并随时结出各种存货的账面余额的一种方法。它可以及时地反映库存实有数量，也可以方便地计算发出成本。这种制度下的存货明细账中的存货结存数额的计算公式如下：

$$账面期末余额 = 账面期初余额 + 本期增加额 - 本期减少额$$

在这种盘存制度下，仍需要定期或者不定期地、全面或者局部地对存货进行实地盘存，且至少每年实地盘存一次，这就是永续盘存制下的存货清查方法，具体的清查方法下文将会阐述。

2. 实地盘存制

实地盘存制又称定期盘存制，是指企业平时只根据会计凭证在账簿中登记各种存货的增加数，不登记减少数，而在期末通过实地盘点来确定各种存货的数额，进而计算出本期存货减少的一种盘存制度。这种制度下的存货明细账中的存货结存数额的计算公式如下：

$$本期减少数 = 账面期初余额 + 本期增加数 - 期末实际结存数$$

显然，在实地盘存制中，期末的实地盘点实际就是一种存货清查，因此实地盘存制在某种意义上看就是一种定期清查。每期期末对各项存货实地盘存的结果，将是本期存货变动的主要依据。

3. 两种盘存制度的比较

无论是永续盘存制还是实地盘存制都要确定存货的数量与金额，二者的区别主要在于存货数量的盘存，至于存货的金额则与选择的计价方法有关，在这里就不多作讨论。下面重点比较两种盘存制度在确定存货数量方面的差异。

实地盘存制的优点是工作较简单，工作量较小，但同时它也存在一定的缺陷。首先，在实地盘存制下，各项库存的变动情况没有严密的凭证，通过倒轧得到的库存的变动数额中成分比较复杂，除了正常耗用外，可能存在很多的非正常因素，不便于实行会计监督；其次，由于这种方法一般是在期末进行盘存，所以对存货的变动不能及时反映，这样就会影响存货计划的制定，降低存货管理的效果。

永续盘存制的优点在于：首先，永续盘存制要求存货的变动都需要严密的凭证，记录过程连续清晰，有利于进行会计监督；其次，永续盘存制可以及时反映出存货的变动和结存状况，便于随时掌握存货的占用情况及其动态，有利于加强存货的管理。同样地，永续盘存制也有它的不足之处：首先，根据存货变动凭证记账时可能会发生账实不符的情况；其次，永续盘存制在存货的明细分类核算工作中的工作量较大，需要花费更多的人力、物力和财力。

实地盘存制比较适用于品种杂、数量多、单价低、交易频繁的商品，例如零售业；而永续盘存制在控制和保护存货财产的安全和完整方面更有优势，所以一般的制造业企业和其他行业企业多采用永续盘存制。

(二) 存货清查的方法

1. 实地盘点法

实地盘点是指在存货堆放现场逐一清点数量或用计量仪器确定实存数的一种方法。例如清点包装好的材料、产成品和库存商品，还有用秤计量原料的重量。这种方法多用于分布范围广、要求严格的清查，这种清查方法得到的数字往往更为准确可靠，清查质量较高，但工作量很大。

2. 技术推算法

技术推算法是指利用技术方法对财产的实存数进行推算的方法，如使用量方计尺等推算存货的数额。其优点在于工作量较小，缺点在于不精确，比较适用于散装的、成堆的化肥、饲料之类的存货。

3. 抽样盘存法

抽样盘存法是指对于数量较多、重量均匀的存货可以抽取其中的一部分进行清查，然后再根据一定方法确定存货的实有数额。这种方法比较适用于类似的且数量较多的存货的清查。

4. 函证核对法

函证核对是指对于委托外单位加工或保管的存货，可以采用向对方单位发函调查来确定实存数额，然后再与本单位账项相对比的方法。这种方法适用于存在于企业之外的存货，但是需要一定的时间，而且有可能存在虚假的回函。

对不同的存货可以采用不同的方法进行清查。为了明确经济责任，在进行存货的盘点时，存货保管人员必须在场，并参加盘点工作。对于各项存货的盘点结果应逐一如实地登记在存货盘存单(如表 8-4)上，并由盘点人和保管人员同时签章方能生效。存货盘存单是记录存货实存数额的书面证明，也是记载财产清查工作的重要原始凭证。

盘点完毕后，清查人员应将存货盘存单中所记录的存货的实存数额与账面结存余额核对，并根据存货盘存单和相关账簿记录的核对结果填制存货实存账存对比表(如表 8-5)，该表是报告存货清查结果的重要文件，对于该表中载明的盘盈数或盘亏数，企业要进一步查找原因，明确责任，提出处理方案，并根据处理结果调整账面记录。

表 8-4　　　　　　　　　　(单位名称)存货盘存单
年　月　日

财产类别：　　　　　　　存放地点：　　　　　　　编号：

序号	名称	规格	计量单位	实存数量	单价	金额	备注

盘点人签章：　　　　　　　　　　　　　　　　　保管人签章：

表 8-5　　　　　　　　　　　　　（单位名称）存货实存账存对比表
财产类别：　　　　　　　　　　　　　　年　月　日

编号	名称	规格型号	计量单位	单价	实存		账存		实存与账存对比				备注
									盘盈		盘亏		
					数量	金额	数量	金额	数量	金额	数量	金额	
	合计金额												

盘点人签章：　　　　　　　会计签章：　　　　　　　单位负责人签章：

四、流动资产清查结果的处理

流动资产清查的结果有下面三种情况：第一，实存数大于账存数，即盘盈的情况；第二，实存数小于账存数，即盘亏的情况；第三，实存数等于账存数，即账实相符的情况。对于账实不符的结果，清查单位应当依据国家相关准则和制度的规定严肃认真地处理。特别当流动资产清查出现盘盈、盘亏、毁损等问题时，应当按规定程序上报、批准后再作处理。具体的处理过程如下：

（一）核准数额，查明原因

根据清查结果编制相应的实存账存对比表，对于账实不符的项目，首先应当查明核准导致货币资金、存货、应收账款等资产账实不符的盈亏数额，然后找出导致账实差异的各种原因并进行分析，明确经济责任，确定处理方法，提出处理意见。

（二）调整账簿，做到账实相符

根据上述核准的有差异的数额和查明的原因，根据盘点结果编制凭证，登记相应账户，做到账实相符，保证会计信息的真实可靠，同时设置"待处理财产损益——待处理流动资产损益"账户，用于记录各项流动资产的盘盈或盘亏情况，然后将盘点报告和其他相关文件上报待批。

（三）按上级批准意见进行账务处理

会计部门在收到上级的审批意见后，应当严格按照上级指示进行账务处理。对于管理不善造成的损失，还应追究和落实个人的赔偿责任，并提出完善相关内部控制制度的建议。

五、流动资产清查的核算

（一）流动资产盘盈情况的会计处理

流动资产盘盈，即在各项流动资产的保管过程中，由于管理制度不健全、计量不准确等原因发生实际盘存数额大于账面数额的情况。对其进行会计处理时，要设置"待处理财产损益——待处理流动资产损益"账户，然后对各项待处理财产的盘盈净值，在上报待批前记入该账户的贷方，同时在相应账户上调整实盘数额（见表8-6，以库存现金为例）；在上级批准后，结转已批准处理的财产和物资的盘盈数，记录在该账户的借方，同时将盘盈的数额记入"管理费用"或者"营业外收入"（见表8-7，以库存现金为例）。

表 8-6　　　　　　　　待处理财产损益——待处理流动资产损益

	发生待批准处理财产盘盈数

库存现金

盘盈库存现金的数额	

表 8-7　　　　　　　　待处理财产损益——待处理流动资产损益

结转已批准待处理财产数	发生待批准处理财产盘盈数

营业外收入

	结转已批准处理库存现金盘盈净额

下面分别以货币资金、存货举实例说明财产盘盈的账户处理。

【例2】某企业在20××年12月份进行库存现金的清查，发现长款400元，经反复核查，无法查明原因，经上级批准后转作营业外收入处理。其具体会计分录如下：

上报待批前：借：库存现金　　　　　　　　　　　　　　　　400
　　　　　　　贷：待处理财产损益——待处理流动资产损益　　　400
上报批准后：借：待处理财产损益——待处理流动资产损益　　　400
　　　　　　　贷：营业外收入　　　　　　　　　　　　　　　　400

【例3】某企业在20××年12月份，对生产某产品所用的原材料进行清查时，盘盈价值1 000元的原材料，经查明原因上报批准后作为管理费用处理。在不考虑增值税问题的情况下，其具体会计分录如下：

上报待批前：借：原材料　　　　　　　　　　　　　　　　　1 000
　　　　　　　贷：待处理财产损益——待处理流动资产损益　　1 000
上报批准后：借：待处理财产损益——待处理流动资产损益　　1 000
　　　　　　　贷：管理费用　　　　　　　　　　　　　　　　1 000

(二) 流动资产盘亏情况的会计处理

流动资产盘亏，即在财产清查过程中，发现各项流动资产由于管理不善、非常损失等原因造成实际盘存数额小于账面数额的情况。对其进行会计处理时，和流动资产盘盈一样要设置"待处理财产损益——待处理流动资产损益"账户，然后对各项待处理财产的盘亏净值，在上报待批前记入该账户的借方，同时在相应账户上调整实盘数额(见表8-8，以库存现金为例)；在上级批准后，结转已批准处理的财产的盘亏数，记录在该账户的贷方，同时将盘亏的数额根据具体情况记入相应账户的借方。例如，在盘亏的财产数额中，属于自然损耗产生的定额内的合理损耗，经批准后可转作"管理费用"账户；属于自然灾害造成的非常损失，经批准后可转作"营业外支出"账户；属于需要保险公司或者责任人进行赔偿的损失，经批准后记入"其他应收款"账户(见表8-9，以库存现金为例)。

表8-8　　　　　　　　**待处理财产损益——待处理流动资产损益**

发生待批准处理财产盘亏的数额	

库存现金

	盘亏库存现金数额

表8-9　　　　　　　　**待处理财产损益——待处理流动资产损益**

发生待批准处理财产盘亏的数额	结转已批准待处理财产盘亏数额

其他应收款

结转已批准待处理库存现金盘亏数额	

下面分别以货币资金和存货分别举实例说明流动资产盘亏的会计处理。

【例4】某企业在20××年12月份，对其库存现金清查中发现短款350元，经核查属于出纳员的责任，所以上报批准后出纳员个人赔偿350元，同时转作其他应收款处理。具体会计分录如下：

上报待批前：借：待处理财产损益——待处理流动资产损益　　350
　　　　　　　贷：库存现金　　　　　　　　　　　　　　　　　　350
上报批准后：借：其他应收款——某出纳员　　　　　　　　350
　　　　　　　贷：待处理财产损益——待处理流动资产损益　　350

【例5】某企业在20××年12月对其存货进行清查，在清查中发现少了价值200元的库存商品，经查明原因，属于库存商品的自然损耗，经上报批准后作营业外支出入账。在不考虑增值税问题的情况下，具体会计分录如下：

上报待批前：借：待处理财产损益——待处理流动资产损益　　200
　　　　　　　贷：库存商品　　　　　　　　　　　　　　　　　　200
上报待批后：借：营业外支出　　　　　　　　　　　　　　　200
　　　　　　　贷：待处理财产损益——待处理流动资产损益　　200

第三节　非流动资产的清查及其核算

非流动资产的清查包括在建工程、固定资产、无形资产等长期资产的清点和核对。非流动资产的清查不仅要确定各类非流动资产的实存数量，还要确定非流动资产在清查时点的使用状况和实存价值。非流动资产的清查对于保护企业资产的安全完整、提高企业资产使用效率具有重要意义。例如，对于无形资产来说，企业购买或开发的有些软件或专利技术可能出现闲置或过期的情况，这就需要通过无形资盘点和核对，及时地查找这些软件，并根据不同情形做出相应处理。由于在实务中固定资产的清查最为普遍，清查的方法也最具代表性，本节将以固定资产为例，详细讲解非流动资产的清查及其核算问题。

一、固定资产清查前的准备工作

(一)成立固定资产清查小组

企业要根据自身实际情况，成立由固定资产管理部门、使用部门、财务部门等人员组成的固定资产清查小组，并明确各个部门的权限和责任。

(二)进行预调查，确定清查的重点

固定资产的种类和数量较多，使用时间较长，有些固定资产如房屋建筑物还涉及复杂的产权变动问题。因此，企业在具体的固定资产清查工作开始之前，应组织前后经手固定资产管理、使用、维护等工作的相关人员，召开固定资产清查准备会，充分了解固定资产的购建、分布、占用及使用、产权及其变动、抵押及担保以及是否入账等情况。此外，清查小组还应组织各使用部门对在用的固定资产进行自查，根据自查结果编制自查报告并报送固定资产清查领导小组。领导小组根据掌握的情况确定固定资产清查的重点，对于自查中发现的账外固定资产要进一步核实，初步了解其形成的原因。

(三)制定实施计划

固定资产清查小组应根据预调查的结果制定详细的清查计划,明确各类固定资产实地盘点的实施时间、实施人员、实施程序和方法、盘点结果的汇报、账实不符的处理等。例如,按土地、房屋、构筑物、通用设备、专用设备、交通运输设备、电气设备、电子产品及通信设备等分类编制固定资产清查明细表,并指派专人收集和核对各类固定资产的产权证明文件、发票、合同、结算书、使用说明书、卡片账等资料,同时还要安排专人对有关数据进行整理并录入系统。

二、固定资产清查的内容

固定资产清查的方法就是核实固定资产的实存价值是否与账面价值相符。根据《企业会计准则第4号——固定资产》(2014),固定资产是指同时具有下列特征的有形资产:(1)为生产商品、提供劳务、出租或经营管理而持有的;(2)使用寿命超过一个会计年度。使用寿命,是指企业使用固定资产的预计期间,或者该固定资产所能生产产品或提供劳务的数量。因此,在清查固定资产时既要对固定资产的数量进行核实,还需要确定固定资产的价值。固定资产清查的具体方法包括核实固定资产的数量、核实固定资产的价值两个方面。

(一)确定固定资产的实存数量

确定固定资产数量通常使用实地盘点方法。固定资产的盘点应分类进行,逐一查明每一类固定资产的实物数量、分布情况、使用状况、完好程度、是否存在账外固定资产等情况。盘点通常采用以账查物的方法,查明账面记载的固定资产基本情况,包括仔细核对固定资产编号及名称、结构或规格型号、坐落位置或使用部门、购建日期及投入使用日期、使用主体等。在查明账载固定资产的基本情况后,还应将盘点的结果与账上所登记的项目核对,看是否存在账实不符的问题。例如,可能存在已经入账的固定资产,但实际并没有购置,或者已经购置的固定资产还未入账,或者固定资产在使用过程中发生意外损失等多种可能的情况。

(二)确定固定资产的价值

对于固定资产来说,在购置时首先就要估计出固定资产的使用寿命和剩余净残值,然后根据相关法规和企业相同或相近固定资产折旧的一贯的方法对其进行折旧。因此,固定资产的折旧计算是建立在初始入账时对使用寿命预估的基础上进行的。然而,在现实中,由于使用方法和生产条件发生变化、技术进步、汇率变化等因素的存在,使得固定资产的使用寿命、折旧额、净残值与预估值存在较大差异,所以应定期或者当有某种特殊需要时对固定资产的实存价值进行核实,并及时调整固定资产的折旧,做到账实相符。在清查固定资产使用状况时,可以通过技术检测手段对固定资产的性能进行检查,也可以通过确定固定资产的公允价值来实现,这些检查的结果为后续折旧额的调整提供了直接依据。

在固定财产清查工作结束后,相关人员需要填写"固定资产盘存报告单"和"固定资产实存账存对比表",这两个单据是记录固定资产清查结果的重要原始凭证,也是判断固定资产账面价值和实存价值是否相符的重要依据,参与清查的工作人员必须真实、准确地填写上述单据。

三、固定资产清查结果的分析

固定资产清查的结果包括下面三种情形：第一，实存数大于账存数，即固定资产盘盈的情况；第二，实存数小于账存数，即盘亏的情况；第三，实存数等于账存数，即账实相符的情况。对于盘盈和盘亏情况，固定资产清查领导小组要根据"固定资产盘存报告单"和"固定资产实存账存对比表"，进一步查找固定资产账实不符的原因和性质，并提出处理意见。一般来说，对于个人原因造成的损失，应由个人赔偿；对于管理不善造成的固定资产数量盘亏和价值减损，应对相关内部控制设计和执行的有效性进行评价，发现并及时弥补存在的内部控制缺陷。此外，对于发现的闲置固定资产，固定资产清查小组还应从提高固定资产利用效率的角度提出处理建议。

四、固定资产清查的核算

(一) 固定资产盘盈情况的核算

企业在盘盈固定资产时，首先应确定盘盈固定资产的原值、累计折旧和固定资产净值。根据确定的固定资产原值借记"固定资产"，贷记"累计折旧"，将两者的差额贷记"以前年度损益调整"；其次再计算应纳的所得税费用，借记"以前年度损益调整"科目，贷记"应交税费——应交所得税"；接着补提盈余公积，借记"以前年度损益调整"科目，贷记"盈余公积"；最后调整利润分配，借记"以前年度损益调整"，贷记"利润分配——未分配利润"。

【例6】某上市公司于20××年12月1日对所拥有的固定资产进行了全面的清查，结果发现一台5成新的机器设备没有入账，经批准作为盘盈来处理。全新的此类设备目前的市场价格为120 000元，企业的所得税税率为25%。具体的会计分录如下：

借：固定资产	120 000	
贷：累计折旧		60 000
以前年度损益调整		60 000
借：以前年度损益调整	15 000	
贷：应交税费——应交所得税		15 000
借：以前年度损益调整	4 500	
贷：盈余公积——法定盈余公积		4 500
借：以前年度损益调整	40 500	
贷：利润分配——未分配利润		40 500

(二) 固定资产盘亏情况的核算

固定资产盘亏造成的损失，应当计入当期损益。企业在财产清查中盘亏的固定资产，按盘亏固定资产的账面价值借记"待处理财产损益——待处理固定资产损益"科目，按已计提的累计折旧，借记"累计折旧"科目，按已计提的减值准备，借记"固定资产减值准备"科目，按固定资产原价，贷记"固定资产"科目。按管理权限报经批准后处理时，按可收回的保险赔偿或过失人赔偿，借记"其他应收款"科目，按应计入营业外支出的金额，借记"营业外支出——盘亏损失"科目，贷记"待处理财产损益"科目。

【例7】20××年12月，乙公司在对固定资产进行全面清查时盘亏一台运输车辆。固定资产卡片账显示，该车辆的原始价值为100 000元，已计提折旧30 000元，并已计提减值准备20 000元。经进一步查明，该车辆丢失的原因系由车辆保管人员李某保管不善造成。经董事会批准，由车辆管理员赔偿15 000元。具体的会计分录如下：

发现运输车辆丢失时：
借：待处理财产损益　　　　　　　　　　　　　　　50 000
　　累计折旧　　　　　　　　　　　　　　　　　　30 000
　　固定资产减值准备　　　　　　　　　　　　　　20 000
　　　贷：固定资产——原值　　　　　　　　　　　　　　　100 000

报经董事会批准后：
借：其他应收款——李某　　　　　　　　　　　　　15 000
　　营业外支出——固定资产盘亏损失　　　　　　　35 000
　　　贷：待处理财产损益——待处理固定资产损益　　　　　50 000

收到车辆管理员赔款：
借：库存现金　　　　　　　　　　　　　　　　　　15 000
　　　贷：其他应收款——李某　　　　　　　　　　　　　　15 000

☞ 小结

本章旨在讲解财产清查的内容、方法以及清查结果的会计处理方法。财产清查是一种重要的会计核算方法，是保护财产安全完整、维护财经纪律、提高经济效益、提高会计信息质量的必要手段。具体来说，财产清查是通过对货币资金、存货、固定资产、债权债务等财产的盘点和核对，确定各项财产的实存数，与各项财产的账面结存数核对，查明账实不符的原因并做出相应会计处理的过程。财产清查不仅为会计信息系统的有效运行提供了合理的保证，还促进了企业内部管理控制的完善。

本章主要讲解货币资金、应收账款、存货、固定资产的清查方法。库存现金的清查主要是通过实地盘点法，银行存款的清查主要是通过核对银行对账单和银行存款日记账来完成，应收账款清查采用函证核对法，存货清查可采用的方法包括实地盘点法、技术推算法、抽样盘存法等。固定资产的清查包括查清固定资产的实存数额、使用情况以及实存价值。对于各类财产的清查结果，企业应做出相应的会计处理。对于流动资产的盘盈，清查人员应设置"待处理财产损益——待处理流动资产损益"账户，并贷记盘盈数额，同时在相应财产账户上登记，然后上报，待批准后根据要求调整账项。对于固定资产的盘盈，应计入"以前年度损益调整"；而对于固定资产的盘亏，清查人员要设置"待处理财产损益——待处理固定资产损益"账户，借记盘亏数额，同时在相应财产账户上登记，待批准后根据要求调整有关账项。

第八章 财产清查

☞ 关键名词

财产清查　未达账项　永续盘存制　实地盘存制　财产盘盈　财产盘亏

☞ 思考题

1. 影响存货清查方法和清查时间的因素有哪些？
2. 同样都是对货币资产进行清查，库存现金和银行存款的清查工作有哪些异同点？
3. 流动资产清查和非流动资产清查的主要区别有哪些？
4. 你认为是否有必要对长期股权投资、无形资产等非流动资产进行清查？如果是，应该采用什么样的方法进行？
5. 随着高科技在会计系统应用的进一步推广和深入，会计信息的生成日渐步入人工智能时代。有的同学认为，随着这种发展趋势的进一步发展，财产清查将成为历史。你认为这种观点正确吗？为什么？

☞ 练习题

一、判断题

1. 库存现金一般由出纳员一个月盘点一次。　　　　　　　　　　　　　　（　　）
2. 函证核对是指对于委托外单位加工或保管的存货，可以采用向对方单位发函调查来确定实存数额，再与本单位账项相对比的方法，所以它只适用于存货清查。（　　）
3. 在永续盘存制下，由于对各项存货的增减变动没有进行记录，只能通过倒轧得出期末存货的库存数量。　　　　　　　　　　　　　　　　　　　　　（　　）
4. 财产清查中使用的"待处理财产损益"账户属于负债类账户。　　　　　（　　）
5. 对库存现金和存货进行清查时，只要盘点人在场就可以了，相关资产的保管人员不需要在盘点现场。　　　　　　　　　　　　　　　　　　　　　　　（　　）

二、单项选择题

1. 一般而言，企业撤销、合并时，要进行(　　)。
   A. 定期清查　　B. 全面清查　　C. 局部清查　　D. 内部清查
2. 在年底的财产清查中，甲公司发现材料盘亏，经查明，系由自然灾害导致，该盘亏应记入(　　)。
   A. 营业外支出账户　　　　　　B. 管理费用账户
   C. 财务费用账户　　　　　　　D. 其他应收款
3. 在财产清查中应编制余额调节表的资产是(　　)。
   A. 应收账款　　B. 库存商品　　C. 固定资产　　D. 银行存款
4. 对存货的增加和减少均在会计账簿中连续逐一记录的制度是(　　)。
   A. 权责发生制　　B. 永续盘存制　　C. 实地盘存制　　D. 收付实现制
5. 根据现有会计准则的规定，对于盘盈的固定资产，应贷记(　　)。

A. 管理费用 B. 财务费用
C. 营业外收入 D. 以前年度损益调整

三、多项选择题

1. 下列表格中，可用作原始凭证调整账簿记录的有( )。
   A. 银行存款余额调节表 B. 现金盘点报告表
   C. 未达账项登记表 D. 实存账存对比表
   E. 支票领用登记表

2. 财产清查按照执行主体分类可分为( )。
   A. 内部清查 B. 全面清查 C. 局部清查 D. 外部清查
   E. 定期清查

3. 对于盘亏的固定资产，经上报批准后进行会计处理可能涉及的借方账户有( )。
   A. 营业外收入 B. 待处理财产损益
   C. 营业外支出 D. 其他应收款
   E. 管理费用

4. 存货的盘存制度包括( )。
   A. 实地盘点法 B. 永续盘存制 C. 技术推算法 D. 抽样盘存法
   E. 函证核对法

5. 财产清查的重要意义包括( )。
   A. 确保账实是否相符，提高会计信息的可靠性
   B. 对企业的内部控制进行评价
   C. 根据管理者的需要进行会计处理
   D. 保护企业资产的安全与完整
   E. 检查各企业遵守财经纪律的情况，维护国家财经纪律。

四、业务题

1. 金凯公司在20××年12月10日的货币资金清查中，发现库存现金长款150元；经反复核查仍未查明原因，公司于20××年12月31日决定作为营业外收入来处理。

2. 日添公司在20××年12月进行全面财产清查的过程中，发现如下问题：
   (1) 原材料账面价值4 500元，实际盘存的数额为2 300元，经查明是仓库人员保管不善所致，公司决定由保管人员全额赔偿，暂未收到款项。
   (2) 在产品账面数额为80 000元，实际盘点结果为7 500元，经查明为自然损耗。
   (3) 自制半成品账面价值为6 000元，实际盘存为5 750元，经查明系由计量不准确造成。
   (4) 盘亏运输车辆一台，初始原值为12 000元，已计提折旧3 000元，提取减值准备1 000元。
   要求：对上述清查结果进行相应会计处理。(包括批准前和批准后，均不考虑增值税问题)

第八章 财产清查

☞ 案例讨论题

案例一

某上市公司是从事扇贝、鲍鱼、刺参、牡蛎、真海鞘等多个海珍品养殖的大型企业。20×4年10月30日晚间,该公司发布公告称,公司抽测发现部分扇贝存货异常,需要计提巨额减值准备,这一异常导致公司利润减少7.6亿元,进而导致公司的盈利状况由前三季度盈利转为巨额亏损8.12亿元。

20×8年1月,该公司发布公告称公司所拥有的扇贝存货又出现异常,需要对此计提跌价准备,预计20×7年净利润亏损5.3亿到7.2亿元之间,而就在3个月前,该公司还预计盈利9 000万元到1.1亿元。

20×9年11月,该公司再次发布公告称,根据公司11月已抽测点位的亩产数据汇总,已抽测区域20×8年扇贝平均亩产约3.5公斤,亩产水平大幅低于前10月平均亩产25.61公斤,公司初步判断已构成重大存货减值风险。

请根据上述公司扇贝存货减值现象回答如下问题:

(1)从存货清查角度来看,造成该公司扇贝屡次"出逃"的原因有哪些?

(2)生物资产类存货与一般存货的区别是什么?如何针对生物资产类存货的特点实施有效的清查?

案例二

从20×4年第四季度到20×8年第四季度期间,亨氏食品公司(Kraft Heinz Company)为美化其营业利润及其他财务指标,通过与供应商签订虚假合同虚构了未实际发生的折扣,降低了公司的存货成本,这意味着亨氏食品公司把没有实际发生的折扣作为成本的抵减项目记录在账目上,最终导致亨氏食品公司在20×9年重新调增了总计2.08亿美元的虚假成本,涉及近300笔交易。SEC指出,亨氏及其前高管Eduardo Pelleissone(首席运营官)和Klaus Hofmann(首席采购官)参与了这些不当行为。Pelleissone和Hofmann在多次被警告后,仍然未能采取行动纠正这些问题,甚至在某些情况下还积极配合了这些会计不当行为。最终,亨氏公司支付了6 200万美元的罚款以了结这些指控。

请思考并回答如下问题:

(1)怎样从财产清查中发现虚假采购合同的线索?

(2)从内部控制角度来看,亨氏食品公司的财产清查系统是否存在重大缺陷?如果有,主要表现在哪些地方?

第九章 会计循环与会计核算形式

◎ **学习目标**

通过本章学习，你应该能够：
1. 理解会计循环的基本原理及操作步骤；
2. 能够编制试算平衡表，理解试算平衡的作用和局限；
3. 能够进行基本的账项调整，并掌握工作底稿的编制方法；
4. 掌握编制财务报表的基本程序；
5. 理解信息技术环境下会计核算形式的特点和记账原理。

第一节 会计循环原理和步骤

在日常的生产经营活动中，企业要想得到经营管理所需要的资料和有价值的信息，必须通过许多会计工作程序将复杂繁多的经济业务整理简化成为会计报表，于是形成了会计循环的过程。会计循环的出现，至今已有100多年的历史。会计循环实务的产生和会计循环理论的出现是簿记发展到会计阶段的主要标志之一。本节以手工会计体系为背景，介绍会计循环的过程。

一、会计循环的原理

所谓会计循环，是指会计人员在一定会计期间内，从取得反映企业所发生的经济业务的原始凭证开始，到编制出会计报表为止所经历的各个会计工作步骤的依次继起、逐步进行、周而复始和不断循环的过程。

会计循环过程中的每一个工作环节都有专门的方法，比如设置账户、复式记账、填制和审核凭证、登记账簿和编制报表等。因此也可以说，会计循环就是运用一系列的程序与方法，按一定顺序进行依次继起的账务处理的过程①。

根据上文所述，可以用图9-1来概括会计循环所包括的工作。

二、会计循环的步骤

在一个会计期间内，企业会计循环的基本步骤如下：

---

① 廖洪. 会计学原理. 武汉：武汉大学出版社，2002：234.

第九章 会计循环与会计核算形式

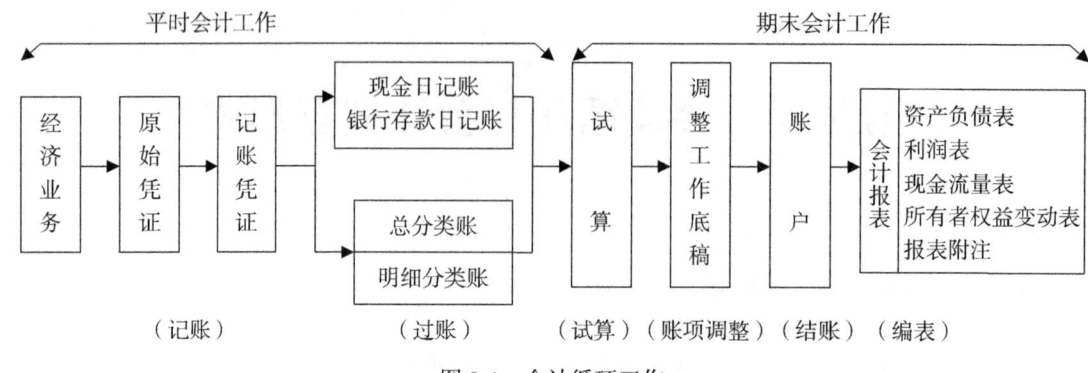

图 9-1 会计循环工作

(一) 记账

记账,就是对原始凭证所记录的经济业务进行分析,并根据原始凭证确定借贷方的账户名称和金额,编制记账凭证,登记各种日记账。这一步骤在西方国家被称为"分录簿"。

经济业务由原始凭证记载与反映,原始凭证即原始记录,具体说明各项经济业务的发生和完成情况,是记账的主要依据。也正因为如此,原始凭证必须经过审核,这是保证会计记录的真实和正确、充分发挥会计监督作用的重要环节。财务工作人员在收到各种原始凭证时,必须注意审核凭证是否真实、合法、合规、完整与正确。

在实际工作中,会计分录是通过编制记账凭证加以确定的,记账凭证一般有收款凭证、付款凭证和转账凭证三种。企业一般应根据不同的经济业务分别编制不同种类的记账凭证。如果把记账凭证按日期顺序连接起来则类似普通日记账。在我国,企业通常不设普通日记账,仅设现金和银行存款等特种日记账。

(二) 过账(登记账簿)

过账,又称为登记账簿,是指将经济业务记入日记账后,还要将每笔分录转抄到有关的总分类账中去(可汇总转抄)。过账时,总分类账户和明细分类账户应进行平行登记。在我国,这一步骤就是将记账凭证的记录全部过入相应的总分类账户和明细分类账户。

过账的目的,是为了归类核算和监督各种资金占用、资金来源、费用成本和收入成果的增减变动情况,并为编制会计报表做好资料准备。因为在日记账中,每一项业务的记录都要涉及两个或更多的总分类账户,不能从中清楚地看出每一总分类账户的变化情况。所以,为了便于系统地了解各种资产、负债、所有者权益、收入、费用和利润的增减变化情况,就有必要将日记账中的会计分录转抄到有关的总分类账户中去。

(三) 调整前试算平衡

所谓试算平衡,就是在会计期末当全部会计分录都已经分类登记到总分类账和明细分类账后,利用借贷平衡原理,通过汇总、计算和比较来检查账户记录的正确性与完整性[①]。在

---

① 王业可. 会计学. 武汉:武汉理工大学出版社,2005:100.

会计实务中,这一工作是通过编制试算平衡表来进行的。调整前试算平衡,就是在期末账项调整之前所进行的试算。关于期末账项调整的内容,下文再详述。

根据借贷记账法的原则,根据每一笔经济业务做成的会计分录,借贷方的发生额都相等。所以,一定会计期间的全部经济业务做成的会计分录过账后,如果记账没有差错,那么所有账户的借方发生额合计必然等于其贷方发生额合计。因此,我们就可以利用借贷记账法的这一规律来检查账户记录的正确性。试算平衡表的原理就是依据下列两个反映借贷记账法原理的公式设计的:

所有账户本期借方发生额合计数=所有账户本期贷方发生额合计数

所有账户期末借方余额合计数=所有账户期末贷方余额合计数

当本期日常发生的经济业务都过入了有关总分类账户后,应该根据账户的记录,分析计算出各分类账户和明细项目的余额,并将其逐一列入工作底稿的"调整前试算表"栏内,借方余额列借方,贷方余额列贷方,进行第一次试算。

(四)账项调整

为了全面、充分地反映本期的收入和费用状况,企业在期末结账之前,必须对某些账项进行必要的调整。账项调整就是要把那些影响两个或两个以上会计期间的经济业务在会计期末进行调整。按照配比原则,账簿的日常记录并不能确切地反映全部费用发生和收入取得的真实情况,有些费用和收入的归属期间也未得到妥善解决。所以,企业应当进行调整,把已发生而且应当属于本期的收入和费用,不管其是否实际收到货币资产或实际支付资金,全部都计为本期的收入和本期的费用,使本期的收入和本期的费用能在归属期一致的基础上进行配比,以便正确地确定本期产品的生产成本、本期的利润或亏损以及本期期末的资产负债状况。

企业在会计期末进行的账项调整是通过编制调整分录(对账户的日常记录进行补充或校对而编制的会计分录)来进行的,其目的是为了正确计算本期的利润或亏损。

期末结账前需要调整的有关总分类账户,主要有下面五种类型:

1. 预付费用的调整

企业在某会计期间付出的费用,往往是跨期受益的。如预付的财产保险费、预付的经营性租赁的固定资产租金等。对于这些费用,在支出时,一般借记"预付账款"账户,贷记"银行存款"账户;然后在会计期末,将本期已受益或已耗用的部分转入有关费用账户。例如,某企业在本年一月份预付某项固定资产租金 120 000 元,支付时借记"预付账款",贷记"银行存款"。由于该项费用支出的受益期限是 12 个月,因此,在每个月的月末都要进行调整,该笔分录为:

借:管理费用   10 000
  贷:预付账款   10 000

如果会计期末不作上述调整就编制会计报表,那么每个月就会因为漏记了这笔费用而虚增了当期利润 10 000 元。

2. 预收款项的调整

企业在提前收到出售股权的对价以及办公楼租金等业务时,一般作借记"银行存款"账户,贷记有关资金来源账户处理。例如,某公司收到客户预付的某厂房的租金 7 200

元，收到款项时借记"银行存款"，贷记"预收账款"。假定一月份的租金收入是全年的 1/12，则在一月末要进行调整，该笔分录为：

借：预收账款　　　　　　　　　　　　　　600
　　贷：其他业务收入——经营租赁收入　　　　　　600

如果会计期末不作上述调整就编制会计报表，那么，对于1月份来说就会因为漏记了这笔收入而虚减本月利润600元。

3. 应计费用的调整

企业在某一会计期间，有些费用已经发生，但尚未支付，如流动资金借款利息、租入固定资产的大修理支出等。对于这些费用，由于是受益在先，支付在后，因此，在发生时一般作借记有关费用账户、贷记有关资金来源账户处理，即在支出前的受益期间的期末作出会计调整，计入相应的费用。例如，某企业第三季度流动资金借款利息假定为30万元。那么，在7月、8月两个月，应分别预提计入各当月产品成本10万元，该笔分录为：

借：财务费用　　　　　　　　　　　　　　100 000
　　贷：应付利息　　　　　　　　　　　　　　100 000

如果会计期末不作上述调整就编制会计报表，那么8月份就会因为漏记了这笔费用而虚增当期利润10万元。

4. 应计收入的调整

企业在某一会计期间，有些收入已经赚取，但尚未收到，也尚未在账簿中反映。按照收入确认的原则，应该在会计期末对这些收入作出会计调整。例如，某企业按季度收取其对外租赁的写字楼的租金30 000元，第四季度的收款时间是季度末，10月份该企业应收取的租金为10 000元，但实际尚未收到。在10月份这是一笔应计收入，该笔分录为：

借：其他应收款　　　　　　　　　　　　　10 000
　　贷：其他业务收入——经营租赁收入　　　　　10 000

如果会计期末不作上述调整就编制会计报表，对于10月份来说，就会因为漏记了这笔业务而虚减利润10 000元。

5. 折旧的调整

折旧是固定资产因损耗而转移的价值。按照划分收益性支出与资本性支出的原则，购买固定资产的支出是一项资本性支出，但也是一项支付在先、受益在后的预付费用。在其使用过程中，因资产价值随着固定资产的磨损而逐渐转移，形成折旧费用。因此，每一个会计期末均应正确计算并提取折旧，将应归属于本期的折旧费用调整入账，所以折旧实际上也是预付费用的分期摊转。

为了在账上完整清晰反映资产的原始成本、每期折旧、累计折旧及资产账面价值，调整时应借记"管理费用"，贷记"累计折旧"账户。例如，某企业7月份所有固定资产应计提的折旧为18 000元，则该笔分录为：

借：管理费用　　　　　　　　　　　　　　18 000
　　贷：累计折旧　　　　　　　　　　　　　　18 000

如果在会计期末不作上述调整就编制会计报表，对于7月份来说，就会因为漏记了这笔业务而虚增利润 18 000 元。

综上可见，做好期末的账项调整工作是非常重要的。调整时，利用工作底稿的"调整"栏，分别做出各项调整分录，不用直接在账簿中进行。

(五)调整后试算平衡

就一个完整的会计循环来看，至少要进行两次试算：第一次是在对本期(日常)所发生的全部经济业务做出分录并据以入账后进行，即前文所述的调整前试算平衡；第二次是在期末编制调整分录并过入有关账户后进行的，即调整后试算平衡。

因此，在账项调整后，还要编制调整后的试算平衡表，完成工作底稿的编制。有关工作底稿的内容，将在下一节详述。

(六)编制会计报表

在完成了上述工作后，就可以根据工作底稿提供的有关资料编制会计报表了。目前，我国要求企业编制的会计报表包括资产负债表、利润表和现金流量表。除此之外，企业还可以根据自身管理的需要，编制各种管理用报表。

(七)结账并试算

结账是指在把一定时期(月份、季度、年度)内所发生的全部经济业务登记入账的基础上，在期末按照规定的方法计算出该期账簿记录的发生额合计数和余额，并将其余额结转入下期或者转入新账并且做出结账标志的程序和方法。

在将所有结账分录都过入有关总分类账户后，还要根据各分类账户的余额编制结账后的试算平衡表，进行第三次试算。

(八)编制转回分录

通常，一个会计循环完成后，随后需要周而复始地进入下一个会计期间记录经济业务。但是，为了简化下一会计期间日常经济业务的记录，有些企业往往在下一会计循环的开始增加了"编制转回分录"的步骤。编制转回分录是在开始记录下一会计期间的经济业务之前，先把上一会计期间最后一天编制的应计项目的调整分录转回，即作一笔相反的分录冲回。

转回分录所用的账户和金额与调整分录相同，只是分录的借贷方向与调整分录相反。也就是说，调整分录时记借方的账户在转回分录时要记贷方，记贷方的账户在转回分录时要记借方。

综上所述，会计循环的步骤可用图9-2来表示。

在每一个会计期间，企业都应按照上述步骤实施工作，本期的终结就是下期的开始，企业会计循环的每个步骤都是以相同的"频率"出现的。当然，在实际工作过程中，会计循环具有一定的灵活性，有些步骤可以简化。通常，根据原始凭证记载的经济业务编制会计分录并将其登入日记账、过入总分类账是在各个会计期间内进行的；进行试算、账项调整、编制工作底稿和编制会计报表则通常是按月进行的；而结账工作则通常是在每一个会计年度结束时进行的。但在我国，也有一些企业的会计制度规定月底就要结清过渡性账户，以便按月核算损益。

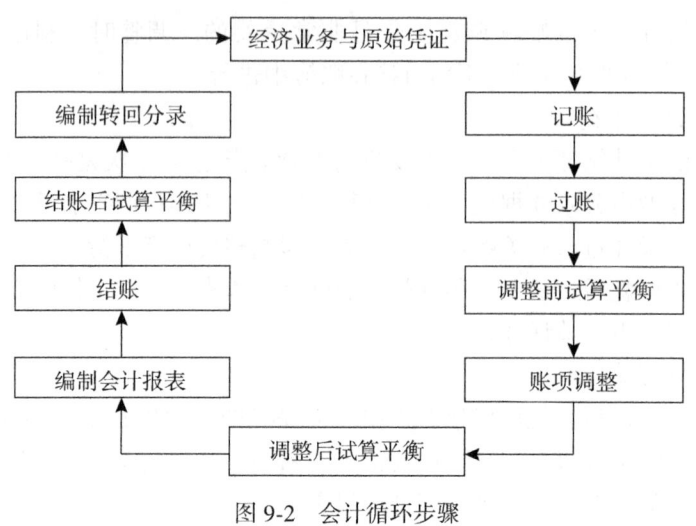

图 9-2 会计循环步骤

第二节 会计核算形式的含义和类型

随着会计循环实务和理论的发展，到 20 世纪 20 年代，在苏联出现了会计核算形式概念。在会计循环的基本步骤中，会计凭证、会计账簿和会计报表之间存在着不同的结合方式，进而形成了不同的会计核算形式。

这些不同的会计核算形式在手工会计体系下直接决定了财会部门的工作量及所提供的信息维度，是日常工作面对的信息处理问题。在信息化会计体系和信息技术深化运用的背景下，这些核算形式不再影响日常处理，更多体现在后台数据结构的设计上，并且由于计算机系统处理特性，具有了更多的灵活性。但是，学习了解这些核算形式，有利于培养财会人员为信息使用者提供更多数据抓取维度的能力。因此，本节的讲解依旧以手工会计系统为例，简要介绍不同核算形式的差异。

一、会计核算形式的含义

会计凭证、会计账簿和会计报表都是组织会计核算的工具，但它们并不是彼此孤立的，而是以一定的形式相结合，构成一个完整的工作体系①。会计凭证、会计账簿和会计报表之间结合方式的不同，就形成了不同的会计核算形式。

会计核算形式也称会计核算组织程序或账务处理程序，是指在会计核算工作中，以账簿体系为核心，将会计凭证、会计账簿、会计报表、记账程序和方法有机结合起来的技术组织方法。其中，账簿体系是指会计账簿的种类、格式以及它们之间的相互联系；记账程序和方法是指从审核、整理原始凭证开始，到填制记账凭证、登记各种账簿、编制会计报

---

① 刘桔，赵雪媛. 会计学. 北京：经济科学出版社，2004：118.

表为止的一系列工作顺序和方法。

由于各企业单位的生产经营特点、规模大小和业务繁简程度不同，会计核算形式也并不是千篇一律的。各单位应该结合本单位的实际情况和制度规定的要求，建立和健全一种科学的、适用的、合理的会计核算形式或综合运用几种会计核算形式。但无论选择哪种会计核算形式，一般应符合下列基本要求：

1. 与本单位实际情况相结合

每个单位的生产经营和业务工作都各有特点，具体情况又各有差异。因此，选择会计核算形式时，应在符合制度要求的前提下，从实际出发，选择适合本单位实际情况的会计核算形式，使其与本单位的性质、组织规模的大小、经济业务的繁简程度、经营管理的要求和会计工作的分工特点相适应，以便提高会计工作的质量，做到既不违背统一规定，又能切合实际。

2. 能够适应经营管理的需要

在选择会计核算形式时，应考虑其能否准确、及时、全面地提供经营管理所需要的各种会计信息，满足加强内部控制、经营管理和国家综合平衡工作的需要，还要考虑其他有关财务信息需求者的需要。

3. 在保证会计工作质量的前提下，简化手续

在会计核算工作中，数字计算、分类、汇总和登记的工作量大，只有环环紧扣、组织严密才能保证质量。但同时也必须注意减少不必要的计算和重复转抄，力求简化手续，节约人力和物力，节省核算费用，还要采用先进的会计核算手段，提高工作效率。

二、会计核算形式的类型

手工会计体系中采用的会计核算形式主要有：记账凭证核算形式、汇总记账凭证核算形式、科目汇总表核算形式、日记总账核算形式和多栏式日记账核算形式等5种。总的看来，各种核算形式的区别主要在于登记总账的依据和方法不同，而这里的关键在于记账凭证是否汇总和如何汇总。有的账务处理程序对记账凭证不需汇总，直接据以登记总账，如记账凭证核算形式；有的则需要汇总，但汇总的方法不同，如科目汇总表和汇总记账凭证两种方式；另一种方式是直接利用账户来汇总，而不是对记账凭证进行汇总，如多栏式日记账核算形式。因此现有的会计核算形式可以分为三类：逐笔过账的会计核算形式、凭证汇总的会计核算形式和账户汇总的会计核算形式，如图9-3所示。

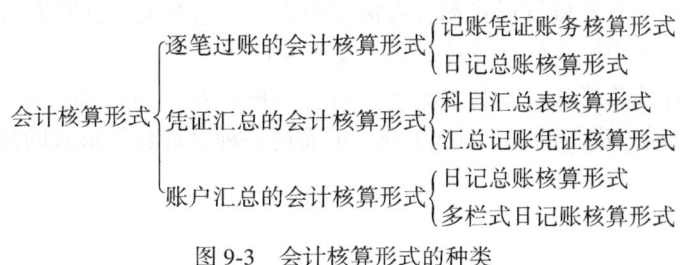

图9-3 会计核算形式的种类

(一)逐笔过账的会计核算形式

逐笔过账的会计核算形式是指直接根据记账凭证登记总账而不需对记账凭证进行汇总的核算形式,包括记账凭证核算形式和日记总账核算形式(由于日记总账核算形式是利用棋盘式日记账逐笔记录经济业务,最后各栏目的汇总数即为总账,故可将其视为逐笔过账的会计核算形式,也可视为账户汇总的会计核算形式)。逐笔过账的会计核算形式的基本模式如图9-4所示。

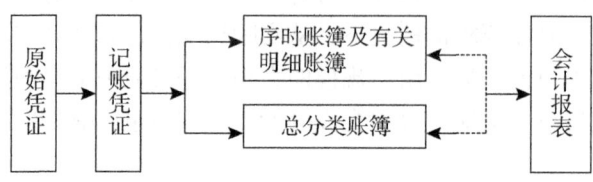

图9-4　逐笔过账的会计核算表式

(二)凭证汇总的会计核算形式

凭证汇总的会计核算形式是把记账凭证先按时间(如月)、按科目进行汇总,得出各科目在一定时间内的发生额合计数,再按此合计数记入总分类账簿并据以编制会计报表的账务处理程序。由于汇总的方式不同,这种核算形式又分为科目汇总表核算形式和汇总记账凭证核算形式两种。凭证汇总的核算形式见图9-5。

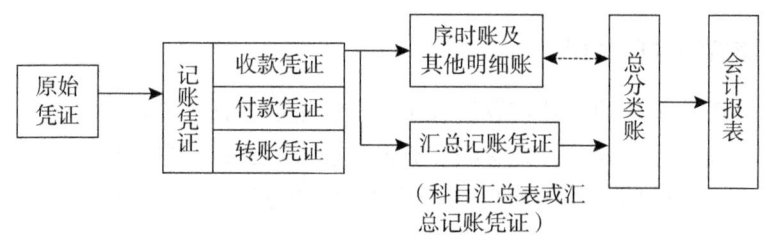

图9-5　凭证汇总的会计核算形式

(三)账户汇总的会计核算形式

账户汇总的会计核算形式,是将记账凭证逐笔过入有关账户后,直接在账户上加计发生额合计数,再据以登记总账或直接代替总账,最后编制会计报表的核算形式。多栏式日记账核算形式和日记总账核算形式都有直接利用账户汇总有关科目发生额的功能,只是后者不再登记总账。账户汇总的会计核算形式见图9-6。

无论何种会计核算形式,其基本的核算模式都是沿着"原始凭证→记账凭证→账簿→报表"这一程序或模式进行的[1],图9-7表示了前述各种会计核算形式的共性。

---

[1]　廖洪.会计制度设计.北京:中国时代经济出版社,2000:135-136.

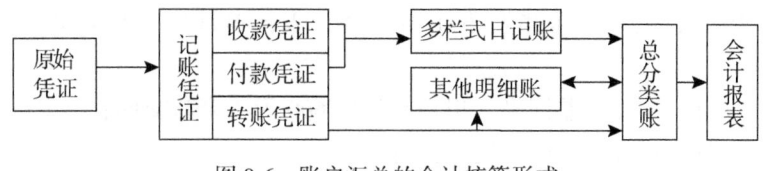

图 9-6 账户汇总的会计核算形式

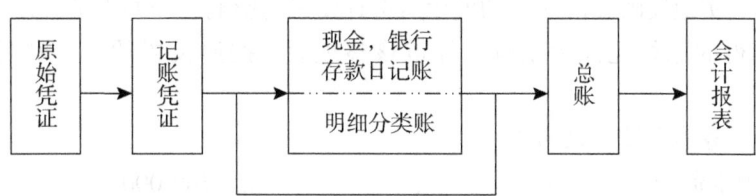

图 9-7 会计核算形式的共性

第三节 会计循环和会计核算形式实例

本节以逐笔过账的会计核算形式为例,通过一个实例详细说明会计循环和会计核算的过程。

一、记账

企业的经济业务都是由原始凭证记载与反映的,原始凭证是记账的主要依据。企业会计循环的第一步就是要根据原始凭证编制会计分录,进行记账。

(一)根据原始凭证,分析经济业务

假设新世纪实业公司20××年8月份收到的所有原始凭证所反映的经济业务如下:

(1)8月1日,国家向该公司投资修建厂房一栋交付使用,总价值为300 000元;

(2)8月3日,从建设银行取得短期借款140 000元,存入银行存款账户;

(3)8月4日,用现金700元购买办公用品;

(4)8月4日,从天龙公司购入原材料65 000元,已验收入库。增值税税率为13%,货款和税款尚未支付;

(5)8月9日,以银行存款25 000元偿还银行借款;

(6)8月12日,开出转账支票,偿还7月份所欠大帝公司的货款30 000元;

(7)8月14日,接到银行收款通知,收到万信公司支付的货款35 000元;

(8)8月17日,开出现金支票,从银行提取现金2 000元备用;

(9)8月19日,李玲预借出差费用800元,以现金支付;

(10)8月22日,向银行借款6 000元,全部用于偿还东方公司的欠款;

(11)8月24日,开出转账支票32 000元,交纳所欠税金;

(12)8月26日,销售给航海公司价值60 000元产品,产品成本为45 000元,增值税

税率为13%,货款和税款尚未收到;

(13)8月28日,仓库转来本月发出材料登记表,本月生产车间共领用材料50 000元;

(14)8月30日,李玲出差回来,报销差旅费600元,余款交回;

(15)8月30日,将现金300元送存银行。

(二)编制会计分录

为了客观真实地反映经济业务的发生对会计要素的影响,经办人员必须在分析的基础上以填制或取得的原始凭证为依据,经审核整理后,按照设置的会计科目,编制会计分录。

上述经济业务的会计分录为:

(1)借:固定资产　　　　　　　　　　　　300 000
　　　贷:实收资本　　　　　　　　　　　　　300 000
(2)借:银行存款　　　　　　　　　　　　140 000
　　　贷:短期借款　　　　　　　　　　　　　140 000
(3)借:管理费用　　　　　　　　　　　　　　700
　　　贷:库存现金　　　　　　　　　　　　　　　700
(4)借:原材料　　　　　　　　　　　　　 65 000
　　　应交税费——应交增值税(进项税额)　　8 450
　　　贷:应付账款　　　　　　　　　　　　　73 450
(5)借:短期借款　　　　　　　　　　　　 25 000
　　　贷:银行存款　　　　　　　　　　　　　 25 000
(6)借:应付账款　　　　　　　　　　　　 30 000
　　　贷:银行存款　　　　　　　　　　　　　 30 000
(7)借:银行存款　　　　　　　　　　　　 35 000
　　　贷:应收账款　　　　　　　　　　　　　 35 000
(8)借:库存现金　　　　　　　　　　　　　2 000
　　　贷:银行存款　　　　　　　　　　　　　　2 000
(9)借:其他应收款——李玲　　　　　　　　　800
　　　贷:库存现金　　　　　　　　　　　　　　　800
(10)借:应付账款　　　　　　　　　　　　 6 000
　　　 贷:短期借款　　　　　　　　　　　　　 6 000
(11)借:应交税费　　　　　　　　　　　　32 000
　　　 贷:银行存款　　　　　　　　　　　　　32 000
(12)借:应收账款　　　　　　　　　　　　67 800
　　　 贷:主营业务收入　　　　　　　　　　　60 000
　　　　 应交税费——应交增值税(销项税额)　 7 800

```
        借：主营业务成本              45 000
            贷：库存商品                        45 000
(13) 借：生产成本                    50 000
         贷：原材料                           50 000
(14) 借：管理费用                      600
         库存现金                        200
         贷：其他应收款——李玲                 800
(15) 借：银行存款                      300
         贷：库存现金                          300
```

在我国的会计实务中，会计分录一般都是列示在专门的记账凭证中。但在西方会计实务界，人们普遍采用"分录簿"——我们通常所说的普通日记账来列示会计分录。我国的企业通常不设普通日记账，仅设现金和银行存款等特种日记账。

二、过账

编制的会计分录，经审核无误后，就可用以过账了。在实际工作中，过账之前，账户中若上月末有余额，即为本月月初余额，应先予以登记，然后再根据会计分录在账簿中按账户进行登记。

假设新世纪实业公司20××年8月初有关账户余额如表9-1所示。

表9-1　　　　　　新世纪实业公司20××年8月初有关账户余额

账户名称	借方余额	贷方余额
库存现金	1 500	
银行存款	9 000	
应收账款	40 000	
其他应收款	5 000	
原材料	15 000	
库存商品	60 000	
固定资产	45 000	
短期借款		14 000
应付账款		10 500
应交税费		19 000
生产成本	48 000	
实收资本		180 000
合　　计	223 500	223 500

结合新世纪实业公司20××年8月初的有关账户余额表，现将前面所编制的会计分录登记总分类账（见表9-2至表9-16）。

表 9-2

账户名称：库存现金

总 分 类 账

20××年		凭证		摘要	借方	贷方	借/贷	余额
月	日	字	号					
8	1			期初余额			借	1 500
	4	记		购买办公用品		700	借	800
	17	记		提取备用金	2 000		借	2 800
	19	记		预借差旅费		800	借	2 000
	30	记		报销差旅费	200		借	2 200
	30	记		现金送存银行		300	借	1 900
8	31	记		本期发生额及余额	2 200	1 800	借	1 900

表 9-3

账户名称：银行存款

20××年		凭证		摘要	借方	贷方	借/贷	余额
月	日	字	号					
8	1			期初余额			借	9 000
	3	记		从银行借款	140 000		借	149 000
	9	记		偿还银行借款		25 000	借	124 000
	12	记		偿还欠大帝公司货款		30 000	借	94 000
	14	记		收到万信公司货款	35 000		借	129 000
	17	记		从银行提取现金备用		2 000	借	127 000
	24	记		交纳所欠税金		32 000	借	95 000
	30	记		现金送存银行	300		借	95 300
8	31	记		本期发生额及余额	175 300	89 000	借	95 300

表 9-4

账户名称：应收账款

20××年		凭证		摘要	借方	贷方	借/贷	余额
月	日	字	号					
8	1			期初余额			借	40 000
	14	记		收回万信公司货款		35 000	借	5 000
	26	记		销售给航海公司产品	67 800		借	72 800
8	31	记		本期发生额及余额	67 800	35 000	借	72 800

表 9-5
账户名称：其他应收款

20××年		凭证		摘要	借方	贷方	借/贷	余额
月	日	字	号					
8	1			期初余额			借	5 000
	19	记		李玲预借差旅费	800		借	5 800
	30	记		李玲报销差旅费		800	借	5 000
8	31	记		本期发生额及余额	800	800	借	5 000

表 9-6
账户名称：原材料

20××年		凭证		摘要	借方	贷方	借/贷	余额
月	日	字	号					
8	1			期初余额			借	15 000
	4	记		从天龙公司购入原材料	65 000		借	80 000
	28	记		生产领用原材料		50 000	借	30 000
8	31	记		本期发生额及余额	65 000	50 000	借	30 000

表 9-7
账户名称：库存商品

20××年		凭证		摘要	借方	贷方	借/贷	余额
月	日	字	号					
8	1			期初余额			借	60 000
	26	记		销售给航海公司产品		45 000	借	15 000
8	31	记		本期发生额及余额	0	45 000	借	15 000

表 9-8
账户名称：固定资产

20××年		凭证		摘要	借方	贷方	借/贷	余额
月	日	字	号					
8	1			期初余额			借	45 000
	1	记		国家投资兴建厂房	300 000		借	345 000
8	31	记		本期发生额及余额	300 000	0	借	345 000

表 9-9
账户名称：短期借款

20××年		凭证		摘要	借方	贷方	借/贷	余额
月	日	字	号					
8	1			期初余额			贷	14 000
	3	记		从银行取得借款		140 000	贷	154 000
	9	记		偿还银行借款	25 000		贷	129 000
	22	记		向银行借款		6 000	贷	135 000
8	31	记		本期发生额及余额	25 000	146 000	贷	135 000

表 9-10
账户名称：应付账款

20××年		凭证		摘要	借方	贷方	借/贷	余额
月	日	字	号					
8	1			期初余额			贷	10 500
	4	记		从天龙公司购原材料		73 450	贷	83 950
	12	记		偿还大帝公司欠款	30 000		贷	53 950
	22	记		偿还东方公司欠款	6 000		贷	47 950
8	31	记		本期发生额及余额	36 000	73 450	贷	47 950

表 9-11
账户名称：应交税费

20××年		凭证		摘要	借方	贷方	借/贷	余额
月	日	字	号					
8	1			期初余额			贷	19 000
	4	记		从天龙公司购入原材料，货款和税款尚未支付		8 450	贷	10 550
	24	记		用转账支票交纳所欠税金	32 000		借	21 450
	26	记		销售给航海公司产品货款和税款尚未收到		7 800	借	13 650
8	31	记		本期发生额及余额	40 450	7 800	借	13 650

表 9-12
账户名称：生产成本

20××年		凭证		摘要	借方	贷方	借/贷	余额
月	日	字	号					
8	1			期初余额			借	48 000
	28	记		生产车间领用材料	50 000		借	98 000
8	31	记		本期发生额及余额	50 000	0	借	98 000

表 9-13
账户名称：实收资本

20××年		凭证		摘要	借方	贷方	借/贷	余额
月	日	字	号					
8	1			期初余额			贷	180 000
	1	记		国家投资兴建厂房		300 000	贷	480 000
8	31	记		本期发生额及余额	0	300 000	贷	480 000

表 9-14
账户名称：主营业务收入

20××年		凭证		摘要	借方	贷方	借/贷	余额
月	日	字	号					
8	26	记		销售给航海公司产品		60 000	贷	60 000
8	31	记		本期发生额及余额	0	60 000	贷	60 000

表 9-15
账户名称：主营业务成本

20××年		凭证		摘要	借方	贷方	借/贷	余额
月	日	字	号					
8	26	记		销售给航海公司产品	45 000		借	45 000
8	31	记		本期发生额及余额	45 000	0	借	45 000

表 9-16
账户名称：管理费用

20××年		凭证		摘要	借方	贷方	借/贷	余额
月	日	字	号					
8	4	记		用现金购买办公用品	700		借	700
	31	记		李玲报销差旅费	600		借	1 300
—	—	—						

说明：此账户要等到账项调整后才能结账。

三、调整前试算平衡

期末账项调整之前，要进行第一次试算，即调整前试算。

通过试算,如果发现借方合计数与贷方合计数不相等,则说明肯定发生了差错,应及时找出原因并加以更正。通常可以从以下几个方面着手查找差错:(1)检查试算平衡表本身有无差错,容易出现的差错是在数字"加总"时错漏了金额,应将各栏的金额加以核对并再次加总计算;(2)检查总分类账上的有关账户的金额是否都已试算平衡。容易发生差错的是漏抄了个别账户的金额,因此要逐一进行核对;(3)检查所有账户的发生额和余额在转抄入试算平衡表时是否抄错;(4)检查并重复计算每一个账户的发生额合计数和期末余额。

通过试算,如果借方、贷方两栏的发生额和余额合计数相等,则说明账户的记录基本正确,但并不能保证其绝对正确。由于试算平衡表的局限性,有些记账差错并不能通过试算平衡予以发现。这种差错主要包括如下几类:(1)某个会计分录被整个漏记;(2)某个会计分录被整个重记;(3)在编制会计分录或登记账户时颠倒了记账方向或用错了账户名称;(4)借贷双方发生差错的金额刚好相等。

所以,会计人员在平时记账和过账的过程中,要养成良好的习惯,不要马虎潦草以致试算无法平衡。而且,除了进行试算平衡,还要对一切会计记录定期或不定期地及时进行复核,以保证会计数据的正确性。

新世纪实业公司账项调整前的试算平衡见表 9-17。

表 9-17 调整前试算平衡表

会计科目	期初余额		本期发生额		期末余额	
	借方	贷方	借方	贷方	借方	贷方
库存现金	1 500		2 200	1 800	1 900	
银行存款	9 000		175 300	89 000	95 300	
应收账款	40 000		67 800	35 000	72 800	
其他应收款	5 000		800	800	5 000	
原材料	15 000		65 000	50 000	30 000	
库存商品	60 000			45 000	15 000	
固定资产	45 000		300 000		345 000	
短期借款		14 000	25 000	146 000		135 000
应付账款		10 500	36 000	73 450		47 950
应交税费		19 000	40 450	7 800		13 650
生产成本	48 000		50 000		98 000	
实收资本		180 000		300 000		480 000
主营业务收入				60 000		60 000
主营业务成本			45 000		45 000	
管理费用			1 300		1 300	
合计	223 500	223 500	808 850	808 850	722 950	722 950

四、账项调整

为了正确计算本期的利润或亏损，企业在期末结账之前，必须通过编制调整分录对某些账项进行必要的调整，使本期的收入和费用能在归属期一致的基础上进行配比。前文已述及，期末的账项调整主要有五种类型。在此，假设新世纪实业公司涉及以下两项需要在本期期末进行调整的业务：

（1）新世纪实业公司本月预计应付短期借款利息400元。在我国，短期借款利息一般在季末一次结算并支付，故在每季度的前两个月，此项费用虽尚未支付，但理应由本期负担。本月末，企业应将本期已经发生的这笔利息费用调整入账，调整分录为：

借：财务费用　　　　　　　　　　　　　400
　　贷：应计利息　　　　　　　　　　　　　400

（2）新世纪实业公司本月应计提折旧1 000元，调整分录为：

借：管理费用　　　　　　　　　　　　　1 000
　　贷：累计折旧　　　　　　　　　　　　　1 000

期末编制上述调整分录时，两个显著的特点是：每一笔调整分录都包括了收入和费用的确认；以应计制会计概念为理论基础。

五、调整后试算

在期末账项调整后，还要进行第二次试算，即调整后试算。实务工作中，会计人员在进行调整前试算、账项调整和调整后试算等工作时，工作量比较大，而且涉及的科目多，数据分散，容易出现错误，特别是两次试算工作，一旦试算不平，必须找出错误并改正，这种改正不但工作量大，而且还影响记录和账表的整洁。因此，在实际工作中，许多会计人员喜欢把两次试算、账项调整和编表等工作先集中在一张表上进行，以节省工作量和简化账务处理，而这张表就是工作底稿。常用的五组十栏式工作底稿的格式见表9-18（新世纪实业公司工作底稿）。

表9-18　　　　　　　　新世纪实业公司工作底稿
20××年8月31日

会计科目	调整前试算表		调整		调整后试算表		利润表		资产负债表	
	借方	贷方	借方	贷方	借方	贷方	借方	贷方	借方	贷方
库存现金	1 900				1 900				1 900	
银行存款	95 300				95 300				95 300	
应收账款	72 800				72 800				72 800	
其他应收款	5 000				5 000				5 000	
原材料	30 000				30 000				30 000	
库存商品	15 000				15 000				15 000	

续表

会计科目	调整前试算表		调整		调整后试算表		利润表		资产负债表	
	借方	贷方	借方	贷方	借方	贷方	借方	贷方	借方	贷方
固定资产	345 000				345 000				345 000	
累计折旧				1 000		1 000				1 000
短期借款		135 000				135 000				135 000
应付账款		47 950				47 950				47 950
应交税费		13 650				13 650				13 650
应计利息				400		400				400
生产成本	98 000				98 000				98 000	
实收资本		480 000				480 000				480 000
主营业务收入		60 000				60 000		60 000		
主营业务成本	45 000				45 000		45 000			
管理费用	1 300		1 000		2 300		2 300			
财务费用			400		400		400			
合计	722 950	722 950	1 400	1 400	724 350	724 350				
本期利润							12 300*			12 300
合计							60 000	60 000	676 650	676 650

备注：*在试算平衡表中为了使借贷方平衡的利润调整数。

工作底稿虽然不是正式的会计记录文件，不能替代正式的会计记录，但在会计核算工作中却具有非常重要的意义。通过工作底稿的编制，不仅能给期末编制各种会计报表提供正确的数据资料，减少错账，保持账表整洁；而且还可供人们在同一表格中了解企业在一定会计期间的财务状况和生产经营情况。

工作底稿的基本编制方法如下：

（1）表头。工作底稿的表头应该写明企业名称、工作底稿字样及日期。

（2）"调整前试算表"组。将账项调整前各总分类账的余额一一移入借方栏或贷方栏，然后加总验证借贷总额，借贷方合计数应该相等。

（3）"调整"组。将调整分录按对应科目一一填入该栏内，调整所需科目若未出现在试算表的科目中，可加列于试算表合计数之下的行次中，最后，调整组的借贷总额合计数也应该相等。

(4)"调整后试算表"组。将调整前试算表栏的金额与调整栏的金额按同方向相加、反方向相减的原则,算出调整后余额列入该组,其借贷总额仍应维持平衡。

(5)"利润表"组。根据调整后试算表,将属于利润表的各个金额按原借贷方向移入该组中,然后加总借贷总额并比较两者大小,若贷方大于借方,即为利润,应将此差额——写在借方栏内以示结平,反之则为亏损,应直接将其列入贷方栏内以便结平。

(6)"资产负债表"组,调整后试算表中未列入利润表的项目,应分辨账户性质,按原借贷方向,全部移入该组中;然后,将利润表中本期利润数改变借贷方向,作为平衡数列入资产负债表约同一行上,至此,该组借贷总额也应相等。

六、编制会计报表

会计的基本目标是向相关的信息使用者提供决策有用的信息,这一目标在实际工作中是通过编制会计报表来实现的。会计报表可以根据总账各科目调整后的余额编制,也可以根据编好的工作底稿直接编制。现依据本例题提供的新世纪实业公司的信息和上述工作底稿的内容,编制资产负债表和利润表。

资产负债表是反映企业某一时点财务状况的报表。根据上述工作底稿中的资产负债表栏内容,可编制资产负债表,见表9-19。

表9-19

资产负债表

20××年8月31日

资产	金额	负债及所有者权益	金额
库存现金	1 900	负债	
银行存款	95 300	短期借款	135 000
应收账款	72 800	应付账款	47 950
其他应收款	5 000	应交税费	(13 650)
存货	143 000	应计利息	400
固定资产	345 000	负债合计	17 210
累计折旧	1 000	所有者权益	
固定资产净额	344 000	实收资本	480 000
		未分配利润	12 300
资产合计	662 000	负债及所有者权益合计	662 000

利润表是反映企业在某一会计期间内经营活动成果的报表。根据上述工作底稿编制的利润表,见表9-20。

表 9-20

利　润　表

20××年8月

主营业务收入	60 000	
其他业务收入		
收入合计		60 000
主营业务成本	45 000	
销售费用		
管理费用	2 300	
财务费用	400	
费用合计		47 700
本期利润		12 300

七、结账

结账是在会计期末将各账户余额结清或结转下期，使各个账户的记录暂时告一段落的过程。结账又包括虚账户的结清和实账户的结转。

（一）虚账户的结清

虚账户又称临时性账户，是指仅仅反映一个时期的经济活动，期末没有余额，每个会计期间都从"零"开始的账户。利润表账户都是虚账户，在会计期末进行结账，各个账户余额复归为零，下期便可从头开始归集收入和费用，这不仅可以正确计算当期损益，还可以使下一会计期间的使用更加方便。

结清虚账户的程序如下：

第一，计算出各个虚账户的余额。一般来讲，凡收入账户，其贷方总额大于借方总额，正常余额在贷方；凡是费用账户，其借方总额大于贷方总额，正常余额在借方。

第二，编制结账分录。为了结清虚账户，应该设置"本年利润"账户，以归集当期收入、费用账户的余额。收入账户为贷方余额，结账时应该借记各项收入账户，贷记"本年利润"账户；费用账户为借方余额，结账时应该借记"本年利润"账户，贷记各类费用账户。将此结账分录过到"本年利润"账户后，借贷双方金额抵减，差额就是净利润或净亏损。年终，再将利润转入"利润分配——未分配利润"账户中，西方会计中称为留存收益。分录为：借记"本年利润"账户，贷记"利润分配——未分配利润"账户。

现将前例新世纪实业公司所登记的总分类账中有关的虚账户结清：

（1）结清收入类账户

借：主营业务收入　　　　　　　　　　　　　　60 000

　　　贷：本年利润　　　　　　　　　　　　　　　　60 000

（2）结清费用类账户

借：本年利润	47 700	
贷：主营业务成本		45 000
管理费用		2 300
财务费用		400

（3）年终，将净利润结转到"利润分配——未分配利润"账户。本例中为20××年8月份实现的利润，暂不结转。年终结转的分录为：

　　借：本年利润　　　　　　　　　　　　　××××
　　　　贷：利润分配——未分配利润　　　　　××××

最后，根据上述结账分录记入有关总分类账后，所有收入、费用账户借贷金额持平，余额均为零，画线结平虚账户。下一会计年度开始，重新开设收入、费用等账户，记录新的会计年度的经营成果。

（二）实账户的结转

实账户又称为永久性账户，是指会计期末一般都有余额并应随着经营活动的延续而递延到下一个会计期间的账户。资产负债表账户都是实账户。

实账户的结转是计算出各账户的本期发生额及期末余额，并加以画线结束，将期末余额结转到下一会计期间。

八、结账后试算

结账以后，还可以编制结账后的试算平衡表，以验证结账工作及余额的正确性。由于结账后只有实账户的余额，而实账户又都是资产负债表账户，因此，结账后的试算平衡表实际上就是相当于资产负债表，所以在此不再赘述。

九、编制转回分录

为了简化下一个会计期间日常经济业务的记录，避免记账人员因疏忽而产生错误，有些企业还往往在下一个会计循环开始前编制转回分录。转回分录所用的账户和金额与调整分录相同，只是分录的借贷方向与调整分录相反。

例如，新世纪实业公司将本期已经发生的利息费用调整入账，调整分录为：

　　借：财务费用　　　　　　　　　　　　　400
　　　　贷：应计利息　　　　　　　　　　　　400

那么在下一个会计期间开始时编制的转回分录为：

　　借：应计利息　　　　　　　　　　　　　400
　　　　贷：财务费用　　　　　　　　　　　　400

经过这一分录转回后，在实际支付利息时就不必追根溯源去找当初调整时的记录，只需要像常规支付利息那样编制正常分录即可，该笔分录为：

　　借：财务费用　　　　　　　　　　　　　400
　　　　贷：银行存款　　　　　　　　　　　　400

编制转回分录是一个任选的步骤，在信息化环境下已很少使用。在一个会计期间开始时，可以不将上一会计期末的调整分录编制转回分录，也可以只编制某些调整分录的转回分录,目的在于使以后经常发生的经济业务由于编制转回分录后在会计处理时能够更加方便和简捷。

第四节 信息技术环境下的会计核算形式

一、会计信息系统

(一)信息技术与会计信息系统

随着信息技术的四大基础技术——计算机和存储技术、控制技术、通讯技术和传感技术的快速发展,信息技术的发展日新月异,信息技术在经济和生活中的重要性日益提高,信息化的环境和技术使得现代会计信息系统的变化越来越深刻,信息技术环境下的会计也就是我们常说的会计信息系统与传统会计有了很大的不同。

会计信息系统就是人和设备等资源的集合,设备等资源包括我们常说的系统运行的软硬件平台、会计软件、会计数据库和会计规程等。会计信息系统可以将财务数据和其他的业务数据实时融合并转化成信息。信息实现转化的方式主要两种:手工和计算机化。随着信息技术的发展无纸化逐渐成为趋势,越来越多的信息完全通过计算机化的方式进行转化。

信息技术的根本优势在于自动化、信息组织以及通信。在会计信息系统中,自动化的含义不仅仅是用机器替人工作,而且还包括完成那些在某些情况下人类无法单独完成的工作,计算机可以为规模非常庞大的企业按照其要求生成复杂的会计报表,财务报表已经从以前的定期编制,发展到现在通过网络可以实现实时财务报告。交易的自动化记录,外加直接存取存储器(DASD)和数据库技术的出现,使得对大规模数据进行记录、存储以及组织成为可能,例如,沃尔玛公司的数据仓库每天需要存储将近10亿条新记录,该公司还采用了复杂的数据挖掘技术从庞大的数据库中检索数据。通信技术是会计信息系统开发中的关键组成部分。现在的通讯技术使得直销模式成为可能,使得虚拟企业和构建企业生态系统成为可能。

自动化、信息组织与通信这三者之间的互相融合深刻地影响了典型组织应用架构的发展。

最早的会计信息系统应用架构主要着眼于传统会计循环的自动化。随后,软件工程师们希望找到新方法,用计算机来提高组织内的职能性计划与控制。首先受到关注的是供应链管理(SCM)这个职能性领域,于是物料需求计划(MRP)软件出现了,它能够帮助管理层管理库存和安排生产,接着,经过进一步的完善,MRP 发展成了制造资源计划(MRP Ⅱ),MRP 与 MRP Ⅱ 为计算机集成制造(CIM)与柔性制造系统(FMS)的出现铺平了道路,MRP、MRP Ⅱ、CIM 和 FMS,使得诸如物流、流程控制、需求预测、排队理论等相关管理科学领域的重要发展成为了可能,在这些学科中,出现了许多流程改进方法,例如准时(JIT)生产、精益生产以及六西格玛等。

这些系统以及其他主要职能性信息系统包括客户关系管理系统、人力资源信息系统、财务信息系统等的发展倾向于发展成为松散耦合的系统,拥有各自独立的数据库,这会导致：第一，不必要的重复；第二，格式与标准的差异导致的，复杂而昂贵的数据转换过程；第三，数据库数据更新不一致导致数据间的不一致。于是企业资源规划（ERP）应运而生了，它是针对职能性信息系统的联系过分松散的解决方案，各种职能性信息系统组织在单独的软件包和单一数据库之下。

第二代企业资源规划（ERP Ⅱ）在原有的 ERP 的基础上增加了协同商务。它将信息集成的范围扩大到了整个供应链。近几年，ERP 已经逐渐被企业应用套件（EAS）所取代。企业应用套件用一组相互独立的软件包代替了整体式的企业资源规划软件包，这些相互独立的软件包之间的联系十分紧密，并通过网络浏览器运行。

(二) 会计信息系统

会计信息系统按核算功能一般可以划分为几个子系统，不同的软件和系统的划分也略有不同。以用友公司 ERP 软件为例，会计信息系统按核算功能分为总账（账务处理）、报表、薪资管理、固定资产、采购与应付款管理、销售与应收款管理以及库存管理与存货核算等几个子系统。会计信息系统的使用方式比较灵活，系统进行初始设置后，日常业务少时可以只启用总账和报表两个子系统，会计核算全部在这两个系统进行。业务量大可以启用相应的子系统，例如启用销售与应收款管理子系统，各子系统业务的核算在对应子系统下进行，形成会计凭证然后再传递到总账系统。总账系统再经行后续账务处理。

初始设置：是指根据会计账户信息对系统进行初始化设置，是系统正式运行之前的操作。初始处理包括选择会计制度、设置会计科目、凭证类型、初始余额装入、其他设置等功能模块。该处理是整个电算化会计核算系统的基础。这一步的处理需要会计人员手工设置。

日常处理：主要是指根据原始凭证进行凭证处理，包括凭证的输入、修改、审核、查询、入账与打印。需要注意的是在输入凭证之前需要会计人员手工搜集和审核原始凭证，确保输入数据的准确性。

会计账户基础数据文件：用来存储根据初始处理而确定的会计账户基础数据，包括账套参数、会计科目字典数据、会计账户期初余额、各类辅助科目字典数据、各类辅助账户期初余额、自动转账凭证定义等。

记账凭证数据文件：用来存储根据日常处理而确定的记账凭证数据，包括凭证号、制证日期、会计科目码、原始凭单号、金额、借贷方向、入账标志、制证人、审核人等。

账务子系统：账务子系统包含出纳管理、账簿输出、期末处理、系统维护等部分。出纳管理由现金日记账、银行日记账、银行对账组成；账簿输出包括科目余额表输出、总账输出、明细账输出、综合查询；期末处理包括自动转账、月末转账、年末转账；系统维护包括科目维护、币别维护、账套维护、人员管理、口令维护、文件恢复、文件备份。

报表子系统：报表子系统包括报表定义、报表生成、报表输出、报表核对、报表管理。报表定义包含新表登记、报表栏目定义、表体元素定义、勾稽关系定义；报表输出包含报表查询、报表打印、报表传输；报表管理包括报表归档、报表修改、报表删除、报表备份、报表恢复。会计人员只需要选择想要得到的报表属性，其他工作全部交由计算机完成。

二、信息技术环境下的会计核算

（一）信息技术环境下会计核算的特点

传统的手工会计核算形式的记账程序是原始凭证-记账凭证-明细分类账-总分类账-会计报表，中间还有对账、试算等环节。这样的处理程序存在诸如数据大量重复、信息提供不及时、准确性差、工作强度大等局限。信息技术环境下的会计拥有强大的数据处理能力，因此，相对于手工会计核算，信息技术环境下的会计核算的记账流程有了很多改进：

（1）增加对原始凭证输入的正确性校验和对出错凭证的修改处理。将一些手工环境下的事后检查和查证，用程序的方式固化为事中的校验和查证，例如，每一笔会计分录的输入必须符合有借必有贷、借贷必相等，否则程序就会报错。

（2）数据处理的起点发生了变化。在手工环境下，会计业务的处理起点为原始凭证；而信息技术环境下，会计业务的处理起点可以是记账凭证、原始凭证或机制凭证；在手工环境下，以财会人员编制并上报会计报表为工作终点；而在信息技术环境下则以计算机自动输出账簿和输出固定报表为终点，并将各种格式的内部及外部报表的编制与输出工作，交由单独的报表子系统来完成。

（3）数据处理的处理方式发生了变化。在手工环境下，记账凭证由不同的财会人员按照选定的会计核算组织程序分别登记到不同的账簿中，完成数据处理。在信息技术环境下，会计核算组织程序失去了意义，企业无须选择会计核算组织程序，不需要每个会计人员一遍遍地登记账簿；数据间的运算与归集由计算机自动完成，记账变成了计算机自动处理数据的过程，这样大大减少了财会人员的记账工作量。在手工环境下，10 000张凭证个人记账大约要花费1个月的时间，其正确性还不能完全保证；然而，在信息技术环境下，计算机记账一般只需几秒钟或几分钟，而且能够保证会计信息的正确性，这种量变导致了质变，财会人员从繁杂的劳动中解脱出来，有时间和精力将职能转向管理与控制。

（4）数据存储方式发生了变化。在手工环境下，会计数据存储在凭证、日记账、总账、明细账等纸张中；而在信息技术环境下，会计数据存储在凭证文件、汇总文件等数据文件中，需要时即时输出。

（5）对账的方式发生了变化。在手工环境下，按照复式记账的原则，总分类账、日记账、明细分类账必须采用平行登记的方法，根据每张记账凭证登记明细账，根据汇总数据登记总分类账，然后财会人员定期将总分类账、日记账与明细分类账中的数据进行核对。当明细分类账和总账的数据不相符时，说明必然有一方或双方有记账错误。

在信息技术环境下，总账子系统采用预先编制好的记账程序自动准确地完成记账过程，明细与汇总数据同时产生。只要预先编制好的程序正确，计算错误完全可以避免，这样就没有必要进行总分类账、日记账、明细分类账的核对。

（6）会计资料的查询统计发生了变化。在手工环境下，财会人员为编制一张急需的数据统计表，或查找急需的会计数据，要付出很多劳动；而在信息技术环境下，由于计算机具有高速数据处理能力，财会人员只需通过选择各种查询功能，就可以快速地完成数据的查询统计。在信息技术环境下，账务处理从高效性、正确性、准确性等方面来看，已经和手工处理产生了根本性的不同，对会计理论和会计实务产生了巨大的影响。此外，计算机处理替代了手工账务处理过程，把广大的财会人员从繁杂的劳动中解脱出来，使他们有充足的时间和精力利用会计信息，进行事前预测、事中控制、事后分析等会计管理活动。

（7）改进了数据结构。在数据结构方面，规范了科目代码的设置和管理，数据文件也经过重新设计，以减少数据的重复存储。辅助核算的设置极大地方便了分析和决策。

（二）信息技术环境下账务处理流程

信息技术环境下的账务处理流程如图9-8所示。

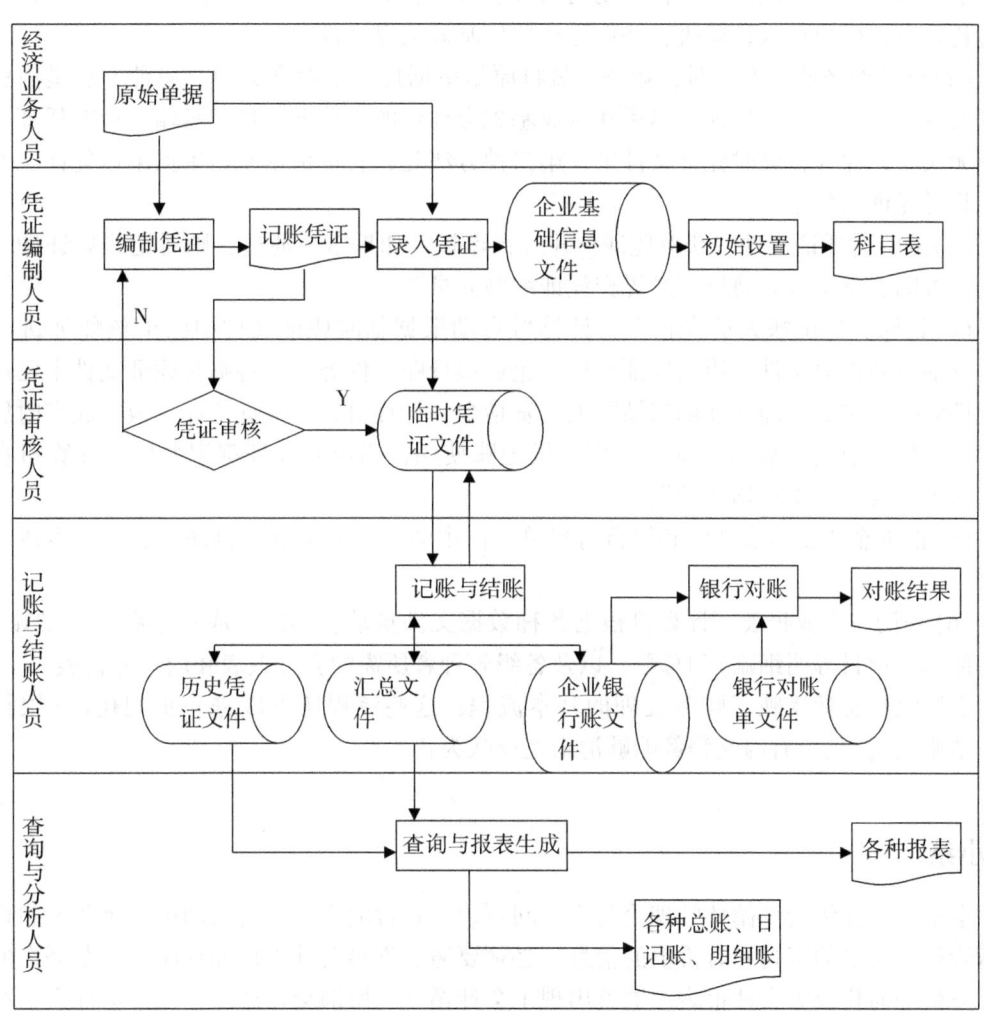

图9-8 信息技术环境下的账务处理流程图

1. 账务处理流程中的人员角色

（1）业务人员，也就是业务执行的主体，包括企业各个职能部门的人员。

（2）凭证编制人员，也就是根据原始凭证编制记账凭证的人员。

（3）凭证审核人员，也就是对凭证的正确性、合规性和合法性进行审核的财会人员，与凭证编制人员不能为同一人。

第九章 会计循环与会计核算形式

(4)记账与结账人员，也就是负责将凭证信息转换成账簿信息以及月末进行结账的财会人员。

(5)查询与分析人员，即对于企业的财务信息有权查询的人员以及对企业财务状况和经营成果有权查询的人员。

2. 账务处理流程

(1)一般来讲，在系统启用时由凭证编制人员将本单位的基础会计信息(例如，单位基本信息档案、科目编码和名称、期初余额、客户档案、供应商档案、财会人员档案等)通过初始设置模块输入计算机，并保存在单位基础信息文件中。

(2)日常经济业务发生时，业务人员将原始单据提交给财会部门。一种方法是由凭证处理人员编制纸质记账凭证，然后在企业基础会计信的支持下通过键盘输入记账凭证，经检查无误后，保存在临时凭证文件中；第二种方法是，直接根据原始单据编制凭证，并保存在临时凭证文件中。

(3)从临时凭证文件中获取凭证，并进行审核。如果审核通过，则对记账凭证做审核标记，否则，将审核未通过信息提交凭证编制人员。

(4)记账，即记账人员发指令，计算机自动根据临时凭证文件中已审核凭证进行记账，分别更新汇总文件、历史凭证文件、企业银行账文件等，并将临时凭证文件中已记账的凭证删除。结账，即会计期末结账人员发指令，计算机自动根据凭证模板生成实时凭证(机制凭证)，保存在临时凭证文件中，供记账使用；当所有凭证都记账后，计算机自动计算出本月合计、本年累计数据。

(5)根据企业银行账文件和银行对账单文件中的银行业务进行自动对账，并生成对账结果。

(6)查询与生成报表。计算机根据各种数据文件自动、实时生成日记账、明细账(科目、部门、项目等明细账)和总账，以及各级管理者所需的会计报表和内部分析表。

上述流程总括反映了账务处理的基本流程，这些流程还可以进一步细化(如银行对账、结账)，直到所有的流程都能够清晰地反映为止。

☞ **小结**

本章主要介绍会计循环的理论与实务问题。在日常的生产经营活动中，企业要想得到经营管理所需要的资料和有价值的信息，必须要通过许多会计工作和程序将复杂繁多的经济业务整理简化成为会计报表，这就出现了会计循环。所谓会计循环，是指会计人员在一定会计期间内，从取得反映企业所发生的经济业务的原始凭证开始，到编制出会计报表为止，所经历的各个会计工作步骤的依次继起、逐步进行、周而复始和不断循环的过程。会计循环的基本步骤为：记账；过账；调整前试算平衡；账项调整；调整后试算平衡；编制会计报表；结账；结账后试算平衡；编制转回分录。用简单的形式表示为：凭证－账簿－报表。实务工作中，会计人员经常利用工作底稿来完成会计报表的编制，工作底稿的格式和编制方法是需要我们重点掌握的内容。

会计循环过程中的每一个工作环节都不是彼此孤立的，而是以一定的形式相结合，构成一个完整的工作体系。会计凭证、会计账簿和会计报表之间不同的结合方式，就形成了不同的会计核算形式。会计核算形式也称会计核算组织程序或账务处理程序，是指在会计核算工作中，以账簿体系为核心，将会计凭证、会计账簿、会计报表、记账程序和方法有机结合起来的技术组织方法。目前，实际工作中采用的会计核算形式主要有：记账凭证核算形式、汇总记账凭证核算形式、科目汇总表核算形式、日记总账核算形式和多栏式日记账核算形式等5种。总的看来，各种核算形式的区别主要在于登记总账的依据和方法不同，也因此形成了各自的特点。由于每种核算形式都有各自的优缺点和适用性，各企业单位要根据自身的生产经营特点、规模大小和业务繁简程度的不同建立和健全一种适合自身的科学、适用、合理的会计核算形式或结合运用几种会计核算形式。实际工作中运用得最多的核算形式是科目汇总表核算形式和汇总记账凭证核算形式，读者应主要掌握这两种核算形式的特点和用法。另外读者也应该对信息技术环境下的会计核算形式有所了解。

通过本章的学习，我们应该对整个会计循环的流程有一个全面的了解，对给出的经济业务能够完成从分析到编报的全部工作。

☞ 关键名词

原始凭证　会计循环　试算平衡　工作底稿　过账　账项调整　结账　转回分录　会计核算形式　会计信息系统

☞ 思考题

1. 会计循环是什么？会计循环的基本步骤有哪些？
2. 请思考会计循环与会计确认、计量、记录和报告的关系是怎样的？
3. 随着信息技术的发展，会计信息化已在全国范围得到普及，你认为这会给会计循环带来什么样的变革？
4. 假设你在校园里投资开设了一个超市，结合在本章学习的会计循环的内容，你能否描述一下该超市在某一个会计期间可能发生的经济业务及账务处理过程？

☞ 练习题

一、单项选择题

1. 期末根据账簿记录，计算并记录出各账户的本期发生额和期末余额，在会计上称为（　　）。
   A. 对账　　　　B. 结账　　　　C. 调账　　　　D. 查账
2. 在下列会计核算形式中，最基本的核算形式是（　　）。
   A. 多栏式日记账核算形式　　　B. 汇总记账凭证核算形式
   C. 日记总账核算形式　　　　　D. 记账凭证核算形式
3. 各种核算形式，有许多共同点，但也有区别，主要表现在（　　）。

第九章 会计循环与会计核算形式

　　A. 编制会计凭证的依据和方法的不同
　　B. 登记现金日记账和银行存款日记账的依据和方法的不同
　　C. 登记各种明细分类账的依据和方法的不同
　　D. 登记总账的依据和方法的不同

4. 记账凭证核算形式，登记总分类账的依据是（　　）。
　　A. 原始凭证　　　　　　　　　B. 记账凭证
　　C. 多栏式日记账　　　　　　　D. 通用日记账

5. 多栏式日记账核算形式下的银行存款日记账采用（　　）。
　　A. 多栏式　　　　　　　　　　B. 数量金额式
　　C. 三栏式　　　　　　　　　　D. 三栏式或多栏式

6. 汇总记账凭证核算形式登记总账的依据是（　　）。
　　A. 记账凭证　　　　　　　　　B. 原始凭证
　　C. 汇总记账凭证　　　　　　　D. 科目汇总表

7. 规模大、经济业务较多的单位可以采用（　　）。
　　A. 记账凭证核算形式　　　　　B. 日记总账核算形式
　　C. 汇总记账凭证核算形式　　　D. 多栏式日记账核算形式

8. 科目汇总表核算形式（　　）。
　　A. 能清楚反映账户之间的对应关系　　B. 不能反映账户之间的对应关系
　　C. 登记总账的工作量较大　　　　　　D. 便于分析经济业务的来龙去脉

二、多项选择题

1. 在企业编制的试算平衡表中，借方等于贷方可能意味着（　　）。
　　A. 试算平衡表中的账户余额是正确的
　　B. 将借方记入贷方
　　C. 将贷方记入借方
　　D. 记账过程基本正确
　　E. 记录了经济业务的借方和贷方

2. 按照权责发生制的原则，下列应作为本期费用的是（　　）。
　　A. 摊销以前付款的报章杂志费　　B. 销售人员报销差旅费
　　C. 预付下一年的保险费　　　　　D. 尚未付款的本月借款利息
　　E. 支付上个月的借款利息

3. 原始凭证审核时应注意下列几个方面的内容，即（　　）。
　　A. 凭证上各项目是否填列完整齐全　　B. 各项目的填写是否正确
　　C. 凭证反映的业务是否合法　　　　　D. 数字计算有无错误
　　E. 所运用的会计科目是否正确

4. 明细分类账的登记依据可以是（　　）。
　　A. 原始凭证　　　　　　　　　B. 汇总原始凭证
　　C. 科目汇总表　　　　　　　　D. 记账凭证
　　E. 汇总记账凭证

5. 下列各项中，账簿设置相同的会计核算形式是（　　）。
   A. 记账凭证　　　　　　　B. 汇总记账凭证
   B. 科目汇总表　　　　　　D. 多栏式日记账
   E. 日记总账
6. 在汇总记账凭证核算形式下，总账登记的依据是（　　）。
   A. 记账凭证　　　　　　　B. 汇总收款凭证
   C. 汇总付款凭证　　　　　D. 汇总转账凭证
   E. 科目汇总表

三、业务题

1. 张民打算在学校开设一个学习用品服务部，并于9月1日正式开业。张民以每个月3 000元的价格从学校租了一间店铺，提供的服务包括销售各种学习用品和快餐等。以下是张民记录下来的9月份所发生的经济业务：

   (1)9月1日，张民从其个人的银行存款账户中提取现金8 000元，投入小卖铺，开始运营；
   (2)9月1日，用3 000元支付店铺的房租；
   (3)9月2日，用2 000元现金购买一批学习用品；
   (4)9月4日，从批发商处赊购学习用品4 000元；
   (5)9月7日，从银行取出现金800元，用于购买快餐食物；
   (6)9月10日，收到销售商品的收入3 000元，存入银行；
   (7)9月14日，收到顾客的赊款借据2 600元；
   (8)9月20日，用现金支付服务部的电话费用200元；
   (9)9月25日，用现金支付服务部的零星费用500元；
   (10)9月30日，收到6月份下半个月的收入5 000元现金；
   (11)9月30日，用1 000元现金支付临时雇员的工资。

   假设现在张民准备请你利用自己的会计知识提供有关的财务信息，那么：
   (1)该服务部需要用到哪些账户？
   (2)编制9月所有上述业务的会计分录。
   (3)将会计分录的内容汇总到"T"形账户中，并运用"T"形账户的记录编制服务部9月份的试算平衡表。
   (4)编制该服务部9月末的利润表及9月的资产负债表。

2. 泛欣实业公司20××年9月发生下列部分需要调整的经济业务：
   (1)计算提取固定资产折旧8 000元，其中：生产车间应计提折旧6 000元，公司管理部门应计提折旧2 000元；
   (2)分摊应由本月负担的年初支付的(全年)公司广告费2 200元；
   (3)本月份应计贷款利息支出8 000元；
   (4)本月份应计存款利息收入4 000元；
   请根据以上经济业务编制相应的调整分录。

第九章　会计循环与会计核算形式

☞ **案例讨论题**

科迪公司是一家大型家电连锁企业。在公司成立之初，聘请国际知名的德普会计咨询公司为其设计会计核算体系，其会计循环如下所示：

一、设置"现金收入日记账""现金支出日记账""应付凭单登记簿""销货日记账"等特种日记账。特种日记账的用途分别为：

1. "现金收入日记账"用以登记有关现金收入的会计事项，月末时，根据现金收入日记账的各栏次数额，分别登记其他账户。

2. "现金支出日记账"是专门用来登记有关现金支出事项的日记账，在设置应付凭单登记簿的情况下，所有支付的支票都由应付凭单进行控制，这时现金支出日记账只需设置一个金额栏，月末，将合计数过入"应付账款"借方和"现金"账户的贷方。

3. "应付凭单登记簿"是专门用来控制现金支付的日记账，按照内部控制的需要，在支付应付账款时，必须在该登记簿上注明支票号码，任何未标明号码的栏目都表明款项尚未支付。该日记账作为应付账款的辅助账。

4. "销货日记账"专门负责登记赊销事项，月末的时候根据日记账的金额登记"应收账款"和"营业收入"账户。

二、将日记账过入分类账，包括总分类账与明细分类账，或者分为实账户或虚账户。

三、编制试算平衡表，检验过账过程的正确性。

四、期末账项调整，将属于当期的预付费用、预收收入、应计费用、应计收入项目按照权责发生制加以处理。

五、编制调整后的试算平衡表，或者工作底稿。工作底稿用途与平衡表一样，采用多栏式，将试算、调整放到一起，以便发现错误并修改，格式如表 9-21 所示。

表 9-21

会计科目	调整前试算表		调整		调整后试算表		利润表		资产负债表		其他报表	
	借方	贷方	借方	贷方	借方	贷方	借方	贷方	借方	贷方	借方	贷方

六、编制正式的财务报表。

七、结账。

综上所述，科迪公司整个会计循环如图 9-9 所示。

案例讨论：1. 科迪公司设计的会计循环体系与一般的会计循环步骤相比，有什么不同？

第四节 信息技术环境下的会计核算形式

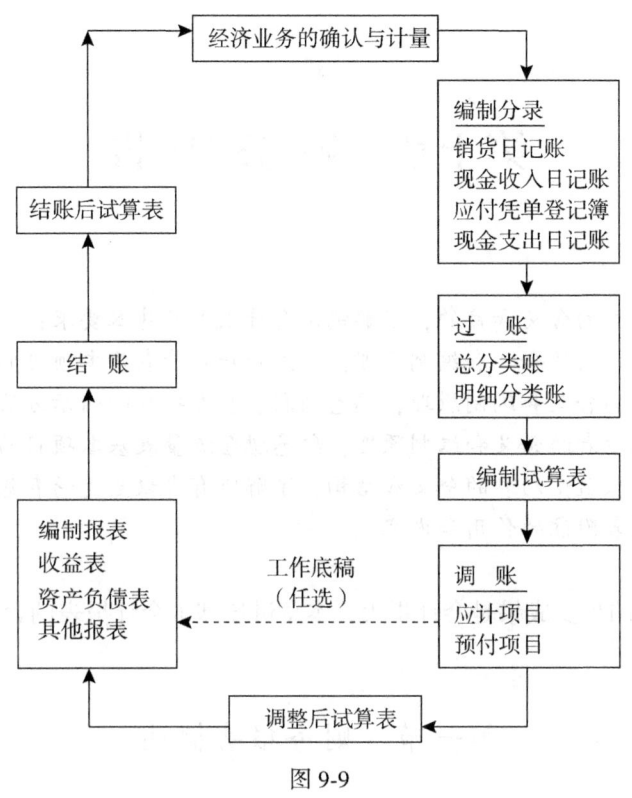

图 9-9

2. 试算平衡有什么作用？不设置这个步骤可以吗？
3. 你对科迪公司会计循环的设计有哪些改进意见？

第十章 财务报告

◎ 学习目标

1. 掌握会计报表的含义和目的，了解编制会计报表的基本要求；
2. 理解资产负债表的含义和编制原理，熟悉资产负债表基本项目的列示方法；
3. 理解利润表的含义和编制原理，熟悉利润表基本项目的列示方法；
4. 理解现金流量表的含义和编制原理，熟悉现金流量表基本项目的列示方法；
5. 理解所有者权益变动表的含义和结构，了解所有者权益变动表基本项目的列示；
6. 了解会计报表附注的作用和内容。

会计核算工作的重要成果是会计报表，本章讲述基本会计报表的含义、内容及其主要项目的列报方法。

第一节 财务报告概述

一、会计报表的含义

为了全面、系统、综合地反映和报告分散于会计凭证和会计账簿中的会计信息，有效地满足包括投资者、债权人、政府及相关部门和社会公众等会计信息使用者在决策过程中对会计信息的需要，企业或单位必须按期编制会计报表，并报送财务会计报告。

会计报表是对企业或单位财务状况、经营成果和现金流量的结构性表述。财务会计报告是指企业对外提供的反映企业某一特定日期的财务状况和某一会计期间的经营成果、现金流量等会计信息的文件。我国《企业会计准则——基本准则》(2014)指出：会计报表至少应当包括资产负债表、利润表、现金流量表等报表。财务会计报告则包括会计报表及其附注和其他应当在财务会计报告中披露的相关信息和资料。可见，会计报表是财务会计报告的核心，财务会计报告的内容比会计报表要丰富。除了三大核心报表外，财务会计报告还包括所有者权益变动表、会计报表附注、其他附注信息和管理层的讨论与分析等内容。

二、财务会计报告的内容和目的

(一)财务会计报告的内容

企业的财务会计报告是企业对外提供财务会计信息的主要形式，是企业会计核算的最终成果，是企业利益相关者了解企业的财务状况、经营成果和现金流量等方面的信息的主要渠道。如上所述，我国的企业财务会计报告由会计报表、会计报表附注、其他应当在财务会计报告中披露的相关信息和资料组成。企业的财务会计报告根据所反映期间的长短分为月度、季度、半年度和年度财务会计报告。月度、季度财务会计报告是指月度和季度终了提供的财务会计报告；半年度财务会计报告是指每个会计年度的前6个月结束后对外提供的财务会计报告；年度财务会计报告是指年度终了对外提供的财务会计报告。通常将月度、季度和半年度财务会计报告统称为中期财务报告。

为了减轻企业编制财务会计报告的负担，除国家另有规定外，月度和季度财务会计报告通常仅指会计报表。半年度中期财务会计报告和年度财务会计报告则要求提供会计报表、会计报表附注和其他应当在财务会计报告中披露的相关信息和资料等。会计报表是财务会计报告的核心内容。

企业应按规定的时间编制会计报表，以便报表的使用者及时、有效地利用会计报表资料。按规定，月度会计报表应于月份终了后6天内（节假日顺延，下同）对外提供；季度报表应于季度终了后15天内对外提供；半年度中期财务会计报告应于年度中期结束后60天内（相当于两个连续的月份）对外提供；年度财务会计报告应于年度终了后4个月内对外提供。由于会计信息具有很强的时效性，只有按规定及时编制和对外提供财务会计报告，才能满足信息使用者的需求。

(二)财务会计报告的目的

我国《企业会计准则——基本准则》(2014)指出：企业应当编制财务会计报告（又称财务报告）。财务会计报告的目标是向财务会计报告的使用者提供与企业财务状况、经营成果和现金流量等有关的会计信息，反映企业管理层受托责任的履行情况，有助于财务会计报告使用者做出经济决策。国际财务报告准则第18号《财务报表列示和披露》(2024)也明确指出：财务报表的目的是提供有关有助于财务报表用户评估一个主体财务状况、经营业绩和现金流量的信息。财务报表还反映一个主体管理当局对受托资源经管责任履行的结果。为了达到该目的，财务报告应提供有关一个主体的以下信息：资产、负债、权益、收入和费用、权益的其他变动以及现金流量。这些信息及其附注中的其他信息，有助于财务报表使用者预测一个主体未来的净现金流入前景。

通过上面分析很容易得出一个基本结论：以会计报表为核心内容的财务会计报告的目的是通过经济有效地提供财务信息，帮助会计信息使用者做出经济决策，同时评价管理当局管理受托资源的责任。

本章讨论资产负债表、利润表、现金流量表和所有者权益变动表的结构、内容和主要项目的列报方法，以及会计报表附注的作用和主要内容，会计报表的具体编制方法和其他会计报表的内容将在以后更高级的会计课程中学习。

三、会计报表的种类

按照不同的分类标准，会计报表可以形成不同的分类结果。

(一)按照报表反映经济内容的不同，会计报表可以分为资产负债表、利润表、现金流量表等

资产负债表就是反映一个企业或单位某一时点的资产、负债和所有者权益构成情况的

会计报表，资产负债表主要反映一个主体的财务状况。利润表是反映一个企业某一时期收入和费用、利得和损失构成情况的会计报表，利润表主要反映一个企业的经营成果。现金流量表是反映一个企业或单位一定时期现金和现金等价物流入和流出情况的会计报表，现金流量表主要反映主体的现金流动状态及其结果。

(二)按照报表反映资金运动情况的不同，会计报表可以分为静态报表和动态报表

静态报表是反映企业或单位某一时点财务情况的会计报表，资产负债表就是静态报表。动态报表是反映企业或单位某一时期财务情况的会计报表，利润表、现金流量表和所有者权益变动表就是动态报表。

(三)按照报表报送对象的不同，会计报表可以分为对外报送报表和对内报送报表

会计信息使用者有内外之分，相应的，有些报表需要向外报送，有些报表只能对内报送。财务会计加工的通用资产负债表、利润表、现金流量表和所有者权益变动表都是对外报送报表。管理会计根据内部管理需要加工的各种成本报表、存货明细表等属于对内报送报表。

(四)按照报表编制单位性质的不同，会计报表可以分为营利组织报表和非营利组织报表

有些社会组织以实现利润为目标，称为营利组织，它们编制的会计报表就是营利组织的会计报表。营利组织的主要报表是资产负债表、利润表和现金流量表等。有些社会组织的目标并不是盈利，例如政府机构和很多事业单位都不以盈利为目标，它们编制的会计报表就是非营利组织报表。根据我国政府会计制度(2017)，行政事业单位应当至少按照年度编制财务报表和预算会计报表。财务报表一般包括资产负债表、收入费用表和净资产变动表。可根据实际情况自行选择编制现金流量表。预算会计报表至少包括预算收入支出表、预算结转结余变动表和财政拨款预算收入支出表。

(五)按照报表编制主体的不同，会计报表可以分为基层单位会计报表和汇总会计报表，也可以分为单一企业会计报表和合并会计报表

基层单位会计报表是指有独立核算的企业或基层单位编制的会计报表。汇总会计报表则是由上级行政管理部门根据基层单位会计报表简单汇总编制而成的会计报表。汇总会计报表主要是为了满足国家宏观经济管理对会计信息的需要。

单一企业会计报表是由独立核算的单一主体编制和报送的会计报表。合并会计报表是由母公司根据母子公司的个别会计报表进行内部交易业务抵消后编制的反映集团整体财务情况的会计报表。

(六)按照报表编制时间的不同，会计报表可以分为年度报表和中期报表

年度报表是按照一个完整的会计年度为基础编制和报送的会计报表。中期报表是指以中期为基础编制的会计报表。短于一个完整的会计年度的报告期间，都称为中期，所以中期报表可能是半年度报表、季度报表、月度报表，甚至是旬报、周报、日报或实时报告。

四、编制会计报表的基本程序

编制会计报表的基本程序及其每道程序中的具体工作已在本书第九章会计循环和会计核算形式中详细说明，这里仅对会计报表的形成过程做粗略说明。在日常填制凭证、登记

账簿基础上，为了编制会计报表还需要做好以下工作：

1. 清查财产，核对账目。这样做是为了保证账实相符、账证相符，从而使会计报表提供的信息真实有效。

2. 将本期经济交易和事项全部登记入账，需要进行账项调整的要进行调整。各项预收款项中属于本期已经实现收入的部分，应该于期末计入收入；应该摊入本期费用的各项开支，应该于期末计入费用。未发生现金收支，但应该记录本期收入和费用的项目，也应该在期末予以记载。只有如此，会计报表才能真实完整地反映一个主体的会计信息。

3. 结出各个账户的本期借方发生额、贷方发生额和期末余额，为编制会计报表准备好基础数据。

4. 利用会计工作底稿汇总日常准备的数据资料，利用试算平衡的原理检查日常会计确认、计量和记录工作的正确性。

5. 结清或结转有关会计账户中的数据，将永久性账户中的期末余额结转下期，作为下期的期初数；将暂时性账户中的本期发生额结清，为下期的数据积累做好准备。

6. 将会计工作底稿中资产负债表和利润表科目中的有关数据录入报表，编制出本期的会计报告。

五、编制会计报表的基本要求

严格按照要求编制会计报表，会计报表才能成为有效传递财务信息的手段。最基本的要求是按照数据真实可靠、内容全面完整、计算准确、列示清晰、编报及时、利于理解等原则编制会计报表。《企业会计准则第30号——财务报表列报》(2014)中对会计报表的编制提出了更多、更为明确的要求：

(一) 以持续经营为前提编制会计报表

企业会计准则明确规定：企业应当以持续经营为基础，根据实际发生的交易和事项，按照《企业会计准则——基本准则》和其他各项具体会计准则的规定进行确认和计量，在此基础上编制会计报表。企业不应以附注披露代替确认和计量。如果以持续经营为基础编制会计报表不再合理的，企业应当采用其他基础编制会计报表，并在附注中披露这一事实。

(二) 以信息列报的一致性为基础编制会计报表

企业会计准则明确规定：会计报表项目的列报应当在各个会计期间保持一致，不得随意变更，除非：会计准则要求改变会计报表项目的列报，或者企业经营业务的性质发生重大变化后，变更会计报表项目的列报能够提供更可靠、更相关的会计信息。

(三) 以归类列报为基础编制会计报表

企业会计准则明确规定：性质或功能不同的项目，应当在会计报表中单独列报，但不具有重要性的项目除外。性质或功能类似的项目，其所属类别具有重要性的，应当按其类别在会计报表中单独列报。所谓重要性，是指会计报表某项目的省略或错报会影响使用者据此做出经济决策，该项目具有重要性。重要性应当根据企业所处环境，从项目的性质和金额大小两方面予以判断。

(四)以非抵销列报为基础编制会计报表

企业会计准则明确规定：会计报表中的资产项目和负债项目的金额、收入项目和费用项目的金额不得相互抵销，但其他会计准则另有规定的除外。值得指出的是：资产项目按扣除减值准备后的净额列示，不属于抵销；非日常活动产生的损益，以收入扣减费用后的净额列示，不属于抵销。

(五)以相互可比为基础编制会计报表

企业会计准则明确规定：当期会计报表的列报，至少应当提供所有列报项目上一可比会计期间的比较数据，以及与理解当期会计报表相关的说明，但其他会计准则另有规定的除外。会计报表项目的列报依法发生变更的，应当对上期比较数据按照当期的列报要求进行调整，并在附注中披露调整的原因和性质，以及调整的各项目金额。对上期比较数据进行调整不切实可行的，应当在附注中披露不能调整的原因。

此外，会计报表的编制和相关项目的列报还必须遵守以下规定：

企业应当在会计报表的显著位置至少披露下列各项内容：编报企业的名称；资产负债表日或会计报表涵盖的会计期间；人民币金额单位；会计报表是合并会计报表的，应当予以标明。

企业至少应当按年编制会计报表。年度会计报表涵盖的期间短于一年的，应当披露年度会计报表的涵盖期间，以及短于一年的原因。

按照准则规定需要单独在会计报表中列报的项目，应当单独列报。

第二节 资产负债表

一、资产负债表的含义及其编制原理

资产负债表是反映一个会计主体在某一特定日期财务状况的报表，资产负债表又称为财务状况表。资产负债表是一张状态表，而不是流量表，它是对一个主体某一瞬间财务状况的快照，列示的是一个主体某一时点的资产、负债和所有者权益情况。

我国《企业会计准则——基本准则》(2014)指出：资产负债表是指反映企业在某一特定日期的财务状况的会计报表。也就是说，资产负债表具体列示一个会计主体的资产、负债和所有者权益金额。如前所述，资产是指企业或单位过去的交易或者事项形成的、由主体拥有或者控制的、预期会给主体带来经济利益的资源。资产上的权益由债权人和所有者(或称股东)所有，对一个会计主体而言，债权人和所有者拥有的权益就是主体的负债和所有者权益。负债是指企业或单位过去的交易或者事项形成的、预期会导致经济利益流出企业的现时义务。所有者权益是指企业资产扣除负债后由所有者享有的剩余权益。

资产负债表根据"资产=负债+所有者权益"这一会计等式所包含的经济内容和数量关系编制而成。资产按照流动资产和非流动资产分别列示；负债按照流动负债和非流动负债分别列示；所有者权益项目则按照永久性强弱分项目列示。满足下列条件之一的资产，应当归类为流动资产列示：(1)预计在一个正常营业周期中变现、出售或耗用；(2)主要为交易目的而持有；(3)预计在资产负债表日起1年内(含1年，下同)变现。(4)自资产负

债表日起1年内，交换其他资产或清偿负债的能力不受限制的现金或现金等价物。流动资产以外的资产应当归类为非流动资产，并应按其性质分类列示。被划分为持有待售的非流动资产应当归类为流动资产。满足下列条件之一的负债，应当归类为流动负债列示：(1)预计在一个正常营业周期中清偿；(2)主要为交易目的而持有；(3)自资产负债表日起1年内到期应予以清偿；(4)企业无权自主地将清偿推迟至资产负债表日后1年以上。流动负债以外的负债应当归类为非流动负债，并应按其性质分类列示。被划分为持有待售的非流动负债应当归类为流动负债。各个项目排列有序、数据完整真实，资产负债表就基本编制完成。

二、资产负债表的结构和内容

资产负债表由三个部分组成：表头、表体和表尾。表头包括报表的名称、编号、编制单位、报表所反映经济内容的时间和计量单位等。表尾包括企业或单位法定代表人的签名、主管会计工作负责人的签名和会计主管人员的签名等。资产负债表的表体是其核心内容，按照表体内容的排列方式不同，资产负债表有账户式资产负债表和报告式资产负债表。其中，账户式资产负债表最为常见，账户式资产负债表将资产、负债和所有者权益分左右两边列示，左边列示资产项目，右边列示负债和所有者权益项目。报告式资产负债表将资产、负债和所有者权益进行上下列示，上方列示资产项目，下方列示负债和所有者权益项目。

按照我国的准则规定和惯例，无论是账户式资产负债表还是报告式资产负债表，资产都按照流动性大小前后排列，流动性越强的项目越排在前面，流动性越差的项目越排在后面。资产部分至少应当单独列示反映下列信息的项目：货币资金、交易性金融资产、应收款项、预付款项、合同资产、存货、被划分为持有待售的非流动资产及被划分为持有待售的处置组中的资产、其他债权投资、债权投资、长期股权投资、投资性房地产、固定资产、生物资产、无形资产和递延所得税资产。资产部分还应当包括流动资产合计项目、非流动资产合计项目和资产总计项目。

负债按照偿还期短与长的程度前后排列，偿还期越短的项目越排在前面，偿还期越长的项目越排在后面，考察负债的偿还期时一定要关注其本质，而非形式。负债部分至少应当单独列示反映下列信息的项目：短期借款、交易性金融负债、应付款项、预收款项、应付职工薪酬、应交税费、被划分为持有待售的处置组中的负债、长期借款、应付债券、长期应付款、预计负债和递延所得税负债等。负债部分还应当包括流动负债合计项目、非流动负债合计项目和负债合计项目。

所有者权益按照永久性强弱前后排列，永久性越强的越排在前面，永久性越弱的越排在后面。所有者权益部分至少应当单独列示反映下列信息的项目：实收资本或股本、资本公积、其他综合收益、盈余公积和未分配利润。在合并资产负债表中，少数股东权益应当在所有者权益部分以单独的项目进行列示。所有者权益部分还应当包括所有者权益合计项目。同时，与资产总计项目对应，负债和所有者权益总计项目也必须单独列示。

企业可以在遵循法律法规和会计准则规定的前提下，根据自身的业务特点和管理需要增列部分项目。特殊行业的资产负债表也可以根据行业特点对项目名称和反映的内容进行适当调整。表10-1是一般企业资产负债表的一个完整格式。项目数据根据有关账户的期末余额填列。

表10-1 一般企业的资产负债表

资产负债表①

20××年12月31日　　　　　　　　　　　　　　　会企01表

编制单位：YL股份有限公司　　　　　　　　　　　　　单位：万元

资产	期末余额	期初余额	负债和所有者权益	期末余额	期初余额
流动资产：			**流动负债：**		
货币资金	1 105 100.37	2 182 306.62	短期借款	152 300.00	786 000.00
交易性金融资产	49.88		交易性金融负债		
应收票据及应收账款	128 212.66	94 973.72	应付票据及应付账款	911 571.14	746 915.63
应收票据	18 110.00	16 359.70	应付票据	27 624.92	21 527.68
应收账款	110 102.66	78 614.02	应付账款	883 946.22	725 387.95
预付款项	145 960.10	119 243.42	预收款项	440 076.13	412 557.11
其他应收款（合计）	15 455.92	23 310.88	应付职工薪酬	251 339.27	260 361.74
应收股利			应交税费	35 337.96	40 409.08
应收利息	8 652.79	18 844.70	其他应付款（合计）	122 100.04	135 146.73
其他应收款	6 803.13	4 466.18	应付利息	136.52	932.68
存货	550 707.40	463 999.39	应付股利	10 250.40	7 313.12
其中：消耗性生物资产			其他应付款	111 713.12	126 900.93
合同资产			划分为持有待售的负债		
划分为持有待售的资产			一年内到期的非流动负债	3 312.89	2 419.15
一年内到期的非流动资产			其他流动负债	1 040.57	1 193.10
其他流动资产	500 043.36	100 739.16	流动负债合计	1 917 078.00	2 385 002.53
流动资产合计	2 445 529.68	2 984 573.19	**非流动负债：**		
非流动资产：			长期借款	28.90	28.90
以公允价值且其变动计入其他综合收益的金融资产			应付债券		

---

① 报表数据源自YL股份有限公司年报。

续表

资产	期末余额	期初余额	负债和所有者权益	期末余额	期初余额
以摊余成本计量的金融资产			长期应付款(合计)	13 366.48	6 403.73
债权投资			长期应付款	13 366.48	6 403.73
可供出售金融资产	83 101.10	65 181.96	专项应付款		
持有至到期投资			预计负债		
其他非流动金融资产			递延所得税负债	10 591.84	
长期应收款			递延收益-非流动负债	15 833.03	14 618.62
长期股权投资	190 938.71	176 518.51	其他非流动负债		
投资性房地产			**非流动负债合计**	39 820.26	21 051.25
固定资产(合计)	1 468 776.25	1 325 639.03	**负债合计**	1 956 898.25	2 406 053.78
固定资产	1 468 776.25	1 325 639.03	**所有者权益：**		
固定资产清理			实收资本(或股本)	607 812.76	607 849.26
在建工程(合计)	268 670.59	190 206.56	资本公积金	284 133.70	276 553.46
在建工程	267 623.94	188 785.73	减：库存股	9 746.28	20 169.05
工程物资	1 046.64	1 420.83	其他综合收益	37 523.62	-7 139.33
无形资产	63 926.86	51 436.12	盈余公积金	304 572.85	242 265.39
开发支出			未分配利润	1 567 261.74	1 410 979.19
商誉	1 067.86	1 067.86	**归属于母公司所有者权益合计**	2 791 558.38	2 510 338.92
长期待摊费用	5 853.76	6 919.50	少数股东权益	12 163.81	13 642.83
递延所得税资产	60 908.42	55 994.61	**所有者权益合计**	2 803 722.19	2 523 981.75
其他非流动资产	171 847.21	72 498.19			
非流动资产合计	2 315 090.77	1 945 462.35			
资产总计	4 760 620.45	4 930 035.53	**负债和所有者权益总计**	4 760 620.45	4 930 035.53

三、资产负债表项目的列示

根据我国企业会计准则及应用指南的精神，资产负债表列示需要注意以下问题：资产负债表反映企业一定日期全部资产、负债和所有者权益的情况。资产负债表"年初余额"

栏内各项数字，应根据上年末资产负债表"期末余额"栏内所列数字填列。如果上年度资产负债表规定的各个项目的名称和内容同本年度不相一致，应对上年年末资产负债表各项目的名称和数字按照本年度的规定进行调整，填入本年度资产负债表"年初余额"栏内。

资产负债表"期末余额"栏内各项数字，应当根据资产、负债和所有者权益类科目的期末余额填列。主要有以下几种方式：

1. 根据总账科目余额直接填列。资产负债表各项目的数据来源，主要是根据总账科目期末余额直接填列，如"短期借款"项目，根据"短期借款"总账科目的期末余额直接填列等。

2. 根据总账科目余额加总填列。资产负债表某些项目需要根据若干个总账科目的期末余额加总填列，如"货币资金"项目，根据"库存现金""银行存款""其他货币资金"科目的期末余额的合计数填列。

3. 根据明细科目余额分析计算填列。资产负债表某些项目不能根据总账科目的期末余额，或若干个总账科目的期末余额计算填列，需要根据有关科目所属的相关明细科目的期末余额计算填列，如"应付账款"项目，根据"应付账款""预付账款"科目的所属相关明细科目的期末贷方余额计算填列。

4. 根据总账科目和明细科目余额分析计算填列。资产负债表上某些项目不能根据有关总账科目的期末余额直接或计算填列，也不能根据有关科目所属相关明细科目的期末余额计算填列，需要根据总账科目和明细科目余额分析计算填列，如"长期借款"项目，根据"长期借款"总账科目余额扣除"长期借款"科目所属的明细科目中反映的将于1年内到期的长期借款部分分析计算填列。

5. 根据科目余额减去其备抵科目后的净额填列。如"应收账款"项目，由"应收账款"科目的期末余额减去其"坏账准备"备抵科目余额后的净额填列。又如，"无形资产"项目，按照"无形资产"科目的期末余额减去"无形资产减值准备"科目期末余额后的净额填列，以反映无形资产的期末可收回金额。

资产负债表各项目反映的具体内容说明如下：

1. "货币资金"项目，反映企业期末持有的现金、银行存款和其他货币资金等总额。

2. "交易性金融资产""预付账款""其他流动资产""在建工程""工程物资""固定资产清理""开发支出""商誉""递延所得税资产""其他非流动资产"等项目，反映企业持有的相应资产的期末价值。其中，固定资产清理发生的净损失，以"-"号填列。

3. "应收账款""应收票据""应收股利""应收利息""其他应收款""长期应收款""存货""消耗性生物资产""长期债权投资""投资性房地产""长期股权投资""固定资产""生产性生物资产""油气资产""无形资产"等资产项目，反映企业期末持有的相应资产的实际价值，应当以扣减提取的相应资产减值准备后的净额填列。

其中，"固定资产""无形资产""生产性生物资产""油气资产"项目，还应按减去相应的"累计折旧""累计摊销""生产性生物资产累计折旧""累计折耗"期末余额后的金额填列。企业期末持有的公益性生物资产，应在"其他非流动资产"项目反映。

4. "短期借款""交易性金融负债""应付票据""应付账款""预收账款""应付职工薪酬""应交税费""应付利息""应付股利""其他应付款""预提费用""预计负债""其他流动

负债""长期借款""应付债券""专项应付款""递延所得税负债""其他非流动负债"等项目，一般应反映企业期末尚未偿还的短期借款、应付未付给职工的各种薪酬、应交未交税费等。其中，"应付职工薪酬""应交税费"等期末转为债权的，以"-"号填列。

5."实收资本（或股本）""资本公积""其他综合收益""盈余公积""库存股"等项目，一般应反映企业期末持有的接受投资者投入企业的实收资本、从净利润中提取的盈余公积余额、企业收购的尚未转让或注销的本公司股份金额等。其中，期末累计未分配利润、资本公积为负数的，以"-"号填列。

6.企业与同一客户在购销商品结算过程中形成的债权债务关系，应当单独列示，不应当相互抵销，即应收账款不能与预收账款相互抵销、预付账款不能与应付账款相互抵销、应付账款不能与应收账款相互抵销、预收账款不能与预付账款相互抵销。

长期应收款中将于1年内到期的部分，在"一年内到期的非流动资产"项目反映。长期待摊费用中将于1年(含1年)内摊销的部分，仍在"长期待摊费用"中列示，不转入"一年内到期的非流动资产"项目。企业除长期借款、应付债券外的其他各种长期应付款项减去"未确认融资费用"后的余额，应在"长期应付款"项目反映。长期应付款中将于1年内到期的部分，在"一年内到期的非流动负债"项目反映。

第三节 利 润 表

一、利润表的含义及其编制原理

利润表是反映一个会计主体在一定会计期间的经营成果的报表。利润表是一张动态报表，是反映流量的报表，它是对一个主体某一时期经营成果的录像，列示的是一个主体某一时期的收入、费用和利润情况。从性质和技术方面看，利润表都附属于资产负债表。因为利润表及其利润分配表只是对资产负债表上未分配利润项目净变化所作的详细说明。

我国《企业会计准则——基本准则》(2014)指出：利润表是反映企业在一定会计期间的经营成果的会计报表。也就是说，利润表具体列示一个会计主体在一定时期内收入和利得、费用和损失，以及利润的金额。如前所述，收入是指企业或单位在日常活动中发生的、会导致所有者权益增加、与所有者投入资本无关的经济利益的总流入。为了创造收入，企业必然会发生费用，只有费用和收入进行配比后才能确定利润。费用是指企业在日常活动中发生的、会导致所有者权益减少的、与向所有者分配利润无关的经济利益的总流出。利润则是指企业在一定会计期间的经营成果。利润包括收入减去费用后的净额、直接计入当期利润的利得和损失等。

利润表根据"利润=收入-费用+利得-损失"这一会计方程式所包含的经济内容和数量关系编制而成。各项收入可以整体列示于利润表的"营业收入"项目中，费用则按照功能进行分类，分为从事经营业务发生的成本、管理费用、销售费用、研发费用和财务费用等。利得和损失根据需要可以作详简程度不一的列示。各个项目排列有序、数据完整真实，利润表就基本编制完成。

二、利润表的结构

利润表由三个部分组成：表头、表体和表尾。表头包括报表的名称、编号、编制单位、报表所反映经济内容的时期和计量单位等。表尾包括企业或单位法定代表人的签名、主管会计工作负责人的签名和会计主管人员的签名等。利润表的表体是其核心内容，按照表体内容的排列方式不同，利润表分为单步式利润表和多步式利润表。在我国，企业利润表采用的基本上是多步式结构，即按照各项活动导致的收入、费用前后排序地反映利润形成的全过程。一般地，多步式利润表首先列示日常营业活动对利润的影响，再列示非日常营业活动对利润的影响，最后列示营业外收支和所得税项目对利润的影响。单步式利润表将所有的收入和利得项目列示在一起，再将所有的费用和损失项目列示在一起，最后将两者相抵计算出净利润。相对而言，单步式利润表对利润形成的过程反映过于简单，过去我国金融企业经常使用单步式利润表，从发展趋势看，营利性组织基本都在使用多步式利润表。

按照我国会计准则规定和惯例，多步式利润表按照各项活动的重要性、各项活动的频繁度，将这些活动所引起的收入和费用上下排列，长期重要、经常发生的活动引起的收入和费用列示在先，反之，不重要和偶尔发生的活动引起的收入和费用、利得和损失列示在后。通过对当期的收入、费用、支出项目按性质加以归类，按利润形成的主要环节列示一些中间性利润指标，分步计算当期净损益，便于使用者理解企业经营成果的不同来源。多步式利润表对于费用列报通常应当按照功能进行分类，即分为从事经营业务发生的成本、管理费用、销售费用、研发费用和财务费用等，有助于使用者了解费用发生的活动领域；与此同时，为了有助于报表使用者预测企业的未来现金流量，对于费用的列报还应当在附注中披露按照性质分类的补充资料，比如分为耗用的原材料、职工薪酬费用、折旧费用、摊销费用等。

利润表主要反映以下几方面的内容：(1)营业收入。由主营业务收入和其他业务收入组成。(2)营业利润。营业收入减去营业成本(主营业务成本、其他业务成本)、税金及附加、销售费用、管理费用、研发费用、财务费用、资产减值损失、信用减值损失，加上其他收益、投资收益、公允价值变动收益、资产处置收益，即为营业利润。(3)利润总额。营业利润加上营业外收入，减去营业外支出，即为利润总额。(4)净利润。利润总额减去所得税费用，即为净利润，按照经营可持续性具体分为"持续经营净利润"和"终止经营净利润"两项。(5)其他综合收益，应扣除相关所得税影响后的净额列报。(6)综合收益总额。净利润加上其他综合收益税后净额，即为综合收益总额。(7)每股收益，包括基本每股收益和稀释每股收益两项指标。

企业可以在遵循法律法规和会计准则规定的前提下，根据自身的业务特点和管理需要增列部分项目。特殊行业的利润表也可以根据行业特点对项目名称和反映的内容进行适当调整。表10-2是一般企业利润表的一个完整格式。项目数据根据有关账户的本期发生额填列。

表 10-2　　　　　　　　　　　　　一般企业的利润表
利润表①
20××年　　　　　　　　　　　　　　　　　　　会企 02 表

编制单位：YL 股份有限公司　　　　　　　　　　　　　　　　　　　单位：万元

项目	本年金额	上年金额
营业总收入	7 955 327.75	6 805 817.43
营业收入	7 897 638.87	6 754 744.95
其他类金融业务收入	57 688.88	51 072.48
营业总成本	7 283 166.37	6 187 713.45
营业成本	4 910 603.44	4 236 240.27
税金及附加	53 095.24	51 157.02
销售费用	1 977 268.38	1 552 186.25
管理费用	297 973.55	331 704.87
研发费用	42 687.31	20 916.53
财务费用	−6 027.12	11 348.53
其中：利息费用	13 160.26	
减：利息收入	19 909.57	
资产减值损失	7 565.58	5 062.34
其他业务成本（金融类）		14.17
加：其他收益	74 656.27	78 801.38
投资净收益	26 091.32	13 467.93
其中：对联营企业和合营企业的投资收益	14 420.20	8 655.78
公允价值变动净收益	23.10	
资产处置收益	−3 849.17	1 217.82
汇兑净收益		
营业利润	769 082.90	711 591.12
加：营业外收入	3 481.89	8 559.78
减：营业外支出	14 801.55	12 753.56
其中：非流动资产处置净损失		
利润总额	757 763.24	707 397.33
减：所得税	112 563.63	107 115.84

① 报表数据源自 YL 股份有限公司年报。

续表

项目	本年金额	上年金额
加：未确认的投资损失		
净利润	645 199.61	600 281.50
持续经营净利润	645 199.61	600 281.50
终止经营净利润		
减：少数股东损益	1 224.65	193.00
归属于母公司所有者的净利润	643 974.96	600 088.49
加：其他综合收益	44 662.95	-43 334.33
综合收益总额	689 862.56	556 947.16
减：归属于少数股东的综合收益总额	1 224.65	193.00
归属于母公司普通股东综合收益总额	688 637.91	556 754.16
每股收益：		
基本每股收益	1.060	0.990
稀释每股收益	1.060	0.990

三、利润表项目的列示

根据我国企业会计准则及应用指南的精神，利润表列示需要注意以下问题：

利润表反映企业在一定期间内利润（亏损）的实现情况。利润表"上年金额"栏内各项数字，应根据上年度利润表"本年金额"栏内所列数字填列。如果上年度利润表规定的各个项目的名称和内容同本年度不相一致，应对上年度利润表各项目的名称和数字按本年度的规定进行调整，填入本表。

利润表"本年金额"栏的填列一般应根据损益类科目和所有者权益类有关科目的发生额填列。各个利润表项目反映的具体内容说明如下：

1. "营业收入""营业成本""税金及附加""销售费用""管理费用""财务费用""资产减值损失""信用减值损失""其他收益""投资收益""公允价值变动收益""资产处置收益""营业外收入""营业外支出""所得税费用"等项目，应根据有关损益类科目的发生额分析填列。

2. "研发费用"项目，应根据"管理费用"科目下的"研发费用"明细科目的发生额分析填列。

3. "其中：利息费用"和"利息收入"项目，应根据"财务费用"科目所属的相关明细科目的发生额分析填列。

4. "其中：对联营企业和合营企业的投资收益"项目，应根据"投资收益"科目所属的相关明细科目的发生额分析填列。

5. "其他综合收益的税后净额"项目及其各组成部分，应根据"其他综合收益"科目及其所属明细科目的本期发生额分析填列。

6. "营业利润""利润总额""净利润""综合收益总额"项目，应根据本表中相关项目计算填列。

7. "（一）持续经营净利润"和"（二）终止经营净利润"项目，应根据《企业会计准则第42号——持有待售的非流动资产、处置组和终止经营》的相关规定分别填列。

第四节 现金流量表

一、现金流量表的含义及其编制原理

到目前为止，我们初步了解了资产负债表和利润表的含义、结构、内容和列示方法。资产负债表和利润表的形成过程和列报基础都是权责发生制。资产负债表反映一个会计主体某一时点的财务状况，利润表反映一个会计主体某一时期的经营成果。利润表中列示的利润主要是收入和费用配比的结果，按照权责发生制原则的要求，收入是在主体企业已经完成赚取收入的活动、已实现或可实现的条件下确认的，收入确认特别强调两个标准：已赚得（earned）和已实现（realized）或可实现（realizable），即收入的获得与现金的流入并不完全一致，尤其是存在大额应收账款或预收账款时，二者之间的差异极大。费用也有同样的问题，简单地说，费用是形成收入和进行管理时所消耗的资源，费用确认的根本标准是资源消耗，而不是现金流出。有时企业大量购买存货和固定资产，现金支出很大，但是暂时形成的是资产而不是费用；有时现金流出不多，但大量的折旧费用发生，这时累积的费用总额就比较大。由此可见，会计核算和报告工作中，会计人员计算利润和计算现金流量依据的是两套不同的会计基础。

就短期而言，企业能否继续生存与现金流的正常与否密切相关；就长期来说，企业价值的高低与现金流的创造能力大小密切相关。因此，会计信息的使用者除了关注经营成果方面的信息外，还十分关注一个企业一定时期现金流入、现金流出的金额和结余情况方面的信息。编制现金流量表的目的就是提供一个会计主体在一定时期内经营活动、投资活动和筹资活动引起的与现金流有关的会计信息。尽管管理当局在经济决策中仍然通过调整经营活动、投资活动和筹资活动的时间与规模操纵现金流的金额和时间分布，但是现金流量不受收入、费用确认的时间判断和金额估计影响，相对比较客观，因而备受会计信息使用者的重视。

我国企业会计准则明确规定：现金流量表是指反映企业在一定会计期间现金和现金等价物流入和流出的报表。现金流量表也是一张动态报表，是反映流量的报表。现金流量表对一个主体某一时期现金流动情况进行录像，列示的是一个主体某一时期的现金流入、现金流出及其结余情况。

这里说的现金流量，是指企业现金和现金等价物的流入和流出。现金，是指企业库存现金以及可以随时用于支付的存款。不能随时用于支取的存款不属于现金。现金等价物，是指企业持有的期限短、流动性强、易于转换为已知金额现金、价值变动风险很小的投资。所谓期限短，一般是指从购买日起3个月内到期。现金等价物通常包括3个月内到期

的短期债券投资。权益性投资变现的金额通常不确定，因而不属于现金等价物。企业应当根据具体情况，确定现金等价物的范围，一经确定不得随意变更。

现金流量表在划分经营活动、投资活动和筹资活动的基础上，根据"现金流量净额=现金流入-现金流出"这一会计方程式所包含的经济内容和数量关系编制而成。三大活动导致的全部现金流又根据重要性原则将性质相同的现金流量进行归类列示。企业可以通过下列途径之一，取得有关现金流量的信息：(1)企业的会计记录。(2)根据下列项目对利润表中的营业收入、营业成本以及其他项目进行调整：当期存货及经营性应收和应付项目的变动；固定资产折旧、无形资产摊销、计提资产减值准备等其他非现金项目；属于投资活动或筹资活动现金流量的其他非现金项目。各个项目排列有序、数据完整真实，现金流量表就基本编制完成。

二、现金流量表的结构

现金流量表由三个部分组成：表头、表体和表尾。表头包括报表的名称、编号、编制单位、报表所反映经济内容的时期和计量单位等。表尾包括企业或单位法定代表人的签名、主管会计工作负责人的签名和会计主管人员的签名等。现金流量表的表体是其核心内容，表体内容分经营活动、投资活动和筹资活动三大部分列示现金流的状况，涉及外汇业务的企业，还要考虑汇率变动对现金的影响，合并现金流量表中还需揭示合并范围变化对现金的影响，最后汇总现金和现金等价物的净增加额。

根据经营活动列示现金流量的方法不同，现金流量表可分为直接法编制的现金流量表和间接法编制的现金流量表。采用直接法编制现金流量表时，直接通过现金收入和现金支出的主要类别列示经营活动的现金流量。采用间接法编制现金流量表时，间接地以净利润为基础调整不影响现金流的收入和费用项目以及经营性应收、应付和存货项目的净变动，以便列示经营活动的现金流量净额。直接法直观明了地反映了企业各项活动与现金流动之间的关系，间接法则较好地说明了净利润和经营活动现金流量净额发生差异的具体影响因素，两者各有优缺点，但是直接法现金流量表提供的信息更容易被人理解，因此，我国第31号《企业会计准则——现金流量表》明确规定：企业应当采用直接法列示经营活动产生的现金流量。同时又要求在附注中披露将净利润调节为经营活动现金流量的信息，这些调节信息就是间接法要求列示的内容。

一般地，现金流量表应当分别按经营活动、投资活动和筹资活动列报现金流量。普通企业现金流量表中，除了代客户收取或支付的现金，以及周转快、金额大、期限短项目的现金流入和现金流出可以按照净额列报外，其他项目应当分别按照现金流入和现金流出总额列报。自然灾害损失、保险索赔等特殊项目，应当根据其性质，分别归并到经营活动、投资活动和筹资活动现金流量类别中单独列报。

经营活动，是指企业投资活动和筹资活动以外的所有交易和事项。经营活动产生的现金流量至少应当单独列示反映下列信息的项目：销售商品、提供劳务收到的现金；收到的税费返还；收到其他与经营活动有关的现金；购买商品、接受劳务支付的现金；支付给职工以及为职工支付的现金；支付的各项税费；支付其他与经营活动有关的现金。

投资活动，是指企业长期资产的购建和不包括在现金等价物范围内的投资及其处置活动。投资活动产生的现金流量至少应当单独列示反映下列信息的项目：收回投资收到的现金；取得投资收益收到的现金；处置固定资产、无形资产和其他长期资产收回的现金净额；处置子公司及其他营业单位收到的现金净额；收到其他与投资活动有关的现金；购建固定资产、无形资产和其他长期资产支付的现金；投资支付的现金；取得子公司及其他营业单位支付的现金净额；支付其他与投资活动有关的现金。

筹资活动，是指导致企业资本及债务规模和构成发生变化的活动。筹资活动产生的现金流量至少应当单独列示反映下列信息的项目：吸收投资收到的现金；取得借款收到的现金；收到其他与筹资活动有关的现金；偿还债务支付的现金；分配股利、利润或偿付利息支付的现金；支付其他与筹资活动有关的现金。

外币现金流量以及境外子公司的现金流量，应当采用现金流量发生日的即期汇率或按照系统合理的方法确定的、与现金流量发生日即期汇率近似的汇率折算。汇率变动对现金的影响额应当作为调节项目，在现金流量表中单独列报。

企业可以在遵循法律法规和会计准则规定的前提下，根据自身的业务特点和管理需要增列部分项目。特殊行业的现金流量表也可以根据行业特点对项目名称和反映的内容进行适当调整。表 10-3 是一般企业现金流量表的一个完整格式。项目数据根据资产负债表和利润表项目的金额，以及相关资料调整填列。

表 10-3 **一般企业的现金流量表**

现金流量表[①]

20××年

会企 03 表

编制单位：YL 股份有限公司

单位：万元

项　　目	本年金额	上年金额
一、经营活动产生的现金流量：		
销售商品、提供劳务收到的现金	8 926 979.00	7 569 902.75
收到的税费返还	112.31	205.81
收到其他与经营活动有关的现金	163 268.80	143 724.17
经营活动现金流入（金融类）	56 581.74	37 604.90
经营活动现金流入小计	9 146 941.85	7 751 437.63
购买商品、接受劳务支付的现金	7 024 575.35	5 793 473.94
支付给职工以及为职工支付的现金	720 817.28	596 926.52
支付的各项税费	466 834.90	462 934.07
支付其他与经营活动有关的现金	145 399.12	139 611.04
经营活动现金流出（金融类）	−73 161.98	57 862.34
经营活动现金流出小计	8 284 464.67	7 050 807.91

---

① 报表数据源自 YL 股份有限公司年报。

续表

项　目	本年金额	上年金额
经营活动产生的现金流量净额	862 477.18	700 629.72
二、投资活动产生的现金流量：		
收回投资收到的现金	144 857.58	1 452.22
取得投资收益收到的现金	11 605.64	5 313.81
处置固定资产、无形资产和其他长期资产收回的现金净额	4 716.85	7 280.20
处置子公司及其他营业单位收到的现金净额		
收到其他与投资活动有关的现金	51.62	13 908.57
投资活动现金流入小计	161 231.70	27 954.81
购建固定资产、无形资产和其他长期资产支付的现金	509 060.05	335 135.95
投资支付的现金	162 500.00	4 500.00
取得子公司及其他营业单位支付的现金净额		
支付其他与投资活动有关的现金	27 070.06	
投资活动现金流出小计	698 630.11	339 635.95
投资活动产生的现金流量净额差额（合计平衡项目）		
投资活动产生的现金流量净额	-537 398.41	-311 681.14
三、筹资活动产生的现金流量：		
吸收投资收到的现金	1 800.00	21 768.60
其中：子公司吸收少数股东投资收到的现金	1 800.00	
取得借款收到的现金	498 300.00	846 000.00
收到其他与筹资活动有关的现金		
发行债券收到的现金		
筹资活动现金流入小计	500 100.00	867 768.60
偿还债务支付的现金	1 132 000.00	75 000.00
分配股利、利润或偿付利息支付的现金	439 260.28	384 542.89
其中：子公司支付给少数股东的股利、利润	1 920.89	1 528.07
支付其他与筹资活动有关的现金	3 738.21	2 945.05
筹资活动现金流出小计	1 574 998.48	462 487.94
筹资活动产生的现金流量净额	-1 074 898.48	405 280.66
四、汇率变动对现金的影响	30 714.78	-39 771.77
五、现金及现金等价物净增加额	-719 104.93	754 457.47
期初现金及现金等价物余额	2 075 597.99	1 321 140.52
期末现金及现金等价物余额	1 356 493.06	2 075 597.99

一份完整的现金流量表在正表后面还有内容丰富的补充资料。这些补充资料主要包括三个方面的内容：

（1）企业应当在现金流量表补充资料中披露将净利润调节为经营活动现金流量的信息，而且至少应当单独披露对净利润进行调节的下列项目：资产减值准备；固定资产折旧；无形资产摊销；长期待摊费用摊销；处置固定资产、无形资产和其他长期资产的损益；固定资产报废损失；公允价值变动损益；财务费用；投资损益；递延所得税资产和递延所得税负债；存货；经营性应收项目；经营性应付项目。经过调节，净利润就被调整为经营活动净现金流量。

（2）企业应当在补充资料中披露不涉及当期现金收支，但影响企业财务状况或在未来可能影响企业现金流量的重大投资和筹资活动。

（3）企业应当在补充资料中披露现金及现金等价物净增加情况。

补充资料有利于现金流量表的使用者全面评估和预测一个企业现金流量的状况。表10-4 是企业现金流量表补充资料的格式与内容。

表 10-4　　　　　　　　　　　现金流量表补充资料①

补充资料	本年金额	上年金额
1. 将净利润调节为经营活动现金流量		
净利润	645 199.61	600 281.50
加：资产减值准备	7 565.58	5 062.34
固定资产折旧	157 507.07	140 838.79
无形资产摊销	2 157.65	1 628.30
长期待摊费用摊销	1 201.30	1 925.67
处置固定资产、无形资产和其他长期资产的损失	3 849.17	2 648.03
固定资产报废损失	4 721.11	2 123.05
公允价值变动损失	−23.10	
财务费用	13 370.27	20 840.03
投资损失	−26 091.32	−13 467.93
递延所得税资产减少	−4 901.03	−4 158.74
递延所得税负债增加	6 082.47	
存货的减少	−86 358.85	−33 002.40
经营性应收项目的减少	−93 302.11	−168 051.54
经营性应付项目的增加	231 499.37	143 962.62
未确认的投资损失		

---

① 报表数据源自 YL 股份有限公司年报。

续表

补充资料	本年金额	上年金额
经营活动产生的现金流量净额	862 477.18	700 629.72
2. 不涉及现金收支的重大投资和筹资活动		
债务转为资本		
一年内到期的可转换公司债券		
融资租入固定资产		
3. 现金及现金等价物净变动情况		
现金的期末余额	1 070 493.06	2 075 597.99
减：现金的期初余额	2 075 597.99	1 321 140.52
加：现金等价物的期末余额	286 000.00	
减：现金等价物的期初余额		
现金及现金等价物净增加额	−719 104.93	754 457.47

三、现金流量表项目的列示

现金流量表分经营活动、投资活动和筹资活动列示企业的现金流入和流出情况。

1. 经营活动现金流量相关项目反映和列报的信息为：

（1）"销售商品、提供劳务收到的现金"项目，反映企业本期销售商品、提供劳务收到的现金，以及前期销售商品、提供劳务本期收到的现金（包括销售收入和应向购买者收取的增值税销项税额）和本期预收的款项，减去本期销售本期退回的商品和前期销售本期退回的商品支付的现金。企业销售材料和代购代销业务收到的现金，也在本项目反映。

（2）"收到的税费返还"项目，反映企业收到返还的增值税、所得税、消费税、关税和教育费附加返还款等各种税费。

（3）"收到其他与经营活动有关的现金"项目，反映企业收到的罚款收入、经营租赁收到的租金等其他与经营活动有关的现金流入，其中，金额较大的应当单独列示。

（4）"购买商品、接受劳务支付的现金"项目，反映企业本期购买商品、接受劳务实际支付的现金（包括增值税进项税额），以及本期支付前期购买商品、接受劳务的未付款项和本期预付款项，减去本期发生的购货退回收到的现金。

（5）"支付给职工以及为职工支付的现金"项目，反映企业本期实际支付给职工的工资、奖金、各种津贴和补贴等职工薪酬，但是应由在建工程、无形资产负担的职工薪酬以及支付的离退休人员的职工薪酬除外。

（6）"支付的各项税费"项目，反映企业本期发生并支付的、本期支付以前各期发生的以及预交的教育费附加、矿产资源补偿费、印花税、房产税、土地增值税、车船使用税等税费，计入固定资产价值、实际支付的耕地占用税、本期退回的增值税、所得税等除外。

(7)"支付的其他与经营活动有关的现金"项目，反映企业支付的罚款支出、差旅费、业务招待费、保险费、经营租赁支付的现金等其他与经营活动有关的现金流出，其中，金额较大的应当单独列示。

2. 投资活动现金流量相关项目反映和列报的信息为：

(1)"收回投资收到的现金"项目，反映企业出售、转让或到期收回除现金等价物以外的交易性金融资产、长期股权投资而收到的现金，以及收回长期债权投资本金而收到的现金，但长期债权投资收回的利息除外。

(2)"取得投资收益收到的现金"项目，反映企业因股权性投资而分得的现金股利，从子公司、联营企业或合营企业分回利润而收到的现金，以及因债权性投资而取得的现金利息收入，但股票股利除外。

(3)"处置固定资产、无形资产和其他长期资产收回的现金净额"项目，反映企业出售、报废固定资产、无形资产和其他长期资产所取得的现金(包括因资产毁损而收到的保险赔偿收入)，减去为处置这些资产而支付的有关费用后的净额，但现金净额为负数的除外。

(4)"处置子公司及其他营业单位收到的现金净额"项目，反映企业处置子公司及其他营业单位所取得的现金减去相关处置费用后的净额。

(5)"购建固定资产、无形资产和其他长期资产支付的现金"项目，反映企业购买、建造固定资产，取得无形资产和其他长期资产所支付的现金及增值税款、支付的应由在建工程和无形资产负担的职工薪酬现金支出，但为购建固定资产而发生的借款利息资本化部分、融资租入固定资产所支付的租赁费除外。

(6)"投资支付的现金"项目，反映企业取得的除现金等价物以外的权益性投资和债权性投资所支付的现金以及支付的佣金、手续费等附加费用。

(7)"取得子公司及其他营业单位支付的现金净额"项目，反映企业购买子公司及其他营业单位购买出价中以现金支付的部分，减去子公司或其他营业单位持有的现金和现金等价物后的净额。

(8)"收到其他与投资活动有关的现金""支付其他与投资活动有关的现金"项目，反映企业除上述(1)至(7)各项目外收到或支付的其他与投资活动有关的现金流入或流出，金额较大的应当单独列示。

3. 筹资活动现金流量相关项目反映和列报的信息为：

(1)"吸收投资收到的现金"项目，反映企业以发行股票、债券等方式筹集资金实际收到的款项，减去直接支付给金融企业的佣金、手续费、宣传费、咨询费、印刷费等发行费用后的净额。

(2)"取得借款收到的现金"项目，反映企业举借各种短期、长期借款而收到的现金。

(3)"偿还债务支付的现金"项目，反映企业以现金偿还债务的本金。

(4)"分配股利、利润或偿付利息支付的现金"项目，反映企业实际支付的现金股利、支付给其他投资单位的利润或用现金支付的借款利息、债券利息。

(5)"收到其他与筹资活动有关的现金""支付其他与筹资活动有关的现金"项目，反映企业除上述(1)至(4)项目外，收到或支付的其他与筹资活动有关的现金流入或流出，包括以发行股票、债券等方式筹集资金而由企业直接支付的审计和咨询等费用、为购建固定资产而发生的借款利息资本化部分、融资租入固定资产所支付的租赁费、以分期付款方式购建固定资产以后各期支付的现金等。

第五节 所有者权益变动表

一、所有者权益变动表的含义和内容

所有者权益变动表是指反映构成所有者权益各组成部分当期增减变动情况的报表。所有者权益变动表应当全面反映一定时期所有者权益变动的情况，不仅包括所有者权益总量的增减变动，还包括所有者权益增减变动的重要结构性信息，让报表使用者准确理解所有者权益增减变动的根源。

在所有者权益变动表中，综合收益和与所有者(或股东)的资本交易导致的所有者权益的变动，应当分别列示。企业至少应当单独列示反映下列信息的项目：(1)综合收益总额；(2)会计政策变更和前期差错更正的累积影响金额；(3)所有者投入资本和向所有者分配利润等；(4)提取的盈余公积；(5)所有者权益各组成部分的期初和期末余额及其调节情况。

二、所有者权益变动表的结构

为了清楚地表明构成所有者权益的各组成部分当期的增减变动情况，所有者权益变动表应当以矩阵的形式列示：一方面，列示导致所有者权益变动的交易或事项，改变以往仅仅按照所有者权益的各组成部分反映所有者权益变动情况，而是从所有者权益变动的来源对一定时期所有者权益变动情况进行全面反映；另一方面，按照所有者权益各组成部分（包括实收资本、资本公积、其他综合收益、盈余公积、未分配利润和库存股等）及其总额列示交易或事项对所有者权益的影响。此外，企业还需要提供比较所有者权益变动表，所有者权益变动表还要就各项目再分为"本年金额"和"上年金额"两栏分别填列。所有者权益变动表的具体格式如表 10-5 所示。

三、所有者权益变动表项目的列示

所有者权益变动表"上年金额"栏内各项数字，应根据上年度所有者权益变动表"本年金额"栏内所列数字填列。如果上年度所有者权益变动表规定的项目的名称和内容与本年度不一致，应对上年度所有者权益变动表各项目的名称和金额按照本年度的规定进行调整，填入所有者权益变动表"上年金额"栏内。

所有者权益变动表"本年金额"栏内各项数字一般应根据"实收资本（或股本）""其他权益工具""资本公积""盈余公积""其他综合收益""利润分配""库存股""以前年度损益调整"等科目及其明细科目的发生额分析填列。

第五节 所有者权益变动表

表10-5

所有者权益变动表

编制单位：　　　　　　　　　　　　　　　　　年度　　　　　　　　　　　　　　　　　　　　　　　会企04表

　　单位：元

项目	本年金额									上年金额								
	实收资本（或股本）	其他权益工具			资本公积	减：库存股	其他综合收益	盈余公积	未分配利润	所有者权益合计	实收资本（或股本）	其他权益工具			资本公积	减：库存股	其他综合收益	盈余公积	未分配利润	所有者权益合计
		优先股	永续债	其他								优先股	永续债	其他						
一、上年期末余额																				
加：会计政策变更																				
前期差错更正																				
其他																				
二、本年期初余额																				
三、本期增减变动金额（减少以"—"号填列）																				
（一）综合收益总额																				
（二）所有者投入和减少资本																				
1.所有者投入的普通股																				
2.其他权益工具持有者投入资本																				
3.股份支付计入所有者权益的金额																				
4.其他																				
（三）利润分配																				
1.提取盈余公积																				
2.对所有者(或股东)的分配																				
3.其他																				
（四）所有者权益内部结转																				
1.资本公积转增资本（或股本）																				
2.盈余公积转增资本（或股本）																				
3.盈余公积弥补亏损																				
4.其他																				
四、本期期末余额																				

第六节　会计报表附注

一、会计报表附注的含义和作用

会计报表附注是会计报表不可或缺的组成部分，是对会计报表本身无法或难以充分表述的内容和项目所作的补充说明与详细解释。具体而言，会计报表附注是对资产负债表、利润表、现金流量表和所有者权益变动表等报表中列示项目的文字描述或明细揭示，以及对未能在这些报表中列示项目的说明等。报表使用者了解企业的财务状况、经营成果和现金流量，应当全面阅读附注，附注相对于报表而言，同样具有重要性。

会计报表附注的作用集中体现在它可以提高会计信息对决策的有用性和有利于会计目标的实现上。会计报表附注的具体作用是：

（1）会计报表附注增加了会计信息的披露量，它对会计报表的编制基础、编制依据、编制方法做了说明，对会计报表的主要项目做了解释。

（2）会计报表附注增强了会计信息披露的灵活性，对于不好纳入具有规范格式的报表中列示的信息，可以在会计报表附注中进行披露。

（3）会计报表附注方便了会计信息使用者对报表信息的理解，提升了使用者对会计信息解读的准确性和深刻度。

（4）会计报表附注突出了会计报表中核心信息的重要性，一般而言，被附注说明和解释的项目，其重要性强、影响力大。

（5）会计报表附注提高了会计信息的可比性，通过会计报表附注可以让我们知道和理解两家公司或同一家公司不同时期相同数据背后的不同含义，以及不同数据背后的相同含义。

二、会计报表附注的内容

会计报表附注应当披露报表的编制基础，会计报表附注披露的相关信息应当与资产负债表、利润表、现金流量表和所有者权益变动表等报表中列示的项目相互参照。

国际会计准则规定会计报表附注应当提供如下信息：（1）说明会计报表的编制基础和会计核算所采用的具体会计政策；（2）披露国际财务报告准则要求，但未在资产负债表、利润表和现金流量表表内列报的信息；（3）提供未在资产负债表、利润表和现金流量表表内列报，但对于理解其内容具有相关性的附加信息。

我国《企业会计准则第30号——财务报表列报》(2014)明确规定会计报表附注应当按照下列顺序披露如下信息：（1）企业的基本情况。包括：企业注册地、组织形式和总部地址；企业的业务性质和主要经营活动；母公司以及集团最终母公司的名称；财务报告的批准报出者和财务报告批准报出日，或者以签字人及其签字日期为准；营业期限有限的企业，还应当披露有关其营业期限的信息。（2）财务报表的编制基础。（3）遵循企业会计准则的说明。（4）重要会计政策和会计估计。（5）会计政策和会计估计变更以及差错更正的说明。（6）报表重要项目的说明。企业应当按照资产负债表、利润表、现金流量表、所有者权益变动表及其项目列示的顺序,对报表重要项目的说明采用文字和数字描述相结合的方式进行披露。报表重要项目的明细金额合计,应当与报表项目金额相衔接。(7)或有和承诺事项、资产负债表日后非调整事项、关联方关系及其交易等需要说明的事项。(8)有助于财务报表使用者评价企业管理资本的目标、政策及程序的信息。企业还应当在附注中披露:(1)关于其他综合收益各项目的信息,包括:其他综合收益各项目及其所得税影响;其他综合收益各项目原计入其他综合收益、当期转出计入当期损益的金额;其他综合收益各项目的期初和期末余额及其调节情况。(2)终止经营的收入、费用、利润总额、所得税费用和净利润,以及归属于母公司所有者的终止经营利润。(3)在资产负债表日后、财务报告批准报出日前提议或宣布发放的股利总额和每股股利金额(或向投资者分配的利润总额)。可见,会计报表附注的内容具体而丰富,了解这些信息才能正确解读会计报表,帮助会计信息使用者做出正确的经济决策。

希望每位读者都能够通过互联网下载一份上市公司的完整年报,再次了解和熟悉会计报表附注的内容及其披露形式。

☞ 小结

本章主要介绍了会计报表的含义和目标、会计报表的编制程序和编制时应该注意的问题;阐述了资产负债表、利润表、现金流量表、所有者权益变动表的含义、编制原理、基本结构以及主要项目反映的内容和各自的列报方法;还简单地说明了会计报表附注的含义、作用和具体内容。

会计报表是对企业或单位财务状况、经营成果和现金流量的结构性表述,是企业对外提供的反映企业某一特定日期的财务状况和某一会计期间的经营成果、现金流量等会计信息的书面文件。资产负债表、利润表、现金流量表和所有者权益变动表是财务会计报告的核心内容,一份完整的财务会计报告除了会计报表外,还包括其他补充报表、会计报表附注、管理层的讨论和分析等内容。

会计报表的目标是给会计信息使用者提供决策所需的会计信息,并反映企业管理当局履行受托责任的状况。会计报表按照不同的分类标准具有不同的分类结果。编制会计报表必须遵循基本的程序和要求。

资产负债表是反映企业在某一特定日期的资产、负债和所有者权益等财务状况的会计报表。资产负债表分为账户式资产负债表和报告式资产负债表,它们都是根据"资产=负债+所有者权益"这一会计等式所包含的经济内容和数量关系编制而成。

利润表是反映企业在一定会计期间的收入、费用、利得和损失等经营成果的会计报表。利润表分为单步式利润表和多步式利润表,它们都是根据"利润=收入−费用+利得−损失"这一会计方程式所包含的经济内容和数量关系编制而成。

现金流量表是反映企业在一定会计期间现金和现金等价物流入和流出情况的会计报表。现金流量表可以用直接法进行编制,也可以用间接法进行编制。具体来说,现金流量表是在划分经营活动、投资活动和筹资活动的基础上,根据"现金流量净额=现金流入−现金流出"这一会计方程式所包含的经济内容和数量关系编制而成。

所有者权益变动表是指反映构成所有者权益各组成部分当期增减变动情况的报表。所有者权益变动表不仅包括所有者权益总量的增减变动，还包括所有者权益增减变动的重要结构性信息。所有者权益变动表是以矩阵的形式列示的，一方面，列示导致所有者权益变动的交易或事项，另一方面，按照所有者权益各组成部分及其总额列示交易或事项对所有者权益的影响。

会计报表附注是会计报表不可或缺的组成部分，是对会计报表本身无法或难以充分表述的内容和项目所作的补充说明与详细解释。从内容上看，会计报表附注主要是补充说明或解释会计报表的编制基础、编制依据、编制方法以及所使用的主要会计政策和会计估计，并对主要会计报表项目进行更为详细的说明。

☞ 关键名词

会计报表　资产负债表　利润表　现金流量表　所有者权益变动表　会计报表附注

☞ 思考题

1. 何谓财务报告？请描述和解释财务报告的体系。
2. 财务报告的目的是什么？某公司总经理认为，本公司的财务报告既然反映的是有关本公司的财务状况、经营成果和现金流量，故该财务报告只对本公司的经营管理和财务管理有用，对公司的经理们有用。你赞成这样的观点吗？为什么？
3. 资产负债表、利润表、现金流量表和所有者权益变动表都是遵循权责发生制编制而成的，你同意这种说法吗？为什么？
4. 资产负债表有哪些局限？是否因其有局限而不需要提供？
5. 如果利润表上反映的收入远远大于费用，说明该企业在某一会计年度盈利不少，在这种条件下这个企业还会发生财务危机吗？
6. 现金流量表中的现金指的是库存现金吗？请给出不同层次的现金含义。

☞ 练习题

一、判断题

1. 企业必须对外提供资产负债表、利润表、现金流量表和所有者权益变动表，会计报表附注也属于企业必须对外提供的资料。　　　　　　　　　　　　　　　（　）
2. 长期待摊费用中将于1年(含1年)内摊销的部分，仍在"长期待摊费用"中列示，不转入"一年内到期的非流动资产"项目。　　　　　　　　　　　　　　　（　）
3. 在我国，购买固定资产所支付的现金属于经营活动的现金流量。　　（　）
4. 利润表中的营业利润越多，说明企业的盈利水平越高。　　　　　　（　）
5. 现金流量表是反映企业在某一时期现金和现金等价物流入和流出情况的报表，现金流量表也是一张动态报表，是反映现金流量的报表。　　　　　　　　　　（　）

二、单项选择题

1. 资产负债表的作用有（　　）。
   A. 反映企业经营成果的形成
   B. 反映企业资金来源与运用情况
   C. 反映企业的资产总额及这些资产的来源
   D. 反映企业利润的分配

2. 下列资产负债项目，可根据总账余额直接填列的是（　　）。
   A. 货币资金　　　B. 应付职工薪酬　　　C. 存货　　　D. 应收账款

3. 利润表中，营业利润加上（　　）等于利润总额。
   A. 其他业务利润　　　　　　B. 产品销售利润
   C. 投资收益　　　　　　　　D. 营业外收支净额

4. 某企业2×18年12月31日固定资产账户余额为2 000万元，累计折旧账户余额为800万元，固定资产减值准备账户余额为100万元，在建工程账户余额为200万元。则该企业2×18年12月31日资产负债表中固定资产项目的金额为（　　）。
   A. 1 200万元　　　B. 90万元　　　C. 1 100万元　　　D. 2 200万元

5. 现金流量表的作用不包括（　　）。
   A. 预测未来现金流
   B. 评价支付能力、偿债能力、资金运转能力
   C. 可以反映出经营成果及其原因
   D. 有助于分析、评价现金的净流量和企业的收益质量

三、多项选择题

1. 下列关于资产负债表的表述中，正确的有（　　）。
   A. 资产负债表属于营利组织报表
   B. 资产负债表属于静态报表
   C. 资产负债表是对外报送报表
   D. 资产负债表是反映企业某一特定日期财务状况的会计报表

2. 下列各项属于资产负债表中"货币资金"项目内容的是（　　）。
   A. 库存现金　　　　　　　　B. 银行存款
   C. 现金等价物　　　　　　　D. 其他货币资金

3. 下列项目中，影响现金流量表中现金流量增减变动的有（　　）。
   A. 用银行存款购买两个月内到期的国债
   B. 收回应收账款存入银行
   C. 用银行存款购入股票作为长期股权投资
   D. 用银行存款偿还应付账款

4. 根据《企业会计准则》的规定，中期财务会计报告包括（　　）。
   A. 月报　　　B. 季报　　　C. 半年报　　　D. 年报

5. 下列各项中，应计入利润表的财务费用的是（　　）。
   A. 支付的银行汇兑手续费　　　B. 支付的短期借款利息

C. 固定资产交付使用前的借款利息　　D. 固定资产交付使用后的借款利息

四、业务题

1. 华强公司为增值税一般纳税工业企业，其20××年8月31日有关科目余额如表10-6所示（其中，坏账准备是根据应收账款计提的，根据以下资料编制该公司20××年8月31日的资产负债表）。

表 10-6　　　　　　　　　　　　　　　　　　　　　　　　　　　　　　　　单位：元

科目名称	借方余额	科目名称	贷方余额
库存现金	500	短期借款	300 000
银行存款	400 000	应付票据	50 000
应收票据	30 000	应付账款	180 000
应收账款	200 000	应付职工薪酬	5 000
坏账准备		应交税费	12 000
其他应收款	200	长期借款	1 260 000
原材料	350 000	实收资本	2 000 000
低值易耗品	30 000	盈余公积	120 000
产成品	80 000	未分配利润	7 700
长期股权投资	600 000		
固定资产	2 800 000		
累计折旧			
无形资产	5 000		
合　计	3 934 700	合　计	3 934 700

2. 哈奇公司20××年6月份的有关损益表会计科目的发生额如表10-7所示，根据表中数据，编制公司20××年6月份的利润表。

表 10-7

会计科目	借方发生额	贷方发生额
主营业务收入		5 000 000
主营业务成本	1 700 000	
营业费用	270 000	
税金及附加	140 000	
管理费用	60 000	
财务费用	70 000	

续表

会计科目	借方发生额	贷方发生额
研发费用	100 000	
其他业务收入		500 000
其他业务支出	340 000	
投资收益		150 000
营业外支出	20 000	
所得税	450 000	

☞ 案例讨论题

案例资料：在某银行召开的关于银行贷款安全性的工作会议上，该银行行长指出：我们要着重考察企业的"三品"。这"三品"是：第一，人品，即我们着重考察企业领导人的人品；第二，产品，即我们着重考察企业贷款所用于生产的产品的盈利能力；第三，抵押品，即我们还要考察企业对贷款的保障措施。

问题：作为债权人的银行选择信贷对象时，哪张会计报表对其最重要？除此之外，还需要考虑哪些非财务信息？这位银行行长的经验与企业的财务状况有哪些关联？

第十一章 会计报表分析

◎ 学习目标
  1. 理解会计报表分析的概念、目的和程序；
  2. 掌握会计报表审阅分析法的特点与要点，并能够在实践中运用；
  3. 掌握会计报表比率分析法的特点和主要的比率指标，并能够在实践中运用；
  4. 了解会计报表趋势分析法、结构分析法和比较分析法的特点，并能够在实践中运用；
  5. 理解会计报表分析应注意的问题。

第一节 会计报表分析概述

  编制会计报表的目标是提供决策有用的信息。人们运用各种方法对会计报表进行分析能够获得进行投资、信贷和相关决策所需的财务信息。阅读和分析会计报表有各种方法，以下对这些分析方法进行说明。

一、会计报表分析的含义

  一个企业的经济业务发生之后，会计人员需要取得、填制和审核各种原始凭证，以原始凭证为基础分析经济业务并编写记账凭证，依据审核无误的记账凭证登记账簿，期末进行账项调整和财产清查，并及时做好结账和编制会计报表的工作。上述会计核算工作是为了对企业发生的经济业务进行真实、公允的反映。会计报表分析工作与会计核算工作刚好是逆向的，它是以会计核算和报表资料及其他相关资料为依据，采用一系列专门的分析方法和技术，对企业过去和现在有关筹资活动、投资活动、经营活动的偿债能力、盈利能力、营运能力等进行分析与评价，为企业的投资者、债权人等利益相关者了解企业过去、评价企业现状、预测企业未来，做出正确决策提供相应准确的信息。

  具体地说，会计报表分析是指人们根据会计报表所提供的各项数据，有重点、有针对性地逐一加以分析和考察，并进行整体思考后，综合地评价企业的财务状况、经营成果和现金流动的情况，揭示企业的偿债能力、盈利能力和资产运营能力，从而判断企业管理上的得失，为会计报表使用者提供决策依据的活动。会计报表分析的最终目的在于通过财务数据的解读，知晓企业的过去，探明企业的现状，预测企业的未来，从而改进决策，改善资源使用的效果。会计报表分析工作集中在两个方面：一是发现问题的征兆，找到深入分析的突破口；二是对各项活动的过程与结果进行合理的评价。

二、会计报表分析的目的

财务信息与决策密切相关，它是决策过程中不可缺少的依据。由于进行会计报表分析并做出决策的主体各不相同，因此，他们进行会计报表分析的目的也各不相同。在实际工作过程中，会计报表分析的目的主要视财务信息使用者的需要而定。

总体而言，会计报表分析的目的主要是：

（1）评价企业的经营成果和财务状况，预测企业未来的报酬与风险，为股东和债权人的投资决策提供依据。

（2）评价企业经营活动取得的成绩，揭示企业经营过程中存在的问题，为企业管理者正确地实施经营决策、全面地改善经营管理提供帮助。

（3）评价企业及其各部门的经营绩效，为合理评估经营管理人员的业绩、完善企业内部的控制和激励机制提供依据。

（4）评价企业的偿债能力、盈利能力和资产运营能力，为政府、社会公众、企业内部员工等利害关系人的决策提供帮助。

可见，不同的会计信息使用者，由于其利益点和关注的问题各不相同，在会计报表分析过程中他们评价标准和评价要点也有差异。比如，就投资者而言，投资者为决定是否投资，需要分析企业的资产和盈利能力；为决定是否转让股份，需要分析盈利状况、股份变动和发展前景；为考察经营者业绩，需要分析资产盈利水平、破产风险和竞争能力；为决定股利分配政策，需要分析筹资状况。就债权人而言，短期债权人最关心企业目前的现金流动情况和短期支付能力，关注自己投入企业的本金和应得利息的可收回性；长期债权人则关注企业资本结构的合理性、长期资金周转状况，关注企业长期偿付债务的能力；管理当局则关心企业偿债能力、企业盈利能力和企业资产运营能力之间的协调性，其目标是平衡好企业所有利害关系人之间的经济利益，在保证企业平稳、健康、长期发展的基础上，给各个利益主体创造满意的回报。因此，会计报表分析人员要根据企业利益相关者的要求，认真对会计报表资料进行研究与分析，会计报表分析的目的才能最终实现。

三、会计报表分析的程序

为了保证会计报表分析的质量，使会计报表分析工作规范有序地进行，就必需有一套科学、合理的报表分析程序。完整的会计报表分析程序主要包括以下步骤：

1. 明确会计报表分析的目标

如上所述，财务信息的需求者很多，不同的利益主体对会计报表信息的关注点有所差异，而且，各个主体有时面向全局问题决策，有时面向局部问题决策，有时注重监督，有时注重评价，只有弄清了会计报表分析的目标，会计报表分析人员才能有的放矢地开展工作，才能保证会计报表分析工作的效率和效果。

2. 收集会计报表分析所需的资料

根据会计报表分析的目标，报表分析人员要积极有效地收集分析工作所需的资料。资料的收集要与本次报表分析工作具有较高的相关性，否则既影响会计报表分析的效率，又影响会计报表分析的效果。资产负债表、利润表和现金流量表等会计报表构成了报表分析的核心资料，除此之外，企业所遵循的会计政策也是很重要的。为了提高分析、判断的效果，报表分析人员还要了解影响企业经营的宏观经济、法律环境，企业所在行业的发展状况、行业的特点，竞争对手的状况，公司管理层的倾向、公司的文化、公司的发展历程和公司的发展战略等资料。

3. 确定科学、合理的会计报表分析的评价标准

会计报表分析工作是一项判断和评价工作，判断和评价就要有标准，标准是否合适直接决定着判断和评价结果的正误。可以作为会计报表分析判断的标准很多，可以是行业中标杆企业的指标值，可以是竞争对手的数据，还可以是企业所在行业的平均值、企业的历史指标值、企业的计划指标值等，有时甚至可以用分析人员自己认定的经验值。分析的目标不同，分析人员对评价标准的选择会有差异，合适的、有利于得出正确结论的评价标准就是最好的。

4. 选择恰当的会计报表分析方法

会计报表的分析方法很多，常见的有比率分析法、比较分析法、趋势分析法和结构分析法等，不同的分析方法各有特点、各有优缺点，但是不同的分析方法对问题的分析判断具有殊途同归的结果，分析人员可以综合使用。

下面我们将以第十章 YL 股份有限公司 20××年的会计报表重点说明会计报表的各种分析方法。

第二节 会计报表的审阅分析法

一、会计报表审阅分析法的内涵

会计报表是按照一定的规则对符合条件的经济业务和事项进行加工的结果，经济业务和事项按照性质分属经营活动、投资活动和筹资活动，这些活动有些与企业经营行为相关，有些与企业的金融行为相关。简而言之，会计报表是对企业经济活动的有序记载和综合反映。会计报表分析的实质是对企业经济活动的状态进行解读，评价企业的价值创造能力。因此，会计报表的审阅分析法是指以企业价值最大化为宗旨，对资产负债表、利润表、现金流量表、所有者权益变动表及其相关资料进行阅读分析，评价企业的经营活动、投资活动和筹资活动，进而评价企业的偿债能力、盈利能力、资金运营能力和成长能力，判断企业的财务状况、经营成果和现金流动情况，从而理解和预测企业的回报水平和风险承担能力的会计报表分析方法。

从会计报表审阅分析法的定义可以看出，审阅分析法具有以下特点：

第一，审阅分析法的基本手段是"审阅"，也就是边阅读，边分析，边判断，边下结论，不需要进行过多的财务指标的计算。审阅分析法简便易行，比较实用。在这一特点上，审阅分析法与比率分析法和趋势分析法等具有较大的区别。

第二，审阅分析法既可以审阅报表项目的规模，也可以审阅报表项目的结构，同时对企业经营活动、投资活动和筹资活动进行数量特征的分析和质量特征的分析。审阅分析法比较直观和具体，比较而言，比率分析法和趋势分析法过于抽象，过多侧重于报表项目和

指标数量特征分析，对质量特征分析重视不够。

第三，审阅分析法对分析人员的经验依赖较多，经常缺乏系统性，这会导致审阅分析法具有较高的主观性和经验性，在系统性方面不如比率分析法和趋势分析法，容易缺乏整体性，因此，审阅分析法可以先行一步，可以对比率分析法和趋势分析法的系统性分析做些准备。

二、会计报表审阅分析法的技巧

会计报表的审阅分析切忌事无巨细，抓不住重点，而是应结合背景资料，抓住影响力大的项目和事项进行审阅，关注重点问题，在简单易行的条件下改善和提高分析效率，获得好的分析效果。会计报表分析人员可以按照以下步骤实施审阅分析：

第一，审阅报表生成的背景资料。企业经济活动的发生和会计报表的形成都离不开企业的经营环境、企业的行业特性、企业的商业模式、企业的发展战略和企业利益相关者及其各自的利益诉求。对上述因素缺乏考虑，分析人员很难深刻理解会计报表数据，很难客观评价企业的财务状况、经营成果和现金流动情况。因此，审阅分析首要先收集、阅读和理解企业的经营环境、行业特征、发展战略、企业特征，以及会计政策和会计估计等资料，这既是审阅分析法中审阅工作的具体内容，也是审阅会计报表数据的基础。不了解中国及其他目标市场的人口统计特征、乳业行业政策和乳业企业生产经营活动的特点，很难通过审阅分析法或其他分析方法恰当评价YL股份有限公司的会计报表。

第二，审阅资产负债表、利润表、现金流量表和所有者权益变动表中的总计项目和小计项目。报表中的总计和小计项目都会从规模上和整体结构上反映企业的财务状况、经营成果和现金流动情况，对这些项目进行分析可以揭示企业全局性的财务情况，评价企业财务状态的全貌。

第三，审阅资产负债表、利润表、现金流量表和所有者权益变动表中的金额大和金额变化大的项目。金额大的项目及其数据对企业财务状况的影响力较大，对其进行深入分析，可以抓住报表分析的重点。重要的经营活动、投资活动和筹资活动才会引起会计报表中某些项目发生巨大的金额变化，阅读报表中金额变化大的项目容易帮助分析人员正确理解和评价企业重要的经营、投资和筹资活动及成效。

第四，审阅资产负债表、利润表、现金流量表和所有者权益变动表中有勾稽关系的项目，通过这些具有勾稽关系项目数据的审阅，可以深刻揭示企业经济活动的状况和效果，帮助分析人员对会计报表做出科学合理的判断。资产负债表中的"长期股权投资"、利润表中的"投资收益"和现金流量表中"投资支付的现金""收回投资收到的现金""取得投资收益收到的现金"之间具有密切的关系，对这些项目的一体化审阅分析可以正确评价企业的长期股权投资行为及其效果。资产负债表中"短期借款""长期借款""一年内到期的非流动负债""货币资金"、利润表中"利息费用"和现金流量表中"取得借款收到的现金""偿还债务支付的现金""分配股利、利润或偿付利息支付的现金"之间具有密切的关系，对这些项目进行一体化审阅分析可以正确评价企业的借款行为及其效果。采用审阅分析法对报表项目背后的经济活动进行分析，由于报表项目之间勾稽关系的存在，容易帮助分析人员透视问题，发现企业的财务造假和舞弊行为。

第五，审阅其他影响力大或容易作为实施财务舞弊行为的项目。比如，货币资金项目在企业资产运营中占据重要位置，需要特别关注；其他应收款和其他应付款项目俗称企业的两只"垃圾桶"，经常装着太多质量低劣、违法违规的东西；长期待摊费用项目该摊不摊，常常用于调整成本费用水平，进而调整利润的工具，分析人员对这些项目应该给予足够的关注，并进行认真的审阅和评价。

遵循上述步骤对资产负债表、利润表、现金流量表、所有者权益变动表和相关资料进行有效的审阅分析，可以帮助分析人员对企业的财务状况、经营成果和现金流动情况做出正确的判断和评价。

三、会计报表的审阅要点

对资产负债表、利润表和现金流量表进行审阅分析时，可以结合以下要点实施分析：

（一）资产负债表的审阅要点

第一，审阅资产负债表中的总计和小计项目，可以正确评价企业的资产规模和资本来源，理解资产和资本的整体结构状况，对企业某一时日的财务状况做出初步评价。以表10-1中YL股份有限公司20××年12月31日的资产负债表为例，20××年末该公司的资产总计为476亿元，比上年末的493亿元减少17亿元，从资产总计看，公司的规模有所减小；20××年末该公司的负债合计为196亿元，比上年末的241亿元减少45亿元，负债的偿还导致负债规模的降低，是资产规模减少的主要原因；20××年末所有者权益合计为280亿元，比上年末的252亿元有所增加，增加28亿元，这说明如果没有所有者权益的增长，要么负债规模不可能如此降低，要么资产规模将会发生更大幅度的减少。从资产、负债和所有者权益的规模和相互之间的关系看，公司资产和资本来源之间的关系有所改善。进一步对小计项目进行审阅，具体地，就是对流动资产合计、非流动资产合计、流动负债合计、非流动负债合计、归属于母公司所有者权益合计和少数股东权益项目进行审阅，我们发现20××年和上年相比，公司的流动资产和非流动资产之间、流动负债和非流动负债之间、投入资本和留存收益之间的结构都发生了较大变化，这也可以对公司整体财务状况的判断提供更多有用的信息。读者可以尝试对这些数据进行更深入的审阅分析。

第二，审阅资产负债表右边负债和所有者权益的合计项目、小计项目、金额大的项目和金额变化大的项目，评价企业的资本结构、资本的时限结构和引起资本来源发生变化的主要活动，更深入地评价企业的筹资活动。以表10-1中YL股份有限公司20××年12月31日的资产负债表为例，20××年末公司的负债合计为196亿元，比上年末的241亿元减少45亿元；20××年末公司的所有者权益合计为280亿元，比上年末的252亿元增加28亿元。这说明公司资本来源中负债金额有所减少，股权融资有所增加，资产负债水平所有下降，资本结构更趋保守。流动负债合计从上年的236亿元降低到20××年的192亿元，从资本来源的时限结构看，公司的短期资本来源减少，短期财务压力进一步降低。进一步看，公司的非流动负债金额不大，公司对长期负债融资的依存度很小，这主要源于公司较好的留存收益予以支撑。进一步审阅金额大和金额变化大的项目，我们发现公司的短期借款由上年的79亿元下降到20××年的15亿元左右，这是引起流动负债减少、负债合计减少、负债融资水平降低的根本原因。读者可以对资产负债表右手边的项目进行进一步审阅，更深入判断和评价企业的筹资活动和资本结构。

第三，审阅资产负债表中货币资金项目，评价企业的货币资金积累能力、短期支付能力、应付急需的能力和获取机会进行支付准备的能力。审阅货币资金项目既要看其金额大小，又要看其金额变化，既要静态看其占流动资产小计、资产总计的比率，也要看其对流动负债的比率、对金额大的流动负债项目的支付保障，还要结合公司的资本支出计划和公司购并计划，动态评价货币资金保有水平的合理性，对货币资金的审阅分析要权衡其支付能力和盈利能力的关系。货币资金项目是对资产负债表左右两边进行有效连接的项目，在资产负债表中起着极其重要的作用，需要认真分析和评价。以表 10-1 中 YL 股份有限公司 20××年 12 月 31 日的资产负债表为例，货币资金从上年末的 218 亿元下降到 20××年末的 111 亿元，减少金额高达 107 亿元，短期借款减少 64 亿元是货币资金减少的最主要原因。尽管 20××年货币资金大幅度减少，但是其占流动资产和总资产的比重仍然很高，对短期借款的偿还和流动负债的偿付尚有较好的保障，尤其在负债率水平较低的情形下，短期支付能力具有较好的弹性。当然，公司相对较大的应付账款金额可能形成的短期财务压力需要引起关注。整体而言，公司财务的安全性较好，货币资金的利用效率得到改善。

第四，以货币资金的审阅为基础，审阅资产负债表左边的资产总计项目、合计项目、金额大的项目和金额变化大的项目，深入分析企业的经营活动和投资活动，评价企业资产结构的合理性及其创造现金流量的能力。以表 10-1 中 YL 股份有限公司 20××年 12 月 31 日的资产负债表为例，20××年末公司的资产总计为 476 亿元，比上年末的 493 亿元有所减少，资产规模有所降低。流动资产合计从上年的 298 亿元降低到 20××年的 245 亿元，降低幅度较大，货币资金用于偿还短期借款是流动资产减少的主要原因之一。进一步看，公司的非流动资产从上年 195 亿元增加到 20××年的 232 亿元，这也是货币资金减少和流动资产减少的重要原因之一。审阅分析这些数据可以看出，20××年公司的资产结构发生了较大变化，整体而言，资产的流动性有所下降，但是，这可能增强了公司资金的运用能力，提高了资产的运营效果。进一步审阅金额大和金额变化大的项目，我们发现公司的货币资金大幅度减少，偿还了较大金额的短期借款，但是，应收账款增加、其他流动资产增加、固定资产增加也是导致货币资金减少的原因，这些资产项目对资金的占用可能是伴随收入水平的提升和为未来发展进行投入所致，也可能是资产的低效或无效占用，其合理性需要进一步分析。读者可以对资产负债表左手边的项目进行进一步审阅，更深入判断和评价企业经营活动和投资活动创造价值的能力和承担风险的水平。

第五，审阅资产负债表左边资产结构和右边资本结构的匹配性，整体判断公司创造价值的能力、风险承担水平和对资本提供者的权益保障能力，评价企业经营活动、投资活动和筹资活动的健康状况。一般地，短期资金的占用应该和短期资金的来源匹配，长期资金的占用应该和长期资金的来源匹配。值得指出的是稳定而长期的生产经营资金净占用属于长期性质的资金占用，季节性波动形成的生产经营资金占用属于短期性质的资金占用。资金的分布状态与资金来源的结构相匹配时，说明企业所实施的是匹配型财务战略；一部分短期资金占用通过长期资金来源保障时，说明企业实施的是稳健型财务战略；一部分长期资金占用通过短期资金来源保障时，说明企业实施的是激进型财务战略。稳健型财务战略会影响企业资产的产出效率，激进型财务战略会使企业面临较大的财务风险。对资产负债表进行审阅分析,可以有效地帮助会计报表分析人员判断企业资产结构与资本结构之间的匹配程度。以表10-1中YL股份有限公司20××年12月31日的资产负债表为例,20××年末公司的流动资产为245亿元,流动负债为192亿元,流动资产对资金的占用和流动负债对资金的筹集比较匹配;而且,流动资产中货币资金的金额高达111亿元,短期财务风险较小。非流动资产占用资金为232亿元,非流动负债为4亿元,所有者权益为280亿元,长期资金来源合计为284亿元,长期资金占用与长期资金筹集之间具有较好的匹配性。整体而言,公司倾向于遵循匹配性财务战略。

企业的资产负债表、利润表和现金流量表之间具有密切的联系,对资产负债表进行审阅分析,可以为利润表和现金流量表的审阅分析提供良好的基础,对评价企业的经营成果和现金流动情况提供很好的帮助。

(二)利润表的审阅要点

第一,审阅利润表中的收入和利润规模以及变化趋势,从数量特征上评价企业创造收入的能力和盈利能力。以表10-2中YL股份有限公司20××年度的利润表为例,20××年营业总收入为796亿元,与上年度的681亿元相比,增长115亿元,增幅达17%。20××年度的796亿元营业总收入与20××年末的资产总计476亿元比较,说明公司的资产周转较好,资金运用能力不错。20××年度的营业利润、利润总额、净利润和综合收益总额分别达到77亿元、76亿元、65亿元和69亿元,与上年度的71亿元、71亿元、60亿元和56亿元相比,都实现了较大幅度的增长,净利润65亿元与所有者权益280亿元相比,净资产收益率高达23%,说明企业具有较好的盈利水平。

第二,审阅利润表中收入与资产负债表中应收款项的关系,利润表中营业利润和现金流量表中经营活动产生的现金流量净额之间的关系,结合各个年度这些指标的变化趋势,评价企业的盈利质量。以表10-2中YL股份有限公司20××年度的利润表为例,20××年营业总收入为796亿元,与上年度的681亿元相比,增长115亿元,增幅达17%,20××年末公司的应收票据和应收账款为12.8亿元,与上年的9.5亿元相比,增长3.3亿元,增幅为35%,但是应收票据和应收账款的金额很小,占营业总收入的百分比很低,所以应收款项占用资金不多,收入质量较好。20××年公司的营业利润为77亿元,经营活动产生的现金流量净额为86亿元,进一步说明公司的盈利质量不错。

第三,审阅不同性质的企业活动对利润形成的贡献程度,进一步评价企业的盈利质量。企业的各种活动共同创造了企业的利润,具体包括主营业务活动、其他业务活动和对外投资活动;有些企业的利润还受到资产的公允价值变动损益、资产减值损失和偶然或意外的营业外收支的影响。对利润表进行审阅时,要分析不同性质的活动对利润贡献的大小,哪些活动从积极的方向影响利润,哪些活动从消极的方向影响利润。营业活动,尤其是主营业务活动对利润贡献的大小,以及这种贡献的稳定性对利润质量的高低影响很大。以表10-2中YL股份有限公司20××年度的利润表为例,20××年度公司的净利润为65亿元,营业利润高达77亿元,营业利润,尤其是核心营业活动是公司利润稳定而基本的驱动因素,进一步说明企业的盈利质量较好。

第四,审阅各项成本费用的变动情况,评价企业的资产利用能力、管理水平和成本控制状况。企业的成本费用主要是在企业内部生成的,成本费用受企业内部相关因素的影响程度较高，与收入相比其可控性较强。审阅利润表上各项成本费用的金额、成本费用的变化程度、成本费用与收入之间的关系，可以判断一个企业的资产运营能力、内部管理状况和成本费用的控制水平。以表10-2中YL股份有限公司20××年度的利润表为例，20××年度与上年度相比，公司的毛利率略有上升，成本控制较好；管理费用略有下降，财务费用由正转负，说明公司管理费用控制较好，财务费用负担很轻；研发支出增幅达104%，销售费用金额高达198亿元，增幅达28%，说明公司研发力度和市场开发力度加大。审阅其他费用项目，金额不大，变化不多。整体而言，企业的成本管控较好，各项投入比较有效。

第五，审阅企业的投资收益和少数股东损益，评价对外投资的回报水平。通过审阅企业投资收益和少数股东损益项目及其金额，可以分别评价企业不纳入合并范围的子公司投资的投资回报水平和纳入合并范围的子公司投资的盈利状况，判断该企业对外投资的整体盈利能力，以及企业对对外投资的控制能力。审阅企业所承担的所得税负担，分析政府对该企业税收政策的调整对股东最终获得回报的影响。以表10-2中YL股份有限公司20××年度的利润表为例，在公司整体盈利水平较好的情形下，少数股东损益金额很小，说明公司对子公司的控股权比率较高；投资净收益金额很小，合并资产负债表中长期股权投资的金额为19亿元，说明公司对不纳入合并范围的合营和联营企业的长期股权投资收益水平一般，但是投资金额不大，因此，对公司整体的影响不大。所得税金额变化不大，占净利润的比重稳定，可见，所得税政策对公司股东回报的影响没有发生大的变化。

(三)现金流量表的审阅要点

第一，审阅现金流量表中本期现金及现金等价物的净增加额，评价本期现金的净积累情况。在审阅本期现金及现金等价物的净增加额时需要考虑公司的投资和筹资策略、公司的规模变化对该金额的影响，同时可以分析其与资产负债表上货币资金增减变化的关系，这样可以深刻理解该项目金额变化的合理性。以表10-3中YL股份有限公司20××年度的现金流量表为例，20××年度现金及现金等价物的净增加额为-72亿元，上年度该项目金额则为75亿元，深入分析可以发现该项目金额的变化主要是公司动用大量货币资金偿还了短期借款，投资活动导致的非流动资产对资金的占用也是影响该项目金额变化的重要因素，货币资金、短期借款和非流动资产合计项目金额的变化为上述分析结论提供了有力证据。因此，该项目金额由正转负并不能说明公司财务状况恶化。

第二，审阅现金流量表中企业经营活动产生的现金流量净额、投资活动产生的现金流量净额和筹资活动产生的现金流量净额，分析三大活动分别对本期现金流量净积累形成的积极贡献或消极影响。企业本期现金及现金等价物的净增加额是由经营活动、投资活动和筹资活动现金流量共同作用的结果。有的活动从正面累计企业的净现金流，有的活动从负面抵减企业的净现金流；企业不同发展阶段现金流的图景也不一样。一般地，成熟、健康的企业的现金流图景是筹资活动的现金流入与现金流出基本平衡，经营活动的净现金流为正数，投资活动的净现金流为负数，企业用经营活动形成的净现金流积累保障投资扩张的现金需要。初创型公司的现金流图景则是经营活动净现金流一般为负，投资活动净现金流一般为负，筹资活动净现金流一般为正，而且以股权融资为主。以表10-3中YL股份有限公司20××年度的现金流量表为例，20××年度现金及现金等价物的净增加额为-72亿元，经营活动产生的现金流量净额为 86 亿元，投资活动产生的现金流量净额为-54 亿元，筹资活动产生的现金流量净额为-107 亿元。这说明企业经营活动创造现金流量的能力较强，对现金流积累产生积极贡献，但是公司加大了投资力度，降低了融资规模，互相作用的结果使得现金及现金等价物的净增加额为-72 亿元，现金流的状态发生了良性变化，公司处于成熟稳定的状态。

第三，审阅现金流量表中经营活动产生的现金流量、投资活动产生的现金流量和筹资活动产生的现金流量内部金额大和金额变化大的项目，分析现金及现金等价物的具体来源，揭示引起本期现金流动的主要活动及其合理性。以表 10-3 中 YL 股份有限公司 20××年度的现金流量表为例，20××年经营活动产生的现金流量中销售商品、提供劳务收到的现金为 893 亿元，购买商品、接受劳务支付的现金为 702 亿元，支付给职工以及为职工支付的现金为 72 亿元，其他项目金额不大，因而经营活动产生的现金流量净额为正的 86 亿元，对公司现金积累做出积极贡献。20××年投资活动产生的现金流量中收回投资收到的现金为 14 亿元，购建固定资产、无形资产和其他长期资产支付的现金为 51 亿元，投资支付的现金为 16 亿元，其他项目金额不大，因而投资活动产生的现金流量净额为负的 54 亿元。20××年筹资活动产生的现金流量中取得借款收到的现金为 50 亿元，偿还债务支付的现金为 113 亿元，分配股利、利润或偿付利息支付的现金为 44 亿元，其他项目金额不大，因而筹资活动产生的现金流量净额为负的 107 亿元。整体来看，公司在销售商品、提供劳务收到现金较好的情形下，进行了部分长期资产的购建和债务的偿还，公司现金流处于良性的状态。

第四，结合资产负债表和利润表项目审阅现金流量表中的相关项目，分析评价企业的资产运营能力、盈利能力和偿债能力。比如，经营活动净现金流的正负、金额的大小有助于对企业盈利质量的判断；将销售商品、提供劳务收到现金的金额与本期销售收入进行比较，可以很好地判断企业运营应收账款的能力；企业经营活动的净现金流长期为负，企业偿债能力就难以切实得到保障。以表 10-3 中 YL 股份有限公司 20××年度的现金流量表为例，20××年经营活动产生的现金流量净额为正的 86 亿元，销售商品、提供劳务收到的现金为 893 亿元，分别大于 20××年的营业利润 77 亿元、营业总收入 796 亿元，说明公司销售收入和盈利的质量都不错。公司营业总收入为 796 亿元，销售商品、提供劳务收到的现金高达 893 亿元，应收票据和应收账款余额仅为 13 亿元，存货余额仅为 55 亿元，资产总计为 476 亿元，说明企业资产周转较好，资产运营效率较高。偿还债务支付的现金为 113 亿元，分配股利、利润或偿付利息支付的现金为 44 亿元，货币资金余额为 111 亿元，说明公司具有较强的偿债能力和支付股利、偿付利息的能力。对现金流量表补充资料的审阅，尤其是对金额大和金额变化大的项目的审阅，以及不涉及现金收支的重大投资和筹资活动的审阅，可以帮助我们发现导致净利润和经营活动产生的现金流量净额之间存在差异的主要原因，并预测部分投资和筹资活动对未来现金流量的潜在影响。

审阅会计报表是财务报表分析人员的基本能力，需要会计报表信息使用者日积月累的实践，不断强化自身审阅报表的能力，并在实践和反思中形成自己审阅分析会计报表的独特方法。

第三节 会计报表的比率分析法

一、会计报表比率分析法的概念

比率是一种简单的数学表示法，它体现项目与项目之间的关系。比率对于我们理解会计报表尤为重要，因为利用比率可以解释很多财务信息，很多决策者通过比率分析获得决策所需的信息。比率分析法也因此成为会计报表分析中最为常用的方法。

比率分析法是把会计报表中的一个或多个项目与其他项目进行对比，求得会计报表分析所需要的比率指标值，从而揭示会计报表项目之间内在逻辑关系的一种分析方法。

比率分析法的最大特点是分析人员依据一系列的财务比率指标值对问题进行判断，比率指标的含义及其指标值的正确计算对于比率分析至关重要。这种方法具有系统性强、分析问题全面等优点，但是，由于比率指标经常会忽略用于计算的各个累计数值内部的结构，因此，有些比率指标只重视财务数量特征的分析，而忽略财务质量特征的分析，这是运用比率分析法时应该加以注意的。

尽管财务比率指标很多，但是它们都能归入反映企业偿债能力、盈利能力和资产运营能力的指标体系中。部分财务比率指标还可以用来对企业的经营绩效进行综合分析。下面分别阐释主要财务比率指标的计算及其在会计报表分析中应用。

二、反映企业偿债能力的比率指标

企业的偿债能力分为短期偿债能力和长期偿债能力。短期偿债能力是指企业运用流动资产偿还流动负债的能力。用于反映企业短期偿债能力的比率指标主要有流动比率、速动比率和现金比率等；长期偿债能力是指企业运用自己的所有有效资产偿还全部负债的能力，用于反映企业长期偿债能力的比率指标主要有资产负债率、权益乘数和利息保障倍数等。下面分别对这些指标进行说明。

(一) 流动比率

流动比率是流动资产与流动负债之间的比率关系，它反映一个企业的流动资产对流动负债的保障程度，流动比率的计算公式如下：

$$流动比率 = \frac{流动资产}{流动负债}$$

YL 股份有限公司 20××年的流动资产为 245 亿元，流动负债为 192 亿元，则该公司的流动比率为：

$$流动比率 = \frac{流动资产}{流动负债}$$
$$= 245 亿元/192 亿元$$
$$= 1.28$$

一般而言，流动比率越高，说明企业的短期偿债能力越强，流动负债获得到期偿还的可能性越大，短期债权人的利益越容易得到保护。但是，过高的流动比率可能会导致公司资金的低速周转,大量资金处于闲置状态,影响企业的盈利能力;而且,如果流动资产的内部结构不合理,较高的流动比率并不会带来较强的短期偿债能力。流动比率不是越高越好,也不是越低越好,而应是一个适度值。根据经验,传统制造业的流动比率处于 2.0 左右是比较好的,但是,高质量的资产、良好的管理能力可以在较低流动比率的条件下也可以保持不错的短期偿债能力;况且,不同行业的企业或同一企业的不同发展阶段具有不同的特点,其流动比率也不应该是相同的。本例中 1.28 的流动比率显示企业的短期偿债能力尚可。

(二)速动比率

速动比率是速动资产与流动负债之间的比率关系,它反映一个企业的速动资产对流动负债的保障程度,速动资产是流动资产减去存货的结果。速动比率的计算公式如下:

$$速动比率 = \frac{流动资产 - 存货净额}{流动负债}$$

YL 股份有限公司 20××年的流动资产为 245 亿元,存货净额为 55 亿元,流动负债为 192 亿元,则该公司的速动比率为:

$$速动比率 = \frac{流动资产 - 存货净额}{流动负债}$$
$$= (245-55) 亿元 / 192 亿元$$
$$= 0.99$$

由于流动资产中包含了不少流动性较差,甚至不能变现的资产,比如存货转化为现金就需要相当长的时间,所以,流动资产多的企业不一定对流动负债形成可靠的保障,流动资产减去存货后得到速动资产,速动资产对流动负债的比率更能够反映一个企业真实的短期偿债能力和支付能力。一般地,速动比率越高,企业的短期偿债能力越强。根据经验,传统制造业的速动比率在 1.0 左右比较正常,但是,速动比率只有与企业的经营特点、企业的管理水平、企业发展所处的阶段结合分析才是有用的。本例中 0.99 的速动比率显示企业在短期偿债能力方面较强,同时也说明该企业的流动比率只有 1.28 是因为存货导致的。

(三)现金比率

现金比率是现金资产与流动负债之间的比率关系,它反映一个企业的现金资产对流动负债的保障程度,现金资产是现金和现金等价物相加的结果,现金比率的计算公式如下:

$$现金比率 = \frac{现金 + 现金等价物}{流动负债}$$

YL 股份有限公司 20××年末的现金及现金等价物为 136 亿元,流动负债为 192 亿元,则该公司的现金比率为:

$$现金比率 = \frac{现金 + 现金等价物}{流动负债}$$
$$= 136 亿元 / 192 亿元$$
$$= 0.71$$

现金比率表示那些随时可以动用的现金资产与流动负债之间的关系,较好地修正了使用流动比率和速动比率判断企业短期偿债能力过程中碰到的问题。一般说来，该比率在0.2以上，企业的支付能力不会有太大问题。但如果该比率过高，意味着企业的现金管理能力较差，没有充分利用现金资源，也有可能因为已经有了现金使用计划。本例中0.71的现金比率显示企业的短期支付能力和短期偿债能力较强。

从20××年YL股份有限公司的流动比率、速动比率和现金比率等指标看，该公司的短期偿债能力、短期支付能力都较强。

(四)资产负债率

资产负债率是企业的负债总额与企业资产合计数之间的比率关系，它反映在企业的总资产中有多少资金来自债权人，揭示一个企业的负债程度和长期偿债能力，资产负债率的计算公式如下：

$$资产负债率 = \frac{总负债}{总资产} \times 100\%$$

YL股份有限公司20××年的负债总额为196亿元，资产总额为476亿元，则该公司的资产负债率为：

$$资产负债率 = \frac{总负债}{总资产} \times 100\%$$
$$= 196亿元/476亿元 \times 100\%$$
$$= 41.18\%$$

资产负债率一方面反映了企业的负债程度及其所承担的风险，另一方面也反映了企业利用财务杠杆的能力。从债权人的角度看，较低的资产负债率是对自己本金和利息收入的保障；从股东的角度看，合适的资产负债率可以吸收到更多的资金，分散自身对企业承担的全部风险，通过财务杠杆的作用增加股东的回报，但是，过高的资产负债率可能适得其反；从经营者的角度看，维持适度的资产负债率既可以保障债权人的资金安全，又可以给股东增加回报，平衡各种资金的来源是经营者应该做好的工作。本例中41.18%的资产负债率说明企业的长期偿债压力不大，但企业负债的杠杆效应利用较少。

(五)权益乘数

权益乘数是企业的总资产与所有者权益之间的比率关系，反映企业的总资产是企业净资产的倍数，权益乘数的计算公式如下：

$$权益乘数 = \frac{总资产}{所有者权益}$$

YL股份有限公司20××年的资产总额为476亿元，所有者权益合计为280亿元，则该公司的权益乘数为：

$$权益乘数 = \frac{总资产}{所有者权益}$$
$$= 476亿元/280亿元$$
$$= 1.70$$

权益乘数也是对企业负债程度的说明，权益乘数越高，资产负债率也越高，债权人承担的风险越大；权益乘数越低，资产负债率也越低，债权人承担的风险就小。本例中

1.70 的权益乘数是比较低的。

(六) 利息保障倍数

利息保障倍数是企业的利息、所得税与净利润之和对利息费用的倍数,它反映企业获得的息税前收益对支付利息费用能力的保障程度,是债权人衡量自身债权安全性的重要指标,利息保障倍数的计算公式如下:

$$利息保障倍数 = \frac{财务费用 + 所得税 + 净利润}{财务费用}$$

YL 股份有限公司上年(20××年财务费用是负数,以上一年的数据代替)的财务费用为 1.13 亿元,所得税为 10.7 亿元,净利润为 60 亿元,则该公司的利息保障倍数为:

$$利息保障倍数 = \frac{财务费用 + 所得税 + 净利润}{财务费用}$$
$$= (1.13 + 10.7 + 60) 亿元 / 1.13 亿元$$
$$= 63.57$$

一般地,利息保障倍数越高,企业对债权人利息的支付能力越强,债权人对利息的求偿越有保障。本例中 63.57 的利息保障倍数较高,说明企业的盈利对利息的保障程度较强。

整体而言,无论从该上市公司 20××年的短期偿债能力,还是从长期偿债能力方面的财务比率指标看,该公司的偿债能力都较强,债权人的资金安全有保障。

三、反映企业盈利能力的比率指标

盈利能力是投资者和企业管理当局的兴趣所在,尽管资产运营效率的高低在很大程度上影响着公司的盈利水平,但是,盈利水平却是企业经营成果的集中反映。没有盈利,企业就失去了造血的功能,迟早会死亡。盈利能力反映了企业占用、耗用和运用资产带来的回报的状况。揭示企业盈利水平高低的财务比率指标主要有销售收入利润率、毛利率、资产报酬率、净资产收益率、每股收益、市盈率和每股经营活动产生的现金流量净额等。计算盈利能力财务比率指标的数据主要来自利润表。下面分别对这些指标进行说明。

(一) 销售收入利润率

销售收入利润率,又称边际利润率或销售净利率,是企业当期实现的净利润与销售收入之间的比率关系,它反映销售收入的创利水平,根据报表分析的需要,有些企业用主营业务收入代表销售收入,有些企业用营业收入代表销售收入[①]。销售收入利润率的计算公式如下:

$$销售收入利润率 = \frac{净利润}{销售收入} \times 100\%$$

YL 股份有限公司 20××年的销售收入为 790 亿元,净利润为 65 亿元,则该公司的销售收入利润率为:

---

① 下面涉及销售收入的财务比率指标计算时本教材均以营业收入替代销售收入。

第三节 会计报表的比率分析法

$$销售收入利润率 = \frac{净利润}{销售收入} \times 100\%$$
$$= 65\text{亿元}/790\text{亿元} \times 100\%$$
$$= 8.23\%$$

销售收入利润率说明企业100元销售收入所能够创造的净利润额,销售收入利润率越高,说明企业在相同销售水平下的成本、费用控制越好,或企业花费同样的成本、费用,能够带来更多的销售收入。在实践中利用销售收入利润率进行财务分析与诊断时,我们不仅要关注企业整体的销售收入利润率水平,还要关注主要产品或企业主要分部的销售收入利润率水平,这样才能有效地指导销售工作。本例中8.23%的销售收入利润率较高,说明该公司在20××年的盈利水平较好。

(二)毛利率

毛利率也是一个重要的盈利指标,它是毛利与销售收入进行比较的结果,反映销售收入创造毛利的水平,毛利是销售收入与销售成本之差。毛利率的计算公式如下:

$$毛利率 = \frac{毛利}{销售收入} \times 100\%$$

YL股份有限公司20××年的销售收入为790亿元,销售成本为491亿元,则该公司的毛利率为:

$$毛利率 = \frac{毛利}{销售收入} \times 100\%$$
$$= (790 - 491)\text{亿元}/790\text{亿元}$$
$$= 37.85\%$$

不同行业企业的毛利率有时区别很大,比如20××年,上汽集团公司整车的毛利率为11.45%,格力电器空调的毛利率为34.37%。毛利率高说明企业产品的销售收入与销售成本的差额较大,但是,高毛利率并不意味着高的销售收入利润率,如果期间费用较高,那么在高毛利率条件下销售收入利润率也可能较低。一般地,流动性强的商品毛利率较低,比如日常生活用杂货,而设计新颖、有技术含量的商品毛利较高。在正常情况下,单个企业的毛利率在一定时期基本不变。本例中37.85%的毛利率相对一个食品制造企业而言较适中。很多商品流通企业的毛利率都可以达到20%~50%,制造业企业的毛利率一般会更高。

(三)资产报酬率

资产报酬率是反映企业盈利水平的重要财务指标,它是企业实现的盈利与企业总资产之间的比率关系,揭示企业占用总资产创造盈利的水平。很多企业在计算资产报酬率时往往用经营利润,即息税前收益(Earnings Before Interest and Tax, EBIT)表示盈利,因为利息费用和所得税费用不受资产经营方式的影响,而资产报酬率主要是衡量企业是否通过资产经营获得合理的收益。资产报酬率的计算公式如下:

$$资产报酬率 = \frac{息税前收益}{总资产} \times 100\%$$

YL股份有限公司20××年的总资产为476亿元,息税前收益为71.83亿元,则该公司的资产报酬率为：

$$资产报酬率 = \frac{息税前收益}{总资产} \times 100\%$$
$$= 71.83 亿元/476 亿元 \times 100\%$$
$$= 15.09\%$$

如果用净利润表示企业一定时期的盈利，则资产报酬率可以用另外一种方式予以表达，即：

$$资产报酬率 = \frac{净利润}{总资产}$$
$$= \frac{净利润}{销售收入} \times \frac{销售收入}{总资产}$$
$$= 销售收入利润率 \times 总资产周转率$$

这说明企业的总资产报酬是由销售收入利润率与总资产周转率共同决定的，这种新的表述方式特别有意义，它说明在企业销售收入利润率下滑的条件下，可以通过加速资产周转来提高总资产的回报水平。

资产报酬率反映 100 元资产创造的盈利金额，一般地，资产报酬率越高，说明企业的盈利水平越好；反之，资产报酬率越低，企业的盈利水平越差。适当的资产报酬率是对股东投资回报的有力保障，也是企业经营者有效从事经营的证据。本例中 15.09% 的资产报酬率比较让人满意。

(四) 净资产收益率

净资产收益率也是反映企业盈利水平的重要财务指标，它是企业的净利润与企业净资产之间的比率关系，揭示企业通过经营活动给股东创造的盈利水平。净资产收益率的计算公式如下：

$$净资产收益率 = \frac{净利润}{股东权益} \times 100\%$$

YL 股份有限公司 20××年的股东权益为 280 亿元，净利润为 65 亿元，则该公司的净资产收益率为：

$$净资产收益率 = \frac{净利润}{股东权益} \times 100\%$$
$$= 65 亿元/280 亿元 \times 100\%$$
$$= 23.21\%$$

净资产收益率是所有反映盈利水平的财务比率指标中最重要的一个，股东是企业财务风险的最后承担者，也是所有剩余收益的最后享有者。企业的股东与经营者之间在两权分离后具有典型的委托与受托的经济责任关系，股东的最重要目标之一是投入资本的保值与增值，经理人很重要的目标就是给股东创造满意的回报。净资产收益率是反映股东投入资本取得回报水平的有效指标。一般地，净资产收益率越高说明企业的盈利水平越好，股东投入资本获得的回报水平越高。该公司 23% 的净资产收益率是一个比较好的水平。但是，在利用这一指标衡量股东投资的回报水平时，一定要注意投资回报的可持续性。

(五)每股收益

每股收益是站在股东角度衡量企业盈利水平的又一重要财务指标，它是企业当期的净利润与流通在外的普通股的加权平均数之间的比率关系[①]，反映每股股票的盈利额。每股收益的计算公式如下：

$$\text{每股收益} = \frac{\text{净利润}}{\text{流通在外的普通股的加权平均数}}$$

如果企业在发行普通股的同时也发行了优先股，则分子为净利润减去优先股股利后的余额；而且，公式中的分母要按照下面公式计算：流通在外的普通股的加权平均数＝期初流通在外的普通股股数＋当期发行普通股股数×已发行时间÷报告期时间－当期回购普通股股数×已回购时间÷报告期时间。在本期没有发生发行和回购业务的条件下，流通在外的普通股的加权平均数就是期初流通在外的普通股股数。

YL股份有限公司20××年期初流通在外的普通股股数为6 078 492 608股，20××年5月31日召开股东大会，审议并通过了《公司关于注销部分股票期权和回购注销部分限制性股票的议案》。公司于20××年11月14日发布了《YL股份有限公司关于部分限制性股票回购注销完成的公告》，限制性股票回购注销数量为365 000股，变动后，流通在外的普通股股数为6 078 127 608股。则该公司的每股收益为：

$$\text{每股收益} = \frac{\text{净利润}}{\text{流通在外的普通股的加权平均数}}$$
$$= 65\text{亿元}/61\text{亿股}$$
$$= 1.06\text{元}/\text{股}$$

一般地，每股收益越高，企业的盈利水平越好，股东获得的回报亦越高。但是，仅仅考虑每股收益的高低是不合适的，在分析每股收益时，同时还得关注每股股票代表的净资产数额。本例中，每股1.06元收益水平基本能满足股东的期望。

(六)市盈率

市盈率是每股股票的市场价格与每股股票收益之间的比率关系，也称价格与收益比率，市盈率的计算公式如下：

$$\text{市盈率} = \frac{\text{每股市价}}{\text{每股收益}}$$

市盈率反映企业每股股票的市场价格对其收益的倍数，它是判断股票价格在资本市场上是否有吸引力以及有多大风险的财务指标。从理论上讲，较低的市盈率意味着较低的投资风险，股票越有投资价值；较高的市盈率意味着股价中具有较多的泡沫，投资者将承担较高的投资风险。在西方国家成熟的证券市场中，平均市盈率一般只有10多倍。不过，较高的市盈率也不见得是坏事，也许意味着企业具有良好的成长性，投资者对公司的未来充满信心；较低的市盈率也不见得是好事，也许投资者对公司未来预期不好，公司缺乏长期发展的能力。毕竟公司的股价受到太多的因素影响，所以，利用市盈率指标进行投资价

[①] 这一比率指标称为基本每股收益，在存在认股权证和股份期权等稀释性潜在普通股时，还需要计算稀释每股收益，该指标的计算在今后会计和财务课程中讲解。

值与投资风险评估时一定要避免主观臆断。

(七) 每股经营活动产生的现金流量净额

每股经营活动产生的现金流量净额是经营活动产生的现金流量净额与流通在外的普通股股数之间的关系,它反映每股流通在外的普通股能够产生经营活动现金净流入的能力。每股经营活动产生的现金流量净额的计算公式如下:

$$每股经营活动产生的现金流量净额 = \frac{经营活动产生的现金流量净额}{流通在外的普通股的加权平均数}$$

YL股份有限公司20××年期初的流通在外的普通股股数为6 078 492 608股,经营活动产生的现金流量净额为86亿元,本报告期该公司未发行股份,但发生回购业务,期末的股本为6 078 127 608股,则该公司每股经营活动产生的现金流量净额为:

$$每股经营活动产生的现金流量净额 = \frac{经营活动产生的现金流量净额}{流通在外的普通股的加权平均数}$$

$$= 86亿元/61亿股$$

$$= 1.41元/股$$

每股经营活动产生的现金流量净额越高,说明企业盈利质量越好,企业经营活动创造现金流的能力越强。反之亦然。本例中每股经营活动产生的现金流量净额为1.41元,说明企业经营活动获取现金流的能力尚可接受。

四、反映企业资产运营效率的比率指标

资产运营效率反映一个企业利用经济资源的有效性,揭示企业资金周转的快慢,集中展示整个企业的管理水平。在偿债能力比率指标、盈利能力比率指标和资产运营效率比率指标中,资产运营效率类的比率指标最重要,没有良好的资产运营效率,就不可能有好的盈利水平,没有好的盈利水平,企业的长期偿债能力就没有保障。因此,会计报表分析人员应重视常规财务比率指标中资产运营效率类指标的分析。哪些资产项目在企业资产总额中所占的比率高,就重点分析这些资产的运营情况,这样才能抓住分析的重点。一般地,反映企业资产运营效率的核心比率指标有应收账款周转率和应收账款周转期、存货周转率和存货周转期、应付账款周转率和应付账款周转期、固定资产周转率和固定资产周转期、总资产周转率和总资产周转期等。下面分别对这些指标进行说明。

(一) 应收账款周转率和应收账款周转期

应收账款周转率是企业的赊销收入(有的企业赊销收入近似地等于销售收入,因而在计算这一指标时也常用销售收入取代赊销收入)与应收账款平均余额之间的比率关系,应收账款的平均余额一般用期初的应收账款加期末的应收账款除以2求得,这一比率指标反映企业控制应收账款并将其转化为现金的能力,揭示了企业在应收账款上的管理水平。应收账款周转率的计算公式如下:

$$应收账款周转率 = \frac{赊销收入(经常以销售收入替代)}{应收账款的平均余额}$$

$$其中,应收账款的平均余额 = \frac{期初的应收账款 + 期末的应收账款}{2}$$

YL 股份有限公司 20××年的销售收入(假定都是赊销收入)为 790 亿元,期初应收账款为 7.86 亿元,期末应收账款为 11 亿元,则该公司的应收账款周转率为:

$$应收账款周转率 = \frac{赊销收入(经常以销售收入替代)}{应收账款的平均余额}$$

$$= \frac{790 \text{ 亿元}}{(79 + 110) \text{ 亿元} \div 2}$$

$$= 83.78$$

反映企业应收账款周转快慢和管理水平的还有一个重要指标,即应收账款周转期,应收账款周转期可以用 365 天除以应收账款周转率求得,这一指标反映应收账款每周转一次所需要的天数,应收账款周转期的计算公式如下:

$$应收账款周转期 = \frac{365 \text{ 天}}{应收账款周转率}$$

以上述 YL 股份有限公司 20××年的数据为依据,该公司的应收账款周转期为:

$$应收账款周转期 = 365 \text{ 天}/83.78$$

$$= 4.36 \text{ 天}/次$$

一般地,应收账款周转率越高,应收账款周转期越短,企业收回应收账款所需的时间越少,应收账款周转越快,占用资金越少,企业管理应收账款的水平越高。在分析应收账款周转率与应收账款周转期时,还要注意考虑销售收入的多少和应收账款的管理效果之间的关系。本例中应收账款的周转率和应收账款的周转期都比较好,说明对企业应收账款的控制能力较强,管理水平较高。

(二)存货周转率和存货周转期

存货周转率是企业的销售成本与存货平均余额之间的比率关系,存货的平均余额一般用期初的存货加期末的存货除以 2 求得,这一比率指标反映企业控制存货并将其转化为销售成本的能力,揭示企业在存货管理方面的水平。存货周转率的计算公式如下:

$$存货周转率 = \frac{销售成本}{存货平均余额}$$

$$其中,存货平均余额 = \frac{期初存货 + 期末存货}{2}$$

YL 股份有限公司 20××年的销售成本为 491 亿元,期初存货为 46 亿元,期末存货为 55 亿元,则该公司的存货周转率为:

$$存货周转率 = \frac{销售成本}{存货平均余额}$$

$$= \frac{491 \text{ 亿元}}{(46 + 55) \text{ 亿元} \div 2}$$

$$= 9.72$$

反映企业存货周转快慢和管理水平的还有一个重要指标,即存货周转期,存货周转期可以用 365 天除以存货周转率求得,这一指标反映存货每周转一次所需要的天数,存货周转期的计算公式如下:

$$存货周转期 = \frac{365 \text{ 天}}{存货周转率}$$

以上述 YL 股份有限公司 20×× 年的数据为依据,该公司的存货周转期为:

$$存货周转期 = \frac{365 \text{ 天}}{存货周转率}$$

$$= 365 \text{ 天}/9.72 \text{ 次}$$

$$= 37.55 \text{ 天}/\text{次}$$

一般地,存货周转率越高,其周转期越短,企业存货周转一次所需的时间越少,周转速度越快,占用资金越少,企业管理存货的水平越高。当然,在分析存货周转率与存货周转期时,还要注意存货的管理效率与由于存货过少可能导致停产等损失之间的平衡性。本例中存货周转率和存货周转期指标都不错,说明该公司的存货管理较好。

(三) 应付账款周转率和应付账款周转期

应付账款周转率是企业的购货成本与应付账款平均余额之间的比率关系,应付账款的平均余额一般用期初的应付账款加期末的应付账款除以 2 求得,这一比率指标反映企业购买存货与现金支付之间的关系,揭示了企业对应付账款的管理能力。应付账款周转率的计算公式如下:

$$应付账款周转率 = \frac{购货成本}{应付账款的平均余额}$$

其中,购货成本=销售成本+期末存货-期初存货

$$应付账款的平均余额 = \frac{期初应付账款 + 期末应付账款}{2}$$

YL 股份有限公司 20×× 年的销售成本为 491 亿元,期初存货为 46 亿元,期末存货为 55 亿元,期初应付账款为 73 亿元,期末应付账款为 88 亿元,则该公司的应付账款周转率为:

$$应付账款周转率 = \frac{购货成本}{应付账款的平均余额}$$

$$= \frac{(491 + 55 - 46) \text{ 亿元}}{(73 + 88) \text{ 亿元} \div 2}$$

$$= 6.21$$

反映企业应付账款周转快慢和管理水平的还有一个重要指标,即应付账款周转期,应付账款周转期可以用 365 天除以应付账款周转率求得,这一指标反映应付账款每周转一次所需要的天数,应付账款周转期的计算公式如下:

$$应付账款周转期 = \frac{365 \text{ 天}}{应付账款周转率}$$

以 YL 股份有限公司 20×× 年的数据为依据,该公司的应付账款周转期为:

$$应付账款周转期 = \frac{365 \text{ 天}}{应付账款周转率}$$

$$= 365 \text{ 天}/6.21 \text{ 次}$$

$$= 58.78 \text{ 天/次}$$

一般地，应付账款周转率越高，其周转期越短，企业应付账款周转一次所需的时间越少，周转速度越快，付款越迅速。过快的付款速度对企业利用信用政策购买货物是不利的，企业可以在价格方面提出一些要求以求得利益上的平衡。应付账款付款速度过慢则可能影响购买价格，甚至预示着企业可能陷入财务危机。本例中应付账款周转率和应付账款周转期的指标值都比较好，说明公司在采购过程中能够较好地利用信用政策帮助自身融通资金。

根据应收账款周转期、存货周转期和应付账款周转期，企业可以计算出在资金形态上的经营期间(operating period)。经营期间这一财务指标在西方受到相当的重视，它是应收账款周转天数和存货周转天数之和减去应付账款周转天数后的结果，是企业付出现金获得存货到销售商品收回现金所需的平均时间。这一财务指标综合反映了企业的经营效率。

(四)固定资产周转率和固定资产周转期

固定资产周转率是企业的销售收入与固定资产平均余额之间的比率关系，固定资产的平均余额一般用期初的固定资产加期末的固定资产除以2求得，这一比率指标反映企业对固定资产的利用效率，揭示了企业管理固定资产的能力。固定资产周转率的计算公式如下：

$$\text{固定资产周转率} = \frac{\text{销售收入}}{\text{固定资产的平均余额}}$$

其中，$\text{固定资产的平均余额} = \frac{\text{期初的固定资产} + \text{期末的固定资产}}{2}$

YL股份有限公司20××年的销售收入为790亿元，期初固定资产为133亿元，期末固定资产为147亿元，则该公司的固定资产周转率为：

$$\text{固定资产周转率} = \frac{\text{销售收入}}{\text{固定资产的平均余额}}$$
$$= \frac{790 \text{ 亿元}}{(133 + 147) \text{ 亿元} \div 2}$$
$$= 5.64$$

反映固定资产周转状况的比率指标还有一个，就是固定资产周转期。它通过365天除以固定资产周转率求得，固定资产周转期的计算公式如下：

$$\text{固定资产周转期} = \frac{365 \text{ 天}}{\text{固定资产周转率}}$$

以YL股份有限公司20××年的数据为依据，该公司的固定资产周转期为：

$$\text{固定资产周转期} = \frac{365 \text{ 天}}{\text{固定资产周转率}}$$
$$= 365 \text{ 天}/5.65 \text{ 次}$$
$$= 64.72 \text{ 天/次}$$

固定资产周转率越高，固定资产周转期越短，闲置的固定资产越少，固定资产被充分有效的利用，企业对固定资产的管理水平越高。反之，固定资产没有被有效利用，这会影响企业的效益。本例中固定资产周转率和固定资产周转期的指标值都比较好,说明该公司的固定资产管理水平较高。

(五)总资产周转率和总资产周转期

总资产周转率是企业的销售收入与总资产平均余额之间的比率关系,总资产的平均余额一般用期初的总资产加期末的总资产除以 2 求得,这一比率指标综合反映企业对总资产的利用效率,揭示企业对总资产的管理水平。总资产周转率的计算公式如下:

$$总资产周转率 = \frac{销售收入}{总资产的平均余额}$$

其中,$$总资产的平均余额 = \frac{期初的总资产 + 期末的总资产}{2}$$

YL 股份有限公司 20××年的销售收入为 790 亿元,期初的总资产为 493 亿元,期末的总资产为 476 亿元,则该公司的总资产周转率为:

$$\begin{aligned}总资产周转率 &= \frac{销售收入}{总资产的平均余额} \\ &= \frac{790\ 亿元}{(493 + 476)\ 亿元 \div 2} \\ &= 1.63\end{aligned}$$

反映企业总资产周转效率和管理水平的还有一个指标,就是总资产周转期。总资产周转期可以通过 365 天除以总资产周转率求得,总资产周转期的计算公式如下:

$$总资产周转期 = \frac{365\ 天}{总资产周转率}$$

以 YL 股份有限公司 20××年的数据为依据,该公司的总资产周转期为:

$$\begin{aligned}总资产周转期 &= \frac{365\ 天}{总资产周转率} \\ &= 365\ 天/1.63\ 次 \\ &= 223.93\ 天/次\end{aligned}$$

总资产周转率和总资产周转期是企业资产运营效率的集中体现,它反映了企业对流动资产、长期投资、固定资产、无形资产等总资产的管理水平。总资产周转率越高,总资产周转期越短,企业利用资产的效率越高,企业的经济效益越好;反之,资产没有得到有效利用,企业效益必然受到影响。本例中的总资产周转率和总资产周转期的指标都比较好,说明该公司的资产管理水平较高。

五、反映企业综合经营绩效的比率指标

上述会计报表的比率分析主要集中于某一个方面,有的关注企业的偿债能力,有的关注企业的盈利能力,有的关注企业资产运营能力。事实上,以上各方面的分析指标之间是有内在联系的,企业的资产运营能力是盈利能力的保障,盈利能力是偿债能力的保障,资产运营能力是基础、是过程,盈利能力是结果。因此,利用财务比率对企业的综合经营绩效进行分析是很重要的。企业综合经营绩效的分析主要借助净资产收益率和企业内在增长率两个财务指标。

(一)净资产收益率的分析

净资产收益率是企业实现的净利润与所有者权益之间的比率关系,这个指标在一些基本财务指标基础上展开,可以揭示企业的诸多内在财务关系:

$$净资产收益率 = \frac{净利润}{所有者权益}$$

$$= \frac{净利润}{销售收入} \times \frac{销售收入}{总资产} \times \frac{总资产}{所有者权益}$$

$$= 销售收入利润率 \times 总资产周转率 \times 权益乘数$$

因此,净资产收益率是由销售收入利润率、总资产周转率和权益乘数共同决定的。销售收入利润率反映企业通过销售收入赚取利润的能力,这种能力受到企业销售收入和各项成本费用的影响,总资产周转率受到应收账款周转率、存货周转率和固定资产周转率的影响,反映企业的资产运营效率,权益乘数反映企业的财务结构,可见,企业只有做好了各方面的工作,才能够给股东带来满意的回报。

会计报表分析人员可以通过对影响净资产收益率各主要因素进行剖析,揭示目前制约股东回报水平的关键因素,找到需要关注的问题和工作的重点。

(二)企业内在增长率的分析

企业内在增长率是由企业的净资产收益率与收益留存率共同决定的,它反映企业通过自身的经营利润积累推动企业发展的能力,企业内在增长率的计算公式如下:

企业的内在增长率 = 净资产收益率 × 收益留存率

这说明在企业利润留存政策确定之后,企业自我发展能力的大小取决于净资产收益率的高低。可见,企业的长期发展有赖于企业持续不断地创造利润。

利用比率指标进行会计报表分析时一定要弄清楚指标本身的含义,指标计算时所使用的数据,以及各项累计性数据的内部构成状况。

第四节 会计报表的其他分析方法

除了审阅分析法和比率分析法外,常用的会计报表分析方法还有趋势分析法、结构分析法和比较分析法。

一、会计报表的趋势分析法

趋势分析是将两期以上的会计报表资料进行并列比较,从而揭示企业各项财务指标的增减变动情况及其变化趋势的会计报表分析方法。趋势分析法包括绝对数的趋势分析、相对数或百分比的趋势分析。由于趋势分析涉及同一企业几个年度的财务数据的比较与研究,因而称为横向分析。

(一)绝对数趋势分析

绝对数的趋势分析就是将需要分析的会计报表项目的连续几期的数据列示在一起,从而帮助我们观察企业财务走向的分析方法。表11-1是某公司20×0—20×3年销售收入和净利润的绝对数趋势分析表。

表 11-1　　　　　某公司部分财务指标的绝对数趋势分析表　　　　　单位：元

项目名称	20×0	20×1	20×2	20×3
销售收入	32 100 000	33 000 000	36 000 000	45 000 000
净利润	1 920 000	2 145 000	1 455 000	2 295 000

根据表 11-1 中的数据，该公司从 20×0 年至 20×3 年的销售收入连年增长，利润整体呈增长态势，但是 20×2 年的利润下滑较为严重，具体原因需要深入分析。

在绝对数趋势分析中，分析人员需要根据分析的问题及其目标决定纳入分析的财务指标；而且要根据分析的需要决定所涉及财务指标的时间跨度。

（二）相对数趋势分析

绝对数趋势分析不利于揭示公司发展的趋向，具有一定的隐蔽性。相对数趋势分析，又称百分比趋势分析，可以避免绝对数趋势分析的不足。所谓相对数或百分比趋势分析是以百分比的形式表述企业几个年度的财务状况和经营成果的变动情况，以揭示财务指标的变动方向和变动程度的会计报表分析方法。

相对数趋势分析法有两种形式：一种为定基百分比分析法，一种为环比百分比分析法。

定基百分比分析法是选定一个基期，以其财务数据作为 100%，以后年度的财务数据分别与基期的财务数据进行比较，从而将各年的数据转化为百分比的形式表示，然后对这些百分比数据进行比较分析，揭示财务指标的变化情况。表 11-2 列示的是根据表 11-1 中的数据计算的某公司 20×0—20×3 年在定基百分比分析法下销售收入和净利润的变动趋势数据。

表 11-2　　　某公司部分财务指标在定基百分比分析法下的变动趋势数据表

项目名称	20×0	20×1	20×2	20×3
销售收入	100%	103%	112%	140%
净利润	100%	112%	76%	120%

在定基百分比分析法中，基期的选择对于分析结论的正确性是至关重要的，基期的财务数据一定要具有代表性，如果基数太小，以后年度百分比的高速增长将变得毫无意义；基数是零或负数，趋势百分比分析更没有意义；基数太大则会显示未来过低的增长速度，对判断形成误导。从表 11-2 中的数据看，该公司销售收入的增长较好，利润增长整体慢于收入增长，尤其 20×2 年的利润增长状况十分糟糕，需要进一步查明原因。

环比百分比分析法是一种逐年变化基期的百分比分析法，每年计算百分比时都以上年的财务数据为基数，这样不断计算出各年的财务百分比，再进行百分比的分析，从而揭示财务变化趋势的会计报表分析方法。表 11-3 列示的是根据表 11-1 中的数据计算的某公司

20×0—20×3年在环比百分比分析法下销售收入和净利润的变动趋势数据。

表11-3　　某公司部分财务指标在环比百分比分析法下的变动趋势数据表

项目名称	20×0	20×1	20×2	20×3
销售收入	100%	103%	109%	125%
净利润	100%	112%	68%	158%

从表11-3中的数据可以看出,环比百分比分析法的分析效果与定基百分比分析法的分析效果基本一致,只是分析的手段有所差异。

二、会计报表的结构分析法

会计报表的结构分析法是对资产负债表、利润表和现金流量表中各个项目的数据与其中的一个共同项目的数据进行比较,计算出各个项目数据占该共同项目数据的百分比,从而揭示各个项目数据在共同项目数据中所占比重的会计报表分析方法。如果将结构分析法与上面所述的趋势分析法结合起来,则可以揭示更多的内在财务问题,分析的效果也会更好。由于结构分析法的重点是分析同期同一会计报表中的各个项目数据在共同项目数据中所占的比重,注重各个项目之间的关系分析,因而又称纵向分析。表11-4是H公司20×0年、20×1年和20×2年利润表中若干项目构成的结构分析表。

表11-4　　　　　　　　　H公司利润表项目的结构分析表

项　　目	20×0	20×1	20×2
一、营业收入	100	100	100
减：营业成本	82.42	77.56	82.17
税金及附加	0.33	4.36	4.10
销售费用	5.36	10.71	8.25
管理费用	19.69	38.38	25.97
财务费用	-0.14	0.23	4.30
资产减值损失	0.76	0.09	62.47
加：公允价值变动收益	0	0	0
投资收益	64.25	88.99	94.59
二、营业利润	55.82	57.65	7.34
加：营业外收入	0.82	0.33	0.46
减：营业外支出	4.58	0.04	0.03
三、利润总额	52.06	57.94	7.76
减：所得税费用	0.31	-0.11	-0.65
四、净利润	51.75	58.05	8.41

从表 11-4 中可以看出该公司 20×0—20×2 年收支结构的两个特点：一是营业成本和管理费用比重太高；二是投资收益在利润构成中占了很大比例。另外，20×2 年资产减值损失占营业收入的比重尤其大，致使当年利润所剩无几。

在结构分析法中，共同项目的选择对得出正确的分析结论十分重要。一般地，资产负债表的结构分析以资产总计作为共同项目；利润表的结构分析以销售收入净额作为共同项目；现金流量表的结构分析以现金净增加额作为共同项目。在实践中，结构分析法往往以共同比报表的形式进行。共同比报表是以共同项目作为 100%，然后将其他项目的金额除以该共同项目的金额，计算出各项目占共同项目的百分比后，将这些百分比列入报表而编制出的新型报表。表 11-4 就是一张共同比报表。

三、会计报表的比较分析法

比较分析法是对同一企业不同时期或同一时期不同企业的具有相同性质指标的数据进行比较，从而揭示差异、分析原因的会计报表分析方法。实际上，趋势分析法中就暗含了比较分析的思想。

比较分析法的形式可以多样化，分析人员可以将实际指标数与计划、预算指标数进行比较，将本期指标数与以前期间的指标数进行比较，将本企业指标值与同行业的平均指标值进行比较，从而揭示本企业本期经营活动的不足之处或优势，有针对性地对问题进行治理，对经验进行总结。会计报表分析是件复杂的工作，只有认真琢磨、多加实践才能积累和提高分析能力。

第五节 会计报表分析应注意的问题

一、会计信息的特点及局限

会计报表数据是经过一套复杂的会计程序和加工后生成的会计信息，信息质量本身会受到诸如会计原则的制定和执行质量、会计政策的选择质量、审计质量、信息披露质量等诸多因素的影响。因此，在会计报表分析之前，分析人员必须了解会计信息的特点及其局限性，为提高会计报表分析结论的可靠性奠定基础。

财务会计以货币为基本计量工具，因此，会计信息是一种货币化的信息，它可以对企业的经济业务和事项进行货币抽象和价值汇总，方便人们对问题的分析，但是，会计信息的局限性是很明显的：

(1) 会计报表是对企业以往发生的经济业务事项的信息反映，以历史成本作为主要计价基础，尽管现值和公允价值计量等会计处理方法对历史成本信息作了一些修正，但是，现行会计还是一种历史成本导向的会计，这使得财务报告所提供的信息缺乏一定时效性，从而影响会计报表分析对未来经济事项的预测。

(2) 会计报表是基于企业会计政策和会计估计编制的，运用不同会计政策和会计估计在一定程度上会影响企业财务信息的可比性，进而影响会计报表分析结果的合理性和可利用性。

（3）会计报表所反映的信息没有包含企业所有可被利用的经济资源。会计报表中反映的是符合货币计量前提要求的可计价的经济资源，对有关人力资源、创新能力等一些内容未能全面披露，而这些内容对会计报表分析及相关决策具有重大影响。因此，以会计报表为主要信息依据的分析结果，会导致反映内容方面的局限性。

（4）会计人员在加工财务信息时，有些经济业务的处理充满着估计和判断，会计方法则可以在一定的范围内做出选择，这会使不同企业之间、同一企业不同时期之间的财务信息缺乏可比性。

二、会计报表分析应关注的问题

（一）进行会计报表分析之前，分析人员一定要认真评估企业的经营环境和经营战略

企业开展各项经营活动总是要基于特定的经营环境和经营战略。经营环境是指对企业经营活动具有直接或间接影响的外部因素的总和，包括企业所处的行业、市场因素以及规范企业经营的各项政策法规等；经营战略则是指企业为适应经营环境特别是市场环境的变化，对其经营活动所做出的长远的、全局性的整体规划，以使企业不断保持其竞争优势。企业会计报表充满数字，但进行会计报表分析必须跳出繁杂琐碎的数字迷宫，立足企业经营环境和经营战略，分析企业经营范围和竞争优势，充分识别企业面临的各种机会和风险，这样才能更加透彻全面地解读和分析会计报表。

同样的会计报表数据在不同的经营环境下解读的结果是不同的。比如，有些企业是通过税收减免或补贴收入实现盈利的，有些企业是靠正常经营活动实现盈利的，企业都实现了盈利，但是企业的真实盈利能力可能有很大的区别。

再如，不同行业都有一些自己的特点，比如，制造业企业往往拥有很多固定资产，商品流通企业的流动资产较多，高科技企业中的人工成本较高等。了解企业所在行业的特点，会计报表分析就容易解得到正确结论。

最后，不同的企业有不同的发展战略，同一企业在不同的时期也有不同的工作重点。比如，企业发展的初期，收益留存率可能比较高，企业成熟期，收益留存率就会下降，所以高低不同的财务指标值可能都是可以接受的，重要的是看其是否与企业的发展战略相吻合。

（二）进行会计报表分析之前，分析人员一定要充分了解企业的会计政策

由于经济环境的不确定性以及不同地区、不同行业、不同时期经济环境的差异性，对同样的经济业务《企业会计准则》往往规定了多种可供选择的会计处理方法，有些业务的处理还只能凭借估计进行。报表上反映什么样的数据与这些数据是在什么背景下产生的同样重要，不了解公司所采用的会计政策和所使用的会计估计，人们就无法恰当地解读会计报表数据。比如，在采用直线折旧法和加速折旧法下实现的同样盈利金额，其含义是不一样的，在加速折旧的早期，其盈利质量较高。

在我国，会计政策可供选择的领域主要有：固定资产的折旧政策；外币业务核算的政策；收入确认的政策；发出存货的计价政策；长期股权投资的会计处理政策；坏账处理的会计政策；借款费用处理的会计政策；研究与开发费用处理的会计政策等。

经常涉及会计估计的项目有：坏账；资产减值损失；固定资产的使用年限和净残值；

无形资产的受益期；长期待摊费用的分摊期；或有损失；收入确认中的估计等。

不了解会计政策和会计估计，就不知道会计报表上的数据是如何取得的，就无法很好地对会计报表数据做出评价。

会计报表分析必须同时关注三个问题：报表数据是多少；报表数据是在什么环境下生成的；报表数据是在什么会计政策下取得的。只有深入了解这三个问题，才能较好地解读会计报表数据，获得决策所需的财务信息。

(三)在实施会计报表分析时，要认真选择评价标准

正确地选择评价标准，对我们得出恰当的会计报表分析结论具有重大影响。作为会计报表分析评价的标准很多，可以是行业中标杆企业的指标值，可以是竞争对手的指标值，可以是同行业的平均值，可以是企业的历史指标值，可以是企业的计划、预算值，以不同的指标值作为评价标准，可能会对同一财务指标的数值分析做出"很好"或"很差"的结论。因此，在评价标准选择时要考虑此次会计报表分析的目标，注意评价标准对所分析问题的合适度。

(四)在进行会计报表分析时，要注意区分可控事件与不可控事件、连续事件与非连续事件对企业财务结果的影响

有些影响会计报表信息的因素是可控的，有些是不可控的，属于可控的因素企业一定要努力解决，属于不可控的因素企业一定要努力避免。有些因素是连续性的，有些因素是非连续性的，对连续性的影响因素，分析人员应该注意其对企业财务情况造成的长期影响，对偶然因素要注意其短期影响。

☞ **小结**

本章主要介绍会计报表各种分析方法。会计报表分析是指人们根据会计报表所提供的各项数据，有重点、有针对性地逐一加以分析和考察，并进行整体思考后，综合地评价企业的财务状况、经营成果和现金流动的情况，揭示企业的偿债能力、盈利能力和资产运营能力，从而判断企业管理上的得失，为会计报表使用者提供决策依据的活动。要搞好会计报表分析工作，必须明确会计报表分析的目标、程序和应该注意的问题。理解会计报表分析的指导思想、了解会计信息的特点和局限性、弄清会计信息生成的环境及会计报表编制所遵循的会计政策对分析人员得到正确的结论具有重要意义。

比较常见的会计报表分析方法是审阅分析法、比率分析法、趋势分析法、结构分析法和比较分析法等。审阅分析法是分析人员阅读会计报表数据及与会计报表数据相关的资料，边阅读、边思考、边下结论，从而评价企业的财务状况、经营成果和现金流动情况的会计报表分析方法。比率分析法是把会计报表中的一个或多个项目与其他项目进行对比，求得会计报表分析所需要的比率指标值，从而揭示会计报表项目之间的内在逻辑关系，评价企业的偿债能力、盈利能力和资产运营能力的一种会计报表分析方法。反映偿债能力方面的比率指标主要有流动比率、速动比率、现金比率、资产负债率、权益乘数和利息保障倍数等；反映盈利能力方面的比率指标主要有销售收入利润率、毛利率、总资产报酬率、净资产收益率、每股收益、市盈率和每股经营活动获得的现金流量净额等；反映资产运营

能力方面的比率指标主要有应收账款周转率及其周转期、存货周转率及其周转期、应付账款周转率及其周转期、固定资产周转率及其周转期、总资产周转率及其周转期等；反映企业综合经营绩效的财务指标主要是净资产收益率和企业内在增长率。

用趋势分析法、结构分析法和比较分析法也能够帮助会计报表分析人员获得十分有用而恰当的结论。会计报表的各种分析方法各有利弊，综合运用可以取得令人满意的效果。

☞ 关键名词

会计报表分析　流动比率　速动比率　资产负债率　销售收入利润率　资产报酬率　净资产收益率　应收账款周转率　存货周转率　应付账款周转率　固定资产周转率　总资产周转率

☞ 思考题

1. 会计报表分析能够解决所有的财务判断和评价问题吗？
2. 会计报表分析应该注意哪些问题？
3. 试说明会计报表审阅分析法的优缺点。
4. 试说明会计报表比率分析法的优缺点。
5. 有人说："会计报表信息不得不信，也不得全信！"你同意这种说法吗？
6. 综合分析企业经营绩效的财务指标有哪些？如何运用这些指标？
7. 亚伯拉罕·比尔拉夫认为："会计报表犹如名贵香水，只能细细品鉴，而不能生吞活剥。"如何理解这句话的意思？
8. 一个企业的经营活动具有季节性波动的特点，年度业务的最高点出现在 10 月份，最低点出现在 6 月份。你认为该公司哪个月的流动比率最高？请说明该公司的季节性波动对公司上半年有关财务指标的影响。

☞ 练习题

一、判断题

1. 财务报表分析的基本资料就是资产负债表、利润表和现金流量表。（　）
2. 多种会计报表分析方法是重复的，分析只选择其中一种就行。（　）
3. 从投资者的经济利益出发，企业应尽可能多计提盈余公积。（　）
4. 利润表趋势分析就是对多个会计期间企业的盈利水平及其变动趋势进行分析，从绝对值角度判断影响企业净利润变动的主要原因。（　）
5. 会计报表数据可以真实地反映一个企业管理当局的经营能力和努力程度。（　）
6. 流动比率与企业的短期偿债能力成正比。（　）
7. 一般来讲，在销售规模一定的情况下，存货周转速度越快，存货的占用水平越低。（　）

8. 较长的平均收账期说明所有客户还款时间的拖延。（   ）

9. 净资产收益率反映企业所有者投入资本的获利能力，但较高的净资产收益率会阻碍所有者权益最大化的实现。（   ）

二、单项选择题

1. 以下指标中反映企业盈利能力的指标是（   ）。
   A. 资产负债率　　　　　　　　B. 利息保障倍数
   C. 销售毛利率　　　　　　　　D. 总资产周转率

2. 在计算速动比率时，要从流动资产中扣除存货后再除以流动负债，扣除存货的原因不包括（   ）。
   A. 可能存在部分存货已经损坏但尚未处理的情况
   B. 部分存货已抵押给债权人
   C. 可能存在成本与合理市价相差悬殊的存货估价问题
   D. 存货可能采用不同的计价方法

3. 下列财务指标中，能用来分析企业短期偿债能力的是（   ）。
   A. 资产负债率　　　　　　　　B. 流动比率
   C. 现金利润率　　　　　　　　D. 应收账款周转率

4. 某企业年度末流动负债为 50 万元，年初存货为 40 万元，全年销售成本为 120 万元，年末流动比率为 2.5，速动比率为 1.3，则该年度存货周转次数为（   ）。
   A. 6　　　　　B. 2.5　　　　　C. 2.4　　　　　D. 1.56

5. 从股东的立场看，下面最重要的是（   ）。
   A. 资产报酬率持续高于同行业水平
   B. 净利润增长快于总资产增长
   C. 资产报酬率高于贷款利率
   D. 几年来净资产收益率连年增长

6. 基于比较分析法的比较标准，下列各项具有可比性的是（   ）。
   A. 中国石油的销售利润率与中国石化的成本费用率
   B. 家乐福超市与麦当劳的销售额
   C. 苏宁电器本年一季度利润额与上年年度利润额
   D. 百度本年一季度利润指标与本年一季度计划利润指标

三、多项选择题

1. 影响资产净利率形成的因素有（   ）。
   A. 制造成本　　B. 所得税　　C. 应付票据　　D. 应付账款

2. 反映企业资产运营能力的指标有（   ）。
   A. 应收账款周转率　　　　　　B. 应付账款周转率
   C. 存货周转率　　　　　　　　D. 净资产收益率

3. 直接影响净资产收益率的财务指标有（   ）。
   A. 销售收入利润率　　　　　　B. 总资产周转率
   C. 应收账款周转率　　　　　　D. 权益乘数

4. ( )越高,说明公司支付现金股利的保障程度越大。
   A. 现金流动负债比率　　　　B. 现金流量现金股利比率
   C. 现金到期债务比率　　　　D. 现金负债总额
5. 债权人进行财务分析的目的通常包括( )。
   A. 是否给企业提供信用　　　B. 是否投资
   C. 是否要提前收回债权　　　D. 改善企业经营

四、业务题

1. 某公司20×2年度财务报告如下,请运用各比率的计算公式求得(1)~(20)中的数值。

利润表(合并)部分数据　　　　　　　　　(单位:万元)

	20×2年度	20×1年度
营业收入	(1)	385
营业成本	603	283
销售费用	37	(2)
管理费用	64	25
净利润	(3)	69

资产负债表(合并)部分数据　　　　　　　(单位:万元)

	20×2.12.31	20×1.12.31
货币资金	(4)	218
交易性金融资产	——	10
应收票据	7	——
应收账款	149	(5)
存货	250	130
其他流动资产	662	484
流动资产合计	(6)	(8)
非流动资产合计	464	(9)
资产总计	1376	(10)
流动负债合计	(7)	233
长期负债合计	109	5
负债合计	(11)	238
股东权益合计	(12)	(13)
负债及股东权益合计	1376	(10)

财务报告中所列示的主要会计指标如下：

	20×2 年度	20×1 年度
营运资金(万元)	314	(14)
流动比率	1.53	(15)
速动比率	1.11	2.08
资产负债率(%)	(16)	30.27
应收账款周转率	7.48	8.59
存货周转率	(17)	3.10
毛利率(%)	25	(18)
销售费用率(%)	(19)	3
管理费用率(%)	8	6
净利润率(%)	13	(20)

2. 某公司 2×17 年度财务报表主要资料如下：

资产负债表

20××年 12 月 31 日　　　　　　　　　　单位：千元

资　产		负债及所有者权益	
库存现金(年初 764)	310	应付账款	516
应收账款(年初 1156)	1 344	应付票据	336
存货(年初 700)	966	其他流动负债	468
流动资产合计	2 620	流动负债合计	1 320
固定资产(年初 1170)	1 170	长期负债	1 026
		实收资本	1 444
资产总额(年初 3790)	3 790	负债及所有者权益	3 790

利润表

20××年　　　　　　　　　　　　　　　单位：千元

项　目	金　额
销售收入	6 430
销售成本	5 570
毛利	860
管理费用	580

第五节 会计报表分析应注意的问题

续表

项　目	金　额
利息费用	98
税前利润	182
所得税	72
净利润	110

要求：（1）填列下表中该公司的财务比率（天数计算结果取整）

比　率	本公司	行业平均数
流动比率	（　）	1.98
资产负债率	（　）	62%
利息保障倍数	（　）	3.8
存货周转率	（　）	6次
平均收账期	（　）	35天
固定资产周转率	（　）	13次
总资产周转率	（　）	3次
销售净利率	（　）	1.3%
资产净利率	（　）	3.4%
权益净利率	（　）	8.3%

（2）与行业平均财务比率比较，说明该公司经营管理中可能存在的问题。

3. 下面是某企业四个相近年度的部分财务数据，请采用趋势分析法对该公司的财务趋向进行分析：

单位：元

项目名称	第一年	第二年	第三年	第四年
主营业务收入	165 164 458.94	232 996 256.45	263 764 433.61	348 204 399.73
营业利润	26 665 847.63	34 388 250.68	35 096 267.67	44 436 816.60
净利润	28 800 694.91	42 477 720.53	39 469 315.97	49 832 639.79
应收账款	63 550 662.63	136 925 184.11	234 869 743.65	439 415 651.65

第十一章 会计报表分析

☞ **案例讨论题**

资料：下表是20××年汽车业上市公司的资产规模、净资产规模及资产负债率：

公司名称	总资产(元)	净资产(元)	资产负债率(%)	差异(%)
S公司	80 567 527 495.90	64 368 090 701.95	20.11	100
一汽轿车	16 454 930 212.34	8 741 993 887.46	46.87	233.07
东风汽车	10 163 217 121.18	5 258 809 912.44	48.26	239.98
福田汽车	24 555 093 023.22	8 011 469 358.39	67.37	355.01
长安汽车	25 888 865 127.33	11 711 404 532.59	54.76	272.30
江淮汽车	14 709 743 031.55	5 282 672 285.00	64.09	318.70

（上面有关财务指标数值是根据上市公司披露的年报计算而得，笔者注）

问题：

1. 与同行业的其他汽车公司相比，S公司的长期偿债能力如何？
2. 在企业财务分析实践中评价长期偿债能力时是否应对企业盈利能力以及现金流量进行分析？长期偿债能力与盈利能力之间是否存在矛盾？

第十二章 会计准则

◎ 学习目标

通过本章学习，你应该能够：
1. 理解会计准则的概念和作用；
2. 理解各项会计核算前提的概念和意义；
3. 理解各项会计核算原则的概念和意义；
4. 了解会计核算前提和会计核算原则在会计实务中的运用；
5. 理解会计确认的概念和确认标准；
6. 理解会计计量的计量单位和计量属性。

第一节 会计准则概述

一、会计准则的概念和作用

会计准则是会计人员执行会计活动所应遵循的规范和标准，也是对会计工作进行评价和鉴定的依据。它通过对经济业务的确认、计量、记录和报告等方面作出规定，来指导和规范企业的会计核算，以保证会计信息的质量。

会计准则在现代社会中具有重要的作用。首先，会计准则是反映经济活动，约束和规范财务会计行为的技术规范，是生成和提供会计信息的重要依据。其次，会计准则是资本市场的一种重要的游戏规则，是实现社会资源优化配置的重要依据。另外，会计准则还是协调各方经济利益的一种机制。

二、会计准则的产生和发展

(一) 美国公认会计准则的产生和发展

会计准则最早产生于美国。19世纪60年代以后，资本主义经济急剧发展，股份制企业在这一经济背景下得到了长足的发展。由于经营权和所有权的分离，在企业内部形成了不同的利益集团。这些利益集团与企业之间存在着直接或间接的利害关系，都不同程度地关心企业的财务状况和经营成果，因此需要企业对外发布会计信息，以供他们做出决策。但此时会计核算并没有统一的规范标准，企业可以自己规定会计处理的程序，自己选择会计政策。各个企业所采用的会计核算方法千差万别，从而使得企业提供的会计报表缺乏可比性，甚至一些企业为了经营上的某种目的，在会计核算上弄虚作假，提供虚假会计信息，严重损害了投资者利益。

1929—1933年资本主义国家发生了严重的经济危机，这一危机使人们认识到，企业弄虚作假、提供失真的会计报表客观上对金融证券市场的混乱和经济危机起到了推波助澜的作用。危机过后，美国开始加强了对证券市场的管理，1933年和1934年美国国会相继通过了《证券法》和《证券交易法》，规定上市公司必须执行统一的会计核算方法和程序。1936年，美国会计师协会的一个下属委员会首次提出了"公认会计原则"(GAAP)的概念；1938年，美国会计准则制定机构会计程序委员会成立，并负责"公认会计原则"的制定，这标志着美国进入了有组织、有意识地制定会计准则的阶段。1959年会计程序委员会改组为会计原则委员会，1973年美国又在会计原则委员会的基础上，成立了独立性更强、代表性更为广泛的财务会计准则委员会(FASB)。财务会计准则委员会的成立，标志着美国会计准则的制定进入了一个崭新的发展阶段。时至今日，财务会计准则委员会已先后发布了八份财务会计概念公告和若干份财务会计准则公告及有关解释和其他文件。这些公告、文件实质上就是美国现行的公认准则。

(二)国际会计准则的产生和发展

当今世界，经济全球化的趋势越来越明显，各国经济活动都从国内走向全球，都在积极参与国际经济技术的交流与合作，越来越多的公司通过国际资本市场筹集资金。但是由于各国的会计准则存在相当大的差异，所提供的会计信息严重缺乏可比性，这必然增大资本市场的交易成本，并在一定程度上阻碍了国际间的交流与合作。因此，如何使各国的会计准则和制度协调起来，建立一套全球通用的国际会计准则就成为必要。于是，在1973年6月，由来自美国、英国、日本、德国、加拿大、法国、墨西哥、荷兰等国家的会计职业团体联合发起成立了国际会计准则委员会。国际会计准则委员会成立后，一直致力于推进国际会计准则的协调与趋同。在其成立之初，国际会计准则委员会制定和颁布了大量的国际会计准则，作为会计处理的规范。为了更好地促进国际会计的协调和趋同，从1997年开始，国际会计准则委员会开始实施战略改组，并于2001年3月宣告完成。改组后的国际会计准则委员会更名为国际会计准则理事会，并于2001年开始运作。国际会计准则理事会旨在制订高质量、易于理解和具可行性的国际财务报告准则和国际会计准则。

迄今为止，已有越来越多的国家要求上市公司和部分国内企业将国际财务报告准则和国际会计准则作为会计核算和会计报告的规范，以使本国的会计准则与国际财务报告准则和国际会计准则之间的差异化达到最小，从而实现各国公司之间会计信息的可比性。

(三)我国会计准则的产生和发展

我国对会计准则的研究和制定工作，是从20世纪80年代初开始的。1988年10月，财政部会计司成立了"会计准则课题组"，具体负责我国会计准则的制定工作。在"会计准则课题组"成立后不久，财政部会计司于1989年3月发布了《关于拟定中国会计准则的初步设想(讨论稿)》和《关于拟定我国会计准则需要讨论的几个主要问题(征求意见稿)》两份文件，这是由会计准则制定机构发布的两份最早的公开性文件。在此基础上财政部会计司于1991年11月发布了《中华人民共和国会计准则(草案)提纲》，之后对其进行了两次修订。1992年2月，财政部在深圳召开了第一次会计准则国际研讨会，召集了来自国务院等有关政府部门、会计学术界和部分大专院校的学者，还邀请了国际会计准则委员会的有关负责人，对修订后的草案进行广泛而深入的研讨。经过前述精心而广泛的准备后，1992年11月30日，经国务院批准，时任财政部部长刘仲藜正式签发了《企业会计准则——基本准则》，要求于1993年7月1日起实行，这标志着我国会计准则的正式诞生。在基本准则发布后，我国又陆续发布了一系列具体会计准则。

尽管这些会计准则的颁布和实施极大地提高了我国会计发展水平，推动了经济的发展，但是我国会计准则与国际会计准则和国际财务报告准则之间仍存在巨大差异，内容上也极不完整，这与我国经济的国际化程度、与我国的改革开放政策很不适应，一定程度上还阻碍了国际经济交流，影响了经济发展的速度。为此，我国财政部组织国内外专家进行认真研究，积极参与国际会计协调，加紧会计准则的修订和制定，于2006年颁布了经修订和制定的《企业会计准则——基本准则》和38项企业会计准则（具体会计准则）。企业会计准则体系的发布，标志着与我国经济发展进程相适应、与国际财务报告准则趋同的企业会计准则体系的正式建立，是我国会计发展史上新的里程碑。

但近年来，国内外会计环境发生了巨大变化，国际会计组织对其会计准则进行了部分修订与完善。为保持我国企业会计准则与国际财务报告准则的持续趋同，财政部根据我国国内企业和资本市场发展的实际需要，在借鉴国际财务报告准则的基础上，对《企业会计准则——基本准则》和部分具体会计准则进行了修订，并制定了一些新的具体会计准则。截至2024年，财政部共发布和修订了42项具体会计准则，将在下面做具体介绍。

三、我国企业会计准则体系的构成和基本内容

(一)我国企业会计准则体系的构成

我国企业会计准则体系由基本准则、具体准则和应用指南三部分内容构成。这三部分内容具有明显的层次性。基本准则处于会计准则的最高层次，它是制定具体准则和应用指南的依据，也是指导会计实务的规则。具体准则处于会计准则体系的第二个层次，它是基本准则的要求在具体业务上的落实。应用指南是具体准则特定内容的细化，应用指南不得突破具体准则对有关问题的规定。

企业会计准则体系的这三个层次既相互联系又各有分工。基本准则在整个准则体系中起统驭作用，主要规范会计目标、会计基本假定、会计信息的质量要求、会计要素的确认和计量等。具体准则主要解决各类企业经济业务确认、计量、计录和报告的问题。应用指南主要解决会计准则的实际运用问题，为会计准则的实际运用提供会计科目和会计报表方面的指导。

(二)我国企业会计准则体系的主要内容

1. 基本准则的主要内容

《企业会计准则——基本准则》包括11章，共50条。第一章"总则"主要规定制定基本准则的目的、会计准则的适用范围、编制财务会计报告的目标和会计核算的基本前提；第二章"会计信息质量特征"主要规定会计核算应该遵循的一些基本原则；第三章到第八章分别是"资产""负债""所有者权益""收入""费用"和"利润"，这六章主要是阐述6个会计要素的含义和确认标准；第九章"会计计量"重点规定会计计量的属性；第十章"财务会计报告"规定了财务会计报告的含义和组成内容；第十一章"附则"规定准则的解释权和

施行时间。

2. 具体会计准则的主要内容

具体会计准则分为一般业务准则、特殊行业的特定业务准则和报告类准则。

一般业务准则主要规范各类企业普遍适用的一般经济业务的确认和计量，如存货、固定资产、投资、无形资产、资产减值、借款费用、收入、外币折算等准则项目。

特殊行业的特定业务准则主要规范特殊行业中特定业务的确认和计量，如石油天然气开采、农业、金融工具和保险合同等准则项目。

报告准则主要规范普遍适用于各类企业的通用报告类准则，如现金流量表、合并财务报表、中期财务报告、分部报告等准则项目。

从 2006 年开始，财政部发布和修订了一系列会计准则，包括：

企业会计准则第 1 号——《存货》；

企业会计准则第 2 号——《长期股权投资》；

企业会计准则第 3 号——《投资性房地产》；

企业会计准则第 4 号——《固定资产》；

企业会计准则第 5 号——《生物资产》；

企业会计准则第 6 号——《无形资产》；

企业会计准则第 7 号——《非货币性资产交换》；

企业会计准则第 8 号——《资产减值》；

企业会计准则第 9 号——《职工薪酬》；

企业会计准则第 10 号——《企业年金基金》；

企业会计准则第 11 号——《股份支付》；

企业会计准则第 12 号——《债务重组》；

企业会计准则第 13 号——《或有事项》；

企业会计准则第 14 号——《收入》；

企业会计准则第 15 号——《建造合同》；

企业会计准则第 16 号——《政府补助》；

企业会计准则第 17 号——《借款费用》；

企业会计准则第 18 号——《所得税》；

企业会计准则第 19 号——《外币折算》；

企业会计准则第 20 号——《企业合并》；

企业会计准则第 21 号——《租赁》；

企业会计准则第 22 号——《金融工具确认和计量》；

企业会计准则第 23 号——《金融资产转移》；

企业会计准则第 24 号——《套期会计》；

企业会计准则第 25 号——《保险合同》；

企业会计准则第 26 号——《再保险合同》；

企业会计准则第 27 号——《石油天然气开采》；

企业会计准则第 28 号——《会计政策、会计估计变更和差错更正》；

企业会计准则第 29 号——《资产负债表日后事项》；

企业会计准则第 30 号——《财务报表列报》；

企业会计准则第 31 号——《现金流量表》；

企业会计准则第 32 号——《中期财务报告》；

企业会计准则第 33 号——《合并财务报表》；

企业会计准则第 34 号——《每股收益》；

企业会计准则第 35 号——《分部报告》；

企业会计准则第 36 号——《关联方披露》；

企业会计准则第 37 号——《金融工具列报》；

企业会计准则第 38 号——《首次执行企业会计准则》；

企业会计准则第 39 号——《公允价值计量》；

企业会计准则第 40 号——《合营安排》；

企业会计准则第 41 号——《在其他主体中权益的披露》；

企业会计准则第 42 号——《持有待售的非流动资产、处置组和终止经营》。

3. 会计准则应用指南的主要内容

会计准则应用指南主要包括对具体准则的解释、会计科目的设置以及主要账务处理的方法等。

4. 企业可持续披露准则

为了响应全球对环境、社会和治理(ESG)问题的关注，加强企业可持续信息披露，以满足投资者、债权人和监管部门等利益相关方对企业可持续信息的需求，2024 年 5 月，财政部会同外交部、国家发展和改革委员会、工业和信息化部、生态环境部、商务部、中国人民银行、国务院国资委、金融监管总局、中国证监会等 9 部门共同发布了《企业可持续披露准则——基本准则(征求意见稿)》。该准则包括总则、披露目标与原则、信息质量要求、披露要求、其他披露要求、附则共六章。企业可持续披露准则的制订和发布将改变我国企业可持续信息披露缺乏统一标准和规范的状况。企业可持续披露准则制订工作的两个阶段目标是：到 2027 年，中国企业可持续披露基本准则和气候相关披露准则相继出台；到 2030 年，国家统一的可持续披露准则体系基本建成。

第二节 会计核算的前提

会计核算的前提又称会计假设，是指企业会计确认、计量和报告的前提，是对会计核算所处时间、空间环境等所作的合理设定。

会计核算前提是对会计信息系统运行所依存的客观环境中与会计相关的因素所进行的抽象与概括，是会计信息系统运行与发展的基本前提和制约条件。没有会计核算的前提，就没有完整的会计理论基础，就无法有效地研究和设定会计原则。如前所述，现代会计分为财务会计和管理会计两大体系，财务会计主要是为企业的外部利害关系人提供财务信息的，当然，这些信息也同时为企业内部管理者所利用。为了保证对外报告信息的有用性，必须对会计核算作出较为严格的规范，会计核算前提本身也是极其重要的会计规范。因此，我们常说的会计核算前提主要是针对财务会计而言的。

从会计核算前提的构成内容而言，我国许多会计学者认为会计核算前提包括会计主体、持续经营、会计分期和货币计量。国际会计准则理事会在《编报财务报表的框架》中列出的基本会计核算前提只有权责发生制和持续经营两项。我国颁布的《企业会计准则——基本准则》中会计核算前提主要有5项，即会计主体、持续经营、会计分期、货币计量和权责发生制。

一、会计主体

会计主体又称会计实体或会计个体，是指在经营上或经济上具有独立性或相对独立性的核算和报告单位。一般来说，凡拥有独立的资金、自主经营、独立核算收支和盈亏并编制会计报表的单位或组织就构成了一个会计主体。明确会计主体是开展会计确认、计量和报告工作的重要前提。我国《企业会计准则——基本准则》第五条明确规定：企业应当对其本身发生的交易或者事项进行会计确认、计量和报告。从该规定可以看出，会计主体规定的是会计核算的空间范围和界限，它明确区分了一个会计主体与另一个会计主体之间的经济业务和事项，以及这些业务和事项背后的经济利益；明确区分了一个会计主体与其所有者之间的经济利益关系。

需要注意的问题是，会计主体不同于法律主体。一般来说，法律主体必然是一个会计主体，但是会计主体不一定是法律主体。例如，就企业集团而言，它是由若干具有法人资格的企业组成，各个企业既是独立的会计主体也是法律主体，要想全面反映整个集团的财务状况、经营成果和现金流量情况，还应编制该集团的财务报表，在这种情况下，尽管企业集团不属于法律主体，但属于会计主体。随着科学技术的进步，会计主体的形式将会不断地发生变化，比如虚拟企业、网络站点都有可能成为新的会计主体形式。但不管怎么变化，会计主体的本质内涵和基本功能是不会发生改变的。

二、持续经营

持续经营，是指在可以预见的将来，企业将会按当前的规模和状态继续经营下去，既不会停业，也不会大规模削减业务。从企业经营的时间来看，存在两种可能：一种是企业在近期可能面临破产清算；另一种是在可以预见的未来，企业会持续经营下去。不同的可能性决定了企业要采用不同的方法进行核算。一般来说，尽管任何企业都存在破产、清算的可能性，但不可能预见何时破产、清算，而且从企业经营实践来看，绝大多数企业确实都能经营下去，破产、清算毕竟是少数。因此，我国《企业会计准则——基本准则》第六条明确规定：企业会计确认、计量和报告应当以持续经营为前提。

持续经营为会计核算工作正常选择和确定会计处理方法和会计原则提供了理论依据。如果一个企业在不能持续经营时还假定企业能够持续经营，并仍按持续经营前提选择会计处理方法和会计原则，就不能客观地反映企业的财务状况、经营成果和现金流量，会误导会计信息使用者的决策。

三、会计分期

会计分期,是指将一个企业持续经营的生产经营活动划分为一个个连续的、长短相同的期间。为了及时地提供决策所需的财务及其相关信息,应当合理地划分会计期间,即进行会计分期。只有按照会计分期前提进行会计核算和报告,才能确保会计信息的及时提供,才能确保会计信息的有用性。我国《企业会计准则——基本准则》第七条明确规定:企业应当划分会计期间,分期结算账目和编制财务会计报告。

会计期间一般分为年度和中期。中期是指短于一个完整的会计年度的报告期间。因此,企业除了提供年度报告外,根据管理的需要还可以划分出其他的会计期间,如根据需要提供半年度报告、季度报告和月度报告。在计算机技术迅速发展的今天,为了更好地为决策者服务,及时提供会计信息,会计期间呈现出越来越短的趋势,有些企业开始提供周报、日报,有些企业甚至提供实时财务报告。

四、货币计量

货币计量,是指在会计核算中,采用货币作为最基本的计量单位反映会计主体的生产经营活动。之所以选择货币作为基本的计量单位,是由货币的本身属性决定的。货币是商品的一般等价物,是衡量一般商品价值的共同尺度,具有价值尺度、流通手段、贮藏手段和支付手段等特点。其他计量单位,如重量、长度等,只能从一个侧面反映企业的生产经营情况,无法在量上进行汇总和比较,不便于会计计量和经营管理。只有选择货币尺度进行计量,才能充分反映企业的生产经营情况。因此,我国《企业会计准则——基本准则》第八条明确规定:企业会计应当以货币计量。

货币作为会计的计量单位,其价值必须是稳定的,否则就无法对经济交易和事项进行度量。因此,在货币计量前提下一般包含币值稳定的假定。一般情况下,我国企业的会计核算和报告以人民币为记账本位币。业务收支以人民币以外的货币为主的企业,可以选定其中一种货币作为记账本位币,但是在编报财务会计报告时应当将其折算为人民币。

在有些情况下,统一采用货币计量也有缺陷,某些影响企业财务状况和经营成果的因素,如企业经营战略、研发能力、市场竞争力等,往往难以用货币计量,但这些信息对于使用者决策也很重要,企业可以在财务报告中补充披露有关非财务信息来弥补上述缺陷。

五、会计核算和报告的其他前提

除了会计主体、持续经营、会计分期和货币计量外,会计核算还有一些前提条件。比如国际会计准则理事会在《编报财务报表的框架》中将"权责发生制"作为会计的前提假设列示;我国《企业会计准则——基本准则》也在第九条中明确规定:企业应当以权责发生制为基础进行会计确认、计量和报告。权责发生制,又称为应计制,是指凡是当期已经实现的收入和已经发生或应当负担的费用,不论款项是否收付,都应当作为当期的收入和费用;凡是不属于当期的收入和费用,即使款项已在当期收付,也不应当作为当期的收入和费用。权责发生制的本质就是以"权利"和"责任"的转移与否作为会计确认和会计报告的标准,权责发生制作为会计核算和报告的基础贯穿于各个会计要素的确认与报告中,又以收入和费用的确认和报告为典型。

在提供会计信息方面，权责发生制会计基础具有独特的优势，因为根据权责发生制编制的会计报表，不仅告诉使用者过去发生的、关系到现金收付的交易，而且告诉它们未来支付现金的义务和代表未来将要收到现金的资源。

在会计核算和报告前提方面，我国《企业会计准则——基本准则》还列出了两项重要的规定：一是企业应当按照交易或者事项的经济特征确定会计要素。会计要素包括资产、负债、所有者权益、收入、费用和利润。二是企业应当采用借贷记账法记账。

第三节 会计核算的原则

一、会计核算原则的概念

会计核算的原则，又称会计原则、会计信息质量特征，是对会计实践进行长期归纳和总结的结晶，是为了保证会计信息的有用性，提高会计信息的质量，对会计确认、会计计量、会计记录和会计报告所做出的一系列基本规范。

在会计准则体系中，会计原则是会计假设的延伸，没有持续经营假设和权责发生制会计基础，就不会有会计信息相关性的说法；没有会计分期假设，就不会有及时性的概念。因此，会计原则将会计核算与报告的基本假设和会计的具体核算规则连接起来；将实现会计目标的要求具体化，一套科学完整的会计原则有利于确保会计信息质量；会计原则还是制定一系列具体会计准则的基础，同时也是检验会计信息质量和具体会计准则执行情况的依据。

从我国《企业会计准则——基本准则》的规定看，会计原则是以"会计信息质量要求"的形式出现的，主要包括可靠性、相关性、可理解性、可比性、实质重于形式、重要性、谨慎性和及时性等要求，这些要求实质上就是会计核算和报告必须遵循的原则。除此之外，在会计核算中会计人员还需要认真遵循成本原则、实现原则、配比原则、划分收益性支出和资本性支出的原则等。只有认真理解了会计原则的精神，执行了会计原则的要求，才能保质保量地完成好会计核算和会计报告工作。

二、会计核算原则的内容

下面根据我国《企业会计准则——基本准则》的规定介绍重要会计原则的内容，然后再说明会计核算中需要遵循的其他会计原则或要求。

(一) 可靠性原则

真实可靠是会计信息的生命线，是会计信息对决策有用的重要保障。我国《企业会计准则——基本准则》明确规定：企业应当以实际发生的交易或者事项为依据进行会计确认、计量和报告，如实反映符合确认和计量要求的各项会计要素及其他相关信息，保证会计信息真实可靠、内容完整。具体而言，可靠性原则具体包括以下要求：会计反映的交易和事项必须真实发生，记载交易和事项的会计凭证要可靠，根据真实的交易和事项以及真实会计凭证编制的会计报表要公允，反映财务状况、经营成果和现金流动的情况要完整，不得弄虚作假、欺骗会计信息使用者。为了提高会计信息的透明度，现代会计要求会计主体按照充分披露的精神提供会计信息。

(二) 相关性原则

相关性是会计信息的又一重要特征，也是会计核算和报告必须遵循的基本会计原则。我国《企业会计准则——基本准则》明确规定：企业提供的会计信息应当与财务会计报告使用者的经济决策需要相关，有助于财务会计报告使用者对企业的过去、现在或者未来的情况做出评价或者预测。会计信息的价值在于其对决策有用，如果一个会计主体提供的会计信息缺乏对决策的影响，会计信息就没有相关性，会计信息就失去存在的价值。具体地，只有具备预测价值、反馈价值和及时性的会计信息才具有相关性的特征。所谓预测价值是指会计信息能够帮助使用者预测未来事项的结果，以便做出自己的最优决策；反馈价值是指使用者可以根据会计信息证实或否定自己过去已有的预测结果，并修正自己已有的决策；及时性是指会计信息在失去其对决策的作用之前，必须已经为使用者所拥有并使用。在我国，会计信息的使用者主要是投资者、债权人、政府及其有关部门和社会公众等，因此，相关性原则就是要使会计核算和报告形成的信息有助于他们做出各种各样的经济决策。

(三) 可理解性原则

可理解性原则是指企业提供的会计信息应当清晰明了，便于财务会计报告使用者理解和利用。只有清晰明了的会计信息才能被人理解，"可理解"是会计信息有用的前提，正因为如此，美国财务会计准则委员会在《财务会计的概念》第二集《会计信息的质量特征》中将"可理解性"放在"决策有用性"之上。所以，会计人员在提供会计信息时应该坚持可理解性原则，按照简明、易懂的要求，力求使会计信息使用者容易理解和接受。

(四) 可比性原则

为了明确企业财务状况和经营成果的变化趋势，使用者必须能够比较一个企业不同时期的会计报表。为了评估不同企业相对的财务状况、经营成果和现金流量，使用者还必须能够比较不同会计主体之间的会计报表。这就要求会计核算和报告工作遵循可比性的原则。我国《企业会计准则——基本准则》明确规定：企业提供的会计信息应当具有可比性。具体而言，可比性包括两层含义：首先，同一企业不同时期发生的相同或者相似的交易或者事项，应当采用一致的会计政策，不得随意变更。确需变更的，应当在附注中说明。有些学者将可比性在这个方面的规定称为一致性或一贯性。其次，不同企业发生的相同或者相似的交易或者事项，应当采用规定的会计政策，确保会计信息口径一致，相互可比。

可比性暗含了一个要求：会计主体在提供会计报表时，应当同时把编制会计报表所采用的会计政策、这些政策的变动和变动的影响告诉使用者，以便使用者能够辨别同一会计主体在不同时期以及不同会计主体对相同的交易和其他事项所采用的会计政策之间的差别及其影响，从而更好地利用会计信息。而且，使用者一般都希望比较同一个会计主体在不同时期的财务状况、经营成果和现金流动情况，因此，会计报表反映以前各期的对应信息也是重要的。坚持会计核算和报告的可比性原则，可以使投资者、债权人和其他会计信息使用者更为方便地分析利用会计信息，从而帮助他们做出正确的判断与决策。

(五) 实质重于形式原则

会计信息要想真实反映其拟反映的交易或者事项，就必须根据交易或者事项的实质和经济现实，而不是仅仅根据这些交易或者事项的法律形式进行核算和报告。有时，交易或者事项的经济实质与法律形式并不总是一致的。比如，一个企业融资租赁租入固定资产，从法律形式上看，该资产的所有权并未发生转移，但是从经济实质看，该资产上所内含的报酬和风险已经发生转移，企业应该将该项固定资产视为自有固定资产管理，将该固定资产记录入账，并按期计提折旧。

我国《企业会计准则——基本准则》明确规定：企业应当按照交易或者事项的经济实质进行会计确认、计量和报告，不应仅以交易或者事项的法律形式为依据。只有认真坚持实质重于形式的会计核算和报告原则，才不会误导会计信息的使用者。

（六）重要性原则

会计信息的提供是有成本的，因此，会计主体在提供会计信息时，既要考虑信息的完整性，还得考虑信息的重要性。我国《企业会计准则——基本准则》明确规定：企业提供的会计信息应当反映与企业财务状况、经营成果和现金流量等有关的所有重要交易和事项。重要性原则要求：对资产、负债、损益等有较大影响，进而影响财务会计报告使用者据以做出合理判断的重要会计事项，必须按照规定的会计方法和程序进行处理，并在财务会计报告中予以充分的披露；对于次要的会计事项，在不影响会计信息真实性、完整性和不至于误导会计信息使用者做出正确判断的前提下，可适当简化处理。

重要性取决于需做判断项目的大小或在会计信息出现省略或发生误报的特定情况下，所导致差错的大小。如果会计信息的省略或误报会影响使用者根据会计报表做出经济决策，会计信息就具有重要性。一般地，会计交易或事项是否重要可以从质和量两个方面进行判断：从性质方面看，一项交易或事项对会计信息使用者的决策有较大影响时，该交易或事项就是重要的，否则，就不重要；从数量方面看，当一项交易或事项达到一定规模时，就可能对会计信息使用者的决策产生较大影响，该交易或事项就是重要的，否则，就不重要。遵循重要性原则进行会计核算和报告，既可以保证会计信息的有用性，又可以节约会计信息的加工成本。

（七）谨慎性原则

谨慎性一直是会计核算和报告工作的原则与惯例。谨慎是指在有不确定因素的情况下做出所要求的估计时，在判断中加入一定程度的谨慎，以便既不虚计资产或收益，也不少计负债和费用。具体地，谨慎性原则要求会计人员只有在"相当确定"（reasonably certain）的条件下才能确认资产和收益；但是，在"相当可能"（reasonably possible）的条件下就应该确认负债和费用。对各项资产减值及时做出处理就是谨慎性原则在会计核算中的具体运用。坚持谨慎性原则可以保证企业报送的会计信息中所反映的所有者权益和净收益的质量。我国《企业会计准则——基本准则》明确规定：企业对交易或者事项进行会计确认、计量和报告应当保持应有的谨慎，不应高估资产或者收益、低估负债或者费用。

值得注意的是，谨慎性原则的运用并不允许企业设立秘密准备、超额准备，故意低估资产或收益，或者故意高估负债或费用等，因为按照上面做法编制的会计报表不可能是中立的，会计信息也就不可能是真实而相关的。

（八）及时性原则

提供会计信息的基本目标是使其对决策有用，只有真实和相关的会计信息才是有用的，及时性是会计信息相关性的重要保障，再真实的会计信息如果不具备及时性都将变得毫无用处；当然，我们也不能为了追求及时性，而使会计信息失去真实性，不具备真实性的"及时"信息也是没用的。我国《企业会计准则——基本准则》明确规定：企业对于已经发生的交易或者事项，应当及时进行会计确认、计量和报告，不得提前或者延后。一般地，及时性原则要求会计人员及时收集反映企业经济交易或事项的会计资料；及时对这些资料进行加工整理，按时编制出会计报表；及时将会计报表及其他应该提供的信息传递给会计信息使用者。

如何在保证会计信息的真实性和及时提供会计信息之间取得平衡是个难题。如果为了及时提供信息，在了解一项交易或事项的所有重要方面之前就做出报告，这会损害会计信息的真实性；但是，如果等到了解了一项交易或事项的所有重要方面之后再报告，信息可能极为真实、可靠，然而对于那些必须在事中进行决策的会计信息使用者而言，可能就没有多少用处。解决这一矛盾的标准是如何有效地满足会计信息使用者在经济决策过程中对会计信息的需要。

(九) 需要遵循的其他会计原则

成本原则、实现原则、配比原则和划分收益性支出与资本性支出的原则也是会计核算和报告工作需要遵循的重要原则。

成本原则是指企业取得的各项资产或承担的负债按交易发生时确定的价格登记入账。由于成本是实际发生的交易价格，交易资料容易获得、便于核查、比较客观和可靠，所以长期以来会计核算和报告坚持成本原则。在相当长时期里，对非货币性资产和负债项目，成本原则延伸到资产取得后的报告过程中；对于货币性资产和负债项目，在资产获得或负债承担之后往往按照公允价值进行后续报告。近年来，公允价值核算的趋势不断得到加强。我国《企业会计准则——基本准则》明确规定：企业在将符合确认条件的会计要素计入账并列报于会计报表及其附注时，应当按照规定的会计计量属性进行计量，确定其金额。会计计量属性主要包括历史成本、重置成本、可变现净值、现值和公允价值。而且，基本准则进一步指出：企业在对会计要素进行计量时，一般应当采用历史成本，采用重置成本、可变现净值、现值、公允价值计量的，应当保证所确定的会计要素金额能够取得并可靠计量。一般地，在成本(指历史成本)计量下，资产按照购置时支付的现金或者现金等价物的金额，或者按照购置资产时所付出的对价的公允价值计量。负债按照因承担现时义务而实际收到的款项或者资产的金额，或者承担现时义务的合同金额，或者按照日常活动中为偿还负债预期需要支付的现金或者现金等价物的金额计量。

实现原则是会计核算和报告中坚持的重要原则。所谓实现是指企业由于销售商品或提供服务而引起的现金或应收账款等现金索取权的流入。一般地，只有在销售商品或提供服务、收到现金或取得收取现金的权利，而且现金很可能流入企业时，才认定一项收入实现。实现原则说明应确认为收入的金额是能够合理确定实现的金额，有时合理确定的金额可能低于销售价格。实现原则的意义在于确保已经确认的收入能够真正变为现实。

配比原则是为了计算利润。任何一项销售都包括两个方面：收入和费用。为了准确计算利润，收入和费用这两个方面必须在同一会计期间内同时确认。也就是说，一项销售发生后，首先要确定本会计期间应该予以确认的收入数额，然后确认与这些收入相匹配的费用，从而决定本期的利润。有些费用按照具体对象直接与收入配比，有些费用按照具体对象间接与收入配比，有些费用则只能与收入进行期间配比。收入与费用配比确定营业利润的思想长期受到重视和实践，不过根据资产、负债价值变动情况确定利润的思想正日益受到人们的重视，后者确定的利润更具经济意义。

划分收益性支出与资本性支出的原则是为了正确地确定资产和费用的水平，进而正确地认定所有者权益和利润的水平。这一原则是指企业在会计核算和报告过程中，凡一项支出的效益仅与本会计年度相关，该项支出就应当作为收益性支出；凡支出的效益与几个会计年度相关，该项支出就应当作为资本性支出。收益性支出只能为本期获取效益发挥作用；资本性支出则可以为未来若干期获取效益发挥作用。在会计核算中划分收益性支出与资本性支出，就是要求企业在确认支出时要正确确定各项支出的性质，将收益性支出作为损益表项目，计入当期损益，以便正确地计算企业当期的经营成果；将资本性支出作为资产负债表项目，计入资产，以便真实地反映企业的财务状况。混淆收益性支出和资本性支出会降低会计信息的质量，影响会计信息使用者的经济决策。

第四节 会计确认

财务会计作为一个信息系统，它是由确认、计量、记录和报告四个程序组成的。会计确认作为会计信息系统中会计核算的起点，其是否正确，将直接影响到会计计量、记录和报告等其他会计核算环节。

一、会计确认的概念

会计要反映经济活动，需要从企业收集大量的经济活动所产生的数据，而这些经济数据并非全部属于会计信息系统处理对象的范围。会计处理的对象是能引起会计要素变化的各项经济业务。因此，企业各项经济业务所产生的数据是否应当在会计凭证、账簿中加以记录，以及怎样把账簿中的信息和其他数据转化为财务报告，都必须通过会计确认进行辨别和鉴定，是会计确认需要解决的问题。

首先对会计确认概念进行明确概括的是美国财务会计准则委员会（FASB），它在1984年12月发布了第5辑财务会计概念公告《企业财务报表的确认和计量》（SFAC NO.5），对会计确认的概念进行了概括。SFAC NO.5认为：确认是将一个项目，作为资产、负债、收入、费用等要素在一个主体中正式加以记录或计入主体的财务报表的过程。会计确认包括同时用文字和数字来描述一个项目，其数额包括于财务报表的合计数之内。

国际会计准则委员会在《编报财务会计的框架》中指出："会计确认是指将符合要素定义和规定的确认标准的项目计入资产负债表或损益表的过程"。

我国学者葛家澍认为："会计确认是把某个项目作为企业的资产、负债、收入、费用或其他要素正式记录或列入财务报表的过程，确认同时包括把文字和数字分别归集于账户的合计，而后应纳入财务报表的总计"。

虽然上述观点表述不一，但却都认为会计确认的目标是将符合确认标准的会计要素纳入财务报表。因此会计确认是指将交易或事项中的某一项目作为一项会计要素加以记录和列入财务报告的过程。具体来说，当一项交易或事项发生后，会计确认这一程序主要是为了帮助会计人员解决以下问题：一是通过分析和判断，确定该项交易或事项是否应由会计系统来记录和报告；二是什么时候进行记录；三是如何进行记录和报告。也就是说，会计确认主要是解决某一个项目应否确认、何时确认以及如何确认的问题。

二、会计确认的标准和步骤

(一) 会计确认的标准

一个事项要想在财务报表中正式加以确认，除了要符合会计要素的定义外，还必须达到实际确认的标准。由于财务报表是实现财务报告目标的最重要手段，对决策最有用的信息应列入财务报表，并且都要经过确认。如果信息不需要进入财务报表，则一般不需要经过确认。对符合会计报表要素的经济事项根据什么条件进行确认以及如何确认，SFAC NO.5 提供了四条基本确认标准：一是可定义性，即应予确认的项目必须符合某个会计要素的定义；二是可计量性，即应予确认的项目应具有相关并充分可靠的可计量属性；三是相关性，即项目的有关信息应能在使用者的决策中导致差别；四是可靠性，即信息应如实反映，具有可验证性和不偏不倚。

在这四个基本确认标准中，可定义性和可计量性侧重于说明能列入财务报表予以揭示的事项应具备的基本条件；可靠性和相关性则以某个项目进入财务报表能否提高财务报告的质量为依据，来决定其是否以及何时列入财务报表。一个经济事项必须同时符合这四个确认标准才能予以确认。此外，会计确认还受两个条件的约束：一是成本效益原则，即确认一个事项的预期收益应该大于提供和使用该信息的费用才是适当的；二是重要性原则，即一个事项对于报表使用者是重要的，如果不重要，则可以不在会计报表上确认。

(二) 会计确认的步骤

任何一项交易，从开始进入会计信息系统进行处理到加工形成会计报表，一般都要经过初始确认、后续确认和终止确认几个步骤。

初始确认，是指当一项交易或事项已经发生并符合确认的基本标准时就应当予以记录，或者说它主要指应否、何时和如何进行日常的会计记录。初始确认是任何一个项目的第一次确认。

后续确认，是指如果一个项目在初始确认之后发生变动（主要指它的价值发生变动）就要进行后续确认，或者说它主要指应否、何时和如何在财务报表中进行表述。后续确认一般与后续计量的含义是相似的。例如，存货在取得时应当按照历史成本进行初始确认，记录于凭证和账簿中，在资产负债表日应按照成本与可变现净值孰低对存货价值进行后续确认并记录在资产负债表中。

终止确认，是指将不再满足会计要素确认标准的项目清除的行为。例如，对达到经济使用寿命的资产进行清理处置。

三、我国会计要素的确认标准

我国虽然没有单独给出会计确认的标准，但在《企业会计准则——基本准则》中对各个会计要素的确认都做了明确说明。

(一) 资产的确认

将某个项目确认为资产，首先需要符合资产的定义。我国《企业会计准则——基本准则》将资产定义为企业过去的交易或事项形成的、由企业拥有或者控制的、预期会给企业带来经济利益的资源。但仅以资产的定义来确认具体的资产是远远不够的，还必须符合其他的确认标准。因此，基本准则进一步指出，符合本准则第二十条规定的资产定义的资源，在同时满足以下条件时，确认为资产：与该资源有关的经济利益很可能流入企业；该资源的成本或者价值能够可靠地计量。符合资产定义和资产确认条件的项目，应当列入资产负债表；符合资产定义，但不符合资产确认条件的项目，不应当列入资产负债表。例如，由于债务人的原因导致应收账款可能无法收回，与该资源有关的经济利益很可能不能流入企业，即原有资产有可能不能再为企业创造经济利益，这样的资产失去了原有价值。如果单纯按照定义确认资产并反映在资产负债表上，势必会造成资产虚增，信息失去相关性和可靠性。因此，从我国对资产确认的标准来看，也是要求其要符合可定义性、可计量性、相关性和可靠性标准的。

(二) 负债的确认

我国《企业会计准则——基本准则》将负债定义为企业过去的交易或事项形成的、预期会导致经济利益流出企业的现实义务。现实义务是指企业在现行条件下已承担的义务。未来发生的交易或事项形成的义务，不属于现实义务，不应当确认为负债。与资产确认类似，单纯从定义出发确认负债并不完善。由此，我国基本准则进一步指出，将一项现实义务确认为负债，既需要符合负债的定义，还应当同时满足以下条件，才能确认为负债：与该义务有关的经济利益很可能流出企业；未来流出的经济利益的金额能够可靠地计量。符合负债定义和负债确认条件的项目，应当列入资产负债表；符合负债定义，但不符合负债确认条件的项目，不应当列入资产负债表。

(三) 所有者权益的确认

所有者权益是指企业资产扣除负债后，由所有者享有的剩余权益。由于所有者权益体现的是所有者在企业中的剩余权益，因此所有者权益的确认主要依赖于其他会计要素，尤其是资产和负债的确认；所有者权益金额的确定也主要取决于资产和负债的计量。例如，企业接受投资者投入的资产，在该资产符合企业资产确认条件时，就相应地符合了所有者权益的确认条件；当该资产的价值能够可靠计量时，所有者权益的金额也就可以确定。

(四) 收入的确认

收入是指企业在日常活动中形成的、会导致所有者权益增加的、与所有者投入资本无关的经济利益的总流入。我国《企业会计准则——基本准则》规定，收入只有在经济利益很可能流入从而导致企业资产增加或者负债减少，且经济利益的流入额能够可靠计量时才能予以确认。符合收入定义和收入确认条件的项目，应当列入利润表。

根据 2017 年我国修订后的《企业会计准则第 14 号——收入》的规定，企业应当在履行了合同中的履约义务，即在客户取得相关商品控制权时确认收入。取得相关商品控制权，是指能够主导该商品的使用并从中获得几乎全部的经济利益。

当企业与客户之间的合同同时满足下列条件时，企业应当在客户取得相关商品控制权时确认收入：

(1)合同各方已批准该合同并承诺将履行各自义务;
(2)该合同明确了合同各方与所转让商品或提供劳务(以下简称"转让商品")相关的权利和义务;
(3)该合同有明确的与所转让商品相关的支付条款;
(4)该合同具有商业实质,即履行该合同将改变企业未来现金流量的风险、时间分布或金额;
(5)企业因向客户转让商品而有权取得的对价很可能收回。

转移控制权可以是时点确认,也可以是期间确认,前者较为容易,后者则要按照投入法或产出法按进度分期确认收入。比如,建造合同可以按照投入的成本来计算完工程度以确认收入。

(五)费用的确认

费用是指企业在日常活动中发生的、会导致所有者权益减少的、与向所有者分配利润无关的经济利益的总流出。我国《企业会计准则——基本准则》规定,费用只有在经济利益很可能流出从而导致企业资产减少或负债增加,且经济利益的流出额能够可靠计量时才能予以确认。

在实务中,一般是按照收入与费用的配比关系来对费用进行确认。具体来说主要有以下几种做法:一是因果配比,按存在因果关系的收入和费用加以配比。凡某项费用的发生导致某项收入取得时,就应在确认收入的同时确认该项费用并作为收入的扣减项目。所以企业为生产产品、提供劳务等发生的可归属于产品成本、劳务成本等的费用,应当在确认产品销售收入、劳务收入等时,将已销售产品、已提供劳务的成本等计入当期损益。二是按合理而系统的分摊方式进行配比。如果经济利益可望在若干会计期间发生,而且只能大致和间接地确定费用与收益的关系,那么在这种情况下,就应当将资产的成本合理而系统地分配为费用,按这种方式确认的费用一般称为折旧或摊销。三是期间配比。当某项费用的发生既不能根据因果关系确认,也不能合理、系统地分配,那只能在其发生时直接作为当期费用,与当期收入进行配比。

(六)利润的确认

利润是指企业在一定会计期间的经营成果。利润包括收入减去费用后的净额、直接计入当期利润的利得和损失等。

由于利润反映的是收入减去费用、利得减去损失后的净额的概念,因此利润的确认主要依赖于收入和费用以及利得和损失的确认,其金额的确定也主要取决于收入、费用、利得、损失金额的计量。

第五节 会 计 计 量

一、会计计量的概念

会计计量是指为了将符合确认条件的会计要素登记入账并列报于财务报表而确定其金额的过程。美国会计学会在其《基本会计理论说明书》中提出:会计就是要计量和传递一个经济主体的活动中的数量方面，虽然定性信息是重要的，但会计职能强调通过数量表示有意义的定量信息来增进有用性。我国学者葛家澍、林志军认为，会计计量之所以能用货币数额来表示经济主体的活动(包括经济资源和经济资源的变动)，是因为在商品经济条件下，经济活动都同价值分不开。

会计计量是会计确认的结果，如果没有会计计量，会计确认也就没有意义。同时，会计计量又是会计记录和会计报告的前提，如果没有会计计量，已经确认的经济事项就不可能以定量的金额转为会计信息并对外报告。因此，会计计量在会计核算中起着承上启下的重要作用。会计计量主要包括计量单位和计量属性两个方面，两者的不同组合形成不同的计量模式。

二、会计计量单位

会计计量单位是会计计量时所采用的计量尺度。在商品经济条件下，一般都是以货币作为标准计量尺度，所以在会计计量中最基本的计量单位就是货币计量。

作为一种计量尺度，必须保持其自身量度上的统一性，也就是说要求它的量度单位在不同时期保持稳定。但是货币作为一种特殊的商品，其本身的价值具有不稳定性，这就使得会计不可能采用单一的计量单位。从理论上说，至少可以采用两种形式的货币计量单位：

(一)名义货币计量单位

名义货币计量单位指各国主要流通货币的法定单位，如美国的美元、英国的英镑、我国的人民币等。在物价基本不变或变动幅度不太激烈(例如没有发生恶性通货膨胀)，货币单位价值变动可以忽略不计或者货币购买力变动在一定时期内可以互相抵消时，名义货币单位还是相对稳定的。因此，根据名义货币单位计量和编制财务报表，较之其他计量单位如一般购买力单位等，都更为简便，也相对可靠。所以，它在传统的会计计量中长期普遍地被人们使用。

(二)一般购买力单位

一般购买力单位指以各国货币的一般购买力或实际交换比率作为计量单位。这种计量单位要求选定一定时日的货币购买力，以此为基础调整或折算不同时期的名义货币单位，从而使不同时期的货币保持在不变的计量基础上。在物价发生激烈变动例如恶性膨胀时，采用这种计量单位表示的会计信息更为可靠。

三、会计计量属性及其应用原则

(一)会计计量属性

计量属性是指计量客体的特征或外在的表现形式，如桌子的长度、楼房的面积等。会计计量属性是指资产、负债等各个会计要素可用财务形式予以定量化反映的特点，即对会计要素进行量化的过程。美国财务会计准则委员会(FASB)认为，"每一个财务报表要素都有多种计量属性可以计量，而在编制财务报表之前，必须先确定应予以计量的属性。"FASB 在 1984 年发布的第 5 辑概念框架中，将计量属性概括为 5 种：历史成本、现行成本、现行市价、可变现净值和未来现金流量的现值。我国《企业会计准则——基本准则》

对会计计量属性也做了详细规定：企业在将符合确认条件的会计要素登记入账并列报于会计报表及其附注时，应当按照规定的会计计量属性进行计量，确定其金额。

会计计量属性主要包括：历史成本、重置成本、可变现净值、现值和公允价值。下面主要介绍我国基本准则所规定的计量属性。

1. 历史成本

历史成本，又称实际成本，是指取得或制造某项财产物资时所实际支付的现金或其他等价物。在历史成本计量下，资产按照其购置时支付的现金或现金等价物的金额，或者按照购置资产时所付出的对价的公允价值计量。负债按照其因承担现时义务而实际收到的款项或资产的金额，或者承担现时义务的合同金额，或者按照日常活动中为偿还负债预期需要支付的现金或现金等价物的金额计量。

历史成本具有客观性和可验证性，并且简便易行。但是当客观环境发生改变例如发生通货膨胀时，历史成本就不能真实反映资产的现实价值，从而降低了会计信息的相关性和有用性。

2. 重置成本

重置成本，又称现行成本，是指按照当前市场条件，重新取得同样一项资产所需支付的现金或现金等价物金额。在重置成本计量下，资产按照现在购买相同或相似资产所需支付的现金或现金等价物的金额计量。负债按照现在偿付该项债务所需支付的现金或现金等价物的金额计量。在实务中，重置成本一般用于盘盈资产的计量等。

采用重置成本计量能够避免物价变动时虚计收益，确切反映独立实体维护再生产能力所需生产耗费的补偿，有利于资产保全，但这种计量属性主观性强，会增加审计难度。要找到两个不同时期相同或类似的资产也较困难，可操作性较差。

3. 可变现净值

可变现净值，是指在正常生产经营过程中，以预计售价减去进一步加工成本和预计销售费用以及相关税费后的净值。在可变现净值计量下，资产按照其正常对外销售所能收到的现金或现金等价物的金额扣减该资产至完工时估计将要发生的成本、估计的销售费用以及相关税费后的金额计量。比如存货在计提存货跌价准备时，存货市价就是按可变现净值计量的。

采用可变现净值计量能反映资产的预期变现能力，与决策具有较强的相关性，可以比较真实地反映资产的价值。

4. 现值

现值是指对未来现金流量以恰当的折现率进行折现后的价值，是考虑货币时间价值的一种计量属性。在现值计量下，资产按照预计从其持续使用和最终处置中所产生的未来净现金流入量的折现金额计量。负债按照预计期限内需要偿还的未来净现金流出量的折现金额计量。现值一般用于非流动资产可收回金额和以摊余成本计量的金融资产价值的确定等。

资产按照现值计量，可以真实地反映资产的现实价值，能够为企业进行有关决策提供更相关的信息。但是，由于折现率、收益期等因素在当前都是不确定的，受主观因素影响较多，因此反映出的会计信息可靠性比较差。

5. 公允价值

公允价值，是指市场参与者在计量日发生的有序交易中，出售一项资产所能收到或者转移一项负债所需支付的价格。

市场参与者是指在相关资产或负债的主要市场(或最有利市场)中，同时具备下列特征的买方和卖方：(1)市场参与者应当相互独立，不存在关联关系；(2)市场参与者应当熟悉情况，能够根据可取得的信息对相关资产或负债以及交易具备合理认知；(3)市场参与者应当有能力并自愿进行相关资产或负债的交易。有序交易是指在计量日前一段时期内相关资产或负债具有惯常市场活动的交易。

公允价值适用于对金融工具尤其是期货、期权、远期合约、互换、票据发行等衍生金融工具产生的权利与义务的计量。这是因为很多金融工具的交易和事项并未实际发生，签约双方的权利与义务亦未履行，也不可能有历史成本的发生，传统会计很难对其进行计量，采用公允价值计量可解决这一问题。

在环境不断变化的动态市场条件下，采用公允价值计量能够有效反映市场对资产、负债等要素的客观评价，所提供的信息具有相关性。

在以上各种会计计量属性中，历史成本通常反映的是资产或者负债过去的价值，而重置成本、可变现净值、现值以及公允价值通常反映的是资产或者负债的现实成本或者现实价值，是与历史成本相对应的计量属性。但是这种关系也不是绝对的。例如，资产或者负债的历史成本有时就是根据交易时有关资产或者负债的公允价值确定的，在非货币性资产交换中，如果交换具有商业实质，且换入、换出资产的公允价值能够可靠计量，换入资产入账成本的确定应当以换出资产的公允价值为基础，除非有确凿证据表明换入资产的公允价值更加可靠。另外，公允价值相对于历史成本而言，具有很强的时间观念，也就是说，当前环境下某项资产或负债的历史成本可能是过去环境下该项资产或者负债的公允价值，而当前环境下某项资产或负债的公允价值可能是过去环境下该项资产或者负债的历史成本。

(二)会计计量属性的应用原则

传统会计计量的核心是历史成本。因为历史成本信息简便易行，又具有客观性和可验证性等优势，在经济环境相对稳定时，不仅能够提供信息使用者决策所需信息，而且核算成本较低。因此，我国《企业会计准则——基本准则》规定，企业在对会计要素进行计量时，一般应当采用历史成本，采用重置成本、可变现净值、现值、公允价值计量的，应当保证所确定的会计要素金额能够取得并可靠计量。

四、会计计量模式

某种计量属性和计量单位的组合就构成了特定的计量模式。由于存在着多种可能的计量属性和计量单位，它们之间的组合将产生不同的计量模式，例如历史成本计量属性和一般购买力计量单位，重置成本计量属性和名义货币计量单位的组合等。

传统的会计计量模式是基于历史成本计量属性和名义货币计量单位的组合。由于历史成本和名义货币各自具有的优越性，导致该模式最大的优点就是可靠、简便，信息成本低，因此该计量模式被各国广泛采用。但是当物价发生显著变动时，该模式无论是在计量属性还是计量单位上都受到严重影响,采用该模式所提供的财务信息的相关性会不断下降,它因此也遭到越来越多的批评。不过这并未影响其在各种会计计量模式中的主导地位。

☞ 小结

本章介绍了会计准则的概念和作用,在简单阐述会计准则的产生和发展后,重点讨论了会计核算前提和会计原则的构成,并分析了这些核算前提和原则的作用。

会计准则是会计人员执行会计活动所应遵循的规范和标准,也是对会计工作进行评价和鉴定的依据。迄今为止,我国已经颁布了《企业会计准则——基本准则》和42号具体会计准则,为企业及其他单位开展会计核算和报告工作提供了系统的依据。

会计核算前提和会计原则构成了《企业会计准则——基本准则》的重要内容。会计核算前提是对会计信息系统运行所依存的客观环境中与会计相关的因素所进行的抽象与概括,是会计信息系统运行与发展的基本前提和制约条件。会计核算前提主要有会计主体、持续经营、会计分期和货币计量等,此外,权责发生制是企业会计核算的重要基础,借贷记账法是企业的基本记账方法,认定交易或事项所属的会计要素也是会计核算的基本前提。

会计核算原则是为了保证会计信息的有用性,提高会计信息的质量,对会计确认、会计计量、会计记录和会计报告所做出的一系列基本规范。会计原则常常又以质量特征的形式出现。基本的会计原则有可靠性、相关性、可理解性、可比性、实质重于形式、重要性、谨慎性和及时性等,会计核算还要遵循成本原则、实现原则、配比原则和划分收益性支出和资本性支出原则等。深刻理解会计核算前提和会计原则,可以提供会计人员在不确定环境中实施会计判断的能力,能够更好地提高会计信息的真实可靠性和相关性。

会计确认是指将交易或事项中的某一项目作为一项会计要素加以记录和列入财务报告的过程。会计确认主要是解决某一个项目应否确认、何时确认以及如何确认的问题。会计确认的标准包括可定义性、可计量性、相关性和可靠性。会计确认包括初始确认、后续确认和终止确认。我国会计准则对各个会计要素的确认都做了明确说明。

会计计量是指为了将符合确认条件的会计要素登记入账并列报于财务报表而确定其金额的过程。会计计量主要包括计量单位和计量属性两个方面,两者的不同组合形成不同的计量模式。会计计量单位是会计计量时所采用的计量尺度。从理论上说,至少可以采用名义货币和一般购买力单位两种形式的货币计量单位。会计计量属性是指资产、负债等各个会计要素可用财务形式予以定量化反映的特点。会计计量属性包括历史成本、重置成本、可变现净值、现值、公允价值五种计量属性。

☞ 关键名词

会计准则　会计主体　持续经营　实质重于形式原则　谨慎性原则　实现原则　会计

第十二章 会计准则

确认　会计计量

☞ 思考题

1. 为什么有了国际会计准则，还需要制定我们国家自己的会计准则呢？
2. 面对不断变迁的会计环境，传统的会计核算前提面临哪些冲击？
3. 当会计信息的真实可靠性要求和及时性要求发生矛盾时，如何解决？
4. 公允价值的使用在我国面临哪些问题？
5. 某上市公司故意将大量的收益性支出记作资本性支出，试分析公司这么做的可能目的是什么？这种错误做法对会计信息有何影响？

☞ 练习题

一、判断题

1. 会计主体不一定是法人实体。（　　）
2. 凡是按照持续经营前提核算的企业都不会破产。（　　）
3. 在货币计量前提下一般包含币值稳定的假定。（　　）
4. 在会计核算对象的确定上，关注会计主体所有者的业务比关注会计主体本身的业务更为重要。（　　）
5. 重要性，是指财务报表某项目的省略或错报会影响使用者据此作出经济决策的，该项目具有重要性。重要性应当根据企业所处环境，从项目的性质、数量和金额大小等方面予以判断。（　　）
6. 谨慎性原则要求会计主体尽量多确认和记录负债和费用，以确保所有者权益和利润的质量。（　　）
7. 只要一个项目符合会计要素的定义就可以在财务报表上确认。（　　）
8. 划分收益性支出与资本性支出并不重要，因为从长期看，两者导致的会计核算结果是相同的。（　　）

二、单项选择题

1. 谨慎性原则是会计核算和报告的重要原则，但是谨慎意味着（　　）。
   A. 对成本原则的修正
   B. 对可能发生的负债和费用估计越多越好
   C. 对于可能发生的收益估计越低越好
   D. 企业可以为今后各期提取秘密准备
2. 以下不能作为一个会计主体核算的有（　　）。
   A. 企业集团　　　　　　　　B. 子公司
   C. 专设销售机构　　　　　　D. 法人
3. 下列支出属于资本性支出的是（　　）。

  A. 支付广告费 100 万元   B. 支付行政人员工资 20 万元
  C. 购入价值为 5 万元的加工设备一台   D. 支付营业税 6 万元
4. 确定会计核算空间范围的基本前提是( )。
  A. 持续经营   B. 会计主体   C. 货币计量   D. 会计分期
5. 我国企业会计准则规定，企业的会计核算应当以( )为基础。
  A. 权责发生制   B. 实地盘存制   C. 永续盘存制   D. 收付实现制

三、多项选择题

1. 与会计分期密切相关的会计原则是。( )。
  A. 谨慎性   B. 划分收益性支出和资本性支出
  C. 配比   D. 实现
2. 符合可靠性原则的说法是( )。
  A. 以实际发生的交易和事项进行确认、计量和报告
  B. 会计提供的信息内容要完整
  C. 每个会计数据都要十分准确
  D. 不能以牺牲真实性为代价强调及时性
3. 可比性原则是指( )。
  A. 不同的企业对同类经济业务可以采用不同的会计方法
  B. 同一企业在不同时期对同类经济业务采用相同的会计方法
  C. 不同的企业对同类经济业务采用相同的会计方法
  D. 同一企业在不同的时期对同类经济业务采用不同的方法
4. 上市公司的下列会计行为中，符合会计核算重要性原则的有( )。
  A. 本期将购买办公用品的支出直接计入当期费用
  B. 每一中期期末都要对外提供中期报告
  C. 按固定期间对外提供财务报告
  D. 日后期间发现的以前年度非重大会计差错直接调整发现当期的相关项目
5. 会计确认的标准包括( )。
  A. 可定义性   B. 可计量性   C. 可靠性   D. 相关性

四、业务题

1. 某公司销售商品一批，目录价格为 500 万元，买卖双方确定的合同价格为 480 万元，交易发生时公司估计只能收回 400 万元，试用实现原则分析公司应该确认多少收入？
2. 下面的会计处理方法违背了哪些会计假设和会计原则，请逐一进行分析：
(1)某公司买了一批稿纸，会计人员每天根据使用的页数记录费用。
(2)一个企业购买了 5 万元的小型设备，会计人员直接将该项开支记作当期费用。
(3)一个企业估计部分应收账款收不回，会计人员以无法估计金额为由不做任何账务处理。
(4)企业将预收的租金记作收入。
(5)会计人员将为生产 A 产品发生的材料耗费计入 B 产品的加工成本。

3. 请分别举一个例子或说明一种情形能够描述下面的现象：
(1) 利润为正数，经营活动净现金流量也为正数。
(2) 利润为负数，经营活动净现金流量也为负数。
(3) 利润为正数，经营活动净现金流量为负数。
(4) 利润为负数，经营活动净现金流量为正数。

☞ 案例讨论题

下面是 W 公司期初的资产负债数据和期末的资产负债数据，假定期初数据的账面价值和公允价值相等，本期内公司未发行股份，也没有分红：

	期初账面价值	期末账面价值	期末公允价值
流动资产	1 600 000	2 000 000	2 300 000
固定资产	4 800 000	6 000 000	6 800 000
其他资产	960 000	1 200 000	1 200 000
资产合计	7 360 000	9 200 000	10 300 000
流动负债	800 000	1 000 000	1 000 000
长期负债	1 600 000	2 000 000	1 900 000
权益合计	4 960 000	6 200 000	7 400 000
负债和权益合计	7 360 000	9 200 000	10 300 000

该公司在本年度实现的销售收入为 20 700 000 元，为实现收入而发生的各项成本费用合计为 17 595 000 元。

问题：

1. 你认为一个公司的利润是应该根据收入与成本费用相抵的方式确定，还是应该剔除公司与所有者之间的业务后根据资产负债的变动金额确定？资产负债金额是应该考虑账面价值，还是考虑公允价值？

2. 根据上述不同方法分别确定 W 公司的利润，并讨论各种确定利润方法的依据。

参 考 文 献

1. 谢获宝，陈冬. 会计学原理. 武汉：湖北人民出版社，2020.
2. 中国注册会计师协会. 会计. 北京：中国财政经济出版社，2024.
3. 会计准则委员会. 企业会计准则. 财政部会计准则委员会（casc. org. cn）.
4. 会计准则委员会. 企业会计准则解读. 财政部会计准则委员会（casc. org. cn）.
5. 会计准则委员会. 会计准则应用案例. 财政部会计准则委员会（casc. org. cn）.
6. 徐文彬. 会计学原理(新编). 第四版. 上海：立信会计出版社，2007.
7. 葛家澍. 中级财务会计. 沈阳：辽宁人民出版社，2000.
8. 廖洪. 会计学原理. 武汉：武汉大学出版社，2002.
9. 王业可. 会计学. 武汉：武汉理工大学出版社，2005.
10. 刘桔，赵雪媛. 会计学. 北京：经济科学出版社，2004.
11. 廖洪. 会计制度设计. 北京：中国时代经济出版社，2000.
12. 罗斯·瓦茨，杰罗尔德·齐默尔曼. 实证会计理论. 北京：中国人民大学出版社，2024.
13. 威廉·R. 斯科特. 财务会计理论. 北京：中国人民大学出版社，2018.
14. 葛家澍. 现代西方会计理论. 厦门：厦门大学出版社，2011.
15. 约翰·怀尔德，肯·肖. 会计学原理. 第25版. 北京：中国人民大学出版社，2023.
16. 沃尔特·小哈里森，查尔斯·亨格瑞，威廉·托马斯. 财务会计. 第10版. 北京：清华大学出版社，2019.
17. 莱斯利·K. 布莱特纳. 会计学基础. 北京：机械工业出版社，2014.
18. 埃尔登·S. 享德里克森. 会计理论. 上海：立信会计出版社，2013.
19. 弗雷德·菲利普斯，罗伯特·利比，帕特利夏·利比. 财务会计学原理. 北京：北京大学出版社，2010.